gardez ! verlag

D1674385

Maximilian Prinz zu Wied-Neuwied

Reise nach Brasilien in den Jahren 1815 bis 1817

Reprint der Ausgabe aus dem Jahr 1821
Herausgegeben von Hermann Josef Roth

Zweiter Band

Gardez! Verlag
St. Augustin

Die Deutsche Bibliothek - CIP-Einheitsaufnahme

Wied, Maximilian /zu:
Reise nach Brasilien in den Jahren 1815 bis 1817 : Reprint
der 2-bändigen Ausgabe aus den Jahren 1820/21 / Maximilian Prinz zu
Wied-Neuwied. Hrsg.: Hermann Josef Roth. - Repr.. - Sankt Augustin :
Gardez!-Verl.
ISBN 3-89796-026-5

Bd. 2. - Repr. der Ausg. von 1821. - 2001
ISBN 3-89796-028-1

Abbildung Umschlag vorne: *Die Jagd der Unze*
Abbildung Umschlag hinten: *Schiffahrt über die Felsen des Ilheos*

© 2001 Michael Itschert, Gardez! Verlag
Meisenweg 2, D-53757 St. Augustin
Tel.: 0 22 41/34 37 10, Fax: 0 22 41/34 37 11
E-Mail: gardez@pobox.com
Internet: http://pobox.com/~gardez
Alle Rechte vorbehalten.

Das Werk einschließlich aller seiner Teile ist urheberrechtlich geschützt. Jede Verwertung
außerhalb der engen Grenzen des Urheberrechtsgesetzes ist ohne Zustimmung des Verlages
unzulässig und strafbar. Dies gilt insbesondere für Vervielfältigungen, Übersetzungen,
Mikroverfilmungen und die Einspeicherung und Verarbeitung in elektronischen Systemen.

Printed in Germany.
ISBN 3-89796-028-1 (Einzelband)
ISBN 3-89796-026-5 (Gesamtwerk)

INHALT

Vorwort des Herausgebers	7
Reise nach Brasilien in den Jahren 1815 bis 1817 von Maximilian Prinz zu Wied-Neuwied	V-XVIII, 1-346

Anhang:

Maximilian Prinz zu Wied

Werdegang	347
Übersee-Reisen	
Brasilien	349
Nordamerika	351
Wissenschaft	352
Alter und Nachleben	354
Glossar	357
Ortsnamen	362
Literatur	363
Übersichtskarte zur Reise von Maximilian Prinz zu Wied-Neuwied in den Jahren 1815-1817	364

Vorwort des Herausgebers

„Maximilian Prinz zu Wied-Neuwied gehört zu den bedeutendsten Persönlichkeiten, die in der ersten Hälfte des 19. Jahrhunderts an der wissenschaftlichen Erschließung des amerikanischen Kontinents beteiligt waren," urteilt Dr. Renate Löschner vom Ibero-amerikanischen Institut in Berlin. „Unter den Forschungsreisenden seiner Zeit sichern Maximilian seine Reisewerke eine wichtige Stelle. Als Zoologe und Ethnograph steht er in vorderster Reihe," stellt Prof. Dr. Dorothea Kuhn von der Brasilien-Bibliothek der Robert-Bosch-Stiftung in Stuttgart fest. Beide Experten bestätigen, was vor Ihnen Persönlichkeiten wie Johann Wolfgang von Goethe und Alexander von Humboldt bereits erkannt haben.

Und dennoch hat ausgerechnet der Bericht Maximilians über die bahnbrechende Reise durch Brasilien seit über 170 Jahren weder eine Neuauflage noch wenigstens einen Nachdruck in deutscher Sprache erlebt. Während die „Reise in das innere Nordamerika in den Jahren 1832-1834" immerhin 1978 in verkleinertem Maßstab nachgedruckt worden ist, liegt von der Brasilienreise auf Deutsch lediglich ein längerer Auszug vor, der 1978 in Leipzig erschien. Die 500-Jahrfeier der „Entdeckung" Brasiliens (24. April 1500) lieferte schließlich den letzten Anstoß, endlich einen Reprint des brasilianischen Reisewerkes zu wagen.

Der ungekürzte Nachdruck erfolgt im Maßstab 1:1. Nur die Vignetten mussten aus technischen Gründen geringfügig verkleinert werden (auf 95 %). Als Vorlage dienten Exemplare des Originalwerkes aus Privatbesitz. Ein Anhang mit Biographie, Glossar und Literaturhinweisen soll den Zugang zu dem alten und doch so spannenden Text erleichtern.

Das ehrenamtlich betreute Projekt war nur mit fremder Hilfe realisierbar. An erster Stelle zu nennen ist die Stiftung Rheinland-Pfalz für Kultur, die durch Zuschüsse die Dokumentation und Präsentation sowohl der wiedischen Leistungen (1995) als auch des rheinischen Beitrages insgesamt zur Erschließung Brasiliens (2000) erst ermöglicht hat.

Der Herausgeber dankt ferner dem Landkreis Neuwied und insbesondere Herrn Landrat Rainer Kaul, dem Leiter des Kreismuseums Neuwied, Herrn Bernd Willscheid, sowie Frau Rechtsanwältin M. Charlotte Fichtl-Hilgers, Neuwied. Große Ermutigung bedeutete die Unterstützung des fürstlichen Hauses zu Wied und dessen Archivars, Herrn Dr. Hans-Jürgen Krüger. Insbesondere Seine Durchlaucht Friedrich Wilhelm Fürst zu Wied († 28. August 2000) hat bis zuletzt das Projekt wohlwollend begleitet. Die Deutsch-Brasilianische Gesellschaft e.V., Bonn, warb erfolgreich für das Projekt. Mit dem Gardez! Verlag konnte ein fachkundiges Unternehmen für Lektorat, Produktion und Vertrieb gewonnen werden. Sachliche Kritik und sonstige Anregungen werden gerne entgegengenommen. Die Forschung muss weitergehen, ganz im Sinne von Maximilian Prinz zu Wied.

Köln/Montabaur am 23. September 2000   Hermann Josef Roth

Reise
nach
Brasilien
in den Jahren 1815 bis 1817

von

MAXIMILIAN
Prinz zu Wied-Neuwied.

Zweyter Band.

Frankfurt a. M. 1821.

Gedruckt und verlegt bei Heinrich Ludwig Brönner.

Reise nach Brasilien.

Zweyter Band.

In acht Abschnitten.

Subscribenten-Verzeichnifs.

(Fortsetzung.)

Aachen.

Exempl. *Imp. Roy.*

Herr Buchhändler J. A. Mayer daselbst .... » 7

Amsterdam.

Durch die Herren F. Müller et Comp., Buchhändler daselbst, noch .... 4 »
Durch Herrn Buchhändler C. G. Sülpke daselbst, noch .... 1 »
  unterzeichnete:
Herr P. Lamarque in Amsterdam .... » 1
  » C. H. à Roy, Med. Dr., daselbst .... » 1
  » J. Schouten in Dortrecht .... » 1
  » G. Seydel in Amsterdam, Lehrer der deutschen Sprache .... » 1

Augsburg.

Herr Doctor J. G. Dingler daselbst, noch .... » 2
Herrn Joh. Walch's Buch- und Kunsthandlung daselbst .... » 1

Bamberg.

Durch die Göbhard'sche Buchhandlung daselbst, noch .... » 1
  unterzeichnete:
Herr Landrichter Graf von Lerchenfeld in Schesslitz .... 1 »
Durch Herrn Buchhändler C. F. Kunz daselbst, unterzeichnete:
Herr Domdechant Freiherr von Kerpen daselbst .... » 1
  » Friedrich Carl, Freiherr von Horneck .... » 1

	Exempl. Imp. Roy.

Basel.

Durch Herrn Buchhändler G. Neukirch daselbst, unterzeichneten:

Herr Faesch-Paravicini daselbst	»	1
» Wilh. Haas, Buchdrucker und Schriftgiefser daselbst	»	1
» Joh. Jac. Respinger daselbst	»	1
» Ludw. Respinger, Armenpfleger daselbst	»	1

Berlin.

Durch die Herren Haude und Spener, Buchhändler daselbst, noch unterzeichnete: .... 3 »

Se. Kaiserliche Hoheit der HERR GROSFÜRST VON RUSSLAND, NICOLAI PAULOVITSCH	»	1
Se. Kaiserliche Hoheit der HERR GROSFÜRST VON RUSSLAND, MICHAIL PAULOVITSCH	»	1
Ihro Kaiserliche Hoheit die FRAU GROSFÜRSTIN VON RUSSLAND, ALEXANDRA FEODEROWNA, geborne Königliche Prinzessin von Preussen	1	»
Herr Baron von Keith in Berlin	»	1
» Graf Reventlow, Königl. Dänischer Gesandte am Hofe zu Berlin	»	1

Durch Herrn Buchhändler C. F. Amelang daselbst unterzeichnete:

Herr Obrist von Schachtmeyer daselbst	»	1
» Baron O. von Treskow, in Chludowo bei Posen	»	1

Durch Herrn Buchhändler F. Dümmler daselbst, unterzeichnete:

Herr Präsident von Braunschweig daselbst	»	1
» Dr. Haufs, bei dem rhein. Cassationshof in Berlin	»	1
» von Plüskow, Grosherzogl. Meklenb. Schwer. Rittmeister daselbst	»	1
» Geheime Medicinalrath Prof. Dr. Rudolphi daselbst	»	1
» Major von Serre daselbst	1	»
Se. Excellenz Herr Baron von der Taube, Königl. Schwed. Gesandte am Preufs. Hofe in Berlin	»	1

Durch die Herren Dunker und Humblot, Buchhändler daselbst, unterzeichnete:

Se. Königl. Hoheit der PRINZ ALBRECHT VON PREUSSEN	»	1
Se. Durchl. Herr FÜRST VON HARDENBERG, Königl. Preufs. Staatskanzler	»	1
Se. Excellenz Herr Graf von Meuron, Königl. Preufs. Gesandte in der Schweiz	»	1
Der Königl. Preufs. Geheime Oberfinanz-Rath und Präsident Herr Rother in Berlin	»	1

		Exempl. Imp. Roy.
Herr Professor Reich daselbst	»	1
» Heinr. Beer, Banquier daselbst	»	1

Herr Buchhändler Th. J. C. F. Enslin in Berlin, noch	»	3
Die Nicolaische Buchhandlung daselbst, noch	»	3
Die Sander'sche Buchhandlung daselbst	»	1
Die Herren Schropp und Comp., Kunsthändler daselbst	1	2
Herr Buchhändler W. Vieweg daselbst	»	1
Die Vossische Buchhandlung daselbst	»	1

Bern.

Herr Buchhändler J. J. Burgdörfer daselbst	»	1

Bonn.

Herr Buchhändler A. Marcus daselbst, noch	»	3
» Buchhändler Weber daselbst, noch	1	»

Bremen.

Durch Herrn Buchhändler J. G. Heyse daselbst, noch	»	1
unterzeichnete:		
Herr John Dobridge	»	1
» Georg Petzel in Bremen	»	1
Durch Herrn Buchhändler W. Kaiser daselbst, unterzeichnete:		
Herr Kreis-Einnehmer E. L. Franzius in Leer	»	1
» Tillmann Grommé in Petersburg	»	1
» Dietr. Wilh. Grommé in Bremen	»	2
» J. F. Hackmann daselbst	»	1
» Louis Kalkmann daselbst	1	»
» Carl Heinr. Knipping daselbst	»	1
» J. A. Scheer in Jever	»	1
» Georg Schünemann in Bremen	»	1
Die Universitäts-Bibliothek in Gröningen	1	»

Breslau.

Herr Buchhändler Wilh. Gottl. Korn daselbst, noch	1	7
» Buchhändler Reinh. Friedr. Schöne daselbst	1	»

— VIII —

Exempl. Imp. Roy.

Carlsruhe.

Durch Herrn Buchhändler Braun daselbst, unterzeichnete:

Herr Obristlieutenant von Tulla daselbst .... » 1

Caschau.

Herr Buchhändler Otto Wigand daselbst .... » 1

Cassel.

Herr Buchhändler J. J. Bohné daselbst .... 1 »

Coblenz.

Durch Herrn Post-Secretair Falkenberg daselbst unterzeichnete:

Ihro Excellenz Frau General-Lieutenant von Dobschütz in Glogau .... » 1
Herr Obrist-Lieutenant von Schleyer daselbst .... » 1
» Hauptmann von Wedelstadt daselbst .... » 1
Se. Erlaucht Herr Graf Ferdinand von Stollberg-Werningerode .... » 1

Cölln.

Durch Herrn Buchhändler J. P. Bachem daselbst unterzeichnete:

Herr Jacob Mumm daselbst .... 1 »
» Ostertag daselbst .... » 1
» Regierungsrath Tryst daselbst .... 1 »

Durch Herrn Buchhändler Du Mont-Schauberg daselbst, unterzeichnete:

Herr Freyherr von Bongart in Pfaffendorf .... » 1
» Freyherr M. von Kempis daselbst .... » 1
» M. du Mont daselbst .... » 1

Constanz.

Durch Herrn Buchhändler W. Wallis daselbst .... » 1
unterzeichnete:

Ihro Durchlaucht die Fürstin Elisabeth zu Fürstenberg, geborne Fürstin von Turn und Taxis .... 1 »
Herr Rechtspraktikant von Boemble in Meersburg .... » 1
» Jacobus, Abt des regulirten Chorherrn-Stiftes Kreuzlingen, im Canton Thurgau » 1

Exempl. Imp. Roy.

Darmstadt.

Durch die Herren Heyer und Leske, Buchhändler daselbst, unterzeichnete:
Se. Königl. Hoheit der regierende GROSHERZOG VON HESSEN .... 1 »

Dresden.

Durch die Arnoldische Buchhandlung daselbst, noch .... » 2
unterzeichnete:
Herr James Fyler in London .... 1 »

Düsseldorf.

Durch Herrn Kaufmann J. W. Reitz daselbst, unterzeichnete:
Herr Freyherr von Mirbach, Ritter des eisernen Kreuzes zu Schloſs Harf bei Fürth 1 »

Eisenach.

Herr Buchhändler Joh. Friedr. Bärecke daselbst, noch .... » 2

Elberfeld.

Herr F. K. Schönian, Buch- und Kunsthändler daselbst .... » 1

Frankfurt a. M.

Ihro Durchlaucht die verwittwete FRAU LANDGRÄFIN ZU HESSEN-HOMBURG .. » 1
Herr Professor Dr. Balser in Giessen .... » 1
» Staatsrath Moriz von Bethmann in Frankfurt, noch .... » 1
» M. Borgnis daselbst .... » 1
» Cassella, Professor der ital. Sprache daselbst .... » 1
» Dapping, Dr. Med. in Frankenthal .... » 1
Die Naturforschende Gesellschaft in Frankfurt .... » 1
Herr Peter Giesben in Crefeld .... » 1
Frau von Groote in Frankfurt .... » 1
Herr Georg Heuser in Gummersbach .... » 1
» Baron von Hunoldstein in Trohnecken .... » 1
» Meyer in Paris .... » 1
» J. Metzler-Heyder .... » 1
Se. Excellenz Herr Graf von Palmela, Königl. Portug. Minister der auswärtigen
Angelegenheiten in Rio di Janeiro .... 1 »

	Exempl.	
	Imp.	Roy.
Herr von Rauch in Heilbronn	»	1
Se. Excellenz Herr Carl Graf von Rechberg, Königl. Baierscher Ober-Ceremonienmeister in München	1	1
Herr Kupferstecher C. Schleich jun. daselbst	»	1
Die Herren Schulze und Comp. in Frankfurt	»	1
Herr Amtmann Seelbach in Wildenburg	»	1
» Baron Waldner von Freundstein, Hofmarschall in Diensten des souverainen Landgrafen von Hessen-Homburg	»	1

Die Andreä'sche Buchhandlung in Frankfurt, noch	1	»
Durch Herrn Buchhändler Sauerländer daselbst, unterzeichnete:		
Herr von Bibra in Weilburg	1	»
Durch Herrn Buchhändler Schäfer daselbst, unterzeichnete:		
Herr Freyherr von und zu Hessberg, Königl. Preuss. Oberforstmeister	»	1
Durch die Herren Gebrüder Willmanns daselbst, unterzeichnete:		
Herr Reichscontrolleur Baron von Campenhausen in St. Petersburg	»	1
» Buchhändler Franz Varrentrapp in Frankfurt	»	1
Die Herren Wimpfen und Goldschmid daselbst	2	»

Gera.

Die Heinsius'sche Buchhandlung daselbst	»	1

Görlitz.

Herr Buchhändler Zobel daselbst	»	1

Göttingen.

Herr Buchhändler Rud. Deuerlich daselbst	»	1

Gotha.

Herr Buchhändler Gläser daselbst, noch	»	3

Greifswalde.

Herr Buchhändler Mauritius daselbst, noch	»	1

Gröningen.

Herr Buchhändler van Boeckeren daselbst	»	2

	Exempl.	Imp. Roy.

Halberstadt.
Herr Buchhändler F. A. Helm daselbst................................ » 1

Halle.
Die Waisenhaus-Buchhandlung daselbst............................. 1 »

Hamburg.
Die Herren Buchhändler Hoffmann und Campe daselbst, noch........... 3 »
Die Herren Perthes und Besser, Buchhändler daselbst, noch........... 4 4

Hamm.
Die Herren Schultz und Wundermann, Buchhändler daselbst, noch....... » 1

Hannover.
Die Herren Gebrüder Hahn, Buchhändler daselbst, noch............... 1 1

Heidelberg.
Die Herren Mohr und Winter, Buchhändler daselbst, noch............. » 1

Hildburghausen.
Die Kesselringsche Hofbuchhandlung daselbst, noch.................. » 1

Hof.
Herr Buchhändler G. A. Grau daselbst, noch......................... » 1

Jena.
Die Cröckersche Buchhandlung daselbst.............................. » 1

Königsberg.
Die Herren Gebrüder Bornträger, Buchhändler daselbst, noch.......... 1 2
Herr Buchhändler A. W. Unzer daselbst, noch....................... » 3

Landshut.
Herr Buchhändler Ph. Krüll daselbst, noch.......................... 1 »

— XII —

Exempl. Imp. Roy.

Leipzig.

Durch Herrn Buchhändler Friedr. Fleischer daselbst, noch	»	2
unterzeichnete:		
Ihro Durchlaucht die Frau Gräfin Schulenberg, Herzogin zu Sagan	»	1
Herr Hühnel in Leipzig	»	1
Durch Herrn Buchhändler P. G. Kummer daselbst, unterzeichnete:		
Herr Kaufmann Lacarriere daselbst	»	1
Durch Herrn Buchhändler F. A. Leo daselbst, unterzeichnete:		
Herr Bürgermeister Gruber in Brody	»	1
Durch Herrn Buchhändler J. F. Leich daselbst, unterzeichnete:		
Herr Senator Beckert in Freiburg	»	1

Herr Buchhändler Barth in Leipzig, noch	»	2
» Buchhändler F. A. Brockhaus daselbst, noch	»	1
» Buchhändler W. Engelmann daselbst	»	1
» Buchhändler J. F. Gleditsch daselbst, noch	»	1
» Buchhändler C. H. F. Hartmann daselbst, noch	»	1
» Buchhändler C. H. Reclam daselbst, noch	»	1
Die Rein'sche Buchhandlung daselbst	»	1
Die Herren Buchhändler Steinacker und Wagner daselbst	»	1
Herr Buchhändler Fr. Chr. W. Vogel daselbst	1	1

London.

Die Herren Buchhändler Alex. Black Young et Young daselbst	2	3

Magdeburg.

Die Creutz'sche Buchhandlung daselbst, noch	»	1
Herr Buchhändler Rubach daselbst	»	2

Mannheim.

Die Herren Artaria und Fontaine, Buch- und Kunsthändler daselbst, noch	1	»

München.

Herr Buchhändler Lindauer daselbst	1	»
Durch das geographische Depot des Herrn C. Reinhard daselbst, unterzeichnete:		
Die Bibliothek der Königl. Baierschen Grenadier-Garde	1	1

— XIII —

Exempl.
Imp. Roy.

Münster.

Durch die Coppenrath'sche Buch- und Kunsthandlung daselbst, unterzeichnete:
Ihro Durchlaucht die verwittwete Fürstin von Bentheim-Steinfurt daselbst . 1 »
Se. Excellenz Herr Obermarschall Graf von Korf, genannt Schmising daselbst . . » 1
Se. Durchlaucht der Fürst von Salm, Rheingraf zu Coesfeld . . . . » 1
Herr Geheime Rath von Riese daselbst . . . . » 1

Neuwied.

Herr C. W. Lichtfers daselbst . . . . » 1

Nürnberg.

Herr Buchhändler Fr. Campe daselbst . . . . » 1
Die Herren Buchhändler Monath und Kufsler daselbst . . . . » 2

Paris.

Herr Arthus Bertrand, Buchhändler daselbst . . . . » 1

Pesth.

Herr Buchhändler Kilian daselbst, noch . . . . » 1

Petersburg.

Durch Herrn Buchhändler Carl Weyher daselbst . . . . » 2
    unterzeichnete:
Se. Excellenz Herr Baron von Lebzeltern, Sr. K. K. Apost. Maj. wirkl. Geheimer Rath, aufserordentl. Gesandter und bevollmächtigter Minister am Kaiserl. Rufs. Hofe . . . . » 1
Se. Excellenz Herr Graf von Einsiedel, Königl. Sächs. wirkl. Geheimer Rath, aufserordentl. Gesandter und bevollmächtigter Minister am Rufs. Hofe . . . . . 1 »

Prag.

Durch die Calve'sche Buchhandlung daselbst, noch . . . . » 1
    unterzeichnete:
Herr Freyherr von Erben, K. K. Gubernial-Rath und Kreishauptmann zu Elbogen. 1 »

	Exempl. Imp. Roy.

Herr Buchhändler W. Enders in Prag, noch . . . . » 1
» Buchhändler Wittmann daselbst, noch . . . . » 2

Riga.

Die Herren Deubner und Treuy, Buchhändler daselbst, noch . . . . » 4
Herr Buchhändler Hartmann daselbst, noch . . . . » 5

Rostock.

Durch die Stiller'sche Hofbuchhandlung daselbst und in Schwerin, noch . . . . . . » 1
  unterzeichnete:
Herr General-Major von Both in Ludwigslust . . . . » 1
» Vicekanzley-Director von Both in Rostock . . . . » 1
Frau Gräfin Louise von Hahn zu Grabowhoeff . . . . » 1
Herr Senator Dr. Karsten zu Rostock . . . . » 1
» Bürgermeister Koch in Sülz . . . . » 1
» Geheime Regierungsrath Krüger in Schwerin . . . . » 1
» Kammer-Agent Mendel daselbst . . . . » 1

Sondershausen.

Herr Buchhändler Voigt daselbst . . . . » 2

St. Gallen.

Die Herren Huber und Comp. Buchhändler daselbst . . . . » 1

Strasburg.

Die Herren Treuttel und Würtz, Buchhändler daselbst . . . . » 2

Stuttgard.

Durch die Metzler'sche Buchhandlung daselbst, noch . . . . » 2
  unterzeichnete:
Herr Kaufmann Klupfel daselbst . . . . » 1
» Kaufmann Schauber in Calw . . . . » 1
» Moritz von Rauch in Heilbronn . . . . » 1

— XV —

	Exempl. Imp. Roy.	

Trier.

Durch Herrn Buchhändler Linz daselbst, unterzeichnete:

Herr Joh. Mich. Graeh, Weinhändler daselbst	»	1
» Wilh. Haw, Oberbürgermeister und Landrath daselbst	1	»
» Piscatore, Oberbürgermeister in Luxemburg	»	1

Tübingen.

Herr Buchhändler Laupp daselbst, noch	»	1
» Buchhändler C. F. Osiander daselbst, noch	»	1

Weimar.

Durch die Herren Gebrüder Hoffmann, Buchhändler daselbst, unterzeichnete:

Ihro Kaiserl. Majestät DIE KAISERIN MUTTER, MARIA FEODEROWNA VON RUSSLAND	1	»

und 1 Exemplar mit color. Kupfern.

Wien.

Durch Herrn Buchhändler Ph. Jos. Schalbacher daselbst, noch 1 1

unterzeichnete:

Frau Gräfin Appony, geb. Gräfin Pejacscovics daselbst	»	1
Se. Excellenz Herr Franz Maria Baron von Carnea-Steffaneo, K. K. Kämmerer und Geheimer Rath daselbst	»	1
Ihro Erlaucht Frau Gräfin Maria von Erdödy, geb. Niczky daselbst	»	1
Se. Erlaucht Herr Graf Ladislaus von Festetics daselbst	»	1
Herr J. Griffith	»	1
» Nicol. Meidinger, Buchhändler in Presburg	»	1
Se. Durchl. Herr Prosper, Fürst von Sinzendorf, Ritter des goldenen Vliesses, K. K. Kämmerer	1	»
Se. Excellenz Herr Baron Bartholomäus von Stürmer, aufserordentl. Gesandter und bevollmächtigter Minister am Königl. Brasilianischen Hofe	1	»
Herr Eduard Watts in Wien	»	1
Durch die Herren Tendler und Mannstein, Buchhändler daselbst, noch	»	1

unterzeichnete:

Se. Excellenz der K. K. Gubernial-Rath und General-Consul Herr M. Fr. von Du Chet in Warschau	»	1

| | | Exempl. |
| | | Imp. Roy. |

Herr J. Al. Küstel, K. K. Salinen-Hüttenmeister zu Utorop in Gallizien		»	1
» J. T. Ritter von Trattnern in Wien		»	1

Die Herren Artaria und Comp., in Wien, noch		3	3
Die Carl Gerold'sche Buchhandlung daselbst, noch		1	2
Die Herren Buchhändler Schaumburg und Comp. daselbst, noch		1	1
Herr Buchhändler Volke daselbst		»	1

Zerbst.

Herr Buchhändler Andreas Füchsel daselbst, noch		»	1

Nachtrag.

Das Museum in Amsterdam		»	1
Herr J. A. de Jongh in Rotterdam		»	1
» Dalen, Med. Dr. daselbst		»	1
» J. J. Quarles van Ufford im Haag		»	1
» P. van Cleef daselbst		1	»
» A. G. Vermeulen in Rotterdam		»	1
» J. C. Backer in Leyden		»	1
» J. Cyfveer daselbst		»	1
» H. W. Hazenberg daselbst		»	1

Berichtigung der Subscriptions-Liste zum Ersten Bande.

Bei Herrn H. R. Sauerländer in Aarau, muſs es heissen:

    Ihro Kaiserl. Hoheit, die FRAU GROSFÜRSTIN ANNA FEODEROWNA, Prinzessin von Sachsen-Coburg, in Elfenau bei Bern.

Inhalt des zweyten Bandes.

I. Einige Worte über die Botocuden . . . . Seite 1
   Erklärung der Vignette zum Iten Abschnitt . . . . » 70

II. Reise vom Rio Grande de Belmonte zum Rio dos Ilhéos.
   Der Rio Pardo; Canavieras; Patipe; Poxi; Flufs Commandatuba; Flufs Una; die Bäche Araçari, Meço und Oaqui; Villa Nova de Olivença; die Indier daselbst; Verarbeitung der Piaçaba-Frucht; Villa und Flufs dos Ilhéos; Flufs Itahype, Almada; die Guerens, ein Ueberrest der alten Aymorés . . . . Seite 71

III. Reise von Villa dos Ilhéos nach S. Pedro d'Alcantara, der letzten Ansiedlung am Flusse aufwärts, und Anstalten zur Reise durch die Wälder nach dem Sertam.
   Waldreise nach S. Pedro; Nacht am Ribeirão dos Quiricos mit der demolirten Brücke; S. Pedro d'Alcantara; Fahrt auf dem Flusse nach der Villa hinab; Natal-Woche und Feste daselbst; Rückreise nach S. Pedro; Anstalten zur weitern Reise durch die Urwälder . . . . Seite 101

IV. Reise von S. Pedro d'Alcantara durch die Urwälder bis nach Barra da Vareda im Sertam.
   Estreito d'Agoa; Rio Salgado; Sequeiro Grande; Joaquim dos Santos; Ribeirão da Issara; Serra da Cuçuaranna; Spuren der Camacan-Indier; João de Deos; Aufenthalt am Rio da Cachoeira; Aufsuchung der Camacans; Rio do Catolé; Aufenthalt daselbst; Beruga; Barra da Vareda . . . . Seite 123

V. Aufenthalt zu Barra da Vareda und Reise bis zu den Gränzen der Capitania von Minas Geraës.
   Beschreibung dieser Gegend; Angicos; Vareda; wilde Viehzucht im Sertam; die Vaqueiros; Tamburil; Ressaque; Ilha; Gränzdouane von Minas; Ansicht der Campos Geraës; ihre Beschreibung und Naturmerkwürdigkeiten; Jagd des Ema und des Çeriema . . Seite 161

VI. Reise von den Gränzen von Minas Geraës nach Arrayal da Conquista.

Vareda; die Geschäfte der Vaqueiros; Jagd der Unze; Arrayal da Conquista; Besuch bey den Camacans zu Jiboya; einige Worte über diesen Stamm der Urbewohner. Seite 197

VII. Reise von Conquista nach der Hauptstadt Bahía und Aufenthalt daselbst.

Mahlerisches Thal von Uruba; Cachoeira; Coronel João Gonçalves da Costa; Rio das Contas; Fluſs Jiquiriçá; Laje, unangenehmer Vorfall daselbst; Gefangenschaft zu Nazareth das Farinhas; Fluſs Jagoaripa; Insel Itaparica; Çidade de S. Salvador da Bahia de Todos os Santos . . . . Seite 225

VIII. Rückreise nach Europa.

Reise nach Lisboa; Ueberfahrt nach Falmouth; Landreise durch England; Fahrt nach Ostende . . . . Seite 273

Anhang.

I. Ueber die Art in Brasilien naturhistorische Reisen zu unternehmen. » 293

II. Sprachproben der in diesem Reisebericht erwähnten Urvölker von Brasilien . . . . Seite 302

    1) Sprachproben der Botocuden . . . . » 305

        Ueber die Sprache der Botocuden . . . . » 315

    2) Sprachproben der Maschacaris . . . . » 319

    3) Sprachproben der Patachós oder Pataschós . . . . » 320

    4) Sprachproben der Malalís . . . . » 321

    5) Sprachproben der Maconis . . . . » 323

    6) Sprachproben der civilisirten Camacan-Indianer zu Belmonte, welche von den Portugiesen Meniens (deutsch etwa Meniengs) genannt werden . . . . Seite 325

    7) Sprachproben der Camacans oder Mongoyóz in der Capitania da Bahia » 327

Verzeichniſs der mit dem zweyten Bande ausgegebenen Kupfertafeln nebst Karte und Anmerkung dazu . . . . Seite 331

Berichtigungen und Zusätze zu den beyden Bänden dieser Reisebeschreibung . . . . Seite 335

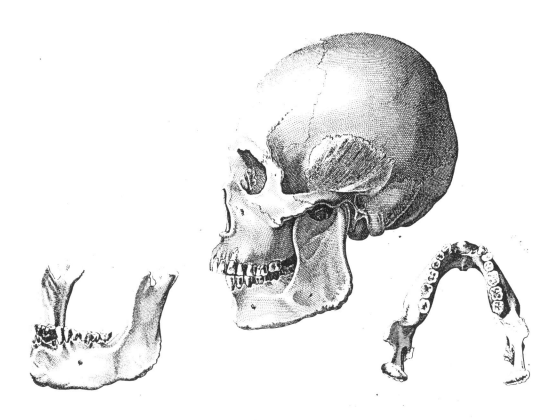

Characteristischer Schaedel eines Botocuden

I.

Einige Worte über die Botocuden.

Unter den Stämmen der Urbewohner von Brasilien existiren heut zu Tage noch manche, welche kaum dem Nahmen nach in Europa bekannt sind. Selbst zwischen der Ostküste und dem höheren Rücken von *Minas Geraës*, in dem grofsen Striche der Urwälder, der sich von *Rio de Janeiro* bis zur *Bahia de todos os Santos* ausdehnt, oder zwischen dem 13ten und 23ten Grade südlicher Breite, leben verschiedene umherziehende Horden wilder Völker, von denen wir bis jetzt nur sehr wenig wufsten.

Unter diesen zeichnen sich die Botocuden durch mancherley eigene Charakterzüge besonders aus. Bis jetzt hat noch kein Reisender genaue Nachricht von diesem Stamme gegeben. BLUMENBACH hat ihrer in seiner Abhandlung *de Generis humani varietate nativa* gedacht, und auch der Engländer MAWE (*) ihrer beyläufig erwähnt; allein in den ältern Zeiten kannte man sie nur unter dem Nahmen der *Aymorés*, *Aimborés* oder *Amburés*. MAWE bezeichnet auf seiner Karte die von ihnen bewohnte Gegend blos mit dem allgemeinen Nahmen der Heimath der Anthropophagen-Indier. Da man in *Minas Geraës*, wo er sich aufhielt, mit den Botocuden im Streite lebte, so konnte er sie nicht selbst beobachten und deshalb keine genauere Nachrichten von ihnen mittheilen.

(*) J. MAWE's travels in the interior of Brazil, pag. 171.

Ehemals waren die *Aymorés* im höchsten Grade furchtbar für die schwachen portugiesischen Ansiedlungen, bis man sie späterhin mit Nachdruck angriff und in die Wälder zurücktrieb, wo sie heut zu Tage unter dem Nahmen der Botocuden leben. In Southey's *history of Brazil* und in der *Corografia Brazilica* findet man Nachrichten über die Verheerungen, welche diese Wilden zu verschiedenen Zeiten, besonders zu *Porto Seguro*, *S. Amaro*, *Ilhéos* u. s. w. angerichtet haben. Von den *Aymorés*, die ehedem am Flusse *Ilhéos* gewohnt haben, existirt nur noch ein kleiner Rest: ein Paar alte abgelebte Personen, die unter dem Nahmen der *Guerens* (*) am Flusse *Itahype* oder *Taïpe* sich aufhalten. Aber noch immer weckt der Nahme *Aymorés* oder *Botocudos* bey den europäischen Ansiedlern Empfindungen von Abscheu und Schrecken, weil diese rohen Menschen allgemein in dem Rufe stehen, Anthropophagen zu seyn. Den Nahmen *Botocudos* haben sie von den grofsen Holzpflöcken, womit sie Ohren und Lippe verunstalten; denn *Botoque* bedeutet im Portugiesischen ein Fafsspund. Sie selbst nennen sich *Engeräckmung* (**), und hören es sehr ungern, wenn man sie *Botocudos* nennt. Ob sie gleich von der Küste verdrängt worden sind, so blieb ihnen demungeachtet noch ein weiter Strich undurchdringlicher Urwälder zum ruhigen, ungestörten Zufluchtsorte frey. Heut zu Tage bewohnen sie den Raum der sich längs der Ostküste, jedoch mehrere Tagereisen vom Meere entfernt vom 15ten bis zu 19½ Graden südlicher Breite ausdehnt, oder zwischen dem *Rio Pardo* und *Rio Doçe* liegt. Sie unterhalten von dem einen dieser beyden Flüsse bis zum ändern eine Verbindung längs der Gränzen der *Capitania* von *Minas Geraës*; näher an der Seeküste aber findet man einige andere Stämme, die *Patachos*, *Machacalis* u. s. w. Westlich dehnen sich die Botocuden bis zu den bewohnten Gegenden von *Minas Geraës* hin aus;

(*) Ausgesprochen wie das französische Wort *Guerins*, nur hört man das *s* am Ende.
(**) Das *E* am Anfange des Wortes wenig hörbar.

Mawe verlegt ihren äufsersten Wohnplatz an die Quellen des *Rio Doçe* nach *S. José da Barra Longa*. Ueberall, in *Minas* so wie am *Rio Doçe*, führt man Krieg gegen sie; in früheren Zeiten waren besonders die Paulisten (Bewohner der *Capitania* von *S. Paulo*) ihre unabläfsigen Feinde. Am *Rio Grande de Belmonte* findet man bis *Minas Novas* hinauf die Gesellschaften der Botocuden, die hier in ungestörter Ruhe leben. Jede Truppe hat ihren Anführer (von den Portugiesen *Capitam* genannt), der nach Verhältnifs seiner kriegerischen Eigenschaften mehr oder minder in Ansehen steht. Nordwärts am rechten Ufer des *Rio Pardo* zeigen sie feindliche Gesinnungen; ihren Hauptsitz haben sie jedoch in den grofsen Urwildnissen an beyden Ufern des *Rio Doçe* und des *Belmonte*. In diesen Wäldern schalten sie ungestört, und am Flusse *S. Matthaeus* streifen sie noch zuweilen bis nahe an die Seeküste hinab.

Dies sind die Gegenden, welche heut zu Tage diesem Stamm zum Wohnsitze dienen. Ihre frühere Geschichte, wovon wir einige Notizen in den Werken der Jesuiten und anderer Schriftsteller finden, die Southey in seiner *History of Brazil* zusammengestellt hat, zeigt, dafs sie immer zu den rohesten und wildesten der *Tapuyas* gerechnet und sehr gefürchtet wurden; dieses Urtheil von ihnen findet man auch noch in den gegenwärtigen Zeiten bestätigt.

Die Natur hat diesem Volke einen guten Körperbau gegeben, denn sie haben eine bessere und schönere Bildung als die übrigen Stämme. Sie sind gröfstentheils von mittlerer Statur, einzelne erreichen eine ziemlich ansehnliche Gröfse; dabey sind sie stark, fast immer breit von Brust und Schultern, fleischig und muskulös, aber doch proportionirt; Hände und Füfse zierlich; das Gesicht hat, wie bey den andern Stämmen, starke Züge und gewöhnlich breite Backenknochen, zuweilen etwas flach, aber nicht selten regelmäfsig gebildet; die Augen sind bey mehreren klein, bey andern grofs, aber durchgängig schwarz und lebhaft. Der Mund und die

Nase sind oft etwas dick. Zuweilen soll man jedoch auch blaue Augen unter ihnen antreffen, wie dies von der Frau eines Anführers am *Belmonte* gerühmt ward, die unter ihren Landsleuten für eine grofse Schönheit galt. Von den *Gabilis* behauptet Barbot, dafs die meisten Weiber blaue Augen hätten (*), welches jedoch unwahrscheinlich ist. Ihre Nasen sind stark, meist gerade, auch sanft gekrümmt, kurz, bey manchen mit etwas breiten Flügeln, bey wenigen stark vortretend; überhaupt giebt es so mannigfaltige und starke Verschiedenheiten der Gesichtsbildung unter ihnen, als bey uns, obgleich die Grundzüge mehrentheils auf dieselbe Art darin ausgedrückt sind. Das Zurückweichen der Stirn ist wohl kein allgemeines sicheres Kennzeichen (**). Ihre Farbe ist ein röthliches Braun, welches heller oder dunkler variirt; es finden sich indessen Individuen unter ihnen, die beynahe völlig weifs, und selbst auf den Backen röthlich gefärbt sind; nirgends aber habe ich diese Völker von so dunkler Haut gefunden, als einige Schriftsteller es wollen, dagegen öfters mehr gelblich braun. Ihr Kopfhaar ist stark, schwarz wie Kohle, hart und schlicht; die Haare am übrigen Körper dünn und gleichfalls straff; bey der weifslichen Varietät ist das Kopfhaar mehr schwarzbraun, Augenbraunen und Bart rupfen viele aus, andere aber lassen sie wachsen, oder schneiden sie blos ab; die Weiber leiden nie Haar am Körper. Ihre Zähne sind schön geformt

---

(*) Barbot in seiner Relation of the Province of *Guiana* sagt von den *Gabilis*: The eyes of the woman for the most part blue; Barrère hingegen erwähnt hiervon nichts.

(**) S. Vater im 3ten Theile 2te Abtheilung des Mithridates S. 311. Ich habe, um eine Probe von der Gesichtsbildung der Botocuden zu geben, mehrere Abbildungen von ihnen auf der 17ten Tafel dargestellt; auch ist kürzlich in Sir William Ouseley's Travels in various countries of the East; more particulary Persia vol. I. p. 16 sq. eine Abbildung einer alten Botocudin erschienen, die in ihrer Gesichtsbildung wohl den Charakter einer solchen Waldmatrone trägt, auch die Verunstaltung der Ohren und Unterlippe, zwar etwas undeutlich, zeigt, aber mit einem scheinbar krausen Haare versehen ist, welches man bey den ächten und reinen Amerikanern nirgends findet.

und weifs. Sie durchstechen Ohren und Unterlippe und erweitern die Oeffnungen durch cylindrische, von einer leichten Holzart geschnittene Pflöcke (*), die immer gröfser genommen werden, dergestalt, dafs ihr Gesicht dadurch ein höchst sonderbares widerliches Ansehen erhält. Da sie sich durch diese häfsliche Entstellung so auffallend auszeichnen, so schien es mir wichtig darüber genaue Nachforschungen anzustellen und ich theile meinen Lesern hier mit, was ich theils durch eigene Ansicht, theils durch glaubhafte Nachrichten davon in Erfahrung gebracht habe.

Der Wille des Vaters bestimmt die Zeit, wenn die Operation vorgenommen und das Kind die seltsame Zierde seines Stammes erhalten soll, welches gewöhnlich schon im siebenten oder achten Jahre, öfters auch noch früher geschieht. Man spannt zu dem Ende die Ohrzipfel und Unterlippe aus, stöfst mit einem harten zugespitzten Holze Löcher hindurch und steckt in die Oeffnungen erst kleine, dann von Zeit zu Zeit gröfsere Hölzer, welche endlich Lippe und Ohrläppchen zu einer ungeheuren Weite ausdehnen. Wie häfslich Ohren und Lippe und durch sie das ganze Gesicht entstellt werden müssen, mag man aus der Gröfse des Pflockes schliefsen, welcher auf der 13ten Platte, Figur 4 abgebildet ist. Man halte diese Abbildung nicht für übertrieben; denn ich mafs ein solches cylindrisches Ohrholz, des auf der 11ten Vignette des ersten Theils abgebildeten Chefs KERENGNATNUCK, und fand, dafs dasselbe vier Zoll vier Linien englisches Mafs im Durchmesser hielt, bey einer Dicke von anderthalb Zoll. Die Zeichnung stellt dasselbe in natürlicher Gröfse dar. Diese Scheiben verfertigen sie aus dem Holze des *Barrigudo*-Baums (*Bombax ventrisosa*), welches leichter als Kork und sehr weifs ist. Die weifse Farbe erhält dasselbe erst durch sorgsames Trocknen am Feuer, indem

---

(*) Sie nennen das Holz für die Lippe *Gnimató* (*gni* ausgesprochen wie im Französischen und etwas durch die Nase), das in den Ohren aber *Numä* (*Nu* durch die Nase, *mä* kurz ausgesprochen).

dadurch der Saft sich verflüchtiget. Obgleich diese Hölzer äußerst leicht sind, so ziehen sie bey älteren Leuten dennoch die Lippe niederwärts; bey jüngeren hingegen steht sie gerade aus, oder etwas aufgerichtet. Es ist dies ein auffallender Beweis von der außerordentlichen Dehnbarkeit der Muskelfieber; denn die Unterlippe erscheint nur als ein dünner um das Holz gelegter Ring, und eben so die Ohrläppchen, welche bis beynahe auf die Schultern herabreichen. Sie können das Holz herausnehmen so oft sie wollen; dann hängt der Lippenrand schlaff herab und die Unterzähne sind völlig entblößt. Mit den Jahren wird die Ausdehnung immer größer und oft so stark, daß das Ohrläppchen oder die Lippe zerreißt, alsdann binden sie die Stücke mit einer *Çipó* wieder zusammen und stellen den Ring auf diese Art wieder her. Bey alten Leuten findet man meistens das eine, oder selbst beyde Ohren auf diese Art zerrissen. Da der Pflock in der Lippe beständig gegen die mittleren Vorderzähne des Unterkiefers drückt und reibt, so fallen diese zeitig, ja schon im zwanzigsten bis dreißigsten Jahre aus, oder sind mißgestaltet und verschoben. In dem berühmten anthropologischen Cabinette des Herrn Ritter BLUMENBACH zu Göttingen habe ich den Schädel eines jungen zwanzig- bis dreißigjährigen Botocuden niedergelegt, der eine osteologische Merkwürdigkeit ist. Auch an diesem Kopfe nimmt man wahr, daß der große *Botoque* die Vorderzähne des Unterkiefers bereits hinweggeschoben und dabey auf die Kinnlade selbst so stark gedrückt hat, daß die Alveolen der Zähne völlig verschwunden sind, und der Kiefer an dieser Stelle scharf wie ein Messer geworden ist. Auf der Vignette dieses ersten Abschnitts ist der eben erwähnte Schädel mit dem merkwürdigen Unterkiefer abgebildet, und ich verdanke der Güte des Herrn Ritter BLUMENBACH, dieses gelehrten Anthropologen, als eine Erklärung zu diesem Kupfer, die kurze Beschreibung jenes Schädels, welche diesem 1ten Capitel des 2ten Theiles meiner Reise, als Anhang beygefügt ist (*). Gewiſs wird jene Zugabe aus der Feder eines so geachteten Gelehrten allen Naturforschern und Anthropologen willkommen seyn. Der *Botoque* ist den Botocuden im Essen ungemein hinderlich, und Unreinlichkeit ist die unmittelbare Folge davon (**). Tauschten wir ihnen die Ohrhölzer ab, so hiengen sie den dadurch leer gewordenen weiten Rand des Ohrläppchens auf den oberen Theil des Ohres (***). Das weibliche Geschlecht schmückt sich, wie das männliche, mit dem *Botoque*; doch tragen die Weiber ihn kleiner und zierlicher als die Männer. Auf Taf. 13, Figur 5. ist ein solches Holz einer Frau in natürlicher Gröſse abgebildet. Selbst den übrigen Stämmen der an der Ostküste wohnenden *Tapuyas* ist diese widrige Verunstaltung sehr auffallend, denn den meisten von diesen gilt sie als Merkmal, wonach sie die Botocuden benennen, so zum Beyspiel geben ihnen die *Malalis*, die jetzt nur noch als Rest ihres Stammes unter dem Schutze des Quartel von *Passanha* am oberen *Rio Doçe* wohnen, den Nahmen *Epcoseck*, das ist: Groſsohr.

Es herrscht bey sehr vielen amerikanischen Völkerschaften der Gebrauch, die Unterlippe zu durchbohren. Die Stämme der *Tupinambas* an den brasilianischen Küsten, trugen grüne Nephrit-Steine in der Unterlippe; von den Stämmen der Urvölker in *Paraguay* berichtet uns AZARA das-

---

(*) Herr Ritter BLUMENBACH hat seitdem das 6te Heft seiner Decades Craniorum herausgegeben, wo auf der 58ten Platte die Abbildung des eben genannten Schädels mit der dazu gehörigen Erklärung gegeben ist.

(**) Sie verkauften uns ohne Umstände diese Zierrathen. Wir machten dabey die Bemerkung: daſs diejenigen, welche den Werth des Geldes schon kannten, doch die einzelnen Stücke nach ihrem Werthe nicht unterschieden, sondern nahmen, was ihnen angeboten wurde, wenn es nur rund war. Sie nannten jede portugiesische Münzsorte *Patacke*, ein Nahme der bloſs einer Münze zukommt, die etwa den Werth eines Gulden hat.

(***) Denselben Gebrauch fand COOK auf der Osterinsel, s. dessen zweyte Reise um die Welt, Vol. I. tab. 46, pag. 291. »Both men and women have very large holes, or rather slits in their ears, extendet to near three inches in length. They sometimes slit over the upper part, and than the ear looks as if the flap was cut off.

selbe. Nach ihm tragen die *Aguitequedichagas* ein rundes Stück Holz in den Ohren (*), eben so die *Lengoas*, welche Pflöcke von zwey Zoll im Durchmesser getragen haben sollen (*a*). Diese Völker setzen auch in die Unterlippe ein Stück Holz ein; da dieses aber die Gestalt einer Zunge hat, so ist es nicht so entstellend, als das der Botocuden. Denselben Gebrauch fand Azara bey den *Charruas* (*b*), und la Condamine sah am *Maranhâo* so weit ausgedehnte Ohrlappen, daſs die Oeffnung darin 18 Linien im Durchmesser hielt, und die Ohren bis auf die Schulter herabhängen; sie steckten indessen nicht Pflöcke sondern Blumensträuſse in die Oeffnung (**). Auch auf den ostindischen und den Südsee-Inseln finden sich ähnliche Gebräuche (***), wie zum Beyspiel auf *Mangea* in SW. der *Society-Isles* (****). Die Bewohner von Prinz *William's Sound* an der NW. Küste von Amerika (1) und die von *Oonalashka* (2), tragen knöcherne Stifte in der Unterlippe, la Pérouse bildet die Einwohner des *Port des Français* mit einer Oeffnung in derselben ab, und nach Quandt (*****) bewahren die *Caraïben* und *Warauen* in *Guiana* in den groſsen Oeffnungen ihrer Ohrläppchen ihre Näh- und Stecknadeln auf. Die *Gamellas* am *Maranhâo* trugen groſse Pflöcke in der Unterlippe wie die Botocuden u. s. w. Aus dem angeführten erhellt, daſs der Gebrauch, Ohren und Unterlippe zu durchbohren und mit Zierrathen zu versehen, dem rohen Naturmenschen in allen Theilen unserer Erde gemein ist, aber auch, daſs in Süd-Amerika die auffallendsten Entstellungen dieser Art vorkommen, und daſs die Botocuden es in dieser Kunst wohl am weitesten gebracht zu haben schienen.

(*) Azara voyages dans l'Amérique méridionale Vol. II. p. 83. — (*a*) Ebendas. p. 149. (*b*) Ebendaselbst p. 11.
(**) De la Condamine Voyage dans l'int. de l'Amerique merid. etc. p. 82.
(***) Blumenbach, de generis humani varietate nativa.
(****) Cook's letzte Weltreise, Vol. I. Tab. II. — (1) Ibid. Vol. II. Tab. 46. 47. — (2) Ib. Tab. 48. 49.
(*****) Siehe Quandt Nachrichten von Surinam S. 246.

Denn da, wo Azara eine Oeffnung von zwey Zoll im Ohr fand, beobachtete ich sie am *Belmonte* von vier Zoll vier Linien englisches Maſs, auch findet man bey den Botocuden Ohren und Unterlippe zugleich auf jene empörende Art verunstaltet. Gumilla indessen erzählt von einem Volke, welches unsere Botocuden in Rücksicht der Seltsamkeit der Ohrverzierung noch übertreffen muſs, wenn man anders seiner Erzählung glauben darf; denn er fand am *Apure* und *Sarare* die *Guamos*, welche das Ohr spalten und eine Tasche daraus machen (*). Das Ablösen des ganzen Ohrrandes, wie es bey den nordamerikanischen Völkern (**) gefunden ward, gehört ebenfalls zu den merkwürdigen Verirrungen der Phantasie und des rohen Kunstsinns. Die 17te Tafel zeigt mehrere sehr gut getroffene Botocuden-Physiognomien, an welchen man die durch Ohr- und Lippenpflöcke hervorgebrachten Entstellungen deutlich wahrnehmen kann.

Eine zweyte äuſsere Verzierung, welche der Botocude liebt, ist die Verschneidung des Kopfhaares. Alle rasiren es um den untern Theil des Kopfes, bis drey Finger breit oder noch höher über die Ohren hinauf glatt ab, so daſs blos auf dem Scheitel eine kleine Haarkrone stehen bleibt, die sie von allen ihren Landsleuten an der Ostküste unterscheidet. Sie bedienten sich zum Abscheeren der Haare eines Stückes Rohr (*Taquara*), welches sie spalteten und auf der einen Seite schärften. Diese Art Messer sind sehr schneidend und nehmen die Haare gut hinweg, allein jetzt sind sie zum Theil schon durch eiserne ersetzt. Von den Haarkronen und dem Verschneiden derselben unter den *Aymorés*, bey welchen es schon in früheren Zeiten üblich war, redet auch Southey in seiner Geschichte von Brasilien.(***). Am Körper reiſsen sie, wie schon

(*) Siehe J. Gumilla histoire naturelle, civile et geographique de l'Orenoque T. 1. p. 197.
(**) Daselbst pag 630 und bey Carver.
(***) R. Southey's hist. of Brazil Vol. I. p. 282.

gesagt, die Haare meistentheils aus. Es ist falsch, wenn manche Schriftsteller behaupten, die Amerikaner seyen bartlos; denn es giebt manche unter ihnen, die einen ziemlich starken Bart haben, wiewohl die Mehrzahl von der Natur nur einen Kranz von dünnen Haaren um den Mund herum erhielt (*). Es giebt sogar Kinder unter den Botocuden, welche an den Armen schon sehr behaart sind, wie ich dieses an dem Sohne eines gewissen Anführers am *Rio Grande de Belmonte* gesehen habe; sie hassen aber dergleichen Behaarung und reifsen sie aus. Die männlichen Geschlechtstheile aller süd-amerikanischen Völker scheinen nur mäfsig grofs zu seyn; sie stehen daher, was diesen Punkt betrifft, im Gegensatze mit den afrikanischen Stämmen der äthiopischen Race, worüber Herr Ritter BLUMENBACH uns sehr richtig belehrt hat (**). Was AZARA vom weiblichen Geschlechte der Stämme von *Paraguay* behauptet, kann ich nicht bestätigen; denn auch für dieses gilt, was von dem männlichen erzählt worden (***). Die Botocuden haben die Gewohnheit, das Zeugungsglied in ein von trockenen *Issara*-Blättern geflochtenes Futteral zu stecken, eine Bedeckung, welche sie *Giucann*, die Portugiesen aber *Tacanhoba* (*Tacanioba*) nennen, und welche man Tafel 14, Figur 4 in natürlicher Gröfse abgebildet findet. Es herrscht diese Sitte auch bey dem Stamme der *Camacan*, von welchem ich in diesem zweyten Theile meines Reiseberichts zu reden Gelegenheit finden werde. Bey Befriedigung der natürlichen Bedürfnisse mufs dieses Futteral jedesmal abgenommen, nachher aber wieder aufgezwängt werden.

Sonst wird der Körper dieser Wilden nicht entstellt; indefs ist doch das Bemahlen desselben unter ihnen üblich. Bey allen Nationen der Ostküste findet man nichts von der künstlichen Tatuirung der *Nucahiver*;

(*) Als Bestätigung dieses Satzes siehe BLUMENBACH De generis humane varietate nativa.
(**) S. BLUMENBACH a. a. O.
(***) S. AZARA Voyages etc. Vol. II. p. 59.

eine kleine Figur im Gesichte eines jungen *Coropo*-Indiers war das einzige Zeichen dieser Art, welches ich sahe (*). Die Farben, womit die Botocuden (wie alle *Tapuyas* von Brasilien) sich bemahlen, werden von dem in jenen Wäldern häufig wachsenden *Urucú* (*Bixa Orellana*, Linn.) und von der *Genipabá*-Frucht genommen. Die erstere giebt ein brennendes Gelbroth, und kommt von der Haut, welche die Saamenkörner einhüllt; aus der anderen erhält man ein sehr dauerndes Blauschwarz, welches 8 bis 14 Tage auf der Haut sichtbar bleibt, und womit auch die jetzt christlichen Indier am Amazonenstrome Figuren von Thieren, von Sonne, Mond und Sternen, auf ihre Zeuge mahlen (**). Mit dem ersteren, welcher leichter von der Haut abzuwaschen ist, bemahlen sie vorzüglich das Gesicht vom Munde an aufwärts, wodurch sie ein äußerst wildes, glühendes Ansehen erhalten. Gewöhnlich streichen sie den ganzen Körper schwarz an, nur das Gesicht, die Vorderarme und Füße von den Waden abwärts ausgenommen; jedoch wird an den letzteren der bemahlte Theil von dem unbemahlten durch einen rothen Streif abgesondert. Andere theilen den ganzen Körper der Länge nach, lassen die eine Hälfte in natürlichem Zustande, und färben die andere schwarz, wodurch sie den Masken gleichen, welche man Tag und Nacht zu nennen pflegt; wieder andere mahlen blos das Gesicht glühend roth. Nur diese drey Arten der Färbung habe ich bey ihnen gefunden. Bey einem schwarz bemahlten Körper zieren sie sich gewöhnlich noch mit einem schwarzen Striche, welcher gleich einem Schnurrbarte von einem Ohr zum andern, unter der Nase hindurch in der rothen Gesichtsfarbe geführt wird. Einige wenige endlich, welche von den Schultern bis zu den Füßen hinab an jeder Seite des Körpers schwarz gefärbt waren, hatten nur die Mitte desselben unangestrichen gelassen. Die Farben reiben sie in der Ober-

(*) S. v. Eschwege Journal von Brasilien, Heft I. S. 137.
(**) S. v. Murr Reisen einiger Missionäre der Gesellschaft Jesu, S. 528.

schaale einer Schildkröte an, die sie zu diesem Behufe zuweilen unter ihrem Gepäcke mit sich führen. So bemahlt hat der Botocude dennoch seiner Idee von Schönheit noch nicht völlig Genüge geleistet; es muſs nun noch eine Halsschnur von Fruchtkernen oder schwarzen Beeren hinzukommen, die auf einen Faden gereiht werden. Am *Rio Doçe* verfertigen sie diese Halsschnüre, welche sie *Pohuit* nennen, von harten schwarzen Beeren, und befestigen in der Mitte zwischen denselben mehrere Zähne von Affen oder Raubthieren; ein Putz, der auch von den *Puris* und den meisten übrigen brasilianischen Urvölkern getragen wird. Am *Belmonte* scheinen sie diese schwarzen Früchte nicht zu haben, denn sie bedienen sich daselbst kleiner gelbbräunlicher glänzender Fruchtkerne. Weiber und Kinder tragen häufig solche Schnüre, die Männer hingegen unter den Botocuden seltener, doch fand ich einige, welche selbst um die Stirn herum eine Menge derselben befestiget hatten. Am *Rio Doçe* hat man öfters Anführer mit einer Menge von Schnüren behangen gesehen, an welchen besonders viele Thierzähne befestiget waren.

Gewöhnlich führen diese Wilden auf ihren Zügen mancherley Tand mit, um sich bey vorkommenden Gelegenheiten damit zu putzen. Um den Hals trägt jeder Mann an einer starken Schnur befestigt sein gröſstes Kleinod, ein Messer, welches oft nur ein scharfes Stückchen Eisen, oder eine Messerklinge ist, die sich durch den langen Gebrauch bis auf einen kleinen Ueberrest abgenutzt hat. Dieses Instrument erhalten sie, da sie es fleiſsig wetzen, äuſserst scharf; auf der 14ten Tafel Figur 6 ist ein solches abgebildet, wie sie es mit einer Schnur umwickelt, zu gebrauchen pflegen.

Ihre Anführer zeichneten sich zuweilen durch einige auf ihrem Kopfe oder am Körper befestigte Vogelfedern aus. Ehedem sah man sie auch wohl mit einem Fächer von zwölf bis fünfzehn oder mehreren hochgelben Schwanzfedern des *Japú* (*Cassicus cristatus*) geziert, den sie mit Wachs in die Haare des Vorderkopfs eingeklebt und mit einer Schnur befestigt hatten, und die gelbe Farbe contrastirte nicht übel mit der Kohlenschwärze der Haare. Diesen gelben Federfächer, der Tafel 13, Figur 6 abgebildet ist, nennen sie *Nucancann* oder *Jakeräiunn-iokä*. Da die Mode ihn seit einiger Zeit verdrängt zu haben scheint, so habe ich am *Belmonte* ihn nur in ihren Hütten noch gefunden. Andere Anführer schmückten sich blos mit ein Paar Vogelfedern, meistentheils mit denen der Papageyen, welche sie mit einer Schnur vor die Stirn befestigten (*). Ein zu *Linhares* am *Rio Doçe* bey einem Ueberfalle im August 1815 getödteter Anführer war sehr geschmückt, trug um Ober- und Unterarme, Schenkel und Waden Schnüre von hochrothen *Arara*-Federn (**), und an den beyden Enden seines Bogens waren Büschel von den hochorangefarbenen Federn der Tucankehle (*Ramphastos dicolorus*, LINN.) befestigt. Es ist indessen doch sehr selten, daſs die Botocuden, um sich zu schmücken, von Vogelfedern Gebrauch machen; denn selbst ihre Anführer gehen mehrentheils nackt, und sind wie alle andere bemahlt. Am *Rio Grande de Belmonte*, wo sie durch das dort herrschende friedliche Einverständniſs Gelegenheit zum Tauschhandel haben, erhielten sie zwar einige Tücher und andere Gegenstände, jedoch habe ich nie gesehen, daſs sie dergleichen trugen. Die Weiber lieben zwar den Putz und schätzen besonders Rosenkränze, rothe Schnupftücher und kleine Spiegel; die Männer ziehen Aexte, Messer oder anderes Eisengeräthe vor. Kunstsinn verräth sich in dem Schmucke, den sich die Botocuden verfertigen, ganz und gar nicht; dahingegen andere Stämme, wie zum Beyspiel die *Camacan* im *Sertam* der *Capitania da Bahia*, sehr saubere Arbeiten liefern. Die Stämme der Urvölker von *Mexico* und *Perú*, besonders aber die Nationen am *Ma-*

(*) Auf dem Titelkupfer zu MARCGRAV's und PISO's Naturgeschichte von Brasilien, findet man diesen Federschmuck abgebildet.
(**) Die Botocuden nennen diesen schönen Papagey *Hatarat*, und setzen zum Unterschied von einer kleinern Art, das Wort *gipakeiú*, (groſs oder dick) hinzu.

ranhâo, sind in dieser Hinsicht den Botocuden und den andern *Tapuyas* der Ostküste weit überlegen; denn sie verfertigen sehr nette Federarbeiten, die sich besonders durch schöne brennende Farben auszeichnen. Im königlichen Naturalien-Cabinette zu *Lisboa* sieht man eine höchst interessante Sammlung von seltenen Putzarbeiten, welche denen der *Sandwich*-Insulaner an Zierlichkeit und Nettigkeit nahe kommen. Einen Beweis hiervon giebt unter andern der merkwürdige mumienartige Kopf eines Brasilianers, welcher sich in der seltenen anthropologischen Sammlung des Herrn Ritters Blumenbach in Göttingen befindet. Er ist auf der 47ten Tafel der *Decades Craniorum*, aber ohne seinen Federschmuck, abgebildet, und die 17te Platte Figur 1 dieser Reisebeschreibung, zeigt ihn in seiner ganzen Schönheit. Das weibliche Geschlecht, welches unter allen Zonen der Erde mehr Eitelkeit und Hang zum Putze besitzt, thut es hier in diesen Urwäldern dem männlichen wenig zuvor. Die Weiber bemahlen ihren nackten Körper mit den nämlichen Farben und auf die nämliche Art wie die Männer, sie tragen eben solche Halsschnüre und aufserdem noch eine feine Schnur von *Tucum*. Mund und Ohren sind bey ihnen ebenfalls mit dem *Botoque* verziert; nur die Beine umwinden sie unter dem Knie und über dem Knöchel mit Stricken von Bast oder *Grawathá*, weil sie selbe schlank zu erhalten wünschen.

Sonst verunstalten die *Tapuyas* der Ostküste ihren Körper nicht. Man findet bey ihnen weder den Gebrauch der *Omaguas* oder *Cambevas*, welche, um das Gesicht ihrer Kinder dem Vollmonde ähnlich zu machen, ihnen die Stirn zwischen zwey Stücken Holz flach drückten (*), noch den Gebrauch des Naseneindrückens (**), dessen ältere französische Reisende

---

(*) Die Spanier geben diesem Volke den Nahmen *Omaguas*, die Portugiesen nennen sie *Cambevas*. Siehe hierüber la Condamine Voyage etc. pag. 69, und die Corografia brasilica T. II. p. 326.

(**) Azara Voyage etc. Vol. II. p. 60.

bey den *Tupinambas* erwähnen; Gewohnheiten, welche aber selbst unter jenen jetzt civilisirten Völkern nicht mehr gefunden werden. Die Kinder der Botocuden sind im Gegentheil oft sehr hübsch, und ihr Haupt ziert schon in frühester Jugend eine kleine Haarkrone.

So wie verschiedene brasilianische Stämme in ihrer äuſseren Körperbildung einander ähnlich sind, so sind sie es auch in Ansehung ihres sittlichen Charakters. Ihre geistigen Kräfte werden von der rohesten Sinnlichkeit beherrscht. Man hat oft Gelegenheit die verständigsten Urtheile und selbst Witz an ihnen wahr zu nehmen. Diejenigen, welche man unter die Weiſsen bringt, bemerken alles was sie sehen genau, ahmen was ihnen lächerlich dünkt, mit höchst komischen Gebehrden und so treffend nach, daſs niemand ihre Pantominen verkennen kann. Eben so begreifen sie leicht und erwerben bald mancherley Kunstfertigkeiten, wie Tanz, Musik und dergleichen. Aber weder von sittlichen Grundsätzen geleitet, noch durch Gesetze in den Schranken bürgerlicher Ordnung gehalten, folgen diese rohen Wilden den Eingebungen ihres Instinkts und ihrer Sinne, gleich der Unze in den Wäldern. Die rohen ungezügelten Ausbrüche der Leidenschaften, besonders der Rachsucht und Eifersucht sind bey ihnen oft um so furchtbarer, als sie schnell aufwallen. Oft aber verschieben sie auch die Befriedigung der Leidenschaft bis zu einer günstigen Gelegenheit, lassen aber dann auch ihrer Rache vollen Lauf. Eine ihm zugefügte Beleidigung rächt der Wilde gewiſs, und es ist ein Glück, wenn er nicht mehr zurück giebt, als man ihm zugefügt hat. Eben so heftig sind sie in der Aufwallung des Zorns. Ein Botocude in der Nähe eines Quartels am *Belmonte* erschoſs eine seiner Weiber, die sich durch körperliche und geistige Vorzüge vor allen andern auszeichnete, aus Eifersucht. Die geringste Beleidigung kann sie aufbringen. Ein Soldat gieng am *Belmonte* mit einigen Botocuden in den Wald, um zu jagen; einer der sonst sehr friedlich gesinnten Wilden verlangte das Messer des Mulatten, und als dieser es verweigerte, suchte er ihm dasselbe mit Gewalt zu nehmen. Der Soldat machte eine drohende Bewegung, als ob er den Wilden stechen wolle, und sogleich schofs dieser ihn nieder. Als eines Tages mehrere Botocuden auf dem Quartel *Dos Arcos* durch einen Unterofficier in der Abwesenheit des Oberofficiers beleidigt wurden, machten sie sogleich gemeine Sache und zogen sämmtlich fort, und nur mit vieler Mühe und vielen guten Worten brachte man sie, um den Frieden mit ihnen zu erhalten, endlich wieder zurück. Um sich bey solchen allgemeinen Angelegenheiten im Walde zusammen zu rufen, bedienen sie sich eines kurzen, aus der abgestreiften Schwanzhaut des grofsen Gürtelthiers (*Dasypus Gigas*, Cuv.) verfertigten Sprachrohrs, welches sie *Kuntschung-Cocann* nennen; Figur 1 auf Tafel 14 habe ich es abbilden lassen.

Behandelt man sie mit Offenheit und Wohlwollen, so zeigen sie sich öfters ebenfalls sehr gutherzig, ja selbst treu und anhänglich. Eine gute Behandlung pflegen sie nicht leicht zu vergessen, wie man dies bey unverdorbenen Naturmenschen gewöhnlich findet. In der Nähe von *Sta Cruz* am kleinen Flüfschen *S. Antonio*, 7 bis 8 Meilen von *Belmonte*, lebte eine Familie, bey welcher ein junger Botocude Zutritt hatte, und stets gut und freundlich behandelt worden war. Seine Landsleute streiften zuweilen in feindlicher Absicht in jener Gegend. Eines Tages kam der Wilde in das Haus gerannt und gab durch ängstliche Zeichen zu verstehen, man möchte sich retten, denn seine Landsleute seyen im Anzuge. Man achtete nicht auf diese Warnung; allein bald erschien in der That ein wilder Schwarm von Botocuden und ermordete beynahe alle Bewohner des Hauses. Dennoch ist der Umgang, selbst mit den besten jener Menschen, in ihren Urwäldern immer gefährlich; denn da weder ein inneres noch ein äufseres Gesetz sie bindet, so kann oft ein unbedeutender Vorfall sie feindselig stimmen, und es bleibt daher immer sicherer, ihren Zusammenkünften auszuweichen. Am *Rio Grande de Belmonte* sind sie jetzt von den guten Absichten der Portugiesen gegen sie überzeugt; man wagt es dort mit ihnen in den Wald und selbst auf die Jagd zu gehen, aber doch findet man dabey noch immer eine gewisse Vorsicht und Behutsamkeit nöthig.

Trägheit ist ebenfalls ein Hauptzug im Charakter dieser Wilden. Voll natürlicher Indolenz ruht der Botocude unthätig in seiner Hütte, bis das Bedürfniſs der Nahrung ihn mahnt, und selbst dann macht er Gebrauch vom Rechte des Stärkeren, indem er seine Weiber und Kinder die meisten Arbeiten verrichten läſst. Indessen ist doch ihre Trägheit nicht so groſs, als die der *Guaranis*, wie Azara(*) sie uns schildert; denn sie sind lustig, aufgeräumt und reden gern. Wenn man ihnen etwas Mehl und einen Schluck Branntwein verspricht, so gehen sie einen ganzen Tag mit auf die Jagd. Die Frau muſs dem Manne knechtisch gehorchen, und von seinem rasch aufwallenden Zorne zeugen die häufigen Narben an dem Körper des Weibes. Was nicht zur Jagd und zum Kriege gehört, ist alles ihr Geschäft. Sie müssen die Hütten erbauen, Früchte aller Art zur Nahrung aufsuchen, und auf Reisen sind sie beladen wie Lastthiere. Diese mannigfaltigen und mühsamen Arbeiten erlauben ihnen nicht, sich viel um ihre Kinder zu bekümmern. Sind diese noch klein, so tragen sie sie beständig auf dem Rücken mit sich umher; sind sie schon etwas gröſser, so bleiben sie sich selbst überlassen, wo sie schnell ihre Kräfte gebrauchen lernen. Der junge Botocude kriecht im Sande umher, bis er den kleinen Bogen spannen kann, alsdann fängt er an sich zu üben, und nun bedarf er zu seiner Ausbildung nichts weiter als die Lehren der Mutter Natur. Die Liebe zu einem freyen, rohen und ungebundenen Leben, drückt sich ihm von früher Jugend an tief ein, und dauert sein ganzes Leben hindurch. Alle jene Wilde, welche man aus ihren mütterlichen Urwäldern entfernt, und in die Gesellschaft der Europäer gezogen

(*) Azara Voyages etc. Vol. II. pag. 60.

hat, hielten wohl eine Zeit lang diesen Zwang aus, sehnten sich indessen immer nach ihrem Geburtsorte zurück und entflohen oft, wenn man ihren Wünschen nicht Gehör gab. Wer kennt nicht die magisch anziehende Kraft des vaterländischen Bodens, und der früheren Lebensweise!

Wo ist insbesondere der Jäger, der sich nicht nach den Wäldern zurücksehnt, die er von Jugend auf im Genusse der schönen Natur zu durchstreifen gewohnt war, wenn man ihn in das ängstlich treibende Getümmel grofser Städte versetzt? Unter Europäern erzogene Wilde, die nachher entflohen, schafften den europäischen Ansiedlungen oft Nutzen, wenn man sie gut behandelt hatte; im Kriege hingegen schadeten sie nicht selten, da sie alle Schwächen der Colonien kannten.

Wenn eine Horde von Botocuden im Walde angezogen kommt, und sich niederlassen will, so zünden die Weiber, nach der Weise der meisten rohen Völker, sogleich Feuer an. Sie nehmen nämlich ein länglichtes Stück Holz mit einigen kleinen Vertiefungen, in welche ein anderer Stock senkrecht gestellt wird, befestigen häufig an das obere Ende des letzteren ein Stück Pfeilrohr, um ihn zu verlängern und besser fassen zu können, nehmen dies zwischen beyde flache Hände, und drehen den Stock schnell hin und her. Unter dem horizontalen Stücke Holz, worin sich die Spitze des Stockes drehen mufs, liegt Bast (*Estopa*) von dem Baume, den die Portugiesen *Pao d'Estopa* (*Lecythis*) nennen, welches von anderen Personen fest gehalten wird; die losgedrehten Spänchen fangen Feuer und entzünden die Bastfäden. Die Wirkung dieses Feuerzeuges (*) von den Botocuden *Nom-Nan* genannt, dessen Abbildung man Figur 2 auf der 14ten Tafel findet (**), ist sicher, kostet aber viel Zeit und Anstrengung;

(*) Man findet ähnliche Feuerzeuge bey den Grönländern, Galibis, Unalaschkern, Kamtschadalen, Hottentotten, Otaheiten, Neuholländern u. a. m.

(**) *aa* ist das Holz, welches auf dem Stocke *bb* in senkrechter Stellung gedreht wird.

das Umdrehen ermüdet sehr, und öfters müssen mehrere dabey einander ablösen. Auch die Portugiesen bedienen sich zuweilen auf ihren Zügen in den Wäldern dieser Art Feuer zu machen, wenn es ihnen an einem anderen Feuerzeuge fehlt. Es gehören dazu zwey verschiedene Holzarten, die eine mehrentheils vom *Gamelera*- (*Ficus*) und die andere vom *Imbaüba*-Baum (*Cecropia*). Ist das Feuer im Brande, so legen die Weiber sogleich Hand an den Bau der Hütten, schneiden die grofsen Blätter (*frondes*) der wilden Cocospalmen ab, und stecken sie gewöhnlich in eine längliche Rundung dergestalt in die Erde, dafs ihre von Natur schlanken Spitzen sich oben in der Mitte übereinander hinneigen, und auf diese Art ein Gewölbe bilden. Gewöhnlich sind diese einfach erbauten Hütten von länglicher Gestalt, aber oft auch rund. In der Mitte der Hütte liegen Steine, theils um zwischen denselben Feuer anzuzünden, theils um die harten Cocosnüfschen auf denselben aufzuschlagen. In einer solchen Hütte leben fast immer mehrere Familien beysammen, und mehrere Hütten zusammen werden von den Portugiesen eine *Rancharia* genannt. Bleiben sie lange an einem Orte, so vervollkommnen sie ihre Wohnung, indem sie Holz und Pfähle hinzufügen, auch Zweige, so wie Stroh und grofse *Pattioba*-Blätter(*) oben darauf legen, um die Decke recht dicht zu machen. Aller Hausrath liegt in diesen Hütten blos auf der Erde umher. Er ist zwar sehr einfach, dennoch aber ansehnlicher als der der *Puris* zu *S. Fidelis* am *Paraïba*. Es sind ebenfalls wieder die Weiber, welche die meisten ihrer Geräthschaften verfertigen. Man findet bey ihnen Kochtöpfe

---

(*) *Folha de Pattioba* nennen die Portugiesen nach der *Lingoa geral* die jung aus der Erde hervortretenden Blätter der *Cocos de Patti*, einer Art Palme. Alle diese schönen Gewächse sprossen mit etwa 4 bis 5 Fufs breiten gefalteten Blättern aus der Erde hervor; ihre *pinnulae* oder Seitenblätter sind alsdann noch in einer breiten Fläche vereint; daher geben sie mit ihrem lederartigen *Parenchyma* ein vortreffliches Material zu Hüttendächern gegen den Regen.

aus einem grauen Thone, die sie am Feuer backen; doch bedienen sich nicht alle Botocuden derselben. Zu Trink - und Wassergefäſsen benutzen sie meistens die Schaalen von Kürbissen, und wo sie europäischen Wohnungen näher sind, zuweilen die ausgehöhlte Frucht des Calebassen-Baums (*Crescentia Cuiete*, Linn.), in den groſsen Waldungen aber gewöhnlich lange Stücke des Rohrs, welches in der *Lingoa geral* der jetzt gezähmten *Tupinamba*-Stämme, *Taquarussú* (groſses Rohr) genannt wird. Es ist eine Art *Bambusa*, welche, wie weiter oben schon gesagt worden ist, 30 bis 40 Fuſs hoch wird, und die Dicke eines starken Armes erreicht. Um ein Trinkgefäſs zu erhalten, schneiden sie ein Glied des Rohrs dergestalt ab, daſs der Knoten unten an dem Stücke bleibt, und den Boden desselben bildet. Diese Gefäſse, *Käkrock* genannt, und auf der 14ten Platte, Figur 8 dargestellt, fassen, da sie 3 bis 4 Fuſs lang sind, viel Wasser, springen aber leicht auf; indeſs kleben sie die Risse öfters mit Wachs wieder zu. Die Weiber und Kinder holen das Wasser herbey, welches in ihren Hütten nie fehlen darf, verfertigen von der *Tucum*-Palme Leinen zum Fischfange, und aus den Blattfäden einer Art *Bromelia*(*), welche die Botocuden *Orontiónarick* (*ó* kurz) nennen, so wie aus Baumbast (*Embira*) starke Schnüre, womit sie auch ihre Bogen bespannen. Zu diesem Behufe läſst man die fleischigten Blätter der Pflanze etwas anfaulen, und zieht alsdann die äuſsere Haut ab. Solche Fäden sind dauerhafter als Hanf. An Material zu Stricken fehlt es in diesen amerikanischen Urwäldern nicht; denn hier wachsen das *Pao d'Estopa* (*Lecythis*), das *Pao d'Embira*, das *Embira branca*, *Barrigudo* (*Bombax*) und andere Arten. Aus dem *Pao d'Estopa*, wovon auch die Portugiesen den in groſsen Lagen abgeschälten weichen Bast in Menge verbrauchen, bereiten diese

---

(*) In *Paraguay* werden diese Pflanzen nach Azara *Caraguatá* genannt, an der Ostküste *Grawatha*. Siehe Azara Voyages etc. Vol. I. p. 135, und Arruda im Anhange zu Kosters Travels in Brazil.

Wilden ihre Betten; denn sie schlafen nicht, wie die *Puris* und die meisten südamerikanischen Völker, in Netzen oder Hangmatten: ein Stück *Estopa* auf der Erde ausgebreitet, dient ihnen zum Lager. Mit diesem Baste scheint auch derjenige verwandt zu seyn, welchen die *Encabelladas*-Indier am *Rio Napo* als Decke und Bette gebrauchen, und mit dem Nahmen *Yanchama* belegen; am *Maranhâo* dient er den Völkern meistens nur als Bettdecke oder Teppich. Allerhand Früchte und andere Lebensmittel, so wie die Waffen, das nöthige Rohr und Federn dazu, machen den Rest des Hausrathes in der Hütte des Botocuden aus.

Das erste Bedürfniſs des so eingerichteten Wilden ist nun die Nahrung; ihre Eſslust hat keine Gränzen, und dabey essen sie äuſserst gierig und sind während der Mahlzeit für alles andere taub und blind. Füllt man ihnen den Magen recht voll, so ist dies der sicherste Weg zu ihrer Freundschaft zu gelangen, und fügt man noch einige Geschenke hinzu, so ist man ihrer Anhänglichkeit gewiſs. Die Natur hat dem rohen Menschen zur Befriedigung des Hungers die Thiere des Waldes angewiesen, sie lehrte ihn die Jagd, und lieſs ihn beynahe in allen Theilen unserer Erde dieselbe rohe Waffe, den Bogen und den Pfeil erfinden. Ihrer bedienten sich die Europäer, Asiaten, Afrikaner und Amerikaner, und sie gebrauchen dieselben zum Theil auch jetzt noch; nur die Bewohner des fünften Welttheils befinden sich auf einer noch niederen Stufe der Bildung, indem Lanze und Keule ihre einzigen Waffen sind. Der Asiate und der Afrikaner führen Keule, Spies und Bogen; der Amerikaner Keule (*),

---

(*) Obgleich die Stämme der *Tapuyas* im östlichen Brasilien keine Keulen führen, so findet man diese Waffe dennoch bey denen, welche in den Provinzen *Cuiabá* und *Matto Grosso* gegen die Portugiesen streiten. Hierhin gehört zum Beyspiel der Stamm, welchen die Spanier *Mbayas* nennen, und die *Payaguas*. Siehe AZARA Vol. II; auch die Stämme am *Maranhan* und die jetzt civilisirten *Tupinambas* und ihre Verwandten führten Keulen von schwerem hartem Hölze wie die Völker von *Guiana*.

Bogen, Blasrohr (*) und Speer (**); der Südländer Keule, Lanze und sein Feuergewehr.

Unter allen Waffen der rohen Urvölker scheint der colossale Bogen und der dazu im Verhältnifs stehende Pfeil der Brasilianer, die furchtbarste zu seyn. Ein kräftiger untersetzter Botocude, mit scharfem Auge und muskulösem Arme, von Jugend auf geübt, das steife zähe Holz des hohen Bogens zu spannen, ist in der finster verflochtenen Urwildnifs wahrlich ein Gegenstand des Schreckens. Die Waffen aller brasilianischen Wildenstämme gleichen einander in der Hauptsache vollkommen; indefs bemerkt man doch kleine Abänderungen unter den verschiedenen Stämmen, die auch zum Theil von Localursachen herrühren. Viele benutzen zu ihren Pfeilen eine Rohrart (*Taquara*), welche gerade in der Gegend ihres Aufenthaltes wächst, so wie starke elastische Holzarten zum Bogen. Die, welche an der Ostküste und in der *Capitania* von *Minas Geraës* sich aufhalten, verfertigen ihn aus dem Holze der stachlichten *Airi*-Palme, die in *Minas Bréjéüba*, von den *Tupinamba*-Stämmen aber *Airi-assú*

(*) Die Blasröhre (*Esgravatânas* oder *Esgaravatanas*) der Völkerstämme am Amazonenstrome beschreibt schon DE LA CONDAMINE, der sie *Sarbacanes* nennt. Der kleine Pfeil, der aus dem 10 bis 12 Spannen langen Rohre herausgeblasen wird, hat am Ende einen Büschel Baumwolle, der die Höhlung des Schaftes verschliefst. Das wirksame Gift, womit die Pfeilspitze bestrichen wird, tödtet schnell das getroffene Thier. Auch VON HUMBOLDT giebt uns Nachricht von den Blasröhren, welche die Indier am *Orinoco* aus grofsen Grasstengeln, deren Knoten an 17 Fufs von einander stehen, bereiten. Siehe dessen Ansichten der Natur.

(**) Unter den südamerikanischen Völkern ist der Speer eine seltene Waffe, dennoch führen ihn die berittenen Stämme von *Paraguay* und in andern ebenen Gegenden, wo Pferdezucht statt findet; er hat eine Länge von 10 Fufs; die Völker am Amazonenstrome und in *Guiana* führten hingegen kurze, mit den schönsten bunten Federn verzierte Lanzen, als gewöhnliche Reisewaffe. Siehe DE LA CONDAMINE p. 158. In dem königlichen Cabinette zu *Lisboa* findet man eine seltene Sammlung von den Waffen jener Stämme, an welchen man die schönen Federzierrathen bewundern mufs.

genannt wird. Das faserige Holz derselben ist äuſserst fest, elastisch, und bey einer angemessenen Dicke schwer zu biegen, bricht aber doch, wenn man es zu stark angreift. Die *Puris* und die meisten Urbewohner der Ostküste, so wie auch ein groſser Theil der Botocuden am *Rio Doçe*, benutzen es zu diesem Endzwecke; weiter nördlich scheint aber diese Palme nicht mehr zu wachsen. Die *Patachos*, *Machacaris*, so wie die noch mehr nördlich am *Rio Grande de Belmonte* wohnenden Botocuden, nehmen daher statt derselben eine andere Holzart, *Hierang*, von den Portugiesen aber *Pao d'arco* (Bogenholz) genannt. Es kommt von einem sehr hochstämmigen, schön gelb blühenden Trompetenbaume (*Bignonia*) ist sehr fest, elastisch, weiſs mit schwefelgelbem Kerne, wird aber nach der Verarbeitung rothbräunlich (*). Das *Airi*-Holz ist glänzend schwarzbraun, und giebt, glatt polirt, eine auch schön ins Auge fallende Waffe. Die gröſste Stärke dieser Bogen liegt in der Mitte, von welcher sie nach beyden Enden allmählig conisch zulaufen. Starke Männer führen Bogen von 6½ bis 7 Fuſs Länge, ja ich fand einen unter den *Patachos*, dessen Bogen in der Höhe 8 Fuſs 9½ Zoll englisch maſs. Die starke Sehne zu denselben macht man aus den Fasern der *Grawatha*.

Zu dem Schafte der oft an 6 Fuſs langen Pfeile nehmen die am *Rio Doçe* wohnenden Botocuden zweyerley Rohrarten, nehmlich das *Ubá* und das *Cannachuba*, welches glatt und ohne Knoten ist, und sich durch das Mark von dem ersteren unterscheidet. Am *Belmonte* dagegen bedienen sie sich gewöhnlich blos des dort sehr häufig wachsenden *Ubá*, bringen aber aus entferntern Gegenden andere Rohrarten mit, auf welche sie einen

---

(*) Das *Pao d'arco* zeigt im Anfange des Frühjahrs, Ende August und Anfang Septembers, sein junges Laub mit einer schönen braunrothen Farbe, wodurch der Wald, da dieser Baum sehr häufig ist, ein buntes Ansehen erhält. Die schöne groſse hochgelbe Blume tritt in Menge hervor, und bedeckt den ganzen Baum. Die Rinde dieser starken Stämme schält man in groſsen Tafeln, *Cavacos* genannt, ab, und deckt mit denselben die Gebäude.

größeren Werth legen. Der Hintertheil des Pfeils, welcher unten an die Bogenschnur gelegt wird, ist mit den breiten Schwungfedern des *Mutum* (*Crax·Alector*, Linn.), der *Jacutinga* (*Penelope leucoptera*), der *Jacupemba* (*Penelope Marail*, Linn.) der *Arara* u. s. w. befiedert; sie binden nämlich an jeder Seite des Pfeils eine Feder der Länge nach mit der Rinde einer *Çipó* fest. Die Portugiesen nennen diese Schlingpflanze nach der *Lingoa geral*, *Imbä*, die Botocuden aber *Meli*. Man findet drey Arten von Pfeilen, welche nach den Spitzen verschieden sind, nämlich den Kriegspfeil, *Uagicke Comm*, den Widerhakenpfeil, *Uagicke Nigmeran*, und den zur Jagd kleiner Thiere, *Uagicke Bacannumock*. Der erstere hat eine länglichte oder elliptische, sehr scharfe Spitze, die aus einem Stück *Taquarussú*-Rohr geschnitten ist. Man brennt das Rohr, um es fester zu machen, schabt und schneidet es zu, daß es an den Rändern scharf wie ein Messer, und vorn spitzig wie eine Nadel wird. Diese Art von Pfeilen verursacht die stärksten Wunden, und wird daher für den Krieg und zur Jagd der größeren Thiere gebraucht. Da das Rohr hohl ist, so fließt das Blut an der concaven Seite der Spitze heraus, daher die angeschossenen Thiere sich sehr stark verbluten. Die ein bis anderthalb Fuß lange Spitze des Widerhakenpfeils wird aus demselben Holze, wie der Bogen, entweder von *Airi* oder *Pao d'arco* gemacht. Sie ist dünn, stark zugespitzt, und hat an der einen Seite acht bis zwölf schiefe, rückwärts gekehrte Einschnitte, welche Widerhaken bilden. Dieser Pfeil dient zur Jagd großer und kleiner Thiere, wie auch zum Kriege, und verursacht eine schlimme Wunde. Da es wegen der Widerhaken schwer hält, ihn heraus zu ziehen, so stößt man ihn, wo möglich, völlig hindurch, bricht ihn vorne ab, und dreht dann erst den Schaft zwischen beyden flachen Händen rückwärts heraus. Die dritte Art von Pfeilspitzen dient blos zur Jagd kleiner Thiere; man benutzt dazu Zweige, die mit Knoten versehen sind, und zwar so, daß dieses Instrument, statt spitzig zu seyn, vorne vier bis fünf quirlförmig gestellte Knoten hat, welche kurz abgeschnitten werden. Ich habe diese drey Arten von Pfeilen, wie die *Puris* sie führen, auf der 12ten Tafel, Figur 2, 3 und 4 abbilden lassen; die der Botocuden unterscheiden sich nur darin von jenen, daſs das Schaftrohr keine Knoten hat. Um den beyden ersten Arten der Pfeilspitzen mehr Festigkeit und Federkraft zu geben, reibt man sie mit Wachs, und läſst dieses nachher am Feuer einziehen, welches auch bey dem Bogen selbst geschieht. Auch die Völker am *Maranhão* haben gewöhnlich an ihren Waffen, den Lanzen, Spitzen von hartem Holze, allein die des *Rio Napo* bedienen sich ähnlicher von groſsem Rohre. Köcher kennen die Wilden der Ostküste Brasiliens nicht, ihre Pfeile sind zu lang und werden daher immer in der Hand getragen. In der Regel führen die Amerikaner sämmtlich lange Bogen und Pfeile, und unterscheiden sich dadurch von den afrikanischen und asiatischen Völkern. — Es giebt indessen in Süd-Amerika auch einige Nationen, die mit kurzen Pfeilen schieſsen, und sie in Köchern bey sich führen: diese leben aber mehrentheils zu Pferde, wie zum Beyspiel die *Charruas* und *Minuanes* (*), in *Paraguay*. Vergiftete Pfeile findet man bey den *Tapuyas* des östlichen Brasiliens nicht, wohl aber bey den Völkern am Amazonenstrome. Um den Gebrauch jener Waffen gehörig zu erlernen, fangen die Knaben schon sehr frühe an sich darin zu üben, und bedienen sich dazu kleiner, leichter Bogen und Pfeile. Wir waren an den seichten Stellen und auf den vielen Sandbänken des *Belmonte* öfters Zeuge von dergleichen Uebungen und sahen jene gewandten Knaben ihre Pfeile senkrecht auf eine groſse Höhe in die Luft senden und sie dann wieder aufsuchen. Die Eltern begünstigen diese Uebungen sehr und die Jugend schreitet darin schnell vorwärts, so daſs junge Leute von 14 bis 15 Jahren schon Antheil an den Jagdzügen nehmen können.

(*) Siehe AZARA Voyages etc. Vol. II. pag. 18 und 66.

Das Thierreich gewährt in diesen weiten Strichen aneinander hängender Urwaldungen dem Wilden eine reiche Quelle von Nahrungsmitteln, und die Natur schuf auch im Reiche der Gewächse eine Menge der leckersten Speisen für ihre rohen Gaumen. Für alle ihre Bedürfnisse ist dadurch gesorgt, um so mehr, da sie die Sorge für den kommenden Tag nicht kennen. Sie können im Nothfalle lange hungern, aber auch dann wieder unmäſsig essen. Bringt ihnen der Zufall ein groſses Thier in die Hände, so haben alle gleichen Antheil daran, und in kurzer Zeit ist der ansehnliche Vorrath aufgezehrt. Man hat oft gesehen, daſs sie bey unmäſsiger Ueberladung des Magens sich wechselsweise den Bauch traten (*). Mäſsigkeit ist ihnen ganz fremd, daher sind ihnen Branntwein und alle starke Getränke so gefährlich. Da sie selbst im nüchternen Zustande ihre Leidenschaften nicht zu zügeln wissen, so entstehen im Rausche nur zu leicht blutige Händel unter ihnen. In ihrer Hauptbeschäftigung, der Jagd, sind sie sehr gewandt und geübt, sie beschleichen die Thiere mit einer erstaunlichen Sicherheit, wobey ihnen ihre äuſserst feinen Sinne vortrefflich zu statten kommen. Sie kennen alle Fährten, und wissen ihnen sicher zu folgen, selbst da wo unsere Augen nichts mehr sahen; dabey verstehen sie alle Lockstimmen täuschend nachzuahmen. Ihr abgehärteter Körper hilft ihnen jedes Ungemach, die Hitze des Tages, wie die kühle Feuchtigkeit der Nacht leicht ertragen. Müssen sie im Walde ohne Hütten schlafen, welches sehr oft vorkommt, so unterhalten sie ein starkes Feuer: sie lassen dasselbe indessen selbst in ihren Hütten während der Nacht nie ausgehen. Wenn Moskiten ihre nackten Körper quälen, welches oft der Fall ist, so schlagen sie dieselben mit lautem Geräusche todt. Es ist, nebenher gesagt, auffallend, daſs die Fremden von jenen blutdürstigen Insekten weit mehr geplagt werden, als die Eingebornen. Manche Schrift-

---

(*) Dieses Mittel pflegen mehrere rohe Völker anzuwenden, zum Beyspiel die *Arowacken* in *Guiana*, wie Quandt erzählt p. 198.

steller haben behauptet, daſs das Anstreichen des Körpers mit gewissen Oelen und färbenden Substanzen ein Mittel sey, die Haut vor den Angriffen der Stechfliegen zu sichern, auch ist es einleuchtend, daſs es manche, den Insekten unangenehme Stoffe in jenen Ländern geben müsse, dennoch aber scheinen die Botocuden diese Erfahrung nicht gemacht zu haben, da sie gewöhnlich mit unbemahltem Körper einhergehen.

An Wasser fehlt es den Wilden auf ihren Jagdzügen nicht leicht; denn auſser den überall in jenen felsigen und bergigen Wäldern rauschenden kleinen Bächen, giebt es hier eine Menge Pflanzen mit erfrischendem Safte, zum Beyspiel das *Taquarussú*. Wenn man von diesem die jüngeren Stämme abhaut, so findet man in den Gliedern eine groſse Menge kühles, etwas fade süſslich schmeckendes Wasser, wie schon weiter oben gesagt worden ist; eben so zwischen den steifen Blättern der *Bromelia*-Stauden.

Die Wilden schwimmen mit groſser Gewandtheit, selbst schon kleine Kinder beyderley Geschlechts. Auf Bäume, selbst die höchsten, klettern sie mit Leichtigkeit; die *Puris* binden zu diesem Endzwecke die beyden Füſse mit einer *Çipó* zusammen, die Botocuden aber nicht. Zur Jagd ziehen sie theils einzeln, theils truppweise aus; ihre Anführer sind auch gewöhnlich die besten Bogenschützen und Jäger, weswegen sie in Ansehen stehen. Um mit dem Bogen schieſsen zu können, trägt der Botocude beständig das linke Handgelenk mit einer Schnur umwickelt, damit er von der Bogensehne beym Losschnellen nicht verwundet werde; die *Puris* haben diesen Gebrauch nicht. An der Stelle der ehemals am Handgelenke getragenen *Embira*-Schnur, sieht man jetzt bey den Botocuden gewöhnlich eine Angelschnur, welche ihnen also zu doppeltem Gebrauche, zur Jagd und zur Fischerey dient. Die Angelhaken erhalten sie durch Tausch von den Portugiesen.

Groſse Jagdthiere, etwa ein Rudel wilder Schweine (*Dicotyles labia-*

tus, Cuvier, *Kuräck* in ihrer Sprache) oder einen *Anta* (*Hochmereng*) suchen die Wilden zu umringen, und ist ihnen dies geglückt, so beeifern sie sich, dem Thiere in gröfster Schnelligkeit so viele Pfeile in den Leib zu schiefsen, als nur möglich ist, um es durch den Blutverlust zu entkräften; denn Pfeilschüsse tödten selten schnell. Auch die Haut des *Anta* essen sie, so wie das ganze Thier, und lassen nur die gröberen Knochen übrig. Zur Jagd und zum Waldkriege ist der Pfeil eine gute Waffe, und ob er gleich nicht den Nachdruck einer Flinten- oder Büchsenkugel hat, so reicht er doch so weit, als unsere stärksten Schrote, und ist dann noch sicherer. Der Schufs geschieht still, wird durch kein Geräusch verrathen und ist daher um so gefährlicher; dabey hat die Feuchtigkeit auf denselben keinen Einflufs, und der Bogen versagt nie, wie unser Feuergewehr. Wie oft ist die Witterung in Brasiliens Urwäldern den europäischen Eroberern verderblich gewesen! Waren ihre Gewehre feucht geworden, so wurden sie ohne Mühe von den Wilden gemordet. Aus der dicht verflochtenen Masse des Laubes und der Zweige jener endlosen Wälder fährt der Pfeil schnell hervor, ohne dafs man bemerkt, woher er gekommen sey; daher können die Wilden mehrere Thiere von einer Gesellschaft wegschiefsen, ohne dafs die andern etwas bemerken und zu entfliehen suchen. Neben jenen Vortheilen hat diese Art zu jagen doch auch ihre Nachtheile; denn der lange Pfeil, welchen der Wilde nach den Thieren in die hohen mit *Çipó* zu einem Knäul verflochtenen Baumkronen sendet, bleibt sehr oft dort oben hängen; der Jäger mufs alsdann hinaufsteigen, um ihn wieder zu holen. Die Wilden, welche wir auf unsern Reisen zur Jagd der Vögel für unsere zoologischen Sammlungen gebrauchten, entledigten sich in solchen Fällen stets ihrer Kleidungsstücke, da sie nackt weit leichter klettern können. Sie setzen dabey an Stämmen von mäfsiger Dicke die Füfse gleich hoch gegen die Rinde, und halten sich mit den Sohlen fest; ja ich sah wohl, dafs sie dieselben mit ihrem Speichel benetzten und sich auf diese Art schnell in die Höhe schoben, wie etwa Frösche, mit welchen sie in einer solchen Stellung zu vergleichen sind, sich in Sümpfen fortschnellen.

Wenn der Brasilianer sich zum Schusse fertig macht, so legt er den Pfeil immer auf die linke Seite des Bogens, hält mit dem Zeigefinger der linken Hand denselben fest, während die beyden ersten Finger der rechten ihn mit der Bogensehne zurückziehen; die drey übrigen Finger dieser Hand werden blos um die Sehne gelegt, um dieselbe zurückziehen zu helfen. Das Auge wird in die Linie des Pfeils gebracht, der Bogen aber immer in senkrechter Stellung gehalten. Ein Haupterfordernifs bey diesem Geschosse ist, dafs die Pfeile sehr gerade und völlig im Gleichgewichte gearbeitet sind. Um das erstere zu untersuchen, legen die Wilden das Auge an dieselben, und drehen sie schnell zwischen dem Daumen und dem Zeigefinger herum. Eben so kommt es sehr darauf an, dafs die Federn am unteren Ende des Pfeils mit der breiten *Taquara*-Spitze des vorderen Endes in ein und derselben Fläche liegen. Sie führen gewöhnlich nicht mehr als vier bis sechs Pfeile bey sich, wegen der Länge derselben würden mehrere belästigen. Der Schufs des Brasilianers wirkt bey der Stärke des colossalen Bogens und der Länge des kräftigen Pfeils mit grofsem Nachdrucke, und ist daher weit gefährlicher, als ein Geschofs mit kurzem Pfeile.

Unter allem Wildpret sind die Affen dem wilden Jäger am angenehmsten, sie gelten für einen grofsen Leckerbissen. Bemerken die Wilden diese Thiere auf einem hohen Baume, so umringen sie denselben und geben genau acht, wohin sie zu entfliehen suchen. Ist der Baum sehr hoch, so steigt einer der Jäger auf einen benachbarten Stamm, und sucht von da in geringerer Entfernung einen Pfeil abzuschiefsen. Die Botocuden verzehren die meisten Thierarten, selbst die Arten des Katzengeschlechts, welche sie mit dem allgemeinen Nahmen *Cuparack* belegen. Die Unze oder *Yaguareté* heifst in ihrer Sprache vorzugsweise die grofse Katze (*Cuparack gipakeiú*). Selbst der Ameisenbär (*Myrmecophaga*) wird von ihnen verzehrt (*). Auch das *Jacaré* (*Crocodilus sclerops*), welches in den Flüssen häufig gefunden wird, verschmähen sie nicht, wenn sie seiner habhaft werden können. Unter den Schlangen, welche sie im allgemeinen hassen und tödten, benutzen sie nur die gröfste Art des Geschlechts *Boa*, welche von den Portugiesen nach der *Lingoa geral Sucurïú* oder *Sucuriuba*, und von den Botocuden *Kitomeniop* genannt wird; sie beschleichen diese Wasserschlange wenn sie ruhet, und schiefsen ihr wo möglich den Widerhakenpfeil durch den Kopf, um sie fest zu heften, können sich aber auf diese Art nur der jüngeren kleineren Thiere bemächtigen. Sie sollen sie besonders ihres Fettes wegen tödten. Wie oben schon bemerkt, ziehen sie indessen aller andern animalischen Speise das Affenfleisch vor, und da diese Thiere an Körper- und Knochenbau Aehnlichkeit mit dem Menschen haben, so gaben die Europäer, wenn sie Reste von den Mahlzeiten der Botocuden fanden, ihnen vielleicht aus Verwechselung Schuld, dafs sie besonders das Menschenfleisch liebten. Wenn indessen auch, wie ich in der Folge zeigen werde, diese Wilden von dem Vorwurfe, Menschenfleisch zu essen, nicht frey gesprochen werden können; so scheint es doch gewifs, dafs sie nicht aus Wohlgeschmack, sondern nur selten und blos um ihre wüthende Rachgier zu befriedigen, sich einer solchen Unmenschlichkeit schuldig machen. Man behauptet zwar, dafs die *Tapuyas* das Fleisch der Neger allem anderen vorzögen; ich kann hierüber nicht entscheiden, man behauptet aber auch, dafs die Botocuden die Neger für eine Art Affen gehalten, und sie daher Erdaffen genannt haben.

Alle zum Essen bestimmte Thiere nehmen die Weiber vorher aus,

(*) So essen auch die Hottentotten das Fleisch des sogenannten capischen Ameisenbären (*Orycteropus*).

sengen ihnen hierauf am Feuer die Haare ab, und spiefsen sie an einen Stock, welcher in der Nähe des Feuers als Bratspiefs aufgesteckt wird. Kaum ist das Thier ein wenig durchgebraten, so zerreifsen sie dasselbe mit den Händen und Zähnen, und verschlingen es halb roh und oft noch blutend. Die vorher ausgenommenen Gedärme werfen sie indessen nicht weg, sondern ziehen sie zwischen den Fingern durch, um sie auszuleeren, braten und essen sie dann gleichfalls. Die Köpfe werden so abgenagt, dafs selbst die harten Knochen zerbissen und ausgesogen werden: kurz es darf ihnen nichts verloren gehen.

Die Klasse der Insekten liefert den Wilden einige grofse im Holze wohnende Larven, nach welchen sie sehr lüstern sind. In dem Stamme des *Barrigudo*-Baums (*Bombax ventricosa*) findet man die beynahe Fingers lange Larve des *Prionus cervicornis* und andere. Um diese aus dem weichen Marke des Baumes hervor zu ziehen, schneiden sie sich Stöcke, schärfen dieselben am unteren Ende, bohren damit das Insekt heraus, stecken alsdann mehrere derselben an einen Spies, braten und essen sie; doch führt ihnen nur der Zufall dieses Gericht zu, da sie keine Instrumente haben, starke Bäume umzuhauen. Andere Larven, zum Beyspiel die des *Curculio palmarum*, essen sie häufiger. Vogeleyer wissen sie geschickt aufzufinden, besonders die der verschiedenen Arten der *Inambu's* (*Tinamus* oder *Crypturus*), der *Macuca*, des *Sabélé*, des *Schororon* und anderer, die sämmtlich ihre Eyer auf die Erde legen. Um sich der Fische zu bemächtigen, verfertigen sie, wie schon gesagt, kleine Bogen von 3 bis 3½ Fufs Länge aus dem gespaltenen Holze der Blattribben der *Cocos de Palmitto*, am *Belmonte Issara* genannt, nebst einem kleinen verhältnifsmäfsigen unbefiederten Pfeile ohne Widerhaken mit glatter Spitze. Vorher sollen sie oft eine gewisse zuvor wund geklopfte Baumwurzel in das seichte Wasser werfen, um die Fische anzulocken oder zu betäuben. Sie fehlen die Fische im Wasser nicht leicht, ja ich habe sie selbst oft mit ihren grofsen Jagdpfeilen dieselben treffen gesehen. Die Kinder besonders üben sich im Bogenschiefsen auf die Fische. Angeln, welche sie von den Portugiesen kennen gelernt haben, schätzen sie sehr und man kann ihnen kein willkommeneres Geschenk machen.

Eben so reichhaltig als das Thierreich, ist auch das Pflanzenreich an Nahrungsmitteln für den Urbewohner dieser Wildnisse. Die Waldungen enthalten eine solche Menge verschiedener Gewächse, besonders an Bäumen und Sträuchern, dafs der Botaniker hier sein ganzes Leben zubringen müfste, um sich eine einigermafsen vollendete Kenntnifs derselben zu erwerben. Hier wachsen eine Menge aromatischer Früchte, von welchen viele, in den Gärten cultivirt, weit gröfser, fleischiger und schmackhafter werden würden. Die vielen Arten der wilden Cocospalmen geben ihre Nüsse; die *Issara*- oder *Palmitto*-Palme liefert den Palmit in den markigen jungen Blättern und Blüthen, die unter der Krone des Baumes im obern Theile des Stammes verborgen liegen. Auch reisende Portugiesen und Jäger benutzen dieses angenehme Nahrungsmittel, wozu man ein wenig Salz nimmt; die Wilden essen dieses Gericht roh. Den Gebrauch des Salzes haben die *Tapuyas* erst durch die Europäer kennen gelernt; wie man mich in Brasilien versicherte, soll es die Zahl der Eingebornen sehr vermindert haben. AZARA glaubt, dafs diejenigen Stämme der Indier, welche kein Salz essen, in anderen salzigen Nahrungsmitteln einen Ersatz finden, zum Beyspiel in dem Thone (*Barro*), welchen sie häufig essen(*); allein der brasilianische Thon hat nichts salziges, und ich habe nirgends gesalzene Nahrungsmittel unter ihnen gefunden. Den Palmit, welchen sie *Pontiäck-Atá* nennen, zu erhalten, hauen sie jetzt, seitdem sie einige Aexte besitzen, den schlanken Schaft der Palme um, welches gröfstentheils die Weiber thun müssen. Die Frucht der *Cocos de Imburi*, welche sie *Ororó* nennen, ist eine längliche harte Nufs, die sie mit dicken Steinen aufschlagen,

(*) Voyages etc. Vol. I. pag. 55.

und durch den hierbey entstehenden Lärm, haben sie sich schon oft den nachschleichenden Soldaten verrathen. Um den weifsen Kern heraus zu nehmen, bedienen sie sich der Knochen von Unzen und anderen grofsen Katzen, die sie am Ende schräge abschneiden und gleich einem Hohlmeifsel zuschärfen; ein solches Instrument ist Taf. 14, Fig. 7 etwas verkleinert abgebildet. An der Wurzel einer gewissen *Çipó* wachsen Knollen, welche sie ausgraben und am Feuer braten. Die Portugiesen nennen diese Pflanze *Cará do mato*; sie soll ein sehr schmackhaftes Essen geben. In den Hütten der Wilden findet man zusammengerollte Bündel einer Art Schlingpflanze (*Begonia?*), welche an den Bäumen in die Höhe läuft; die Botocuden ziehen sie herab, wickeln sie, etwa wie Kanaster in Bündel, und rösten diese am Feuer. Kauet man diese Stengel, so findet man darin ein äufserst wohlschmeckendes nahrhaftes Mark, das völlig den Geschmack unserer Kartoffel hat. In der Botocuden-Sprache heifst diese Pflanze *Atschá*.

Die Schooten der *Ingá* (*Inga*, WILLD.), eines Baumes, welcher in diesen Wäldern, besonders an den Flufsufern sehr häufig wächst, suchen die *Tapuyas* wegen des weifsen süfsen Markes emsig auf; auch die Europäer lieben diese Frucht. Ein anderer Baum trägt eine gute, efsbare, am Feuer geröstet, sehr wohlschmeckende Bohne in seinen Schooten, welche man in Brasilien Waldbohne, *Feigão do mato* (botocudisch *Uaab*, durch die Nase gesprochen) nennt; auch sind diese Wälder reich an einer Menge anderer Früchte, hierhin gehört die *Maracujá* (*Passiflora*), die *Araticum*, die *Araçá*, *Jabuticaba*, *Imbú*, *Pitanga*, *Supucaya* u. s. w. Sehr gefährlich sind ferner alle *Tapuyas* den Pflanzungen der Europäer; denn Mays, in der Sprache der Botocuden *Jadnirun* genannt, Mandiocca und andere Erzeugnisse der Art, stehlen sie wo es nur irgend möglich ist. Sie lieben ferner Kürbisse (*Abobara*), Bataten, Bananen, Mammonen (*Carica*) und andere Früchte der Pflanzungen. Sie kochen die Kürbisse und braten die Bataten in der heifsen Asche. Wenn sie die Quartelle der Portugiesen besuchen, so pflegt man sie gewöhnlich mit Mandioccamehl abzufüttern. In der Nähe des Quartel *Dos Arcos* am *Belmonte* pflanzten einige Leute Tabak, allein die Wilden raubten denselben vor der Erndte; sie rauchen gern, welches sie von den Europäern gelernt haben sollen. Schon die *Tupinambas* an der Küste hatten jedoch den Gebrauch zusammengerollte Blätter zu rauchen, als die Portugiesen sie zuerst besuchten. Die *Mandiocca brava*-Wurzel, die den Europäern sogleich heftiges Erbrechen verursacht, soll gebraten, von den *Tapuyas* ohne Nachtheil gegessen werden; allein man sagt, daſs sie vorher immer ein Stück davon abbrechen, und den Bruch mit Speichel befeuchten; auch essen sie die Wurzel nie frisch, sondern lassen sie einen Tag liegen: vielleicht verliert sich die schädliche Wirkung durch das Welken. Es wachsen in den Urwäldern Brasiliens eine Menge Früchte auf hohen starken Waldbäumen vom härtesten Holze; die wenigen eingetauschten Aexte der Botocuden würden kaum hinreichen einen einzigen derselben zu fällen; hier muſs daher die Kunst im Klettern zu Hülfe genommen werden. Unter diesen höchsten der Waldstämme zeichnet sich der *Sapucaya*-Baum (*Lecythis Ollaria*, Linn.) aus, dessen groſse topf-ähnliche Frucht, von ihnen *Há* genannt, schmackhafte Kerne enthält, um welche die Wilden mit mancherley Thieren, besonders den Affen und den stark beschnabelten *Araras* den Wettstreit zu bestehen haben. Um eine solche Frucht zu erhaschen, ist ihnen keine Mühe zu groſs, da man sie auſserdem durch nichts in der Welt bewegen kann, diesen hohen Baum zu ersteigen. In solchen Fällen ist es unglaublich, mit welcher Schnelligkeit sie den höchsten Gipfel erreichen. Eben so häufig als diese Früchte, bringt sie der wilde Honig zum Ersteigen der höchsten Bäume. Sie suchen dies angenehme, hier so häufige Waldprodukt nicht allein zur Nahrung auf, sondern auch vorzüglich wegen des ihnen zu vielen ihrer Arbeiten unentbehrlichen Wachses. Die Arten wilder Bienen, von welchen einige keinen Stachel haben, sind in den unermefslichen Wäldern von Süd-Amerika sehr zahlreich, und würden einen Entomologen lange beschäftigen können. Ihr Honig ist zwar nicht so süfs, als der europäische, aber dagegen von sehr aromatischem Geschmacke. Um ihn aus den hohlen Aesten hoher Bäume heraus zu nehmen, sind scharfe Instrumente nöthig. Obschon jede Horde der Botocuden jetzt gewöhnlich wenigstens eine eiserne Axt besitzt, so bedienen sie sich doch auch statt derselben eines harten, grünen oder grauen Nephrit's (*) (*Caratú* in ihrer Sprache): sie schleifen ihn etwas scharf und können dann damit mäfsig harte Baumäste und Stammhöhlungen eröffnen, wobey sie den Stein entweder blos mit der Hand fassen, oder, nachdem er mit Wachs beklebt ist, zwischen ein Paar Stücke Holz fest einbinden; Taf. 13, Fig. 8. ist ein solcher verkleinert abgebildet; die *Galabis* in *Guiana* bedienten sich nach BARRÈRE ähnlicher Aexte. Die Brasilianer nennen einen solchen Stein *Corisco* (Donnerkeil), weil sie glauben er falle bey Gewittern vom Himmel, und dringe oft tief in die Erde hinein.

Um endlich die Liste der mannigfaltigen Lebensmittel der Botocuden zu vervollständigen, mufs ich noch einer Ameise mit ungewöhnlich grofsem Hinterleibe, die man in *Minas Geraës Tanachura* nennt, gedenken, deren Leib sie rösten und für sehr schmackhaft halten.

Das Gesagte wird hinlänglich zeigen, dafs die ohnehin nicht eckelen Botocuden nicht leicht Hunger zu leiden brauchen, besonders da sie sich in jeder Lage des Lebens zu helfen wissen. Dennoch aber tritt bey ihrer heftigen Efslust zuweilen Mangel ein, in welchen Fällen man sie bey den Ansiedlungen um Lebensmittel bitten, und wenn diese verweigert wurden, die Pflanzungen mit Gewalt plündern sah. Als Mitesser findet man unter

---

(*) Diese Steinart ist Nephrit und zwar der *Punammu*-Nephrit, aus welchem die Neuseeländer ihre Aexte, Meifsel u. s. w. bereiten; auch die *Tucaravas* der *Galibis* gehören hierhin, so wie überhaupt diese grünen Steine bey den Völkern von *Guiana* in grofsen Ansehen standen. Hierüber siehe BARRÈRE Beschreibung von *Cayenne* (deutsche Uebers.) pag. 131.

ihnen magere Hunde, die sie von den Europäern erhalten haben. Sie gebrauchen sie häufig zur Jagd, füttern sie aber schlecht; gewöhnlich sind sie falsch, und fallen die Fremden laut bellend an. Sie benutzen vorzüglich große Hunde zur Jagd der wilden Schweine, die in diesen Wäldern sehr häufig sind und leicht von denselben gestellt werden, eine Eigenheit, worin sie mit unsern europäischen wilden Schweinen ganz überein kommen. Schlägt der Hund laut, so gewinnt der Jäger Zeit, herbey zu schleichen und dem Thiere einen Pfeil zuzusenden. Auf den Destacamenten waren daher immer große Hunde ein vorzüglicher Gegenstand ihrer Raubsucht.

Hat eine Horde Botocuden eine Gegend so ausgejagt, daß sie sich den Unterhalt nicht recht bequem mehr verschaffen kann, so verläßt sie plötzlich die Hütten und zieht weiter, wie dies die andern wilden Stämme auch zu thun pflegen. Der Abschied von ihrem bisherigen Wohnplatze wird ihnen nicht schwer, denn sie hinterlassen nichts was sie fesseln könnte, und finden auf jeder Stelle dieser weiten Wildnisse neue Befriedigung ihrer Bedürfnisse. Von ihren verlassenen Wohnungen sieht man dann keine weitere Spur, als vertrocknete Palmblätter, welche die Hütte bildeten, und man sucht daselbst vergebens Bananen- und Melonen-Bäume, wie bey den Indiern des spanischen Amerika, von denen Herr von Humboldt in seiner so interessanten Abhandlung über die Urvölker von Amerika und deren Denkmähler redet (*).

Wenn die Gesellschaft aufbrechen will, so laden die Weiber ihre wenigen Habseligkeiten in die aus Bindfaden geknüpften Reisesäcke (Taf. 14, Fig. 3), welche großentheils auf dem Rücken durch einen über die Stirn laufenden Strick getragen werden. Oft werden diese schon schwer gefüllten Säcke noch drückender durch ein auf dieselben gesetztes Kind. Sie sind angefüllt mit Stücken von *Taquara* zu Pfeilspitzen, Schalen vom *Tatú*

(*) Siehe von Humboldt über die Urvölker von Amerika, und die Denkmähler, welche von ihnen übrig geblieben sind, in der neuen Berlinischen Monathsschrift. März 1806. Seite 180.

(Gürtelthier) und von Schildkröten, *Urucú* zum Färben, Estopa oder Baumbast zum Lager, Thierknochen um Cocosnüsse zu essen, einem dicken, schweren Kiesel zum Aufklopfen derselben, Schnüren von *Grawathá* und *Tucum*, Wachs in grofsen Kugeln, Halsschnüre wie Rosenkränze gestaltet, Holz zu Mund- und Ohrpflöcken, alten Lumpen und dergleichen mehr. Ich sah einst einen ihrer Anführer auf der Reise mit zwey schweren Säcken beladen; unter dem Arme trug er einen grofsen, schweren Bündel Pfeile, Bogen, Pfeilrohr, so wie einige grofse Wasserbecher von *Taquarussú*. Die Vignette des 11ten Abschnittes des 1ten Bandes giebt eine treue Ansicht dieser Scene. Auf solche Weise belastet, passirte eine aus Männern, Weibern und Kindern bestehende Horde einen Arm des Flusses *Belmonte*, wo ihnen das Wasser bis an die Hüften gieng. Eine schwer bepackte Frau trug auf der Schulter ein kleines Kind, und führte an der einen Hand ein gröfseres, das auf seinen Schultern wieder ein kleineres trug; dem gröfseren Kinde reichte das Wasser bis an die Schultern, und das kleinere fafs daher ebenfalls mit den Füfsen darin. Die 10te Tafel giebt eine genaue Darstellung dieser reisenden Familie.

Aufser den obengenannten Sachen laden sie auf ihren Wanderungen auch noch mancherley Lebensmittel auf, als: Früchte, Fleisch und dergleichen; der Mann geht leer, mit Bogen und Pfeilen in der Hand neben her. Nicht zu breite und reifsende Flüsse passiren sie auf Uebergängen von Schlingpflanzen, welche sie in jeder Gegend gewöhnlich schon vorher zu diesen Endzwecken angebracht haben. Sie sind sehr kunstlos, und bestehen blos in einer langen, einfachen, etwas schlaff an der Oberfläche des Wassers gespannten *Çipó*; auf dieser gehen sie mit den Füfsen, und halten sich mit den Händen an einer andern, höher ausgespannten (*). Ueber solche rohe Stege arbeitet sich die ganze Truppe hinüber, alt und

―――――
(*) Herr von Humboldt fand am *Orinoco* unter den Urbewohnern ebenfalls von Schlingpflanzen bereitete Uebergänge. Ansichten der Natur, Seite 294.

jung, mit allem Gepäcke. In der Nähe des Quartel *Dos Arcos*, wo der Fluſs mehrere Krümmungen macht, befindet sich eine schmale Sandbank, *Coroa do Gentio* (Sandbank der Wilden) genannt, über welche sie ohne Brücke setzen. Die Botocuden haben keine Canoen oder Fahrzeuge, dahingegen die indischen Stämme an der Küste schon dergleichen groſse Fahrzeuge von Rinde verfertigten, als die ersten Entdecker, CABRAL und andere, unter ihnen landeten. Ehe die Europäer Quartelle oder Militairposten an den Flüssen im Innern anlegten, verstanden die Botocuden nur über kleine Flüsse und an schmalen Stellen überzusetzen; hinüberschwimmen konnten sie zwar immer sehr gut, allein nicht mit ihrem Gepäcke; nachher sollen sie aber, sowohl am *Rio Doçe*, als am *Belmonte*, Versuche mit Canoen gemacht haben. Man sah sie in ausgehöhlten Trögen von *Barrigudo*-Holz übersetzen, und mit einem Stück Holz rudern; ja am erstern Flusse will man bey ihnen sogar schon einmal ein schlecht gearbeitetes Canoe angetroffen haben, ob sie gleich auch jetzt noch nirgends Canoen besitzen.

Ein Mann hat gewöhnlich so viel Weiber, als er ernähren kann, und ihre Zahl soll zuweilen bis zu zwölf anwachsen; ich habe indessen nie Männer mit mehr als drey bis vier Weibern gefunden. Die Ehen sollen ohne alle Ceremonien geschlossen, und blos durch den Willen der beyden Personen und der Eltern bestimmt, aber auch eben so leicht wieder aufgelöst werden; eine Frau soll die Abwesenheit ihres Mannes benutzen dürfen, um zu einem andern zu entfliehen, weil dieser eine groſse Jagdbeute gemacht hat, ohne daſs eine solche Entweichung für sie unangenehme Folgen herbeyführt. Findet aber der Ehemann einen andern bey seiner Frau, so rächt er ihre Untreue gewöhnlich durch heftige Schläge und ergreift im Zorne das erste beste hiezu taugliche Geräth, oft selbst einen Feuerbrand, wovon die Weiber häufig Spuren an ihren Körpern tragen. Viele Männer zeichnen dieselben in solchen Fällen mit dem Messer; sie reifsen ihnen die Arme und Schenkel auf, so dafs man nach vielen Jahren noch sechs bis acht Zoll lange und einen Zoll breite Narben, eine oft neben der andern, findet. So schnitt einer ihrer Anführer (*Capitam Gipakeiù*) in einem solchen Falle, seiner Frau die Ohrränder und den durch den *Botoque* weit ausgedehnten Lippenrand völlig ab, wodurch ihre Unterzähne gänzlich entblöst und das Gesicht auf eine scheufsliche Art entstellt wurde.

Die Ehen der Botocuden sollen zuweilen ziemlich reich an Kindern seyn, die sie, wenigstens so lange sie klein sind, sehr lieben und mit vieler Sorgfalt behandeln. Manche Schriftsteller, besonders AZARA, haben uns von den südamerikanischen Völkern die unnatürlichsten Gebräuche überliefert, von denen man unter den *Tapuyas* des östlichen Brasiliens, ob sie gleich noch auf der untersten Culturstufe stehen, keine Spur findet. Die *Guanas* (*) sollen einige ihrer neugebornen weiblichen Kinder lebendig begraben; die Botocuden würden bey einem solchen Vorschlage von Abscheu durchdrungen werden. Von den *Mbayas* (*a*) erzählt er, sie brächten alle ihre männlichen und weiblichen Kinder, bis auf ein Paar, ums Leben, und die schwangern Weiber liefsen sich von andern mit Fäusten auf den Leib schlagen, bis das Kind abgehe; auch diese Procedur ist bey den Botocuden völlig unbekannt und man findet dergleichen unnatürliche Gebräuche nirgends in ihren Wäldern. Die *Guaicurus* (*b*) sollen blos ihr letztes Kind leben lassen; eben so die *Lengoas* und *Machicuys* (*c*), auch sollen die erstern bis auf einen Mann ausgestorben seyn. Wiewohl ich diese Angaben nicht geradezu für erdichtet erklären kann, so ist mir's doch sehr wahrscheinlich, dafs sie auf unzulängliche Beobachtungen oder auf unzuverläfsige Sagen gegründet sind, da ich in den Wäldern des östlichen Brasiliens unter den rohesten Barbaren, welche nichts dabey fühlen,

(*) AZARA Voyages etc. Vol II. pag. 93. — (*a*) Daselbst pag. 116. — (*b*) Das. p. 146. — (*c*) Das p. 152 und 156.

wenn sie das Fleisch ihrer Feinde braten und essen, nie etwas ähnliches bemerkt oder gehört habe.

Die Botocuden nehmen die Nahmen ihrer Kinder von körperlichen Eigenschaften, Thieren, Pflanzen und dergleichen her; so zum Beyspiel *Ketom-cudgi* (Kleinauge), *Cupilick* (Brüllaffe). Sie behandeln dieselben im allgemeinen gutmüthig, das heißt, sie lassen ihnen allen Willen; nur das Schreyen derselben macht sie ungeduldig; alsdann sieht man wohl, daß sie dieselben beym Arme fassen und weit fortschleudern, auch wohl mit der Hand oder einem Stocke schlagen. Die Geburten der Weiber sind bey ihnen, wie bey allen wilden Völkern, sehr leicht und man sieht keine Verkrüppelte unter ihnen. Liebe oder wenigstens Sorgfalt für Kinder und hülflose Eltern, ist diesen Menschen nicht ganz fremd; man findet oft Beyspiele davon. Am Quartel *Dos Arcos* sah man einen jungen Mann seinen blinden Vater mit vieler Sorgfalt umherführen, und ihn nie verlassen. Einer der Anführer freute sich ungemein, als man ihm seinen achtzehnjährigen Sohn wieder zuführte, der lange bey den Portugiesen abwesend gewesen war; er drückte ihn an die Brust, und soll sogar Thränen in den Augen gehabt haben. Daß aber, wie Herr SELLOW beobachtet haben will, die Botocuden bey ähnlichen Bewillkommungen einander die Pulsadern am Handgelenke beriechen, habe ich weder bey dieser, noch bey andern Gelegenheiten bemerkt. Gegen die mehr herangewachsene Jugend scheinen die Wilden gleichgültiger zu seyn, wovon wir, wie früher erzählt worden, unter den *Puris* zu *S. Fidelis* am *Paraïba* ein auffallendes Beyspiel gesehen haben. Das eben Gesagte stimmt zwar ganz mit dem Charakter des Menschen im rohen Naturzustande überein; es ist indessen auch wahr und gegründet, daß das Zartgefühl der Botocuden so groß nicht ist, als LAFITAU(*) es in der Erzählung von einem brasilianischen Missionair angiebt; von solcher feinen Empfindung ist keine Spur zu finden.

(*) SOUTHEY's history of Brazil Vol. I. pag. 642.

Man darf zwar bey dem Naturmenschen nicht die sanfteren Empfindungen und Gefühle suchen, welche Bildung und Erziehung unter uns hervorbringen, eben so wenig darf man aber auch glauben, daſs der Vorzug je in ihm ganz unterdrückt werden könne, den die Natur dem Menschen als auszeichnendes Geschenk vor dem Thiere gab.

In müſsigen Stunden pflegen sich die Botocuden mit Gesang und Scherz die Zeit zu verkürzen, und dies soll besonders nach einer guten Jagd oder einem glücklichen Gefechte geschehen. Die Tonkunst ist bey ihnen jedoch noch auf einer sehr niedern Stufe der Ausbildung. Der Gesang gleicht bey den Männern einem unartikulirten Gebrülle, das beständig in drey bis vier Tönen, bald hoch bald tief abwechselt, auch wird tief aus der Brust Athem geholt, sie legen dabey den linken Arm über den Kopf hin, stecken auch wohl einen Finger in jedes Ohr, besonders wenn sie sich vor Zuschauern hören lassen wollen, und reiſsen den vom *Botoque* furchtbar entstellten Mund weit auf. Die Weiber singen weniger laut und unangenehm; man hört aber gleichfalls nur wenige Töne, die beständig wiederholt werden. Ihren Gesängen sollen sie zum Theil Worte über den Krieg oder die Jagd unterlegen; alles was ich indessen von diesem Gebrülle zu hören Gelegenheit gehabt habe, schien ohne Worte zu seyn. Ihre Sprache ist von der aller benachbarten Stämme sehr verschieden, und hat bey vielen Nasentönen keine Kehllaute: sie ist arm, wie bey allen diesen Völkern, und dasselbe Wort hat mancherley Bedeutungen. Sie haben nur einige wenige Zahlen: Eins heiſst *mokenam*, Zwey *hentiatá*, mehr oder viel *uruhú* (*); nachher nehmen sie Finger und Füſse zu Hülfe. Viele Sylben sprechen sie im Gaumen, zum Beyspiel *Bacan* (Fleisch), das *an* dabey im Gaumen undeutlich

---

(*) Bey den *Arowacken* in *Guiana* hat dieser Begriff eine sehr ähnliche Benennung: *ujuhu*, obgleich die Sprachen übrigens keine Aehnlichkeit zeigen. Ueberhaupt kommen an der Küste von *Guiana* viele brasilianische Worte vor, indem viele Indier aus dem portugiesischen Amerika dahin auswanderten. Siehe hierüber BARRÈRE Beschreibung von *Cayenne*.

wie *ün*, übrigens wird das letzte *n* wie im Französischen ausgesprochen, auch das *g* am Anfange eines Wortes, zum Beyspiel *gipakeiü*, beynahe wie *ch* im Deutschen, etwas mit der Zungenspitze u. s. w.

Um ein fröhliches Fest vollständig zu machen, sollen Männer und Weiber einen grofsen Kreis schliefsen und tanzen; mein Quäck indessen versicherte, nie einem solchen Tanzfeste beygewohnt zu haben. Neben diesen haben sie jedoch noch andere Uebungen und Spiele. Sie bereiten sich zuweilen Flöten von *Taquara*-Rohr, unten am Ende mit einigen Löchern, welche gewöhnlich von Weibern gespielt werden; weiter hat man von musikalischen Instrumenten nichts unter ihnen bemerkt. Der Missionair Weigl erwähnt ähnlicher Schwegelpfeifen unter den Völkern von *Maynas*, Barrère und Quandt fanden sie in *Guiana*. Kinder und junge Leute belustigen sich, wie schon gesagt, mit dem Bogenschiefsen; bey den ältern soll man eine Spur vom Ballspiele finden. Sie verfertigen nämlich zu diesem Ende aus der Haut eines Faulthiers (*Bradypus*), welches sie *Ihó* nennen, einen grofsen Ball, indem sie Kopf und Glieder abschneiden, die Oeffnungen zunähen und das Ganze mit Moos ausstopfen. Die ganze oft zahlreiche Gesellschaft stellt sich nun in einen Kreis, und einer schlägt dem andern den Ball zu, ohne dafs dieser auf die Erde fallen darf. Zuweilen sieht man sie auch in den Flüssen mit einander scherzen, indem zwölf oder mehrere Weiber schwimmend mit drey bis vier Männern ringen, und sich einander unterzutauchen suchen, wobey ihre Fertigkeit im Schwimmen zu bewundern ist. Obgleich die meisten rohen Völker in dieser Kunst geübt sind, so bleibt es doch eben so ungereimt, wenn Azara von den *Guaranis* behauptet, sie schwämmen von Natur(*), als wenn Southey nachschreibt, dafs die *Aymorés* nicht schwimmen konnten(**); unter allen wilden Stämmen von Brasilien ist gewifs kein einziger,

(*) Azara Voyages etc. Vol. II. pag. 68.
(**) R. Southey history of Brazil Vol. I. p. 282.

welcher diese Geschicklichkeit nicht besitzt, er müfste denn in einer völlig wasserleeren, vertrockneten Steppe leben. Die von Southey wiederholte Behauptung einiger Schriftsteller rührt von der Thatsache her, dafs die *Aymorés*, wie alle andere Stämme, keine Canoes hatten und daher ein reifsender Flufs gegen ihre Anfälle schützte.

Bey den Spielen der *Tapuyas* sahe ich nie Uneinigkeit, Zank oder Schlägerey entstehen, dagegen habe ich aber wohl Gelegenheit gehabt, jenem schon früher erwähnten und beschriebenen grofsen Zweykampf mit Prügeln beyzuwohnen, der über einen Eingriff in die Jagdgerechtigkeit entstanden war. Förmliche Streitigkeiten, woran die ganze Horde oder Familie, wie in dem genannten Falle, Theil nimmt, können durch heftige Beleidigung eines einzelnen Gliedes derselben, oder besonders durch Eingriffe in das Jagdrevier entstehen, da eine jede Gesellschaft oder Horde zu ihren Streifereyen gewisse Jagdgränzen beobachtet. Oft sind häusliche Uneinigkeiten die Ursache der Schlägereyen; die Kinder zum Beyspiel haben Hunger und quälen die das Fleisch bratende Mutter zu sehr, indem sie schreyen und weinen. Der Vater kommt dazu und schlägt sie, aber die Mutter vertheidigt sie. Nun wird der Mann zornig und prügelt seine Frau sehr heftig, deren Verwandte Theil nehmen und eine Schlägerey mit Stangen (*Giacacuá* genannt, durch die Nase ausgesprochen) veranstalten; oft nehmen ganze Horden oder Stämme daran Theil. Nach Beendigung trennen sich Mann und Frau; die letztere behält die Kinder und wird von ihrem Vater ernährt. Solche cholerische Männer hingegen sind gewöhnlich dadurch gestraft, dafs sie nicht leicht eine Frau finden. Diese Gefechte ziehen oft noch andere nach sich. Wichtigere Streitigkeiten erfordern die Theilnahme des ganzen Stammes und es entsteht dann Krieg.

Die zahlreichen Botocuden, ihrer Stärke bewufst, unruhig und Freyheit liebend, hielten selten lange Friede mit ihren Nachbaren. Schon in den frühesten Zeiten der Entdeckung von Brasilien fand man hier, so wie in allen Theilen der Welt, die benachbarten wilden Völkerstämme in beständige Kriege mit einander verwickelt. So lebten auch die Botocuden mit ihren Nachbaren in unaufhörlichem Streite, wobey sie mehrentheils den Sieg davon trugen, da sie stärker und durch den Ruf des Menschenfressens sehr gefürchtet waren. Sie vertrieben nach dem hohen Rücken von *Minas Geraës* und *Minas Novas* hin, andere wilde Horden, die sie beynahe ausrotteten, wohin besonders die *Malalis* gehören, deren Ueberreste sich in den Schutz des Quartels von *Passanha*, oben am *Rio Doçe*, retteten. Mehr Widerstand leisteten ihnen die schon zahlreichen *Maconis*, welche nach der Versicherung glaubwürdiger Männer, jetzt alle ansäfsig und grofsentheils getauft sind. Dieses Volk galt für eines der vorzüglich kriegerischen, und am *Rio Doçe* erwähnte man ihre Tapferkeit mit vielen Lobeserhebungen. Man hielt sie dort für einen Stamm der Botocuden, welches aber irrig ist, da sie sich durch ihre Sprache von denselben völlig unterscheiden. Nach der Seeküste hin leben die Botocuden mit mehreren Stämmen im Kriege; hierhin gehören besonders die *Patachos* und *Machacaris*; mehr im Innern die *Panhamis* und noch einige andere, die nun wohl schon ziemlich verschwunden sind, wie die *Capuchos* oder Caposch-Indianer. Alle diese letzteren haben sich, da sie schwächer sind, gegen die Botocuden vereinigt. Unter einander selbst fallen bey den *Tapuyas* heftige Gefechte vor, wenn sie sich truppweise begegnen. Sie gebrauchen dabey ihre ganze Jagdkunst und Schlauheit, werden aber natürlich von ihres gleichen eher überlistet, als von den Weifsen. Gewöhnlich entsteht ein hitziger Kampf, wobey beyde Theile alle ihre Pfeile nach einander abschiefsen; derjenige bleibt in der Regel Sieger, welcher am zahlreichsten ist. Ein lautes Kriegsgeheul begleitet ihren Angriff, und wenn sie mit einander ins Handgemenge kommen, so werden Nägel und Zähne gebraucht. Lery giebt uns in einem seiner Holzschnitte ein treffendes Gemählde von einem solchen Gefechte der *Tupinambas* und *Margayas*, welches auch auf die jetzige Zeit noch passend ist. Der Sieger verfolgt den Geschlagenen, und macht, wenigstens bey den Botocuden, selten Gefangene; doch will man am *Belmonte* einige gesehen haben, welche als Sclaven zu allerhand Arbeiten gebraucht wurden. Treffen die Botocuden ihre Feinde, die *Patachos*, welche sie *Nampuruck* nennen, oder die *Machacaris* (*Mawon* (*) in ihrer Sprache), so tödten sie Männer, Weiber und selbst Kinder. Einige Horden braten und essen das Fleisch, nur mit Ausnahme des Kopfs und Bauches, die sie wegwerfen; in der untern Gegend des *Belmonte* versicherten sie mich zwar immer, dass wenn sie einen *Patachó* von einem Baume herabschössen, sie ihn unangetastet auf der Erde verfaulen liessen; allein die Aussage meines Botocuden Quäck widerspricht dieser Versicherung. Am *Rio Grande de Belmonte* ziehen verschiedene Horden dieses Stammes umher, von welchen einige mit den Portugiesen in Frieden leben. Dahin gehören die Banden der Anführer (*Capitaës*) Gipakeiu (**) (Mariängiäng), Jeparack, June (Kerengnatnuck) und noch eine vierte, welche alle man schon ohne Furcht in den Wald begleiten kann.

Sie klagen sämmtlich über einen gewissen Anführer, Nahmens Jonué Iakiïam. Dieser pflegt am nördlichen Ufer des Flusses *Belmonte* etwa acht Tagereisen oberhalb der Insel *Cachoeirinha*, an der *Cachoeira do Inferno* zu streifen, und will bis jetzt noch nichts von einem friedlichen Vertrage hören; wegen seiner kriegerischen Gesinnungen, gaben ihm seine Landsleute den Beynahmen Iakiïam (des Kriegerischen). Seine Leute haben zuweilen die vorbeyschiffenden Canoen durch Zeichen herbeygerufen, und sie alsdann mit Pfeilen begrüfst. Selbst die befreundeten Botocuden in der Gegend des Quartel *Dos Arcos* haben grofse Furcht vor diesem wilden, feindseligen Chef, und sagten den Portugiesen einigemal: sie wollten Jonué auffressen, wenn man ihn tödten würde, wodurch sie ihren

---

(*) Das *on* am Ende des Wortes wird ausgesprochen wie in der französischen Sprache.
(**) Das *g* am Anfange des Wortes wird mit der Zungenspitze ausgesprochen.

Hafs gegen ihn zu erkennen gaben; KERENGNATNUCK hatte aber besonders Ursache ihn zu hassen, denn er hatte den Bruder desselben, blos einer Axt wegen erschossen, als er auf einem hohen Baume beschäftigt war, Honig von wilden Bienen auszuhauen. Durch die menschenfreundlichen, zweckmäfsigen Vorkehrungen und Anstrengungen des Gouverneurs der *Capitania* von *Bahia*, *Conde* DOS ARCOS, des jetzigen Marine-Ministers, hat am *Belmonte* der Krieg mit den Botocuden aufgehört, und man kann jetzt den gröfsten Theil des schönen Flusses sicher bereisen. Nicht so ist es am *Rio Doçe*, wo man den Wilden öfters Niederlagen beybrachte und dennoch im Frühjahre 1816 wieder von ihnen geängstigt und bedroht wurde.

Der Krieg gegen die Wilden, ist der der Jäger und leichten Truppen im Walde. Man schützt einen Theil der Soldaten gegen die Gewalt der Pfeile durch einen sogenannten *Gibâo d'armas* (Panzerrock) wovon weiter oben geredet worden ist.

Die Sinne dieser Wilden werden durch die Uebung von Jugend auf aufserordentlich geschärft. Sie sollen an der Spur die verschiedenen Nationen erkennen, die Fährte durch den Geruch errathen und sich zu dem Ende rein gefegte Pfädchen bereiten. Wenn sie bemerkten, dafs Feinde in der Nähe streiften, wie es die Soldaten von den Destacamenten zu thun pflegen, so pflanzten sie zuweilen selbst kleine zugespitzte Rohrpfähle in diese Pfade ein, und lauerten dabey im Hinterhalte; eben so wissen sie einen umgefallenen Baum oder jedes andere Verdeck, als einen Hinterhalt zu benutzen; der Vorübergehende, welcher ruhig, ohne an Gefahr zu denken, seine Strafse wandelt, wird dann von ihrem kräftigen Pfeile unfehlbar durchbohrt. Wenn sie einen Angriff auf die europäischen Militairposten oder Ansiedlungen gewagt haben, so läfst man gewöhnlich drey bis vier Tage ruhig verstreichen, ehe man etwas gegen sie unternimmt; dadurch werden sie sicher gemacht und desto gewisser überfallen. Die

Soldaten erhalten zu einer solchen Unternehmung in die Wälder, ein Pfund Pulver und vier Pfund Schrote, denn mit Kugeln schießt man sehr selten; sie tragen eine Muskete ohne Bajonet und gewöhnlich ein breites Waldmesser (*Facão*) an der Seite, auf dem Rücken einen langen Tornister von Rehfell, mit anderthalb Quart (eine halbe sächsische Metze) *Farinha*, etwas *Rapadura* (brauner, grober Zucker, in einem großen viereckigen Stück), dabey zwölf Pfund trockenes Fleisch, welches alles für zwölf Tage bestimmt ist. Vorsichtig die Spur der Wilden aufsuchend und ihr nachfolgend, nähert sich die Truppe langsam dem Orte ihres Aufenthalts. Ist man so glücklich, ihre Hütten, welche oft in ziemlicher Anzahl bey einander liegen, aufzufinden, und geschieht dieses erst spät Abends, so umringt man sogleich dieselben; dann legt sich alles nieder, und erwartet still und ohne das mindeste Geräusch den kommenden Tag. Bey der Einschließung hat man sich besonders vor den Hunden und aufgezogenen wilden Schweinen in Acht zu nehmen, welche sie gewöhnlich zu ihrer Sicherheit in einiger Entfernung von ihrem Nachtlager an die Bäume zu binden pflegen. Erstere bellen, die letztern schnauben ganz gewaltig, wenn sie etwas fremdartiges wittern. Sobald der Tag grauet, postiren sich die Soldaten, je zwey und zwey im Kreise, wo möglich hinter starke Bäume herum, bis die Dämmerung so weit vorgerückt ist, daß man sicher zielen kann, worauf die durch Panzerröcke geschützten voran gehen und angreifen. Erreichen sie die Hütten unbemerkt, so stecken sie ihre Gewehre hinein, und feuern in die Maße der schlafenden Bewohner. So wie die ersten Schüsse fallen, entsteht eine große Verwirrung, Geschrey und Geheul; Männer, Weiber und Kinder werden von ihren grausamen Verfolgern ohne Gnade, ohne Rücksicht auf Geschlecht oder Alter, niedergeschossen. Die Männer greifen sogleich zu ihren Bogen und schießen ihre Pfeile ab; gewöhnlich aber unterliegen sie bey der Ungleichheit der Waffen. Der Pulverdampf wird von der dicken, feuchten Luft der vom nächtlichen

Thaue benetzten Gebüsche niedergehalten und so verdichtet, dafs er den Wald umher in tiefes Dunkel hüllt.

Die Grausamkeit der Soldaten bey diesen Gefechten, übertrifft oft alle Vorstellung. Bey einem der letztern Angriffe vor meiner Ankunft in *Linhares* fieng man eine Frau, die sich nicht ergeben wollte und durch Beissen und Kratzen zu wehren suchte; ein Soldat spaltete ihr mit dem *Facão* sogleich den Schädel, und verwundete mit demselben Hiebe das kleine Kind, welches sie auf dem Rücken trug, im Kopfe. Das letztere hat man indessen erhalten, und wir fanden es auf der früher genannten Ansiedlung im Hause des Herrn *Tenente* João Filippe Calmon. Nicht immer ist der Ausgang dieser Ueberfälle für die Soldaten günstig. Noch in dem vorletzten Angriffe im October des Jahrs 1816 bey *Linhares*, welchen der *Guarda Mor* mit etwa 30 Soldaten unternahm, verhinderte ein heftiger Regen das Losgehen der Gewehre, wodurch viele Botocuden entkamen, und drey Soldaten, ungeachtet ihrer Panzerröcke in die unbedeckten Arme und Hände verwundet wurden; eine grofse Menge von Pfeilen prallten indessen auf ihrer Bekleidung ab. Man erschofs bey dieser Gelegenheit etwa zehn Wilde, worunter sich auch der mit Federschnüren gezierte Anführer befand, welcher in seiner Hütte getödtet wurde. So wie der Sieg erfochten ist und die Wilden entflohen sind, schneidet man den Getödteten die Ohren ab; Trophäen, welche man, der uns gegebenen Versicherung zufolge, noch unlängst dem Gouverneur nach *Villa de Victoria* gesandt hatte; auch waren dahin viele von den zusammengelesenen Bogen und Pfeilen abgeliefert worden.

Erfahren aber die Wilden die Annäherung der Soldaten vorher, so ist es weit schlimmer; denn man fällt alsdann nur zu leicht in den von ihnen gelegten Hinterhalt. Sie bereiten zu diesem Ende förmliche Verstecke, die man *Tocayas* nennt, in welchen sie die Aeste dergestalt auslichten, dafs sie verborgen überall umhersehen und schiefsen können:

auch sollen sie selbst die Zweige auf eine gewisse Art verflechten, hinter welchen sie alsdann ihre Krieger in verschiedenen Haufen aufstellen, und hinter den Waldstämmen verbergen. Im Freien zu fechten ist nie die Sache der Wilden, daher haben sie eigentlich keinen wahren Muth, und ihre Siege werden großsentheils durch List oder Ueberzahl erfochten. Schauderhaft ist der Gedanke, in die Hände jener rohen gefühllosen Barbaren zu fallen, welche eine gerechte, gränzenlose Rache noch wüthender macht. Sie schälen das Fleisch von den Körpern ihrer Feinde ab, kochen es in ihren Töpfen oder braten es; den Kopf stecken sie auf einen Pfahl zu einem großen Feste, und tanzen, singen und heulen um ihn herum. Die gesäuberten Knochen sollen sie zuweilen als Siegeszeichen an ihren Hütten aufgehängt haben, wie dies auch BARRÈRE von den Völkern in *Guiana* erzählt. In den so weit ausgedehnten Wildnissen der Ostküste sind die Europäer bis jetzt noch zu schwach, und wären die Wilden einig unter sich, verständen sie es, den Feind mit vereinter Gewalt abzutreiben, so würde diese Küste bald wieder in ihren Händen seyn, zumal da viele von ihnen, welche in den Städten aufgezogen, und nachher entflohen sind, die Schwächen der Europäer recht wohl kennen. So lebte zum Beyspiel in den nahen Wäldern von *Linhares* ein Botocude, der unter dem Nahmen PAUL bey den Portugiesen auferzogen, aber wieder entflohen war. Als man bey einem der Gefechte die Hütten der Wilden angriff, rief er den Soldaten in portugiesischer Sprache zu: „schießt den PAUL nicht todt!" allein er befand sich nachher auch unter den Gebliebenen. Haben die *Tapuyas* Zeit, so laden sie gewöhnlich ihre Gebliebenen und Verwundeten auf den Rücken, um sie in Sicherheit zu bringen; öfters verweilen sie sich dabey zu lange, und schon mancher hat dadurch sein Leben verloren. Die Botocuden gehen roth und schwarz bemahlt ins Gefecht. Furchtbar muß für den, der dergleichen Auftritte noch nicht erlebt hat, der Eindruck seyn, wenn diese Wilden unter wüthendem Kriegsgeschrey mit glühend roth bemahlten Gesichtern ihren Angriff machen. So fielen sie noch unlängst das Quartel *Segundo de Linhares* an, wo aber ein entschlossener *Mineiro* als Unterofficier commandirte und jenen Angriff abschlug. Was hier von den Kriegen, den Jagden und der Lebensart der Botocuden im allgemeinen gesagt worden, gilt mehr oder weniger für alle Stämme der Urvölker an der Ostküste von Brasilien.

Alle frühere Reisende haben beynahe einstimmig die meisten Völker von Brasilien der Anthropophagie beschuldigt: man hat indessen vielleicht manchen derselben zu viel gethan; denn getrocknete Affenglieder gleichen den menschlichen gar sehr, und können also dafür gehalten worden seyn. Eine solche Bewandniſs kann es auch mit dem Fleische gehabt haben, welches VESPUCI in den Hütten der Wilden fand. Von vielen brasilianischen Stämmen hat man indessen nicht ohne Grund diese grausame Gewohnheit berichtet. Die *Tupinambas* und die verwandten Küstenstämme mästeten ihre Gefangenen und erschlugen sie mit der schön geschmückten Keule *Iwera-Pemme*(*). Der Todtschläger muſste nachher in seinem Netze unthätig liegen bleiben, und damit ihm die Arme vom Todtschlage nicht unsicher würden, mit einem kleinen Bogen und Pfeile nach einer Masse Wachs schieſsen(**). Heut zu Tage sind nun alle diese *Tupi*-Stämme civilisirt; der Vorwurf der Anthropophagie blieb demnach nur auf einigen Stämmen der *Tapuyas*, den Botocuden und den *Puris*. Daſs diese aus Wohlgeschmack Menschenfleisch genieſsen sollten, wie einige behaupten, läſst sich wohl schwerlich beweisen; denn dagegen spricht, daſs sie auch Gefangene am Leben gelassen haben; aber läugnen läſst sich wohl nicht, daſs sie, aus einer wilden Rachbegierde das Fleisch erschlagener Feinde

---

(*) Siehe HANS STADEN wahrhafte Historie u. s. w. Caput xxviii. Die Weiber spielten bey solchen Gelagen eine Hauptrolle. BARRÈRE erzählt uns, daſs die Weiber in *Guiana* nicht so dachten; denn sie äuſserten ihr Miſsfallen über die cannibalischen Mahlzeiten ihrer Männer.

(**) Ebendaselbst.

verzehren, wovon schon die Aeußerung der befreundeten Anführer am *Belmonte*, ihren gemeinschaftlichen Feind JONUÉ auffressen zu wollen, einen Beweis giebt. Wenn man bey denen am *Belmonte* sich aufhaltenden Botocuden nach diesem schrecklichen Gebrauche fragte, so läugneten sie ihn beharrlich ab; gestanden aber ein, daß er bey JONUÉ und andern ihrer Landsleute noch üblich sey: was sollten sie auch mit dem Fleische, mit den Armen und den Beinen gemacht haben, welche sie von den Körpern der erschlagenen Feinde so sorgfältig abschnitten? Allen Zweifel darüber hat mir der von mir mitgebrachte junge Botocude QUÄCK benommen. Er hatte sich lange gescheut die Wahrheit über diesen Gegenstand zu gestehen, bis er endlich dadurch zum Geständniß gebracht wurde, daß ich ihm versicherte, ich wisse wohl, seine Horde am untern Theile des *Belmonte* habe diesen Gebrauch längst abgeschafft. Er beschrieb mir nun folgende Scene, und an der Glaubwürdigkeit seiner Aussage kann man wohl um so weniger zweifeln, da er so schwer zu diesen Mittheilungen zu bewegen war. Ein Anführer, der Sohn des berühmten JONUÉ IAKIIAM, JONUÉ CUDGI genannt, hatte einen *Patochó* gefangen genommen. Die ganze Bande versammelte sich nun, und man führte den Gefangenen mit gebundenen Händen herbey, worauf ihm JONUÉ CUDGI einen Pfeil in die Brust schoß. Nun ward Feuer angemacht, die Schenkel, Arme und das Fleisch vom Körper abgeschnitten und gebraten, alle aßen davon, tanzten und sangen. Der Kopf wurde an einem Pfahl aufgehangen, indem man eine Schnur zu den Ohren hinein und zu dem Munde wieder heraus zog, woran er alsdann auf und nieder bewegt wird. Nachher schossen die jungen Männer und Knaben mit Pfeilen nach diesem Ziele. Der Kopf vertrocknet, nachdem die Haare bis auf einen Büschel über der Stirn abgeschoren und die Augen heraus genommen worden sind (*). QUÄCK erzählte

(*) Auch die Völker in *Guiana* hoben die Köpfe ihrer Feinde auf, siehe hierüber BARRÈRE in der deutschen Uebersetzung, pag. 127.

noch ein anderes Beyspiel, wo ein mir wohlbekannter Botocude, Mäcann genannt, einen *Patachó* erschossen hatte, welcher ebenfalls aufgefressen wurde. Aus der Art, wie diese Wilden den Kopf ihres erschlagenen Feindes bey ihren cannibalischen Gelagen aufhängen, läfst sich ein Schlufs auf die Bestimmung des Mumienkopfes machen, welcher sich in der anthropologischen Sammlung des Herrn Ritter Blumenbach in Göttingen befindet. Ich habe seiner schon früher, bey Gelegenheit der Federarbeiten der brasilianischen Wilden erwähnt, und ihn auf der 17ten Platte abbilden lassen. Auch er scheint bey einem solchen Feste an den durch Mund und Ohren gezogenen Schnüren aufgehängt gewesen zu seyn. Manche dieser Völkerschaften, die ehedem das Fleisch ihrer erschlagenen Feinde ohne Scheu verzehrten, mögen wohl diesem barbarischen Gebrauch schon entsagt haben, vorzüglich da, wo sie mit den Europäern in freundschaftlicher Berührung leben. Selbst das beharrliche Streben der Botocuden am *Belmonte*, diesen Vorwurf von ihrer Horde abzulehnen, beweifst dafs sie das Herabwürdigende einer solchen Sitte fühlen gelernt haben, und so läfst sich hoffen, dafs auch diese Urvölker des südlichen Amerika, die uns den Menschen im Zustande der gröfsten Rohheit und auf der niedrigsten Stufe der Cultur gezeigt haben, in ihrer Veredlung allmählig vorrücken werden.

Krankheiten sind unter den *Tapuyas* im Ganzen selten. Geboren in der freyen Natur, nackt dort aufgewachsen, an alle Abwechslungen des Tropenclimas, an heftige Hitze des Tages, Kühle und Feuchtigkeit der Wälder und der Nächte gewöhnt, empfindet ihr harter Körper keinen äufseren Eindruck der Luft, und ihre einfache, beständig gleiche Lebensart, bewahrt sie vor den Uebeln, welche zu den unvermeidlichen Folgen der Civilisation gehören. Häufiges Baden und stete Uebung der Kräfte, geben ihrem Körper jene Vollkommenheit, die man bey uns kaum dem Nahmen nach kennt. Gegen äufsere Verletzungen und selbst gegen einige innere Krankheiten hat die Erfahrung sie mancherley Mittel kennen gelehrt, die in unsern Apotheken vielleicht von Bedeutung seyn würden. Die Wälder sind angefüllt mit aromatischen, kräftigen Pflanzen: viele Bäume liefern vortreffliche Balsame, zum Beyspiel den von dem *Copaiva*-Baume (*) (*Copaifera officinalis*), den Peruvianischen von *Myroxylon peruiferum*, und andere mehr; viele geben einen Milchsaft, welcher mehr oder weniger als Gift, oder als Heilmittel wirkt. Ganze Familien von Pflanzen liefern heilsame Rinden, zum Beyspiel die *Cinchona*-Arten, von denen vielleicht auch hier verschiedene wachsen. Die Wilden sollen alle auf ihren Körper wirkende Pflanzen kennen, und sie auch alle benamt haben. Das Urtheil der ältern Leute gilt wegen ihrer Erfahrung am meisten. Es ist nicht leicht, ihre Mittel kennen zu lernen, da sie sie selbst geheim halten. Wenn man sie fragte: ob sie diese oder jene Krankheit heilen könnten? so antworteten sie: „kommt mit in unsere Wälder, wir wollen es versuchen." Als Beyspiel mag folgender Fall dienen, dessen Wahrheit mir wiederholt betheuert wurde. Ein zu *Trancozo* lebender Indier hatte einen sehr starken Leibschaden; diesen Mann nahmen die *Patachos* mit sich in den Wald, und stellten ihn in drey Monaten völlig her. Er wurde, wie er mir selbst erzählte, von ihnen in ein gabelförmiges Holz auf den Kopf gestellt, und nachdem sie die Eingeweide in die gehörige Lage gebracht hatten, hefteten sie auf die kranke Stelle den zu einem dicken Schaume eingekochten Saft einer gewissen Pflanze, indem sie ihm den einen Fuſs auf die Seite zogen. Nach einer kurzen Zeit, die er in dieser beschwerlichen Stellung zugebracht hatte, legten sie ihn abwechselnd auf den Rücken und auf den Bauch, und machten ihm lange Zeit Aufschläge von derselben Pflanze, bis er vollkommen geheilt entlassen werden konnte. Wenn sie an einem kranken Theile Blut lassen wollen, so peitschen sie denselben mit der Pflanze *Cançançâo* (*Jatropha urens*), welche sie *Gia-*

(*) An der Ostküste von Brasilien nennt man ihn *Copaiba*.

cutäctäc nennen, oder mit einer Art Nessel, *Urtiça* (*Urtica*); dann machen sie mit scharfen Steinen oder Messern an dem entzündeten Theile häufige Ritzen, woraus eine Menge Blut fliefst. Herr FREYREISS fand auf einer Reise, die er nach *Minas Geraës* machte, bey den *Coroados* eine merkwürdige Art zur Ader zu lassen. Der Arzt gebrauchte zu diesem Endzwecke einen sehr kleinen Bogen und Pfeil mit einer Spitze von Glas (*), die er mit Baumwolle umwickelt und nur so weit frey gelassen hatte, als sie in die Ader eindringen sollte; er eröffnete dieselbe, auf die originellste Art, durch einen Pfeilschufs (**). Bey dieser Gelegenheit sah Herr FREYREISS auch ein junges Mädchen heilen, das wahrscheinlich an den Folgen einer Erkältung litt. Man hatte einen grofsen Stein glühend gemacht und begofs ihn beständig mit Wasser: die Patientin legte sich nahe über die heifse Stelle hin, gerieth durch die häufig entwickelten Dämpfe bald in starken Schweifs, und wurde hergestellt (***). Aeufsere Wunden heilen die *Tapuyas* sehr sicher und künstlich, indem sie gewisse Kräuter kauen und hinein stecken; aber freylich mufs ihre gesunde Natur und die starken Nerven das meiste dabey thun. Ich sahe bey einem jungen *Machacali*, welchen der *Ouvidor* MARÇELINO DA CUNHA zu *Caravellas* besafs, eine merkwürdige, vorzüglich gut geheilte Wunde. Ein von den Wilden angeschossener Tapir, der zufällig in der Nähe des Knaben vorbey gekommen und von demselben noch durch einen Pfeilschufs gereizt worden war, hatte ihn verfolgt, mit dem Gebifs ergriffen und ihm die ganze Seite aufgerissen. Die Wunde, die in der Mitte der Brust anfieng und die ganze Rundung des Schulterblattes bis nach dem Rücken hin, einnahm, war zugenäht

---

(*) Beyde sind in dem kürzlich erschienenen Werke des Herrn VON ESCHWEGE Journal von Brasilien, Heft I. Taf. 2. Fig. t, u abgebildet.

(**) Die Art und Weise dieser Operation ist in LION. WATER's Reise nach Darien (Captn. DAMPIER's Weltreisen) abgebildet.

(***) Herr VON ESCHWEGE setzt nach der Erzählung des Augenzeugen die Behandlung dieser Kranken, im Journal von Brasilien Heft I. p. 106 vollständiger auseinander.

und trefflich verwachsen. Den Schlangenbifs sollen die Wilden unfehlbar heilen, und man hat mir versichert, dafs ihnen nie ein Gebissener sterbe. Zu dieser Angabe der Portugiesen, stimmt übrigens sehr wenig die Aussage meines QUÄCK: nach ihm kennen die Botocuden am *Belmonte* kein Mittel gegen den Schlangenbifs, woran öfters Leute sterben. Seiner Aussage zufolge, hat man keine andere Hülfe, als über dem gebissenen Theil (gewöhnlich dem Fufse) eine Halsschnur (*Pohuit*) umzubinden. Unter den Kinder-Krankheiten müssen besonders die Folgen des Thon-Essens erwähnt werden. Der Heifshunger mag die Kinder wohl zuweilen reizen, Thon in den Mund zu stecken und zu verschlucken; die Eltern strafen sie zwar, wenn sie sie bey dieser Kost überraschen; allein sie finden dennoch Gelegenheit insgeheim diesen verderblichen Hang zu befriedigen. Solche Thon-Esser haben eine fahlgelbe Gesichtsfarbe, einen magern Körper, sehr harten dicken Unterleib, und werden gewöhnlich nicht alt. Der Thon, den sie dazu gebrauchen, ist meistens ein gelbrother oder grauer Letten, der indessen in seinen Bestandtheilen weit verschieden von der Erdart seyn mufs, welche Herr VON HUMBOLDT unter den *Ottomacken*, als ein bey ihnen gewöhnliches Nahrungsmittel fand. Zu *La Concepcion di Uruana* am *Orinoco* versicherte der Missionair FRAY RAMON BUENO jenem berühmten Reisenden, dafs der Thon diesen Leuten nicht schade(*), ob sie ihn gleich zu gewissen Zeiten in Menge genössen; Herr VON HUMBOLDT hält jedoch dieses Nahrungsmittel für schädlich, und ich kann bestätigen, dafs bey den Brasilianern dies wirklich nachtheilige Folgen hat, so wie man in Afrika und Ostindien ähnliche Bemerkungen machte(**). Gewöhnliche Leibschmerzen sollen sie dadurch zu heilen glauben, dafs sie den Unterleib mit den Panzern der Gürtelthiere und der Schildkröten reiben.

(*) Ansichten der Natur, Seite 143.
(**) Hierüber siehe den gründlichen Aufsatz des Herrn Hofrath OSIANDER in dem neuen hannöverischen Magazine, März 1818. St. 26. 27.

Ferner sind Augenfehler unter den brasilianischen Urvölkern sehr gemein. Man wird nicht leicht einen Trupp von ihnen sehen, worunter sich nicht einer oder ein Paar Einäugige befinden, auch haben sie oft ein Fell auf dem Auge; allein entzündete, blödsichtige oder sonst krankhafte Augen, sah ich nie unter ihnen, was man wohl einzig und allein ihrer Abhärtung zuschreiben muſs. Von jenen erstern Fehlern mögen spitzige Zweige oder Dornen im Gebüsche die Ursache seyn. Der Wilde, der mit der Raubgier eines Tigers, mit der gespanntesten Aufmerksamkeit einem Jagdthiere nachkriecht, bemerkt nicht immer die seinem Auge drohende Spitze. Hat er ein Schwein, einen Affen oder ein anderes Thier angeschossen, welches ihm oft mit dem Pfeil im Leibe entflieht, so rennt er blindlings nach, um die Beute im Auge zu behalten und verletzt sich leicht. Diese natürliche Ursache scheint auch AZARA durch die entgegengesetzte Bemerkung, daſs die in *Paraguay* in den offenen Ebenen wohnenden Völker nie Fehler an den Augen haben, zu bestätigen.

Stirbt ein Botocude, so begräbt man ihn sehr schnell in seine Hütte oder in die Nähe derselben (*), worauf der Platz verlassen und ein anderer zur Wohnung gewählt wird. Der Verstorbene wird am ersten Tage von allen Verwandten durch ein wildes Geheul betrauert, wobey sich besonders die Weiber wie unsinnig anstellen sollen; jedoch kann dieses wohl nicht aus wirklicher Betrübniſs herrühren, denn schon am folgenden Tage ziehen sie weiter und treiben ihre Geschäfte nach wie vor. Am *Belmonte* legen sie den Todten, nachdem ihm die Hände mit *Çipó* zusammen gebunden sind, ausgestreckt in eine längliche Grube, also nicht in zusammen gebogener Stellung, wie manche andere amerikanische Völker (**); an

---

(*) Auch hier zeigt es sich wieder, wie sehr die Gebräuche der Urvölker von Brasilien mit denen von *Guiana* übereinkommen, man lese nach BARRÈRE, QUANDT und andere.

(**) Mehrere amerikanische Völkerschaften begraben ihre Todten auf diese Weise, zum Beyspiel die ehemaligen Canadier, von welchen der alte Missionair CREUZ in seiner Historia

andern Orten sollen die Gruben rund geformt seyn. Sie geben an ersterem Orte dem Todten nichts mit in die Erde; welches wir auch in den von uns untersuchten Gräbern bestätigt fanden. Herr *Tenente* João Filippe Calmon will in den Gräbern am *Rio Doçe* Waffen und einige Nahrungsmittel für den Verstorbenen angetroffen haben, welches mir indessen, als meinen eigenen Beobachtungen widerstreitend, nicht wahrscheinlich ist. Ich fand in mehreren solcher Gräber im hohen Urwalde blofse Knochen, und sah, dafs die Grube mit Erde angefüllt worden war. Oben auf lagen kurze dicke Prügel oder runde Stücke Holz von gleicher Länge, eines dicht neben dem andern. Unweit dieser Gräber fand ich noch die damals verlassenen Hütten. Man unterhält nach dem Tode eines Botocuden auf jeder Seite des Grabes, einige Zeit hindurch ein Feuer, um den Teufel abzuhalten, zu welchem Geschäfte die Verwandten, selbst von einem entfernten Wohnorte, oft nach dem Grabe zurückkehren sollen. Hat man den Verstorbenen sehr geliebt, so bauet man wohl auch eine besondere Hütte von Cocosblättern über sein Grab. Die Arme des Todten binden sie mit *Çipó* zusammen, jedoch nicht immer. Von Verwundung oder Verstümmelung ihres Körpers, um ihre Trauer an den Tag zu legen, findet man keine Spur unter ihnen. Azara erzählt dies von den *Charruas*(*), so wie man es von den Südsee-Insulanern weifs; nach Azara soll sich jenes Volk die Finger verstümmeln. Herr Calmon will am *Rio Doçe* gefunden haben, dafs die Weiber sich zur Trauer die Haare abgeschnitten hatten, ein Gebrauch, der unter den Amerikanern häufig vorkommt, am *Belmonte* aber nicht bekannt und mir daher für die Boto-

---

canadensis, Par. 1664, 4. pag. 92, sagt: Ubi cum extremo habitu excessit animus, corpus statim in glomas conformant, ut quo habitu in matris a loco fuerat, eodem conquiescat in tumulo. Eben so die Caraiben, Chilesen und Hottentotten, auch erzählt man dies an einigen Orten von den Botocuden.

(*) Azara Voyages etc. Vol. II. p. 25.

cuden nicht wahrscheinlich ist. Man scheint ohnehin diesem Volke am *Rio Doçe* mehr Gebräuche anzudichten, als es wirklich hat, theils weil man es hier nur aus der Ferne mit furchtsamen Auge betrachtet, und daher nur halb kennt; theils weil man in allen Theilen der Erde geneigt ist, in fremden auffallenden Erscheinungen mehr Wunderbares und Aufserordentliches zu suchen, als wirklich darin liegt. Man findet in der Art, wie die Botocuden ihre Todten zur Erde bestatten, eine grofse Uebereinstimmung mit der bey den *Tupinambas* und den verwandten Küstenstämmen üblichen; auch sie erbauten eine kleine Hütte von Palmblättern über die Grube, setzten aber den Körper in aufrechter Stellung hinein und banden ihm Hände und Füfse zusammen, wie wir bey Lery(*) lesen.

Herr Walckenaer sagt sehr richtig in seiner Uebersetzung der Reisen von Azara, dafs alle Völker unserer Erde gewisse religiöse Ideen haben. Azara hat unstreitig auch in diesem Punkte geirrt, da er den *Charruas* alle Spur von Religion, Musik, Tanz u. s. w. abspricht(**), und von den *Guaycurus* bestätigt von Eschwege gewisse religiöse Ideen(***). Selbst die rohen Botocuden haben eine Menge abenteuerliche Vorstellungen von bösen Geistern, deren genaue Kenntnifs man nur durch vollkommene Bekanntschaft mit der Sprache dieses Volkes erlangen wird. Sie fürchten schwarze böse Geister oder Teufel, die sie *Janchon* nennen; viele sind grofs: *Janchon gipakeiu*, viele klein: *Janchon cudgi*. Wenn der grofse Teufel erscheint und ihre Hütten durcheilt, so müssen alle, die ihn erblicken, sterben; lange aufhalten soll er sich nicht; jedoch, sagen sie, sterben nach seinem Besuche oft mehrere Menschen. Er kommt, setzt sich ans Feuer, schläft ein und geht dann wieder fort; findet er auf den Gräbern kein Feuer, so gräbt er die Todten aus. Oft ergreift

(*) Lery Voyage à la terre du Brésil etc. pag. 302.
(**) Azara Voyages etc. Vol. II pag. 14.
(***) v. Eschwege Journal von Brasilien Heft II S. 265.

er auch ein Stück Holz und schlägt damit die Hunde todt. Auch die Kinder, die ausgeschickt werden, um Wasser zu holen, soll er zuweilen tödten; sie sagen, man finde alsdann das Wasser rund umher verschüttet. Man kann diese Teufel mit dem *Aygnan* oder *Anhanga* der *Tupinambas* für gleichbedeutend halten. Aus Furcht vor ihnen, übernachten die Wilden nicht gern allein im Walde, sondern gehen immer lieber in Gesellschaft. Der Mond (*Tarú*) scheint unter allen Himmelskörpern bey den Botocuden im gröfsten Ansehen zu stehen; denn sie leiten von demselben die meisten Naturerscheinungen her. Seinen Nahmen findet man in vielen Benennungen der Himmelserscheinungen wieder, so heifst die Sonne *Tarudipó*, der Donner *Tarudecuwong*, der Blitz *Tarutemeräng*, der Wind *Tarucuhú*, die Nacht *Tarutatú* u. s. w. Der Mond verursacht nach ihrer Idee Donner und Blitz; er soll zuweilen auf die Erde herabfallen, wodurch alsdann sehr viele Menschen umkommen. Sie schreiben ihm ebenfalls das Mifsrathen gewisser Nahrungsmittel, gewisser Früchte u. s. w. zu, und haben dabey mancherley abergläubische Zeichen und Ideen.

Auch von einer grofsen Ueberschwemmung sollen sie, wie die meisten Völker der Erde, eine Tradition haben. Wir finden bey Vasconcellos (*) Nachrichten über die Meinungen, welche die Küsten-Indier der *Lingoa geral* über diesen Gegenstand hatten. Nach ihnen war die einzige Familie, die des alten weisen Mannes *Tamanduare* von *Tupá*, dem höchsten Wesen, angewiesen worden, auf Palmbäume zu steigen und dort die Ueberschwemmung, in welcher das Menschengeschlecht untergieng, abzuwarten. Nachher stiegen sie herab und bevölkerten die Erde wieder. Die religiösen Ideen der Botocuden sind indessen nicht viel abgeschmackter, als die der gemeinen rohen portugiesischen Ansiedler in Brasilien; denn auch diese, so wie die gezähmten Küsten-Indier, glauben einen Waldgeist, den sie *Caypora* nennen, und von dem sie sagen, dafs

(*) Simam de Vasconcellos Noticias curiosas do Brasil, pag. 52.

er Kinder und junge Leute raube, sie in hohle Bäume verberge, und dort füttere.

Dies sind die Beobachtungen, welche ich während der kurzen Zeit meines Aufenthalts in jenen Wäldern zu machen Gelegenheit hatte. Durch die um sich greifende Bevölkerung der Ostküste, werden die rohen Botocuden immer weiter in ihre Wälder zurückgedrängt, und es ist nicht zu bezweifeln, daſs die Civilisation auch endlich zu ihnen den Weg finden werde. Zwar wird es hiezu noch einer Reihe von Jahren bedürfen, da man in Brasilien die Kunst nicht mehr versteht, mit welcher die Jesuiten, abgesehen von ihren vielen nachtheiligen Einrichtungen und dem Unheil ihrer Herrschaft, die rohen Stämme der Urbewohner jener Wildnisse zu bilden wuſsten. Genauere Kenntniſs von dem originellen Stamme der Botocuden zu erhalten, muſs der Reisende ihn am *Rio Grande de Belmonte* aufsuchen, da die Beobachtung desselben am *Rio Doçe* bis jetzt noch unmöglich ist.

Um dem Leser einen kurzen vorläufigen Begriff von der Sprache dieser Wilden zu geben, theile ich hier nur einige Nahmen derselben mit; am Schlusse dieses zweyten Bandes der Reisebeschreibung aber wird für den Sprachforscher eine Liste einiger Sprachproben gegeben werden.

Männernahmen.

Jucakemet (das mittelste *e* sehr kurz)

Cupilick.

Jukeräcke (*J* wie *i*)

Macnina (das mittelste *n* durch die Nase)

Mäcann (*a* zwischen *a* und *e*)

Makiängjäng

Ahó (durch die Nase)

Kerengnatnuck (durch die Nase)

Weibernahmen.

Enkëpmäck (*En* sehr kurz und so wie die zweyte Sylbe durch die Nase.)
Maringjopú
Uéwuck
Schampachan
Pucat.

Nachtrag.

Die Bemerkungen, welche ich über die Botocuden zu machen Gelegenheit gehabt habe, waren niedergeschrieben, als mir die Nachrichten zu Gesichte kamen, welche Herr Obrist-Lieutenant von Eschwege zu *Villa Rica* über die Urvölker der *Capitania* von *Minas Geraës* in seinem, bey dem Industrie-Comptoir zu Weimar erschienenen Werke: Journal von Brasilien, gegeben hat.

Ich bin so glücklich mit dem achtungswerthen Herrn Verfasser in Verbindung zu stehen, welches mich aber nicht abhalten darf, über einige Stellen dieser Schrift meine Bemerkungen hier nieder zu legen. Ich glaube um so mehr dies thun zu können, ohne der Tadelsucht beschuldigt zu werden, da die anerkannten Verdienste unseres trefflichen Landsmanns durch meine Critik nicht geschmälert werden können. Der lange Aufenthalt des Herrn von Eschwege in der, in mineralogischer Hinsicht so wichtigen *Capitania* von *Minas Geraës*, berechtigt uns, sehr interessante Nachrichten und Beobachtungen von ihm zu erwarten; denn seine Kenntnisse, und die günstige Lage, in welcher er sich befindet, setzen ihn in den Stand, für die vollkommnere Erforschung jenes Landes und seiner Bewohner weit mehr zu leisten, als Reisende, die bey einem kurzen Aufenthalt in demselben, von der Sprache, den Sitten und Gebräuchen der daselbst lebenden Völkerschaften nie eine so genaue Kunde erlangen können. Das Studium der Urvölker in dieser *Capitania* giebt indessen weit geringere Resultate, als in anderen weniger cultivirten, oder von Europäern noch unbewohnten Gegenden. Da er die Botocuden nicht selbst besuchen und an der Quelle schöpfen konnte, so blieb ihm nichts übrig, als die erhaltenen, von Hörensagen herrührenden Nachrichten mitzutheilen, welche oft unsicher und fast immer übertrieben sind. Hierhin gehört besonders (Seite 93) die Aussage eines lange unter den Botocuden gewesenen Negers, welche höchst unwahrscheinlich ist; denn gewifs existirt eben so wenig ein Botocuden-König, als eine monarchische Regierungs-Verfassung unter jenen rohen Naturmenschen, und eben so unwahrscheinlich ist die allgemeine Versammlung, bey welcher die Lippen und Ohren durchbohrt werden. Wenn man alle verschiedenen Stämme und Horden der Botocuden zusammen triebe, so würden vielleicht nicht so viele vereinigt werden können, als der Neger Agostinho hier wegen der Lippen-Operation bey einander gesehen haben wollte. Seine ganze Aussage hat das vollkommene Gepräge der Unwahrheit. Anders ist es mit den Bemerkungen über die harte, grausame Behandlung, welche die armen Urbewohner von den mächtigern, mit Feuergewehr versehenen, goldgierigen Eroberern ihrer Wälder zu erdulden hatten. Hier hört man Wahrheiten, die man leider lieber unterdrücken möchte. Eben so interessant sind die mitgetheilten Verordnungen, welche die Regierung in Bezug auf die Behandlung der Indier erlassen hat, und welche leider! ebenfalls nur sehr unvollkommen befolgt wurden. Zur Berichtigung einiger Punkte, die wilden Völkerstämme betreffend, mögen folgende Bemerkungen dienen.

Seite 77: Da der ganze Volksstamm von dem Worte *Botoque* den Nahmen führt, so wird richtiger *Botocudos* als *Botecudos* geschrieben(*). Sie wurden nicht *Grens*, sondern *Gerens* (ausgesprochen wie

(*) Siehe Corografia Brazilica etc. T. II. pag. 72 in der Note.

im Französischen das Wort *Guerins*) genannt, wovon man sich noch heut zu Tage am Flusse *Itahype* überzeugen kann; auch schrieben alle Schriftsteller auf diese Art (*). Der Nahme *Arari* scheint blos in *Minas* zu existiren; denn in den untern Gegenden des *Rio Doçe* und am *Belmonte* habe ich ihn nie nennen hören, ihn auch eben so wenig in den verschiedenen Schriftstellern, welche von Brasilien handeln, gefunden, wohl aber nennt man jenes Volk auch *Aymorés* oder *Amburés*. Die Gebräuche der Botocuden scheinen am *Rio Doçe* eben dieselben zu seyn, wie am *Belmonte*, hievon glaube ich mich hinlänglich überzeugt zu haben, obgleich die Nachrichten, welche Herrn von Eschwege hierüber mitgetheilt wurden, dagegen streiten. Denn wenn sie am *Rio Grande de Belmonte* auch zum Theil friedlich gegen die Weißen handeln, so folgt daraus nicht, daß sie von einem andern Stamme sind; sie würden dort, wie der Augenschein lehrte, eben so friedfertig seyn, als hier, wenn man sie nicht auf eine so schreckliche Art mißhandelt hätte, und es ist schon weiter oben gesagt worden, daß sie ein Paar Meilen nördlich vom *Belmonte*, am *Rio Pardo*, und ein Paar Meilen südlich, am *S. Antonio*, sich auch noch unlängst feindlich gezeigt haben; ihr Zusammenhang in den Wäldern zwischen dem *Rio Doçe* und *Belmonte* ist übrigens hinlänglich erwiesen, da sie am *S. Matthaeus*, am *Mucuri* und in allen diesen Gegenden abwechselnd sich noch zu zeigen pflegen. Die Erzählung von besonders erbauten, und mit Vogelfedern ausgezierten Häusern, in welche sie ihre Todten begraben, und darin alljährlich eine Todtenfeyer anstellen, ist gewiß ungegründet; ich selbst habe oft Gelegenheit gehabt, mich über die abenteuerlichen Erdichtungen zu entrüsten, welche man mir über diesen Gegenstand mittheilte, welche aber oft aus halber Kenntniß der Sache entstanden, besonders in jenen Gegenden, wo die Wilden feindselig sind. Ich habe mehrere Bewohner von *Minas-Novas*

(*) Siehe Southey's history of Brazil Vol. II. p. 562 u. a. O.

und der Gegenden am *Jiquitinhonha* kennen gelernt, welche sämmtlich das von mir gesagte bestätigt haben. In Gegenden, wo die Botocuden im Kriege leben, wie am *Rio Doçe*, verzehren sie aus Haſs das Fleisch ihrer Feinde; am *Belmonte* hingegen, scheint durch die friedlichen Verhältnisse, diese grausame Gewohnheit sich allmählig zu verlieren, obgleich die schon früher angeführte Aeuſserung einiger jener Wilden und die Aussage meines Quäck auſser Zweifel setzen, daſs sie auch hier statt gefunden habe. Die *Patachos* streifen der Seeküste näher, doch soll es ihrer in *Minas-Novas* noch einige wenige geben.

Herr Obrist-Lieutenant von Eschwege giebt nun einige Nachrichten über die strengen Maſsregeln, welche der Minister *Conde de* Linhares gegen die Botocuden ergriffen hat, indem er ihnen einen grausamen Vertilgungskrieg erklärte, der aber ohne den gehörigen Nachdruck geführt wurde. Nur zu wahr ist es, was der Verfasser von den Greuelthaten erzählt, die man gegen die hülflosen Indier ausübte; denn kein Mittel blieb unversucht ihnen zu schaden. Einzelne Unmenschen haben selbst den Versuch gemacht, durch Kleidungsstücke, die mit Blattermaterie bestrichen waren, diese schreckliche Krankheit unter ihnen zu verbreiten, und sie dadurch auszurotten.

Der Herr Verfasser findet es unrichtig, die Farbe der Indier in *Minas* mit der des Kupfers zu vergleichen. Ich selbst muſs gestehen, daſs es unter diesen Völkern mancherley Farben-Varietäten giebt, von welchen einige dunkler graubraun, andere mehr gelblich braun, und noch andere mehr kupferröthlich gefärbt sind; alle indessen haben ein röthliches Graubraun oder Gelbbraun, und meine Beobachtungen berechtigen mich zu dem Glauben, daſs die Kinder nicht völlig weiſs, wie wir Europäer, geboren werden (*). Sie sind gelblich, werden aber sehr bald

---

(*) Eine Bestätigung dieses Satzes, welche von groſsem Gewichte ist, finden wir in Herrn von Humboldt Reisebeschreibung. Theil I. pap. 500.

braun. Ich habe manche gesehen, welche noch sehr klein und dennoch recht rein und dunkelbraun gefärbt waren. Man findet aber, wie schon oben gesagt, eine Merkwürdigkeit, eine weißliche Varietät unter den Botocuden, die selbst etwas Röthe auf den Backen, und nur schwarzbraune Haare hat; die Kinder von dieser Race mögen bey der Geburt, wohl beynahe völlig weiß zu nennen seyn. Herr Obristlieutenant von Eschwege sagt, die Kinder würden nicht kupferroth geboren, worin ich ihm vollkommen beystimme; jedoch ich finde auch nicht, daß er behauptet, sie seyen bey der Geburt völlig weiß wie wir. Die gehaltvollste Bestätigung für das Gesagte ist die Aussage meines jungen Botocuden Quäck. Ich muß hier meinen Leser auf den Mithridates (dritter Theil dritte Abtheilung Seite 313) verweisen, wo der Verfasser vollkommen meine Gedanken über diesen Gegenstand ausdrückt. Die vortreffliche Abhandlung über die Amerikaner, welche jenes Werk ziert, giebt dem Leser den wahren Gesichtspunkt für die Betrachtung dieses interessanten Gegenstandes. Die Hautfarbe und gewisse Charakterzüge scheinen der ganzen amerikanischen Race eigen; allein sie sind unendlich abwechselnd in den zahlreichen Stämmen und Völkerschaften dieses weiten Continents, und in einem jeden Individuum auf verschiedene Art ausgedrückt; daher wird man selbst keinen völlig allgemeinen Knochenbau unter diesen Völkern erkennen; die einen sind groß, die andern klein, breit, schmal und eben so mannigfaltig gebildet, als die europäischen und andere Völker. Man wird weder ein allgemeines Zurückweichen der Stirn, noch ein gleichgebildetes Becken bey ihnen beobachten(*); denn diese Theile sind so verschieden bey ihnen gebildet, als bey uns; ich habe Botocuden mit hoher breiter Stirn, und andere mit einer schmalen niedern gefunden, doch ist es nicht zu läugnen, daß manche Stämme sich durch gewisse Züge, worin sie im allgemeinen übereinkommen, vor andern auszeichnen.

(*) S. v. Eschwege Journal von Brasilien, Heft I. S. 87.

Mehrere Schriftsteller haben bestritten, daſs die Völker von Nord- und Süd-Amerika von einerley Race seyen. Indeſs haben zuverläſsige, unterrichtete Männer mich versichert, daſs die Physiognomie und Farbe der Botocuden, so wie der andern brasilianischen Stämme, völlig mit der der Nationen des nördlichen Amerika, zum Beyspiel der *Cheroky's* in Nord-Carolina, überein kommen. Der von mir nach Europa mitgebrachte junge Botocude Quäck gab Anlaſs zu dieser Vergleichung (*). Man mag also die Farbe der Amerikaner kupferroth oder graubraun nennen, immer bleibt sie die auszeichnende der ganzen amerikanischen Race, sowohl in den nördlichern als in den südlichern Theilen dieses Continents, mit der Ausnahme, daſs die Kälte dieselbe bleicht(**), und daſs überall eine Menge von verschiedenen Farbenabweichungen gefunden werden. Wie sehr der Einfluſs des Climas auf die Färbung der menschlichen Haut wirkt, zeigt Quäck auf eine auffallende Art; denn nachdem er während des Sommers eine ziemlich braune Gesichtsfarbe gehabt hat, erblaſst dieselbe von der Temperatur des Winters dergestalt, daſs man ihn für einen Europäer halten könnte, und selbst seine Backen erscheinen etwas roth gefärbt; ich muſs indessen dabey bemerken, daſs er nicht von der dunkelsten Race der Botocuden ist. Volney fand an den Nord-Amerikanern bedeckte Theile des Körpers heller gefärbt, als die unbedeckten(***), davon habe

(*) Hierüber siehe S. Vater im 3ten Theile 2te Abth. des Mithridates S. 309 und Folge. Eben so ist es mir im höchsten Grade interessant gewesen von einem instruirten Reisenden, dem Herrn Obristlieutenant Thorn, der lange Zeit in Indien gelebt hat, zu erfahren, daſs diese Physiognomie meines Botocuden vollkommen mit der Malayischen übereinstimme, ein Satz, welchen auch Herr Ritter Blumenbach durch die Vergleichung des von mir mitgebrachten Schädels bestätigte, der auf der 58ten Tafel der *Decades Craniorum*, so wie auf der Vignette dieses Abschnittes abgebildet ist.

(**) Die Kinder der *Eskimaux* werden übrigens nach den Versicherungen der Brüder-Missionarien völlig weiſs geboren, und auch von den übrigen nordamerikanischen Völkern haben mehrere Schriftsteller dieses behauptet.

(***) Siehe J. S. Vater Untersuchungen über Amerika's Bevölkerung, Seite 66.

ich in Brasilien kein Beyspiel gesehen; denn obgleich die civilisirten Indier mit Hemden und Beinkleidern bedeckt gehen, so sind sie dennoch am ganzen Körper gleich braun gefärbt. Es scheint indessen aus Volney's Beobachtung hervor zu gehen, dafs die bedeckten, heller gefärbten Stellen der Haut jener mehr nördlich wohnenden Nationen, als die wahre Grundfarbe derselben anzusehen waren, und dafs daher vielleicht im allgemeinen jene nördlichen Stämme eine hellere Farbe hatten, als die von Süd-Amerika, jedoch in beyden Theilen dieses Continents finden sich Ausnahmen von dieser Regel, denn man kennt im nördlichen Theile dunkelgefärbte Völker, und im südlichen die weifsen Botocuden, so wie gewisse andere hell gefärbte Nationen. Wäre indessen blos das Clima die Ursache der braunen Farbe der Amerikaner, so müfsten ja die Portugiesen nach mehreren Generationen auch diese Farbe annehmen, und doch ist es gewifs, dafs diese die Färbung ihrer europäischen Vöreltern noch besitzen, wo nicht ihre Race mit Neger - oder Indierblut vermischt worden ist. Veränderungen, welche Smith (*) an den Pflanzern von Nord-Amerika wahrnahm, und die er dem Clima zuschreibt, habe ich nicht an den brasilianischen Portugiesen bestätigt gefunden; sie haben ihre Gesichtszüge nicht verändert, ihr Haar ist noch kraus und lockicht geblieben, und selbst ihre Farbe erreicht nur selten die dunkele Mischung der Indier. Zwar arbeiten in Brasilien die Abkömmlinge der Portugiesen selten in ihren Pflanzungen, dies überlassen sie ihren Negern; allein sie fischen und jagen sehr häufig, wo sie den Strahlen der Sonne hinlänglich ausgesetzt sind; ihre Farbe wird alsdann gewöhnlich mehr gelblich, aber nicht so graubraun dunkel als die der meisten Indier. Ich mufs hier den Leser auf die schöne Stelle in von Humboldt's Versuch über den politischen Zustand von Neu-Spanien (B. I. S. 115) verweisen, wo der Verfasser höchst interessant über diesen Gegenstand redet. Wenn gleich

(*) Siehe J. S. Vater Untersuchungen über Amerika's Bevölkerung, S. 72.

äußere Ursachen die Stärke der Färbung jener Stämme erhöhen, so bleibt dennoch die bräunliche Grundfarbe; die aber, wie Herr von Eschwege richtig bemerkt, durch Kränklichkeit, besonders im Gesichte in ein bleiches Gelb ausartet. Diese Betrachtungen widerlegen indessen den Satz nicht, daß die Bewohner heißer Länder im allgemeinen dunkler gefärbt sind, als die der kältern, und die große Abwechslung in den Farbenabstufungen der südamerikanischen Völkerstämme, deren nahe Verwandtschaft übrigens niemand leugnen kann, scheint für die Abstammung der Menschen von einem Paare zu sprechen, worüber der Engländer Sumner so interessant geschrieben hat (*).

Ungeachtet der Aehnlichkeit, welche zwischen den Mongolen, Malayen und den amerikanischen Völkern statt findet, scheinen diese letzteren doch gewisse auszeichnende Züge mit einander gemein zu haben. Die 17te Platte bildet mehrere Botocuden-Physiognomien ab, wovon die 4te Figur eine genaue Abbildung nach dem Leben, die ich der Güte des Herrn Sellow verdanke, ein vollkommen mongolisches Gesicht zu seyn scheint, und dennoch würde man sehr irren, wenn man allen diesen Wilden eine ähnliche Bildung zuschreiben wollte; denn die 3te Figur zum Beyspiel, welche die Abbildung des Jukeräcke giebt, hat ebenfalls ächt brasilianische Züge, die aber dennoch sehr verschieden von denen des eben erwähnten Gesichtes sind. Die 2te Figur dieser Tafel bildet die Frau des Jeparack, und die 5te den an verschiedenen Stellen erwähnten Mumienkopf eines Brasilianers aus der Sammlung des Herrn Ritter Blumenbach zu Göttingen ab. Die Vergleichung der Physiognomien der *Esquimaux*, von welchen wir unlängst in der Beschreibung der Reise des Capitain Ross nach dem Nordpole interessante Abbildungen erhalten haben, zeigt bedeutende Verschiedenheiten von der Bildung brasilianischer Gesichter, und eben dieses bestätigte die Aussage der Brüder-Missionarien von

(*) Siehe J. B. Sumner a Treatise on the records of the creation etc.

Naïn, welche meinen Quäck zu betrachten Gelegenheit hatten. Es ist unendlich schwer, das Dunkel aufzuklären, welches den Ursprung zahlreicher amerikanischer Völkerschaften für uns verhüllt.

Caziken kann man die Anführer der *Tapuyas* nicht nennen. Dieses Wort hat eine viel höhere Bedeutung; denn die Anführer der brasilianischen Stämme unterscheiden sich durch nichts von ihren Landsleuten, die ihnen nicht einmal besondere Achtung erzeigen; sie haben weiter keinen Vorzug, als daß sie durch mehr Klugheit, Erfahrung oder Tapferkeit sich ausgezeichnet haben, und daher in der Truppe eine entscheidendere Stimme führen. Caziken nannte man die mächtigern Häupter der gebildeteren Völker der neuen Welt, der Mexikaner, Peruaner und anderer, deren Ansehen und zuweilen weit ausgedehnte unumschränkte Herrschaft, den spanischen Eroberern kräftig widerstand. Sie besaßen zum Theil große Reichthümer, und eine Cultur, deren Ueberreste noch heut zu Tage den Reisenden in Erstaunen setzen, und wovon wir von Herrn von Humboldt die interessantesten Schilderungen erhielten(*). Wie weit steht dagegen der rohe Bewohner der brasilianischen Urwälder zurück! hier herrscht eine thierische Gleichheit und allein der Vorzug gilt, welcher von der Stärke des Armes erzeugt wird. In den Felsen und den Urstämmen jener Wälder, welche Jahrhunderten trotzen, finden sich keine Hieroglyphen, noch andere eingegrabene Zeichen, und die einzigen Monumente dieser Naturmenschen, welche man über der Erdoberfläche findet, sind Hütten von vergänglichen Zweigen, die nicht dem Wechsel eines einzigen Jahres zu trotzen vermögen.

Diejenigen der Brasilianer, welche eine portugiesische Soldatenmütze tragen, haben schon ihre Originalität verloren, und interessiren daher weniger. Ich habe nie etwas ähnliches unter den Wilden an der Ostküste gesehen.

(*) Hierüber siehe Alex. v. Humboldt Schriften, so wie S. Vater im 3ten Bande 2ter Abtheilung des Mithridates.

Die Vignette des 1ten Abschnittes.

Als eine Erläuterung des auf der Vignette dieses 1ten Abschnittes abgebildeten Botocuden-Schädels lasse ich jetzt die erklärenden Worte folgen, welche ich der Güte des Herrn Ober-Medicinalraths Ritters Blumenbach verdanke: »Der Botocude, womit Ew. meine ethnologische Sammlung bereichert haben, und der eben so sehr zu den merkwürdigsten als zu den seltensten Stücken derselben gehört, ähnelt in seiner Totalform (doch ohne den Unterkiefer) dem vom Orangutang mehr, als einem der acht Negerschädel die ich besitze, wenn gleich bey manchen von diesen die Oberkiefer stärker als an dem brasilianischen Cannibalen prominiren.

Die eigentliche Hirnschale ist — den schmälern Querdurchmesser zwischen den Schläfen ausgenommen — im ganzen ziemlich kugelig: von der weit vorliegenden Hinterhauptsöffnung bis zur Mitte des Scheitels von auffallender Höhe; alle Näthe, wie es das jugendliche Mannsalter mit sich bringt, in frischer Integrität. Hingegen etwa für dies Alter ansehnlich vorstehende Stirnhöhlen; überhaupt der ganze Augenbraunbogen stark ausgewirkt; besonders die bogenförmige Spurlinie von der Anlage des obern Beifsmuskels (*M. temporalis*) rauh wie zackig. Die Augenhöhlen tief, aber vorn eben von keinem weiten Umfange.

Die Nasenknochen sehr klein; ihr Rücken nach oben schmal und scharfkantig; die Nasenhöhle nicht gar geräumig. Die Backenknochen breit. Die Oberkiefer vorstehend, und der Theil, der die Schneide- und Eckzähne fafst, ungewöhnlich gewölbt. Der Unterkiefer von mächtiger Stärke, und der untere Rand seiner Seitenflügel durch die Anstrengung der daran befestigten untern Beifsmuskeln (*M. masseteres*) auswärts gebogen. Die Zähne ausnehmend robust und fest, und ihre Mahlflächen, ohngeachtet des jugendlichen Alters, stark abgenutzt.

Nur die untern Schneidezähne fehlen; und zwar die Zellen, in welchen das mittlere Paar gesessen hat, nicht nur geschlossen und gröfstentheils absorbirt, sondern auch nach vorn durch eine auffallende Grube eingedrückt. Ohne Zweifel die Folge des anhaltenden Drucks von dem scheibenförmigen Holzklotze, den die Botocuden in der dadurch ungeheuer ausgedehnten Unterlippe tragen, daher ihnen allgemein schon in den zwanziger Jahren die unteren Vorderzähne ausfallen und die Alveolen derselben schwinden.

Und um noch einmal auf den so ausgezeichneten Totalhabitus dieses so merkwürdigen Schädels zurück zu kommen, so bewährte sich auch an ihm die von mir anderwärts angegebene Vertical-Norm (— die horizontal gelegten Köpfe aus dem Scheitelpunkt angesehn —) wodurch sich nahmentlich der auffallende Unterschied derselben von der Neger ihren, besonders durch die ansehnliche Breite der Scheitel- und Backenbeine u. s. w. auf den ersten Blick ausweist.

Reisende Indier

II.

Reise vom Rio Grande de Belmonte zum Rio dos Ilhéos.

Der Rio Pardo; Canavieras; Patipe; Poxi; Flufs Commandatuba; Flufs Una; die Bäche Araçari, Meço und Oaqui; Villa Nova de Olivença; die Indier daselbst; Verarbeitung der Piaçaba-Frucht; Villa und Flufs dos Ilhéos; Flufs Itahype, Almada; die Guerens ein Ueberrest der alten Aymorés.

Der Aufenthalt am Flusse *Belmonte* und in den Urwäldern, welche die Heimath der Botocuden sind, hatte in mir den Wunsch erweckt, einen neuen Schauplatz aufzusuchen; man traf daher alle nöthige Anstalten, die Reise nordwärts fortzusetzen, und meinem Plane gemäfs, quer durch die Waldungen bis zu den Gränzen von *Minas Geraës* vorzudringen. Ich erhielt für einen Theil der Reise einen willkommenen Gesellschafter in Herrn CHARLES FRASER, der bis zum Flusse *Ilhéos* mit mir gleiches Ziel hatte.

Der *Rio Grande* ist bey der *Villa de Belmonte*, da er nicht weit davon in die See mündet, ansehnlich breit und oft stark bewegt. Ich wählte daher grofse Canoen zu unserer Ueberfahrt; meine Thiere hatten schon am Tage zuvor schwimmend über den Flufs gesetzt. Wenn die Canoen das jenseitige Ufer erreichen, schiffen sie in einen todten, schmalen, mit *Mangue*-Gebüschen eingefaſsten Arm des Flusses, welcher den Nahmen der *Barra das Farinhas* trägt. Dieser Canal war ehedem wahrscheinlich ein Seitenarm des *Belmonte*, dessen Mündung aber allmählig versandet ist, weswegen man ihn auch wohl *Barra Velha* nennt.

Wir fanden am Ufer unsere Tropa, beluden sie, und setzten unsere Reise etwa anderthalb Legoas weit bis zur Mündung des *Rio Pardo*, eines bedeutenden Flusses, fort. Der Weg führt längs einer öden sandigen Küste hin, wo alle Bäume und Gesträuche durch die hier häufigen Stürme und Seewinde niedergehalten und verstümmelt sind. Ich fand in dieser Gegend einige wenige zerstreute Knochen von Meerschildkröten, hier eine Seltenheit, die man hingegen an dem mehr südlich gelegenen einsamen, wenig beunruhigten Strande des *Rio Doçe* äuſserst häufig findet (*). Der *Rio Pardo* macht die Gränze zwischen der *Comarca* von *Porto Seguro* und der von *Ilhéos*; er tritt in mehreren Armen in die See, unter denen der südlichste, welcher bey *Canavieras* mündet, ehemals den indischen Nahmen *Imbuca* trug. An dem südlichen Ufer der *Barra* fanden wir ein kleines Haus, die Wohnung eines Viehhirten, der die Reisenden nach der groſsen Insel hinüber zu schiffen pflegt, auf welcher *Canavieras* zwischen zwey Armen des Flusses erbaut ist. Ich schiffte mich erst gegen Abend ein, hatte aber eine gefährliche und sehr beschwerliche Fahrt in einem kleinen, schmalen, unsichern Canoe, welches bey der hohen Fluth, und den hereinrollenden groſsen Wogen der nahen See, auf das heftigste

---

(*) Ich habe im 1ten Theile meiner Reisebeschreibung die groſsen Meerschildkröten, von welchen hier die Rede ist, für die *Testudo Midas* ausgegeben; die Lage, in welcher ich mich zu jener Zeit am *Rio Doçe* befand, machte es unmöglich eine Beschreibung dieser Amphibie zu entwerfen, und die Hoffnung späterhin hiezu Gelegenheit zu finden, ward vereitelt. Ein vollständiger Schädel indessen, welcher sich in meinen Händen befindet, wird durch genaue Vergleichung zeigen, ob diese Schildkröte zu den bekannten Arten zu rechnen ist, oder eine neue Species bildet, worüber ich in meinen Beyträgen zur Naturgeschichte von Brasilien Nachricht zu geben gedenke.

geschaukelt, und hin und her geworfen wurde. Der gute *Canoeiro*, der den Wellen so wenig als möglich die Seite des Fahrzeuges preis gab, brachte uns indessen glücklich nach dem Orte unserer Bestimmung. In den *Mangue*-Gebüschen am Ufer beobachtete ich einen ungeheueren Schwarm von Schwalben, mit einförmig rufsfarbigem Gefieder, die ich zwar nicht näher untersuchen, aber doch für keine andere, als die *Hirundo pelasgia* halten konnte. Sie hatten sich hier zur nächtlichen Ruhe versammelt, stiegen aber zuweilen gleich einer grofsen Wolke hoch in die Luft, und fielen plötzlich wieder in die grünen Gebüsche ein, die dann durch ihre unendliche Menge völlig schwarz gefärbt erschienen. Ich fand Herrn Fraser, der vor mir übergesetzt worden war, in einem geräumigen Hause, wo wir mit der Familie des Besitzers uns an einem guten Feuer in der grofsen Halle erwärmten; unsere Nachtruhe hielten wir auf einigen Böden von Planken, welche in der Höhe in dem grofsen Raume angebracht waren, eben so schlief auch ein Theil der Bewohner des Hauses.

Canavieras ist eine ziemlich bedeutende zerstreut liegende *Villa* oder *Aldea* mit einer Kirche; man pflanzt hier besonders Mandiocca und Reis. Die Einwohner sind meistens Weifse, und Leute von verschiedenen, durch die Vermischung mit Negern erzeugten Farbengraden (*Pardos*), welche an dieser Küste die Hauptmasse der Bevölkerung ausmachen. Da hier kein *Juiz*, noch sonstiger Ortsvorstand sich befindet, so existirt auch keine Polizey, und *Canavieras* ist wegen seiner Freyheit und des etwas verwilderten Zustandes seiner Bewohner, in der ganzen Gegend bekannt. Sie wollen keinen *Juiz*, indem sie sagen, sie könnten sich selbst regieren, und sollen wenig Abgaben entrichten. Uebrigens von jovialem Charakter, belustigen sie sich oft mehrere Tage hinter einander mit Musik, Tanz und Kartenspiel, wobey aber auch nicht selten Excesse vorfallen sollen.

Da der Flufs eine bessere *Barra* hat, als der *Rio Grande*, so werden hier auch einige *Lanchas* erbaut, welche den Handelsverkehr mit *Bahia* und anderen Orten der Küste unterhalten. Der *Rio Pardo* durchströmt die Urwaldungen, in welchen dieselben Botocuden sich feindlich zeigen, welche am *Belmonte* zum Theil friedlich erscheinen. Noch ohnlängst hatten sie hier mehrere Menschen erschossen, und man muthmaſste, daſs die Thäter von der Bande des *Capitam* Jeparack, dessen Bild die erste Figur auf der 17ten Platte darstellt, gewesen seyen. Schon früher hatten sie hier mehrere Pflanzungen der Bewohner zerstört. Man griff sie an, und brachte ihnen eine ansehnliche Niederlage bey, wobey an 50 von ihren Kriegern getödtet wurden. Seitdem haben sie sich durch die Ermordung von 4 Personen gerächt, und man hat deshalb einige Pflanzungen oben am Flusse aufgeben müssen, welche sie theils zerstörten, theils beständig bedrohten. Den *Rio Pardo* sollen sie nicht überschreiten, denn am *Commandatuba* will man sie noch nie gesehen haben. An diesem und in den Wäldern der *Barra* von *Poxi* (Poschi) streifen einige Haufen der *Patachos*.

Nicht gar weit von *Canavieras* öffnet sich in den *Rio Pardo* der kleine todte Fluſs, welchen man *Rio da Salsa* nennt; er verbindet den *Rio Pardo* mit dem *Rio Grande de Belmonte*. Es befand sich gerade ein Mann hier, welchen der Graf *Dos Arcos* von *Bahia* mit dem Auftrage gesandt hatte, den *Rio da Salsa* schiffbar zu machen, da man sich für den Handel auf dem *Belmonte* nach *Minas* hinauf, durch diese Verbindung des letzteren mit der besseren *Barra* des *Rio Pardo* groſse Erleichterung versprach.

Da wir die günstige Jahreszeit zu der Reise in die Wälder nicht ungenützt vorbey gehen lassen durften, so ward zu *Canavieras* nicht lange gejagt, auch wenig gefunden, was für unsere Sammlungen interessant gewesen wäre; dennoch aber giebt eine jede Gegend gewöhnlich etwas Neues. So ernährt die Nachbarschaft des *Belmonte* und *Rio Pardo* ein vorzüglich schönes Thier aus der Klasse der Reptilien, welches Marc-

Reise vom Rio Grande de Belmonte zum Rio dos Ilhéos 75

GRAY wahrscheinlich unter dem Nahmen der *Ibiboboca* erwähnt hat. Diese Schlange (*) gleicht in der Vertheilung ihrer Farben sehr der Corallennatter, indem schwarze, weifslichgrüne und zinnoberrothe Ringe auf das schönste an ihrem Körper abwechseln. Die schon früher erwähnte Corallenschlange (**), die von mir beschriebene orangeköpfige Natter (*Coluber formosus*), die jetzt genannte, und eine vierte (***), welche an Schönheit die vorigen wohl noch übertrifft, haben in ihrer Färbung und Farbenvertheilung grofse Aehnlichkeit, daher verwechselt sie der Brasilianer unter dem allgemeinen Nahmen *Cobra Coral* oder *Coraës*; denn alle vier haben an ihrem glatten Körper abwechselnd schwarze, weifsgrünliche

(*) *Elaps Margravii*. Herr Hofrath MERREM erkannte diese von mir mitgebrachte Natter für MARCGRAVS *Ibiboboca*, und sie ist es auch höchst wahrscheinlich; RUSSEL irrt daher, wenn er sie zu seiner indischen *Kalla-jin* rechnet. Eine kurze Notiz von ihr hat Herr Hofrath MERREM in seinem System der Amphibien pag. 142 gegeben, wo er sie unter dem Nahmen *Elaps Ibiboboca* aufführt.

(**) *Elaps corallinus*. Ich habe in dem 1ten Bande dieser Reisebeschreibung die hier genannte Schlange für LINNÉ's *Coluber fulvius* gehalten, und unter diesem Nahmen von ihr geredet. Seit dem hat mich aber genauere Vergleichung belehrt, dafs sie derselben zwar sehr ähnlich, dennoch aber specifisch verschieden von ihr seyn müsse, und ich wähle daher die von Herrn Hofrath MERREM gegebene Benennung, siehe dessen System der Amphibien pag. 144. — Ueber diese, die vorhergehende, und die beyden nachfolgenden Natterarten, habe ich in dem neuesten Bande der Schriften der Kaiserlich Leopoldinisch-Carolinischen Akademie der Naturforscher eine kleine Notiz gegeben, welche von einer Abbildung des *Elaps corallinus* begleitet ist.

(***) Ich nenne sie *Coluber venustissimus*. Sie ist die schönste der Corallennattern, und in der Färbung der *Elaps corallinus* sehr ähnlich, allein ihr Kopf ist breiter, der Rachen tiefer gespalten, die sehr kleinen Zähne sind völlig ,die der Nattern; Bauchschilde 200, Schwanzschuppenpaare 51; die Länge des Schwanzes beträgt etwas mehr als $1/7$ der ganzen Länge des Thiers. Hauptfarbe des ganzen Körpers zinnoberroth; diese herrliche Zeichnung wird durch gepaarte schwarze Ringe gehoben, die einander sehr genähert und in der Mitte sowohl getrennt, als an ihrer äufseren Seite eingefafst von einem schmalen weifsgrau-grünlichen Ringe sind. Alle Schuppen der oberen Theile des Körpers, selbst in den breiten zinnoberrothen Ringen, haben eine schwarze Spitze.

und hochzinnoberrothe Ringe; dem genau betrachtenden Naturforscher hingegen zerfallen sie bey dem ersten Anblicke sogleich in völlig verschiedene Arten. Herr FREYREISS, der später sich in dieser Gegend aufhielt, fand hier zufällig in den Palmbäumen eine merkwürdige bisher unbekannte Fledermaus, welche ein neues Genus bilden könnte (*). Sie trägt an der Stelle des Schwanzes zwey auf einander passende Hornklappen in horizontaler Stellung, wovon die obere oder gröfsere, 5 Linien in der Breite mifst, sie ist gewissermafsen ein Ueberzug des Schwanzknochens, welcher sich in derselben endiget; die untere Klappe aber wird durch die zusammengefaltete Schwanzflughaut gebildet. Der Pelz dieses Thieres ist etwas zottig und weifs gefärbt; es hält sich am Tage zwischen jenen colossalen Cocoswedeln verborgen, welche überall an dieser Küste von der graugrünen glänzenden *Tangara* (**) bewohnt und belebt werden.

Bey einer günstigern Witterung und längerer Mufse würde man hier zu *Canavieras* Untersuchungen über die Fische des Meeres und des Flusses haben anstellen können. Im allgemeinen wird man indessen dieselben Arten hier vorfinden, als an den südlicheren Theilen der Küste; dort am *Espirito Santo* strahlte in den Netzen der Fischer der hochrothe *Catauá* (*Perca punctata*) mit einer Menge violetter Pünktchen überstreut, mehrere Arten der glänzenden *Scomber*, der *Squalus*, *Silurus*, die schön gestreiften *Grammistes*-Arten, der *Peruá* (*Balistes Vetula*, LINN.) mit schön grünem

---

(*) Ich habe in der Isis, Jahrgang 1819 10tes Heft pag. 1630 eine kurze Notiz von diesem merkwürdigen Thiere gegeben.

(**) Dieser Vogel ist bis hierhin für das Weibchen der *Tanagra Episcopus* gehalten, und von DESMAREST als solches abgebildet worden. Es ist dieses aber ein Irrthum, da *Tanagra Episcopus* oder *Sayaca* (der *Sanyaçú* der Brasilianer an der Ostküste) sehr verschieden von dem vermeinten Weibchen ist, wovon wir, ganz ähnlich gezeichnet, häufig beyde Geschlechter erhalten haben. Dieser letztere, für das Weibchen gehaltene Vogel, welchen ich, wegen seines beständigen Aufenthaltes in den Cocospalmen *Tanagra palmarum* nenne, ist selbst durch seine Stimme, ein sehr leises Zwitschern, durchaus von dem *Sanyaçú* verschieden.

Oberkörper und himmelblauen, hochgelb eingefafsten Streifen, und andere mehr. Jedoch die See zu *Canavieras* war vom Winde zu sehr bewegt, um den Fischern den Fang zu gestatten.

Reisende, welche Maulthiere mit sich führen, lassen dieselben längs der Seeküste hinauf gehen, und über die verschiedenen Mündungen (*Barras*) des *Rio Pardo* hinüber schwimmen; sie selbst aber schiffen sich ein, und machen mit verschiedenen Unterbrechungen in einem Canoe eine Strecke von etwa zwey Tagereisen auf einem Binnenwasser, das mit der Küste parallel läuft, und von dem *Rio Pardo* mit seinen verschiedenen Armen und dem Meere gebildet wird. Dieses Wasser ist salzig, und erhält Ebbe und Fluth von der nahen See. Es wird von dieser durch ein schmales Stück Land getrennt, welches von den verschiedenen Ausflüssen oder Mündungen des *Rio Pardo* durchschnitten ist. Von der *Barra de Canavieras* erreichen die Thiere nach einem Wege von etwa zwey Legoas die *Barra de Patipe*, von einer *Povoação* so benannt, welche in der Nähe auf der von diesen beyden *Barras* gebildeten Insel liegt. Die Schifffahrt auf diesem salzigen Flusse ist angenehm; dichte, freundlich grün belaubte *Mangue*-Gebüsche bedecken die Ufer, hinter ihnen erhebt sich der Urwald, und an verschiedenen Stellen öffnen sich Aussichten in die Arme des aus den nahen Wildnissen hervorbrechenden Flusses. Man erblickt am Ufer einzelne Wohnungen, die sich immer durch einen Hain von Cocospalmen schon von ferne ankündigen. Von der *Barra de Patipe* setzt der gesalzene Flufs längs der Küste fort, und man erreicht an der *Praya* nach einem Wege von 1½ Legoas die *Barra de Poxi*, einen andern Ausflufs. Hier befand sich bis jetzt stets eine kleine Ansiedlung von mehreren Fischerfamilien, die sich aber kürzlich von dieser Stelle wegbegeben hatten. Wir fanden hier kaum ein trinkbares Wasser für unsere lechzenden Thiere; einige nützliche Gewächse vegetirten noch in der Nähe der Wohnungen, unter andern die hier im Lande so beliebten *Pimenteiras* (*Capsicum*), deren längliche hochrothe sehr zusammenziehende Früchte man als Gewürz zu den Speisen setzt, und noch einige andere Fruchtbäume.

Wir brachten hier eine rauhe windige Nacht lieber im Sande an der See zu *Poxi* hin, als daſs wir uns in den verlassenen Hütten den Plagen des zahlreichen Ungeziefers hätten aussetzen wollen. Ein von uns in der Nähe zufällig aufgefundenes Fischercanoe setzte am folgenden Morgen unsere Tropa über die *Barra*, an welcher sich gegenwärtig kein *Passageiro* oder Fährmann fand, wie man denn in diesen Gegenden noch gar wenig für die Reisenden sorgt. Es giebt keine Karten des Landes, man muſs daher auf gutes Glück der Küste und den dürftigen Nachrichten der Landesbewohner folgen. Hier in der Nähe, ein wenig landeinwärts auf einer sanften Anhöhe, hat sich seit kurzem ein französischer Chirurg, Monsieur PETIT, angebaut, der nach der einstimmigen Versicherung der Bewohner dieser Gegend, die Fischer von *Poxi* durch sein streitsüchtiges Betragen vertrieben haben soll. Er ist, wie man mir sagte, ein eifriger Anhänger NAPOLEONS, und schien deshalb nicht viel Beyfall bey den Portugiesen zu finden. Das von der *Barra de Poxi* nördlich sich ausdehnende salzige Binnenwasser, zeigte jetzt bey Anbruch eines heiteren Tages, in der Kühlung des Morgens, eine unglaubliche Menge von Fischen, welche über die Oberfläche des Wassers hoch in die Luft sprangen. Mit einem groſsen Netze hätte man hier einen sehr reichen Fang thun können.

Die Fahrt von hier nach der Mündung des Flusses *Commandatuba* ist ohne Abwechslung; man hat stets dieselben Ansichten zwischen einer Menge von Inseln hin, welche von *Mangue*-Gebüschen bedeckt sind. Diese auch hier sehr salzigen Gewässer beschifft man am besten zur Zeit der Ebbe. Auf den wurzelnden Zweigen der *Mangue*-Bäume sitzt in Menge die bunte rothfüſsige Krabbe *Guayamú*, auch findet sich in diesen Gebüschen sehr häufig der gemeine Amazonenpapagey (*Psittacus ochrocephalus*, LINN.) der von den Indiern und Portugiesen *Curica* genannt wird. Er scheint vorzugsweise diese Art von Gebüschen zu seinem Aufenthaltsort zu wählen, so dafs man ihn wohl darnach benennen könnte; immer wird er daher an den Ufern und Mündungen der Flüsse angetroffen, wohin die übrigen Arten der Papageyen nur höchst selten sich verirren. Er läfst seine Stimme hier laut erschallen, bringt mannigfaltige Töne hervor und scheint oft auch andern Vögeln nachzuahmen. Die Nester dieser Papageyen findet man häufig in den stärkern mit Höhlungen versehenen *Mangue*-Bäumen; die Einwohner nehmen nicht selten die Jungen aus, zähmen sie und lehren sie reden.

Der Flufs *Commandatuba* ist nicht stark. Unweit seiner Mündung am südlichen Ufer, wo ein weifser Sandboden jetzt in der glühenden Hitze des Mittags unseren Augen wehe that, befinden sich die Wohnungen einiger, zum Theil indischen Familien, deren Pflanzungen auf dem nördlichen Ufer des Flusses liegen. Wir liefsen uns übersetzen, und erreichten, nachdem wir etwa drey Legoas zurückgelegt hatten, die *Barra* des ansehnlicheren Flusses *Una*, wo nur einige wenige Wohnungen sich befinden. Ein wohlhabender Pflanzer, welcher bedeutende Ländereyen an diesem Flusse besitzt, hat hier eine *Venda* erbauet, welche einen regelmäfsig eingefafsten, mit hohen Cocospalmen gezierten Hofraum enthält. Hier in diesem scheinbar so sterilen weifsen Sande wächst dieser stolze Baum kräftig zu einer bedeutenden Höhe empor, und ist schon in seinem niederen Zustande, im siebenten Jahre, mit erfrischenden Früchten überladen. Man bauet hier Mandiocca, Reis; aber auch Kaffee, Baumwolle und alle andere Produkte des südlichen Himmels gedeihen vortrefflich. Der Besitzer war noch mit der Anlage solcher Anpflanzungen beschäftigt. Ich sah hier unsern europäischen Weifskohl, Kohlrüben und die rothe Viehrübe, und fand Kohlköpfe, deren Gewicht 14 Pfund betrug. Der Flufs *Una* theilt sich an seiner Mündung in zwey Arme, wovon der linke, *Rio de Muruim*, und der rechte *Rio da Cachoeira* genannt wird; der letztere erhielt seinen Nahmen von dem kleinen Falle den er bildet. An diesem Flusse findet man nicht gar weit aufwärts eine Menge schöner Holzarten, besonders viel *Jacarandá* (*Bois de Rose*). Der *Una* ist zur Zeit der Ebbe so seicht, dafs ihn die Thiere passiren können. Jenseits erreicht man drey Bäche, den *Araçari*, den *Meço* und *Oaqui* (*Oaki*), welche ebenfalls während der Ebbe durchritten werden müssen, da zwey derselben bey der Fluth tief und reifsend sind.

Ins Land hinein hat man hier die Aussicht auf eine nordwärts fortstreichende Waldhöhe, welche das Ufer des *Rio de Maruim* bildet; auf diesem Rücken bemerkt man einen hohen hervortretenden Baum, *Pao de Maruim* genannt, der von der See aus in weiter Ferne schon gesehen wird, und den Schiffern zur Richtung dient.

Schon vom *Una* an findet man am Strande häufig eine Art von Seefahrzeugen, *Jangada* genannt, und von Koster beschrieben und abgebildet. Man bedient sich derselben bey der Ebbe, auf seichten Stellen zum fischen; mit den gröfseren wagt man sich selbst weit in die See hinaus, und transportirt auf ihnen, längs der Küste hin, verschiedene Produkte und Handelsartickel. Diese *Jangadas* sind Flöfse, deren mittlere Länge etwa zehn Schritte beträgt. Sie sind aus sieben Balken von leichtem Holze so zusammengesetzt, dafs fünf Stücke, wovon die beyden äufseren gewöhnlich etwas länger sind, neben einander liegen, und blofs durch zwey Querstangen von festem Holze verbunden sind. Auf den beyden äufsersten Balken einer jeden Seite, liegt ein dritter, und auf diesen beyden ist alsdann in der Mitte des Flofses ein Bock von dünnen Hölzern errichtet, auf welchem der steuernde Schiffer sitzt. Eisen befindet sich an dem ganzen Fahrzeuge nicht. Die Balken sind an beyden Enden von unten schräge aufwärts zugespitzt. Auf den gröfseren dieser Fahrzeuge, welche auch gewöhnlich mit kurzem Mast und Segel versehen sind, befinden sich oft mehrere Menschen. Die leichte Holzart, deren man sich immer zum Bau dieser einfachen Küstenflöfse bedient, wird *Pao de Jangada* (Jangadenholz) genannt, und wir finden sie von ARRUDA unter dem Nahmen *Apeiba Cimbalaria* (*) oder *Embira Jangadeira* als zur *Polyandria Monogynia* gehörig, beschrieben. Die geschicktesten Führer dieser *Jangadas* sind die jetzt civilisirten Küsten-Indier, deren Hütten man in dieser Gegend einzeln, in den Gebüschen an der *Praya* liegend, findet. Eine jede Familie hat ihr Fahrzeug hier auf dem Sande aufgestellt, das, wenn es gebraucht werden soll, blos umgewälzt, und bey der heranrollenden Fluth flott gemacht wird. Weiter südlich an der Küste findet man keine *Jangadas*, sondern nur Canoes, nördlich aber blos die ersteren und nur wenige Canoes; wahrscheinlich ist diese Gegend der südlichste Punkt, bis zu welchem das Jangadenholz wächst.

Von *Una* aus erreicht man nach einem Ritte von 6 Legoas die Indier-Villa von *Olivença*. Auf der letzten Hälfte dieser Küstenreise erhebt sich landeinwärts ein **schöner** mit Wald bedeckter grüner Rücken, der eine neue botanische **Merkwürdigkeit** zeigt. Hier wächst in grofser Menge die schon früher bey *Mogiquiçaba* erwähnte Palme, die man *Cocos de Piaçaba* (**) nennt. Ihre beynahe senkrecht himmelan strebenden Wedel oder Blätter (*frondes*) geben ihr das originelle Ansehen eines türkischen Reiherbusches; der Schaft ist hoch und stark, und die dicht verflochtenen Waldungen bilden ein Unterholz, über welches überall die stolzen Palmen sich erheben, um hohe luftige Säulengänge darüber zu bilden. Zu *Mogiquiçaba* bereitete man Stricke aus den Fasern des Baumes, zu *Olivença* wird die Frucht verarbeitet.

(*) S. KOSTERS travels etc. im Anhange pag. 488. Auch MARCGRAV redet von diesem Baume und bildet ihn ab, pag. 123 und 124.

(**) Durch einen unvorhergesehenen Zufall wurde ich verhindert die *Piaçaba*-Palme in den Wäldern von *Ilhéos* genau zu untersuchen, um zu wissen, ob die erwähnten langen Fäden an der Fruchttraube oder an der Blattscheide erzeugt werden. Ich habe leider vergebens gehofft, diesen schönen Baum weiter nordwärts wieder zu finden.

Villa Nova de Olivença hat eine angenehme Lage auf einem etwas erhöhten Rücken und ist von dichten Gebüschen umgeben. Der Convent (Kloster) der Jesuiten tritt über diesen grünen Wall empor. An dem höchst mahlerischen Felsen, der hier in die See hinein tritt, brechen sich brausend die Wogen, und erfüllen den ganzen Busen mit weifsem Schaume. Am Ufer sahen wir die dunkelbraunen Indier in ihren weifsen Hemden, beschäftigt mit der Angel Fische zu fangen; die ganze Scene würde dem Landschaftmahler einen interessanten Gegenstand darbieten. Unter diesen Leuten waren viele recht schön gebildet; ihr Anblick erinnerte an eine Stelle in Lery's Reise (*), wo der Verfasser auch ihre Vorfahren, die *Tupinambas* wohl und schön gebildet nennt, auch hat er wirklich recht; sie sind wohlgewachsen, schlank, dabey breit von Schultern und haben die mittlere Gröfse der europäischen Völker. Leider haben sie ihre Originalität verloren, auch bedauerte ich nur, dafs nicht ein *Tupinamba*-Krieger uns hier entgegen trat, die Federkrone um den Kopf, mit Armbinden von bunten Federn geschmückt, den Federschild *Enduap* auf dem Rücken, und den kräftigen Bogen und Pfeil in der Hand; statt dessen ward man von den Abkömmlingen jener Anthropophagen mit dem portugiesischen Grufse *á Deos!* bewillkommt, und fühlte mit Kummer den Wechsel alles Irdischen, der diesen Völkern mit dem Abfalle von ihren rohen barbarischen Gebräuchen, auch ihre Originalität raubte, und sie zu einem jetzt kläglichen Mittelding herunter setzte. Ich habe auf der Vignette dieses 2ten Abschnittes eine an der Küste reisende indische Familie abbilden lassen, wodurch man eine richtige Vorstellung von ihnen erhält.

(*) Ich habe mich bey den citirten Stellen des Lery gewöhnlich auf die französische Ausgabe bezogen; die deutsche hat den Nachtheil, dafs die brasilianischen Worte oft unrichtig geschrieben sind, indem der Verfasser die französische Aussprache durch deutsche Schreibart wieder geben wollte, welches nicht immer möglich ist.

Villa Nova de Olivença ist eine Indier-*Villa*, welche von den Jesuiten vor etwa hundert Jahren angelegt wurde. Man hatte damals die Indier vom Flusse *Ilhéos* oder *S. Jorge* versammelt und herbeygeführt. Jetzt befinden sich hier etwa 180 Feuerstellen; der ganze Distrikt aber, mit den eingepfarrten Bewohnern, zählt etwa tausend Seelen. Portugiesische Einwohner hat *Villa Nova* aufser dem Geistlichen, dem *Escrivam* und ein Paar Krämern, nur wenige; alle übrigen sind Indier, die ihre ursprüngliche Bildung noch recht rein und charakteristisch beybehalten haben. Ich sah unter ihnen mehrere sehr alte Leute, deren Aeufseres für die gesunde Luft der Gegend zeugte, unter andern einen Mann, welcher sich des Baues der vor 107 Jahren angelegten Kirche noch erinnerte. Sein Haar war noch kohlschwarz, eine bey den alten Indiern gewöhnliche Erscheinung. Es giebt zwar auch einzelne unter ihnen, deren Haar das Alter etwas bleicht, doch kommt dies nicht oft vor, wenigstens wenn sie ganz rein indischen Ursprungs, und nicht mit Negerblut gemischt sind. Die Indier zu *Villa Nova* sind arm, haben aber auch wenig Bedürfnisse; Indolenz ist, wie in ganz Brasilien, ein Hauptzug ihres Charakters. In ihren Pflanzungen bauen sie die zu ihrem Unterhalte nöthigen Lebensmittel, und die zu ihrer leichten Bekleidung nöthigen Baumwollenzeuge weben sie selbst. Mit der Jagd, welche an andern Orten eine Hauptbeschäftigung der Indier ist, geben sie sich hier gar nicht ab; denn sie haben weder Pulver noch Bley, Artikel, die man selbst in der *Villa* zu *Ilhéos* nur selten kaufen kann, und dann sehr theuer bezahlen mufs. Ein Hauptnahrungszweig der Bewohner von *Olivença* besteht in der Verfertigung der Rosenkränze aus den Früchten der *Piaçaba*-Palme und aus den Panzern der Carett-Schildkröte (*Tartaruga de Pentem*). Das Geschlecht der Palmen ist für die tropischen Regionen unserer Erde ein Naturgeschenk von grofser Wichtigkeit: der *Piaçaba*-Baum giebt nutzbares Holz, dem Seemanne geben seine Fasern dauerhafte Taue, welche den Stürmen und der Nässe trotzen, und die Frucht ernährt die Bewohner verschiedener Gegenden dieser Küste. Die Palme *Mauritia* dient zur Wohnung und Nahrung; die Existenz eines ganzen Völkerstammes, der *Guaraunen*, ist an sie gefesselt, wie Herr von Humboldt sich ausdrückt (*). Die Frucht, welche in den Cabinetten unter dem Nahmen der *Cocos lapidea* vorkommt, scheint die des *Piaçaba*-Baums zu seyn. Sie ist etwa 4 bis 5 Zoll lang, gestreckt, am vordern Ende etwas zugespitzt und von dunkelbrauner Farbe. Unter der Hand des Drechslers nimmt sie eine vorzügliche Politur an; daher man darauf verfallen ist, sie zu Rosenkränzen zu verarbeiten. Die Maschine, worauf man die Kügelchen dreht, ist sehr einfach: anstatt eines Rades befindet sich oben an der Decke ein Bogen von Holz, von welchem eine Schnur nach einem Stocke herabläuft, welcher mit dem Fuße getreten wird. Man schneidet die feste Masse der Nuß in kleine längliche Pflöcke, theilt diese wieder in kleinere Stücke von der für die Kugeln erforderlichen Größe, durchbohrt dieselben und rundet sie gehörig ab. Ein Arbeiter kann in einem Tage ein Dutzend Rosenkränze verfertigen, wovon das Stück nicht mehr als 10 Reis kostet; neu verarbeitet sind diese *Rosarios* von blaßgelblicher Farbe, man sendet sie aber sogleich nach *Bahia*, wo sie schwarzbraun gefärbt werden.

Ich besuchte die Indier in ihren Hütten und fand die meisten mit der Verfertigung der Rosenkränze beschäftiget. Ihre einfachen Wohnungen unterscheiden sich nicht von den Häusern, welche überall an dieser Küste gebräuchlich sind; die Dächer sind sämmtlich mit Stroh (*Uricanna*-Blättern) gedeckt, und anstatt daß man gewöhnlich die ganzen Blätter (*frondes*) der Cocospalmen auf die Firste legt, um diese wasserdicht zu machen, sieht man hier die langen Fäden der *Piaçaba*-Palme zu demselben Zwecke benutzt. Uebrigens sind diese Hütten längs des Rückens eines Hügels hin in Reihen erbaut, und haben eine angenehme Lage, da man von hier aus

---

(*) Ansichten der Natur, Band I, Seite 27.

eine weite Aussicht auf den unermefslichen Ocean hat. Etwas landeinwärts erreicht man ein *Campo* (eine ebene von Wald entblöfste Stelle) von wo aus man in der Ferne die *Serra de Maitaraca* erblickt, eine Gebürgskette, die, wie überhaupt diese ganze Gegend, viel Gold und Edelsteine enthalten soll.

Da ich von den der Jagd abgeneigten Indiern zu *Olivença* keine Unterstützung für meine Unternehmungen in die Wälder erwarten durfte, so setzte ich nach einem kurzen Aufenthalte meine Reise fort, und machte in früher Morgenkühlung den nur 3 Legoas weiten angenehmen Weg zu dem Flusse *Ilhéos*. Der Strand ist bey der Ebbe, welche man für diese Reise abwarten mufs, den Reisenden sehr günstig, denn er bildet eine ebene feste Fläche von feinem wasserharten Sande. Hie und da sieht man eine Wohnung, durch den sie umgebenden Cocoshain, sich über die niederen Gebüsche erheben. Auf der Mitte des Weges durchreitet man einen kleinen Bach, der den Nahmen *Cururupe* oder *Cururuipe* (die geschwollene Kröte in der alt-brasilianischen Sprache, wo *Cururú* Kröte bedeutet) trägt. An einer Felsenspitze, welche in die See hinein tritt, fanden wir einen vorzüglich schönen Strauch, eine *Posoqueria*, 6 bis 8 Fufs hoch, mit steifem dunkelgrünem Laube, dessen wohlriechende Blumen durch 6 Zoll lange Röhren sich auszeichnen; ich habe dieses Gewächs weiter gegen Süden nie bemerkt. Der Strand ist in dieser Gegend arm an Conchylien, ich bemerkte dagegen hie und da kleine von den Wellen abgerollte Stücke eines leichten roströthlichen schlackenartigen Fossils, das mir auch schon weiter südlich in der Gegend von *Porto Seguro* vorgekommen war, und bey genauerer Untersuchung für schwammige vulkanische Tuffwacke mit einem undeutlichen Atom von basaltischer Hornblende, von der *Ascensions-Insel* erkannt ward (*). Nachdem wir eine Landspitze zurückgelegt hatten,

(*) In der Sammlung des Herrn Ober-Medicinalrath BLUMENBACH zu Göttingen befinden sich Proben dieses Fossils von der *Ascensions*-Insel; auch hat der Chirurg CUNNINGHAM

fühlten wir uns sehr angenehm durch die Ansicht des schönen kleinen Hafens von *Ilhéos* überrascht, in welchem dieser Fluſs mit einer schnellen Wendung nach Süden zwischen zwey mahlerisch mit Cocospalmen bewachsenen Felshügeln in die See tritt. Vor seiner Mündung liegen ein Paar kleine Fels-Inselchen, von welchen die Gegend den Nahmen *Ilhéos* erhalten hat. Zwey Landzungen schlieſsen von beyden Seiten diesen Hafen ein; an der inneren oder nördlichen, zwischen dem Flusse und der Seeküste ist die *Villa dos Ilhéos* oder *de S. Jorge* erbaut; hier bildet der Fluſs einen ruhigen, geschützten schönen Busen, dessen anziehendes Gemählde durch einen Hain von Cocospalmen erhöhet wird; ihre federartigen Blätter schwanken auf hohen schlanken Schäften wogend im Winde, und den Boden bedecken in ihrem Schatten zwey niedrige Pflanzen, eine *Calceolaria* und eine *Cuphea*, beyde den Botanikern noch unbekannt. Nach dem Lande hinein erheben sich dichte Waldungen, und unmittelbar bey der

dasselbe in den Philos. Transact. vol. 21. pag. 300 von dort her beschrieben. Seeströmungen treiben dasselbe an die brasilianischen Küsten, so wie sie Saamen von Mimosen und andern tropischen Gewächsen an die Küsten von England und Norwegen führen. Da ich nun die brasilianische Seeküste verlassen werde, um mich mehr in das Land hinein zu begeben, so will ich hier in der Kürze die verschiedenen Arten von Conchylien nennen, die mir von *Rio de Janeiro* bis nach *Ilhéos*, also zwischen dem 23ten und 15ten Grade südlicher Breite auf dem Strande vorgekommen sind, auch befinden sich einige Landschnecken unter dieser Zahl: *Lepas tintinnabulum*, *Pholas candida*, *Tellina rostrata*, *Cardium flavum*, *Mactra striatula*, *Donax denticulata*, *Donax cuneata*, *Venus Paphia*, *V. Gallina*, *V. laeta*, *V. castrensis*, *V. Phryne*, *V. affinis*, *V. concentrica*, *Spondylus plicatus*, *Chama gryphoides*, *Arca Noae*, *A. barbata*, *A. decussata*, *A. aequilatera*, *A. indica*, *A. rhomboidea*, *Ostrea edulis*, *Mytilus edulis*, *Pinna nobilis*, *Conus stercus muscarum*, *Cypraea Carneola*, *C. caurica*, *Bulla Ampulla*, *B. Velum*, *Voluta Auris Malchi*, *V. Auris Sileni*, *V. Oliva*, *V. hiatula*, *V. Ispidala*, *V. glabella*, *V. bullata*, *Buccinum Galea*, *B. tuberosum*, *B. decussatum*, *B. Harpa*, *B. haemastoma*, *B. porcatum*, *B. fluviatile*, *Strombus Lucifer*, *S. Bryonia*, *Murex Lotorium*, *M. Morio*, *M. Trapezium*, *M. Aluco*, *Trochus radiatus*, *T. distortus*, *T. americanus*, *T. obliquatus*, *Turbo stellatus*, *Helix Pellis serpentis*, *H. ampulacea*, *H. ovalis*, *H. aspersa Müll.*, *Nerita Canrena*, *N. Mammilla*, *N. fluviatilis*, *N. littoralis*, *Patella saccharina*, *P. striatula*.

Villa erblickt man einen Waldberg, aus dessen dunkelgrüner Laubmasse die Kirche von *Nossa Senhora da Victoria* hervortritt. Von dieser Höhe aus hat Herr SELLOW, dessen Güte ich die auf der 18ten Platte gegebene Ansicht verdanke, diese angenehme Landschaft aufgenommen. Es liegt ein ungemein lieblicher fröhlicher Charakter in dieser stillen überraschenden Naturscene, in dem schönen Contraste mit dem dumpf brausenden Ocean, der sich weifsschäumend an den Felsengruppen bricht. Dieser Ort gehört zu den ältesten Niederlassungen an der Küste von Brasilien, denn nachdem CABRAL in *Santa Cruz* die erste Messe gefeiert, und in *Porto Seguro* gelandet hatte, gründete man sogleich die Colonie am Flusse *S. Jorge*. Im Jahr 1540 legte FRANCISCO ROMEIRO den Grund zu dieser *Villa*, indem er mit den dortigen Ureinwohnern, den *Tupiniquins*, sich friedlich vertrug (*). Die Colonie nahm zu und wurde blühend, litt aber späterhin durch die Einfälle des Stammes der *Tapuyas*, die man damals *Aymorés* nannte und jetzt als *Botocudos* kennt. Im Jahr 1602 schlofs man in der *Capitania* von *Bahia* einen Frieden mit diesem Volke, der zu *Ilhéos* erst 1603 zu Stande kam, und zufolge dessen man ihnen zwey Dörfer erbaute und zum Aufenthalt anwiefs; die Reste jener Wilden hat man zum Theil mit dem Nahmen der *Guerens* (ausgesprochen wie *Guerins* im Französischen) belegt. Die Colonie kam jedoch nachher immer mehr in Verfall, so dafs sie im Jahr 1685 schon sehr herabgekommen war, und gegenwärtig kaum eine Spur ihres alten Glanzes mehr hat. Mit der Aufhebung des Jesuitenordens verschwand ihre letzte Stütze; denn alle bedeutendere Denkmähler einer früheren Zeit, die noch existiren, rühren von ihnen her. Der massive Convent, das ansehnlichste Gebäude der *Villa*, das im Jahr 1723 erbaut wurde, steht jetzt leer, und ist schon so verfallen, dafs es an einigen Stellen kein Dach mehr trägt. Die Mauern an demselben sind aus Back - und Sandsteinen erbaut, deren Ursprung durch ein-

---

(*) SOUTHEY's history of Brazil I. p. 41.

gemischte Seemuscheln beurkundet wird. Zu den Monumenten des Ordens gehört auch unter andern ein schöner Brunnen, der in der Nähe der *Villa* im Schatten alter Bäume gelegen, massiv erbaut, und mit einem Dache versehen ist; bey alle dem Uebel, welches die Jesuiten stifteten, muſs man dennoch gestehen, daſs die meisten zweckmäſsigen und wohlthätigen Einrichtungen in Süd-Amerika von ihnen herrühren. Die *Villa* von *Ilhéos* selbst, ist in mehr oder weniger regelmäſsigen Straſsen erbaut, die Häuser sind klein, mit Ziegeln gedeckt, zum Theil schlecht unterhalten, verfallen oder leer stehend; die Straſsen sind mit Gras bewachsen und nur noch an Sonn- oder Festtagen findet man Leben und eine sauber gekleidete Menschenmenge hier versammelt, wenn nämlich die Bewohner der Nachbarschaft zur Kirche kommen. Es befinden sich hier drey Kirchen, wovon die von *Nossa Senhora da Victoria* in einem nahen Walde liegt. Sie soll, nach einer Sage, die der Aberglaube bewahrt, durch ein Wunder entstanden seyn. Man wollte in der *Villa* eine Kirche erbauen, und hatte bereits ein colossales Stück Holz dazu in Bereitschaft; eines Morgens erblickte man plötzlich den groſsen Stamm an der Höhe eines Berges, und erkannte in diesem Wunder einen Wink, daſs *Nossa Senhora* an dieser Stelle ihre Kirche erbaut haben wolle, den man denn auch beobachtete. Es befinden sich drey Geistliche in der *Villa*, von welchen der erste *Padre* Vigario Geral genannt wird. Zu den Monumenten der früheren Geschichte von *Ilhéos* gehören noch einige Ueberreste von der Zeit der Besitznahme durch die Holländer. So zeigt man unter andern noch drey Batterien in der Nähe des Hafeneinganges, und unweit der *Villa* am Seestrande einen groſsen scheibenförmigen Sandstein, von welchem man behauptet, er habe als Mühlstein zur Verfertigung des Schieſspulvers gedient.

Der Verkehr, welchen diese Colonie mit den andern Häfen von Brasilien unterhält, ist nicht bedeutend; einige *Lanchas* oder *Barcos* treiben einen schwachen Handel nach *Bahia* mit den Produkten der Pflanzungen und der Wälder. Man bauet hier kaum so viel *Mandiocca*, als zum Unterhalte der Bewohner nöthig ist, daher finden Fremde in der *Villa* oft nichts zu essen. Der Hunger findet hier weniger Befriedigung als in allen mehr südlich gelegenen *Villas* dieser Küste, denn selbst Fisch wird in der heifsen Jahrszeit nur wenig gefangen; in der kalten, im April, May, Juny, July, August und September sind die Gewässer ergiebiger. Man führt etwas Reis, und besonders Hölzer aus, sehr viel und schönes *Jacarandá* (*Mimosa*) und *Vinhatico*, (*Viniatico*). Zucker-Engenhos sind am Flusse *Ilhéos* nur einige wenige, aber Engenhocas (solche, welche *melado* und Zuckerbranntwein bereiten) giebt es mehrere; unter den ersteren verdient das schöne Gut *Sta Maria* einer Erwähnung, welches ein Gebiet von 20 Legoas in der Länge besitzt. Es hat 270 Negersclaven und wurde von den Jesuiten angelegt. Hier fand man das Zuckerwerk mit einer Reisstampfe und einer Reinigungsmaschine für die Baumwolle verbunden, ein Werk, welches durch Wasser getrieben wurde. In neueren Zeiten hat man die Maschinen durch einen Engländer verbessern und mit horizontalen Walzen einrichten lassen; es befindet sich indessen jetzt nur noch ein Zuckerwerk hier, das mit einer Reisstampfe vereinigt ist. Für einen thätigen Handel würde die vortheilhaft gelegene vorzügliche *Barra* des Flusses, so wie der zwar kleine aber sehr geschützte Hafen von *Ilhéos* sehr günstig seyn. Der Flufs selbst ist nicht bedeutend, denn sein Ursprung liegt nicht weit in den grofsen Wäldern entfernt. Wenn man ihm von seiner Mündung aufwärts folgt, so findet man, dafs er sich wenig oberhalb der *Villa* schon in drey Arme theilt. Der nördlichste derselben, *Rio do Fundão* genannt, ist kurz und völlig unbedeutend; der mittelste oder der Hauptflufs trägt den Nahmen *Rio da Cachoeira*, und hat seine Quellen in den grofsen Wäldern, nach der Richtung des innern *Sertam* der *Capitania* von *Bahia* hin; der südlichste endlich ist der zweyte in

Hinsicht der Stärke. Da an seinem Ufer die *Fazenda* von *Sta Maria* liegt, so gab man ihm den Nahmen *Rio do Engenho*.

Um die Ueberreste der Urbewohner in der Gegend des Flusses *Ilhéos* kennen zu lernen, beschloſs ich, den Fluſs *Itahype* (gewöhnlich *Taïpe* genannt) zu besuchen, welcher sich etwa eine halbe Legoa nördlich von der Mündung des *Ilhéos* ins Meer ergieſst. An seinem Ufer hat man vor Zeiten aus den *Guerens*, einem Stamme der *Aymorés* oder *Botocudos*, eine Ansiedlung gebildet, welche den Nahmen *Almada* trägt; man erreicht sie von der Seeküste aus in einer Tagereise. Die Fahrt dahin, den Fluſs hinauf zwischen hohen Urwäldern ist sehr angenehm, und gewährt dem Jäger viele Unterhaltung. Der Fluſs *Taïpe* ist anfangs nicht ganz unbedeutend; eine Menge von freundlichen *Fazendas* zieren seine Ufer, welche alle mit Cocospalmen, und manche der bedeutendern selbst mit einem völligen Cocoshaine umgeben sind. An den Ufern haben beynahe alle Bewohner ihre Corale oder *Camboas* angelegt, eine zum Fischfange sehr sinnreiche Erfindung, welche schon im ersten Theile dieses Reiseberichts erwähnt worden ist (*). Gefischt wird hier sehr häufig, auch fängt man die Fluſs-Schildkröte, deren schon am *Belmonte* gedacht

---

(*) Die *Camboa* oder *Coral* ist auf folgende Art eingerichtet: man stellt am Ufer eine senkrechte Rohrwand in den Fluſs hinein, dermaſsen, daſs sie bis auf den Grund des Wassers hinabgeht. Das am Lande befindliche Ende derselben bleibt so weit vom Ufer entfernt, daſs man mit ähnlichen Rohrhürden noch drey runde Kammern dergestalt davor anbringen kann, daſs die Fische einen engen Eingang in dieselben haben, und diesen, wenn sie sich eingeschlossen fühlen, nicht wieder auffinden können. Von oben gesehen, hat das ganze Rohrgestelle die Ansicht eines Kleeblattes, dessen Stiel auf das Ufer senkrecht gestellt ist, auf diese Art:

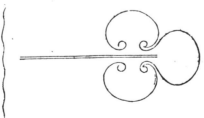

Reise vom Rio Grande de Belmonte zum Rio dos Ilhéos

ward(*). In den nahen Mangigebüschen vernahmen wir die leise pfeifende Stimme der kleinen *Sahui*-Aeffchen (*Jachus penicillatus*, GEOFFROY),

(*) Ich nannte sie *Testudo depressa*. Herr Hofrath MERREM hat ihr in seinem Systeme der Amphibien unter dem Nahmen *Emys depressa* pag. 22 gedacht. Sie bildet eine bis jetzt noch unbekannt gewesene Art, welche ich hier nur in der Kürze beschreiben will. Ihr Körper ist sehr abgeplattet, der schlanke Hals kann nicht zurückgezogen, sondern nur seitwärts zwischen die Ränder des Ober- und Unterpanzers gelegt werden. Um das Kinn befinden sich zwey kurze Bartfäden. Der Oberpanzer hat in seiner Mitte drey etwa sechseckige Schildchen, um diese rund umher stehen zehn größere Felder, und den Rand bilden fünf und zwanzig kleine Schilde, von welchen das vorderste schmal und länglich ist. Der Brustpanzer besteht aus dreyzehn Schildern. Die Afteröffnung nimmt bey den Weibchen beynahe die ganze Länge des kurzen Schwanzes ein; das Männchen hat einen längern Schwanz; Füße vorne mit fünf Zehen, mit Schwimmhäuten vereint, hinten nur vier Zehen, sämmtlich mit starken spitzigen Nägeln versehen. Farbe des Thiers schwärzlich olivenfarben, die Unterseite des Halses ist blaß gelblich mit schwärzlichen Flecken und Streifen, wovon einer in Gestalt eines Hufeisens unmittelbar hinter den Bartfäden steht. Oberpanzer gewöhnlich mit einem dunkel-schwärzlichgrünen Byssus bedeckt; gereinigt erscheint er braun mit schwarzen Streifen, welche strahlenartig von dem obern Theile eines jeden Schildchen nach seinem unteren oder vorderen Ende hinziehen. An der vorderen Seite eines jeden Hinterfußes steht vor dem unteren Fußgelenke eine gelbliche nagelartige etwas zusammengedrückte Hornschwiele. Ich fand in den Sümpfen und überschwemmten Wiesen am *Espirito-Santo* eine kleine sehr ähnliche Schildkröte, die in allen Hauptkennzeichen mit der hier genannten übereinkommt, sich aber blos dadurch von ihr unterscheidet, daß ihr Panzer schmäler und nicht so scheibenförmig gebildet, auch an den Seiten etwas aufgerollt erscheint; ihre Felder des Brustpanzers sind mit parallelen Reifen versehen, und die Unterseite des Halses ist ungefleckt gelblich blaß; übrigens kommen alle Kennzeichen beyder Thiere vollkommen miteinander überein. Ich bin zweifelhaft, ob sie ein junges Thier der *Testudo depressa* ist, oder als eine besondere Art angesehen werden muß. Es ist merkwürdig, daß die meisten Fluß-Schildkröten von Süd-Amerika zu der Abtheilung dieser Thiere zu gehören scheinen, welche durch Bartfäden oder Hautfortsätze unter dem Kinne sich auszeichnet. Ich habe in dem ganzen von mir bereisten Striche von Brasilien nur solche Süßwasser-Schildkröten gefunden, und von HUMBOLDT scheint uns dasselbe von den mehr nördlich gelegenen Flüssen zu bestätigen, man sehe seine interessanten Nachrichten über die Aufsuchung der Schildkröten-Eyer am *Orinoco*, im 2ten Bande 1te Abtheilung pag. 243 der französischen Ausgabe seiner Reisebeschreibung, wo er zwey der von mir gefundenen sehr ähnliche neue Arten, die *Testudo Arrau* und *Testudo Terekay*, beschreibt.

welche in kleinen Gesellschaften diese Gebüsche durchstreifen. Die Bewohner der Gegend ziehen häufig die Jungen dieser zärtlichen Thierchen auf, die zwar sehr zahm werden, aber dennoch oft sehr beifsig bleiben. Sie würden in Europa sehr beliebt seyn und daher oft dahin gebracht werden, wenn ihnen nicht die Seereise zu gefährlich wäre. Der Flufs *Taïpe* hat ein Zucker-Engenho und mehrere Engenhocas, wo man Branntwein aus dem Zuckerrohre bereitet; man nennt in allen diesen Theilen von Brasilien die gewöhnlichste, schlechteste Art des Zuckerbranntweins *Agoa ardente de Canna*; die zweyte schon mehr abgezogene *Agoa ardente de Mel*, und die beste Art kommt aus *Bahia* und wird *Cachaza* genannt. Aus Europa führt man alsdann andere Sorten starker Getränke ein, zum Beyspiel *Agoa ardente do Reino* (aus Portugal) Genever (*Genebre*) aus Holland, Rum u. s. w. Auf den Pflanzungen am *Taïpe* pflanzt man Mandiocca, Reis, Zuckerrohr u. s. w. jedoch von der ersteren nicht einmal so viel, dafs man der *Villa dos Ilhéos* den nöthigen Bedarf zum Unterhalte liefern könnte. Dieser Mangel ist ein Beweis von der Indolenz und geringen Industrie der Bewohner. Sie sind zufrieden, wenn sie kärglich Mehl, Fisch und trockenes Salzfleisch haben, und zuweilen noch einige Krabben (*Caranguejo*) aus den Mangue-Gebüschen finden. An Verbesserung ihres Zustandes, so wie an Vervollkommnung des Landbaues denken nur sehr wenige. Ihre Indolenz geht so weit, dafs es ihnen selbst gleichgültig ist, wenn sie Geld verdienen können. Der Kaffee gedeihet hier am Flusse ganz vortrefflich, und man kauft dieses bey uns so allgemein beliebte Produkt in der *Villa* sehr wohlfeil; dennoch bauet man ihn sehr wenig, und der Handel damit ist äufserst unbedeutend.

Nur die untern Ufer des Flusses sind durch *Fazendas* und Wohnungen geziert; so wie man diese zurückgelegt hat, erblickt man zu beyden Seiten nur hohe Waldung, und wo diese fehlt ist das Ufer durchaus schön grün bewachsen, und bildet zum Theil ansehnliche Höhen oder angenehme Hügel; in den hohen Wäldern blicken die Kronen der wilden Cocospalmen aus dem dichten Geflechte der Laubgebüsche mahlerisch hervor. Eine Menge von Wasserpflanzen bilden zu beyden Seiten an den Ufern ein dichtes Gehäge, aus welchem die *Aninga* (*Arum liniferum*, Arruda), mit ihrem kegelförmigen nach oben verdünnten Stamme, 7 bis 8 Fufs über das Wasser empor wächst, und mit grofsen pfeilförmigen Blättern ein sonderbares Dickicht bildet. Piso hat diese Pflanze in seinem 4ten Buche, Capitel LXX (*de Facultatibus simplicium*) pag. 103 recht kenntlich abgebildet. Auf diesen Wassergewächsen leben mancherley Vögel, insbesondere die Drossel mit dem gelben nackten Halsflecke (*Turdus brasiliensis*) die *Piaçoca* (*Parra Jacana*, Linn.) und das schön blaue Wasserhuhn (*Gallinula martinicensis*), das wir seit langer Zeit nicht mehr beobachtet hatten. Dieser Vogel hat ein vorzüglich schönes Gefieder und kommt in seiner Lebensart vollkommen mit unserer deutschen *Gallinula chloropus* überein, da er eben so wie diese gut schwimmt und auch auf den Halmen und Zweigen der Wassergewächse umherhüpft. Der grofse *Myuá* (*Plotus melanogaster*) war hier häufig und weniger scheu als an andern mehr südlich gelegenen Flüssen; wir erlegten mehrere derselben, so wie die niedliche *Picapara* (*Plotus surinamensis*, Linn. oder *Podoa*, Illigeri) die ihre kleinen nackten Jungen nach Art der Taucher (*Podiceps*) unter den Flügeln umherträgt. Eine angenehme Unterhaltung gewähren auf diesem Flusse dem Naturforscher auch die Fischottern (*Lontras*), welche in Gesellschaft leben und bis auf Schufsweite vor dem Canoe hinschwimmen, oft über das Wasser hoch emporkommen, laut schnarchend Luft schöpfen, und sonderbare Töne hören lassen. Zuweilen erscheinen sie mit einem grofsen Fische im Rachen, als wollten sie ihre Beute zeigen, und tauchen dann schnell wieder hinab. Indefs wird man ihrer selten habhaft; denn wenn sie durch den Schufs nicht sogleich tödtlich verwundet sind, so bekommt man sie nicht wieder zu sehen. Auch *Capybaras* ernähren die Ufer aller dieser Flüsse, allein bey weitem nicht in der Anzahl, als in den mehr nördlich unter dem Aequator gelegenen Gegenden; denn v. Humboldt fand am *Apure* und *Orinoco* diese Thiere unendlich häufig, ja sogar in Gesellschaften von 80 bis 100 Individuen. Nach dem Zeugniſs dieses ausgezeichneten Reisenden sollen diese Thiere selbst Fische fressen, welches ich indessen bezweifeln muſs (*). Man hat in dieser Gegend einen kleinen Seitencanal durch den Wald eröffnet, der eine groſse Biegung des Flusses abschneidet und dadurch für leichte Canoes den Weg etwas abkürzt; er ist bey der Ebbe, die man bis hierhin noch stark verspürt, sehr seicht und oft nicht zu passiren, allein bey der Fluth desto brauchbarer. Weiter hinauf sendet der Fluſs einen Arm nordwärts aus, nach einer groſsen *Lagoa* die sich dort zwischen schönen Gebürgen ein Paar Meilen weit ausdehnt.

Diese *Lagoa*, schlechtweg so genannt, ist in der ganzen Gegend berühmt; da sie fischreich ist, so haben hier oft groſse Fischereyen statt, auch besitzen mehrere Einwohner von *Ilhéos* Pflanzungen an ihren Ufern. Ihre Ausdehnung in der Länge soll etwa zwey deutsche Meilen, in der Breite aber nur die Hälfte betragen. Sie ist von mahlerischen grünen Waldgebürgen eingeschlossen, an denen man an einigen von Holz entblöſsten Stellen Pflanzungen erblickt. Am Tage erhebt sich auf dem ansehnlichen Wasserspiegel gewöhnlich ein kleiner Seewind (*Viração*), der aber die Wellen mit solcher Gewalt bewegt, daſs Canoes leicht in Gefahr kommen. Dieser schöne See soll, was auch aus mancherley Gründen wahrscheinlich ist, vor Zeiten mit dem Meere in Verbindung gestanden haben. Eine niedrige Stelle zwischen zwey sanften Höhen an dem, dem Ocean zugewandten Ufer, scheint die am spätesten versandete Stelle des Zusammenhanges, oder die *Barra* gewesen zu seyn. Seemuscheln sollen häufig in der *Lagoa* vorkommen, und in einer gewissen Gegend ihrer

(*) S. v. Humboldt voyage au nouveau continent. T. II. Chap. XVIII. pag. 217.

Ufer befinden sich Felsen, welche mit runden, kesselartigen Löchern durchbohrt sind, wie sie die Brandung des Meeres an der Küste zu bilden pflegt; diese Felslöcher hat man mit dem Nahmen der *Caldeiras* (Kessel) belegt. Da, wo der Fluß *Taïpe* in die *Lagoa* hineintritt, sind ihre Ufer mit weiten Gehägen oder Gebüschen der *Aninga* eingefaßt, auf welchen eine Menge von kleinen Reihern, von Sabacuen (*Cancroma cochlearia*, Linn.) und *Çocobois* (*Ardea virescens*, Linn.) auf Zweigen sitzen, die auf den Wasserspiegel niederhängen, und nach Fischen oder Insekten und ihren Larven Jagd machen. Unmittelbar am Eingange befindet sich jetzt eine feststehende Insel, die ehedem schwimmend in dem See umhergetrieben; sie ist von Wassergewächsen gebildet, auf welchen sich ein Rasenfilz und auf diesem wieder andere Gewächse erzeugten. Man findet diese Erscheinung auch bey uns in Europa auf verschiedenen der größeren Landseen. Die eben genannte Insel hat sich jetzt nahe am Eingange des Sees angelehnt und festgesetzt. An Fischen soll diese *Lagoa* einen besonderen Reichthum besitzen, weshalb die Bewohner der *Villa dos Ilhéos* sie öfters besuchen, und nach mehreren Tagen mit reichem Vorrathe zurückkehren. Schönheit und Nutzbarkeit haben ihr in den Augen der Landesbewohner einen so hohen Werth gegeben, daß man den Reisenden sogleich davon unterhält, wenn er die Gegend von *Ilhéos* betritt. Man erzählt mancherley Fabeln von dem See und seiner Umgebung, oder dichtet ihm wunderbare Entstehung und Naturerscheinungen an, wobey denn auch seine Größe und seine vorzüglichen Eigenschaften nicht selten übertrieben werden. Die ihn umgebenden Gebürge sollen reich an Gold und Edelsteinen seyn, und man hat sogar von einem *Dorado* in den innern Wildnissen dieser Gebürge gefabelt, oder von einer Gegend, wo es nur wenig Arbeit koste zu den größten Reichthümern zu gelangen. Aehnliche erfolglose Träume haben die goldgierigen europäischen Abenteurer in allen Theilen der neuen Welt vermocht, sich zur Aufsuchung dieses so gepriesenen und ersehnten Paradieses, bis in die innersten Wälder jenes weiten Continents zu wagen, wo sehr viele von ihnen nie wieder zu Tage kamen. Allein eben dieser Goldgier der Spanier und Portugiesen, verdanken wir doch auch die wenigen unvollständigen Nachrichten, die wir von dem Zustande und der Geographie jener innern Wildnisse von Süd-Amerika besitzen. Beynahe in allen Gegenden dieses Continents geht die Sage von einer innern goldreichen Gegend: DE LA CONDAMINE(*) redet von einem *Dorado*, oder einer *Lagoa Dorada*, eben so von HUMBOLDT(**) und andere Schriftsteller; auch herrscht eine ähnliche Sage am *Mucuri* und am *Ilhéos*. Heut zu Tage ist jedoch der Glaube an das Vorhandenseyn solcher *Dorados* bey den Pflanzern in Süd-Amerika schon sehr gesunken, denn die Armuth, in welcher gewöhnlich die Gold suchenden *Mineiros* leben, leitet schnell auf den Schluſs, daſs der Landbau in jenen, von der Natur so reichlich ausgestatteten Ländern, bey weitem der sicherste Weg sey, zu einem soliden Wohlstande zu gelangen.

Wir kehrten von der *Lagoa* zum Flusse *Taïpe* zurück, dessen Hauptarm nun in westlicher Richtung aufwärts verfolgt ward, wo er sich durch die Waldungen fortwindet, und unbedeutend zu werden anfängt. Der Abend nahete heran, und ein schöner groſser Vogel, der grünglänzende Ibis (*Tantalus cayennensis*) zog laut rufend über dem dämmernden Urwalde umher, gerade wie es am Abend in unsern europäischen Forsten die Waldschnepfen zu thun pflegen. Seine laute seltsame Stimme schallte weit durch die ruhige einsame Wildniſs. Schon war es völlig Nacht, als ich zu *Almada* eintraf, dem letzten Wohnsitze aufwärts am *Taïpe*, wo ich von Herrn WEYL, einem kürzlich aus Holland hier angelangten Gutsbesitzer, sehr gastfreundlich aufgenommen wurde.

(*) DE LA CONDAMINE voyage etc. pag. 98 und 122.
(**) Ueber eine *Laguna del Dorado* am *Orinoco* siehe v. HUMBOLDT Ansichten der Natur S. 293. ARROW SMITH hat dieselbe auf seiner Karte angegeben.

Almada bezeichnet nur noch die Stelle, wo man vor etwa 60 Jahren eine *Aldea* oder Dorf von Indiern anzulegen versuchte. Ein Stamm der *Aymorés* oder *Botocudos*, welche man an den Flüssen *Ilhéos* und *Itahype* mit dem Nahmen der *Guerens* belegt hatte, verstand sich dazu eine Niederlassung zu bilden, wenn man ihnen Land und Wohnungen anweisen wolle. Dies geschah, man erbauete Wohnungen und eine kleine Kirche, und setzte einen Geistlichen, so wie mehrere Küsten-Indier dahin. Indefs ist diese Niederlassung wieder zu Grunde gegangen. Die *Guerens* starben aus, bis auf einen einzigen alten Mann, Nahmens *Capitam* Manoël, und zwey bis drey alte Weiber. Die Küsten-Indier zog man hinweg, um neuerlich mit ihnen die *Villa de S. Pedro d'Alcantara* zu bevölkern, welche indessen auch schon wieder ihrem Ende nahe ist. Dafs die *Guerens* wahre *Botocudos* gewesen, behaupten nicht nur mehrere Schriftsteller, sondern es zeugt dafür auch die völlige Uebereinstimmung der Sprachen. Leute, welche sie noch vor dreyfsig Jahren gesehen, versichern, dafs sie sämmtlich dieselben Pflöcke in Lippen und Ohren, und dieselben Haarkronen getragen haben, die noch heut zu Tage die *Botocudos* charakterisiren. Jener Zweig der *Aymorés*, welcher die in der *Capitania* von *Bahia* einheimischen *Tupiniquins* um das Jahr 1685 vertrieben, und wovon ein Theil *Ilhéos*, *S. Amaro* und *Porto Seguro* verwüstet hat, gehörte zu den *Guerens*. Ein Theil von ihnen zog sich später in die Wälder zurück, und ein anderer wurde vermocht sich anzusiedeln (*).

Der alte *Capitam* Manoël zeigt durch seine ganze Bildung, dafs er von den *Botocudos* abstammt; doch aber hat er die äufseren Kennzeichen abgelegt, denn seine Lippe und Ohren sind nicht von den grofsen Pflöcken verunstaltet, und er läfst seine Haare bis ins Genick herabwachsen. Er äufserte indessen noch eine grofse Vorliebe für sein Volk, und freute sich

(*) Southey's history of Brazil Vol. II. pag. 562.

ungemein, als er mich einige Worte seiner Sprache reden hörte. Noch mehr ward seine Freude und Neugierde rege, als ich ihm sagte, daſs ich einen jungen Botocuden beständig mit mir führe; er bedauerte unendlich ihn nicht sehen zu können, da ich ihn in der *Villa* zurückgelassen hatte, und redete beständig von demselben. Zum Andenken an die vergangene Zeit hält dieser alte Mann seinen Bogen und Pfeile noch immer in Ehren. Er ist abgehärtet, noch fest und brauchbar im Walde, ob er gleich schon ein hohes Alter hat. Den Branntwein liebt er über alles, daher ist ihm jetzt in der Person des kürzlich hier angekommenen Herrn WEYL ein Glücksstern aufgegangen, denn in dessen Hause pflegt er nie die Zeit zu verfehlen, wo ihm dieser Göttertrank freygebig gespendet wird. Bessere Zeiten hat *Capitam* MANOËL zu *Almada* wohl schwerlich erlebt.

Herr WEYL, welcher erst kürzlich diesen Platz zu den von ihm anzulegenden Pflanzungen sich erwählt hat, besitzt jetzt das Stück Land von einer Legoa im Quadrate, welches man den *Guerens* zu Anfang ihrer Niederlassung angewiesen hatte. Noch hat er nicht Zeit gefunden ein Wohnhaus für sich und seine Familie zu erbauen, daher behalf er sich bis jetzt in einem der kleineren Gebäude, welche, zwey oder drey an der Zahl, den ganzen Rest der *Villa de Almada* ausmachen. Herr WEYL ist gesonnen hier eine groſse *Fazenda* anzulegen, wozu, wie es scheint, alle Umstände ihn begünstigen. Er wird vorzüglich Baumwolle und Kaffee pflanzen, welche beyde hier vortrefflich gerathen; überhaupt gedeihen die meisten Gewächse in dem günstigen Boden und Clima dieser Gegend, wo auch die Waldungen mit den schönsten Holzarten angefüllt sind. Der neue Ansiedler will hier auf einer Anhöhe sich Wohnhaus' und Kirche erbauen, wo er in der That einer unendlich reizenden Aussicht genieſsen wird. Nach Norden eröffnet sich der Blick nach dem glänzenden blauen Spiegel der groſsen, zwischen mahlerischen Waldbergen still da liegenden *Lagoa*, hinter ihr die Gebürge, welche man *O Queimado* (das Verbrannte) nennt, und wo die *Mineiros* eine Zeit lang viel Gold und Edelsteine gesammelt haben sollen; den Horizont begränzt aber noch hinter diesen Höhen die *Serra Grande*, eine Bergkette, welche nach dem Meere hinabzieht, und dem Auge die Urwälder verbirgt, durch welche der *Rio das Contas* hinabströmt. Zur linken eröffnet sich dem Auge, von diesem herrlichen Standpunkte aus, eine weite erhabene Gebürgs-Aussicht in den, *Minas Geraës* begränzenden *Sertam*, wo grüne Gebürgsketten einander überhöhen und eine weite Aussicht in jene wilde erhabene Natur gestatten. Dort in südwestlicher Richtung, durchschneidet jene Urwälder die Strafse, welche der *Tenente-Coronel* FILISBERTO GOMES DA SILVA bis *Minas Geraës* hin eröffnete, und welche zu bereisen ich den Entschlufs gefafst hatte. Allein auch in der Nähe ist die Gegend von *Almada* sehr mahlerisch. Der *Taïpe* theilt sich hier schon in mehrere kleine Arme und Gewässer, die ihm aus engen finstern Waldthälern über Felsen und Gestein zurauschen, und kleine *Cachoeiras* bilden. Unter einer steilen Wand der Höhe, auf welcher das Wohnhaus stehen soll, rauscht der Flufs über Felsen hinab und bildet nicht weit von diesem einen kleinen Fall. Der Anblick dieser grofsen wild erhabenen Natur wird Herrn WEYL dafür entschädigen, dafs er sich, weit von seinem Vaterlande, in jenem entfernten Winkel der Erde, blos auf den Zirkel seiner Familie eingeschränkt sieht! Ueberall auf der Erde findet der gebildete Mensch Unterhaltung und Beschäftigung, doch gebührt unter allen Klassen der Menschen hierin dem Naturforscher der Vorrang, denn ihm würde der einsam wilde Wohnsitz an dem Ursprunge des *Taïpe*, ein reiches Feld für Beobachtungen und eine unerschöpfliche Quelle von geistigen Genüssen bieten.

Ich brachte hier in der Gesellschaft des Herrn WEYL und seiner Familie einen Tag sehr vergnügt zu, und eilte alsdann zur *Villa* zurück, wo ich nun sogleich die nöthigen Anstalten traf, um von hier aus auf der vor zwey Jahren angelegten Minas-Strafse den *Sertam* zu bereisen. Diese

Waldstraſse hat man mit vielen Kosten eingerichtet, und in dieser kurzen Zeit schon wieder gänzlich vernachläſsigt. Sie war bestimmt, dem innern offenen Lande der *Capitanias* von *Minas Geraës* und von *Bahia* für den Transport der Produkte eine Verbindung mit den Seehäfen zu verschaffen, damit man dort jene sowohl absetzen, als auch andere von der Küste dagegen beziehen konnte. Einige Viehhändler kamen auch wirklich mit Ochsenheerden (*Boiadas*) bis nach *Ilhéos* aus dem *Sertam* herab, fanden aber dort keinen Absatz und keine Schiffsgelegenheit nach *Bahia*. Sie muſsten ihre Ochsen um geringen Preis weggeben, die nachher zu andern Zwecken benutzt, und weil sie den Einwohnern von *Ilhéos* hie und da Schaden an ihren Pflanzungen zufügten, sogar verfolgt wurden, wovon sich, als man sie schlachtete, die Spuren zeigten; denn sie waren mit Schroot geschossen worden. Durch den nachtheiligen Erfolg ihrer ersten Unternehmung, wurden die Viehhändler von weiteren ähnlichen Versuchen abgeschreckt. Seit dem betritt niemand mehr diese Straſse, welche jetzt völlig verwildert, und mit Gesträuchen, Dornen und jungem Holze dermaſsen bewachsen ist, daſs ohne Aexte und Waldmesser nicht einmal ein Reiter, geschweige denn Lastthiere derselben folgen können. Da ich indessen überzeugt war, daſs ich auf dem höheren inneren Rücken der *Capitania* von *Bahia* ganz andere Naturerzeugnisse und eine von der Küste verschiedene Schöpfung finden würde, so beschloſs ich dennoch diese beschwerliche Reise zu unternehmen.

Schifffahrt über die Felsen des Ilheos

III.

Reise von Villa dos Ilhéos nach S. Pedro d'Alcantara,
der letzten Ansiedlung am Flusse aufwärts, und Anstalten zur Reise durch die Wälder nach dem Sertam.

Waldreise nach S. Pedro. Nacht am Ribeirâo dos Quiricos mit der demolirten Brücke. S. Pedro d'Alcantara. Fahrt auf dem Flusse nach der Villa hinab. Natal-Woche und Feste daselbst. Rückreise nach S. Pedro. Anstalten zur weitern Reise durch die Urwälder.

Ich war zu *Villa dos Ilhéos* von dem Vorstande des Orts sehr wohl empfangen, und mit vieler Bereitwilligkeit unterstützt worden; eine Begünstigung, welche mir nicht überall zu Theil geworden war. Der *Juiz*, Senhor Amaral, beeiferte sich, uns den in *Ilhéos* herrschenden Mangel an Lebensmitteln weniger fühlbar zu machen, indem er von seiner entfernten, an der grofsen *Lagoa* gelegenen *Fazenda* Mehl und andere Bedürfnisse für meine Leute herbeyschaffen liefs. Herr Fraser, welcher von *Belmonte* mit mir hierher gereist war, hatte sogleich ein nach *Bahia* bestimmtes Schiff gefunden und war mit demselben abgesegelt. Ich fand den Aufenthalt in der *Villa* nicht zuträglich für meine brasilianischen Leute, welche ich zu der Reise durch die Wälder angenommen hatte, denn sie waren sämmtlich dem Branntwein ergeben, und veranlafsten verschiedene unangenehme Auftritte; daher entschlofs ich mich, meine Einrichtung für die Reise zu beschleunigen, und dieselbe sobald als möglich anzutreten. Ein in der *Villa* befindlicher *Mineiro* brachte meine, von der weiten Landreise von *Rio de Janeiro* bis hierher sehr in Unordnung gerathene Packsättel (*Cangalhas*) der Lastthiere wieder in einen leidlichen Zustand, eine Reparatur, die von der gröfsten Wichtigkeit war, da den schwer beladenen Thieren eine Reise durch wilde und dicht verwachsene Wälder bevorstand, wo sie häufig mit ihren Kisten und Ladungen gegen die Waldstämme anstofsen, und jedesmal einen Druck oder eine Quetschung erhalten, wenn die Packsättel nicht recht weich und gut ausgefüttert sind, oder die Ladungen nicht im Gleichgewichte liegen. Die grofse Waldreise, welche ich beabsichtigte, erforderte aber noch einige andere nöthige Einrichtungen. Da ich auf einer Reise von etwa 40 Legoas in unwegsamen Gegenden keine menschliche Wohnung anzutreffen hoffen durfte, so war es nöthig unsern Bedarf an Mandioccamehl, Fleisch (*Carne seca*) und Branntwein mitzuführen; ich liefs daher eines meiner Lastthiere mit einem Fasse dieses hier so nöthigen Getränkes beladen, ein Paar andere trugen die Lebensmittel, welche sich in Säcken von behaarter Ochsenhaut (*Boroacas*) befanden, und aufserdem trug ein jeder meiner eingebornen Leute ein Quart Mehl, als seine Provision für etwa sechs bis acht Tage, auf dem Rücken. Da man mich unterrichtet hatte, dafs auf jener zugewachsenen Waldstrafse ohne Aexte und Waldmesser nicht würde durchzukommen seyn, so liefs ich verschiedene dieser scharfen Instrumente von gutem Stahl verfertigen, womit ich drey Mann, Hilario, Manoel und Ignacio, welche für diese Reise in meinen Sold getreten waren, versah. Der erstere war ein Mamelucke, der zweyte ein Mulatte von vorzüglicher Stärke, Ausdauer und Brauchbarkeit im Walde, der dritte ein Indier.

Nachdem diese nöthigen Anstalten getroffen waren, liefs ich am 21ten December einige grofse Canoes mit dem Gepäcke beladen, und nahm von der *Villa* Abschied. Die Minas-Strafse führt sogleich von der Seeküste längs des Flusses hinauf, und fängt anderthalb Legoas weit von *Ilhéos* an, sich in die ununterbrochenen Wälder zu vertiefen. Ich landete Abends auf einer *Fazenda*, wo meine voran gesandten Lastthiere schon einige Tage auf einer guten Weide ausgeruhet hatten; hier befand sich gerade jetzt ein *Mineiro*, José Caétano genannt, welcher in den benachbarten Wäldern Holz fällen liefs, und ein Paar junge Wilde vom Stamme der *Camacan* oder *Mangoyós* bey sich hatte; von ihm wird später mehr geredet werden, da er auf einige Zeit in meinen Sold trat. Er gab mir die Nachricht, dafs eine Brücke auf der Strafse in ganz unbrauchbarem Zustande sey, worauf ich fünf bis sechs meiner Leute mit Aexten voran sandte, um diese Stelle zu untersuchen, und im nöthigen Falle zu einem schnellen leichten Uebergang eine Laufbrücke oder einen Steg zu zimmern; zugleich gab ich zweyen meiner Jäger den Auftrag, die Arbeiter zu begleiten, um etwas Wildpret zum Unterhalte der Mannschaft herbey zu schaffen. Ich selbst blieb mit dem Reste meiner Truppe auf der *Fazenda* eines gewissen Simam zurück, von wo aus wir die nahen Wälder durchstreiften. Unweit des Wohnhauses der *Fazenda* rauschte ein kleiner *Corrego* über Gestein, zwischen dichten Gesträuchen von *Heliconia*, *Cocos* und anderen schönen Gewächsen dem Flusse zu; hier war ein angenehm erfrischender Schatten, in welchem ich häufig einen kleinen niedlichen Vogel fand, der einen kurzen nicht unangenehmen Gesang zu allen Stunden des Tages hören liefs. Schon am *Belmonte* hatte ich diesen Sänger in dem einsamen dunkeln Schatten, zwischen den vom Wasser benetzten Felsstücken an kleinen Waldbächen gefunden (*); hier sah ich ihn häufig und

(*) *Muscicapa rivularis*: 5 Zoll 3 Linien lang, 7 Zoll 3 Linien breit; Scheitel und Backen aschgrau, letztere etwas weifslich gemischt; eine weifsgelbliche Linie über jedem Auge; Kehle gelblich weifs; Brust graugelblich, eben so der After und die unteren Schwanz-Deckfedern; alle oberen Theile olivengrün stark ins zeisiggrüne fallend. Sie hat die Lebensart und Manieren eines Sängers (*Sylvia*.)

entdeckte auch sein Nest, welches in einer Höhlung des Ufers unter Gesträuchen junger Cocospalmen erbaut war. Andere Vögel belebten in Menge die Nachbarschaft der *Fazenda*, besonders häufig flogen die *Arassaris* (*Ramphastos Aracari*, Linn.) auf einem nahen Genipaba-Baum (*Genipa americana*, Linn.), der mit seinen schönen weifsen Blüthen und zugleich mit Früchten überdeckt war. Andere hohe Bäume in der Nähe waren mit den Nestern des *Japui* (*Cassicus persicus*) so dicht behängt, dafs sich an allen Spitzen der Zweige dergleichen befanden. Diese Vögel liefsen ihre rauhe Lockstimme ununterbrochen erschallen, und zeigten, wie unsere Staare, ein besonderes Talent, alle ihnen nahe wohnenden Vögel nachzuahmen. Ihr schwarz und gelb gezeichnetes Gefieder ist schön, besonders wenn der Vogel seinen Schweif ausbreitet, und an dem beutelförmigen Neste flatternd umher klettert.

Meine Leute kehrten nach anderthalb Tagen zurück und brachten mir die Nachricht, dafs an der Brücke nichts zu verbessern und der Uebergang daher sehr schwierig sey. Dennoch brach ich am 24ten December mit meiner ganzen Tropa auf, um meinem Vorhaben gemäfs den Uebergang zu versuchen, und fand die Strafse noch schlechter, als man sie mir geschildert hatte. Dornen zerrissen überall die Haut und die Kleidung der Reisenden, man mufste sich mit dem grofsen Waldmesser (*Facâo*) stets den Weg bahnen, und oft fanden sich Dickichte von der sogenannten *Banana do mato* (*Heliconia*) mit hohen steifen Blättern, die den Durchgang bey der Nässe des Thaues äufserst beschwerlich und unangenehm machten. Die Strafse durchschneidet Berg auf Berg ab, quer die prachtvollsten finstersten Urwälder von Riesenstämmen, welche sich zu dem schönsten Bau- und Werkholz eignen. Wir überstiegen schon an diesem ersten Tage der ununterbrochenen Waldreise, mehrere bedeutende Berge, unter welchen ich den *Miriqui* (Miriki), nach den vielen hier vorgefundenen Affen (*Ateles*) so benannt, bemerke, und den *Jacarandá*, wo man besonders viel der schönen, eben so genannten Art von *Mimosa* findet. An dieser letzten Höhe hat man die Strafse in einem Schlangenweg hinauf geführt, und dennoch war sie für unsere beladenen Maulthiere sehr angreifend, die indessen von selbsten stehen bleiben, häufig ruhen, und alsdann unangetrieben wieder weiter ziehen. In den stillen schauerlich einsamen Thälern, welche zwischen Höhen liegen, wo besonders viele Cocospalmen die Zierde des Dickichts sind, fanden wir noch weit gröfsere Hindernisse, und oft einen sumpfigen weichen Boden (*Atoleiro*), in welchem unsere Thiere tief einsanken. Vorangesandte des Weges kundige Jäger eröffneten unseren Zug. Sie benachrichtigten die Tropa sogleich, sobald ein solches Hindernifs sich zeigte; alsdann ward gehalten, die Reiter stiegen vom Pferde, die Jäger setzten ihre Gewehre an die benachbarten Stämme, man entledigte sich des Gepäckes und jeder Mann legte Hand an. Man hieb dünne Stämme nieder, warf sie auf den Weg, deckte abgehauene Cocosblätter und andere Zweige darauf, und bahnte auf diese Art einen künstlichen Uebergang.

So gelang es den Reisenden, mit angestrengter Arbeit in der Hitze des Tages vorzudringen, bis man häufig wieder auf quer über die etwa acht bis zehn Schritte breite Strafse gestürzte colossale Baumstämme stiefs, wodurch es alsdann unumgänglich nöthig wurde, durch die dichte Verflechtung des Waldes an der Seite einen Pfad oder Picade zu bahnen, und auf diese Art das Hindernifs zu umgehen. Diese Schwierigkeiten, welche in jenen endlosen Urwildnissen den Reisenden aufhalten, und sein Fortrücken unglaublich verzögern, sind besonders zu Anfang solcher Unternehmungen nichts weniger als abschreckend, wenn nur die Gesundheit nicht leidet und kein Mangel an Lebensmitteln eintritt. Der Mensch vergifst bey reger Thätigkeit die Beschwerden, welchen er unterworfen ist, und der Anblick jener einzig herrlichen erhabenen Waldnatur, gewährt seinem Geiste durch immer neue und wechselnde Scenen Beschäftigung; denn besonders der Europäer, der zum erstenmal in jene Wälder eintritt, bleibt in einer beständigen Zerstreuung. Leben und üppiger Pflanzenwuchs ist überall verbreitet, nirgends ein kleines Plätzchen ohne Gewächse, an allen Stämmen blühen, ranken, wuchern und heften sich *Passiflora-*, *Caladium-*, *Dracontium-*, *Piper-*, *Begonia-*, *Epidendrum-*Arten, mannichfaltige Farrenkräuter (*Filices*), Flechten und Moose verschiedener Art. Das Dickicht bilden die Geschlechter der *Cocos*, *Melastoma*, *Bignonia*, *Rhexia*, *Mimosa*, *Ingá*, *Bombax*, *Ilex*, *Laurus*, *Myrthus*, *Eugenia*, *Jacarandá*, *Jatropha*, *Vismia*, *Lecythis*, *Ficus* und tausende von anderen gröfstentheils noch unbekannten Baumarten, deren abgefallene Blüthen man auf der Erde liegen sieht, und kaum errathen kann, von welchem der Riesenstämme sie kamen; andere mit Blumen völlig bedeckt, leuchten schon von ferne weifs, hochgelb, hochroth, rosenroth, violet, himmelblau u. s. w. und an Sumpfstellen drängen dicht geschlossen auf langen Schäften, die grofsen schönen elliptischen Blätter der Heliconien sich empor, die oft zehn bis zwölf Fufs hoch sind, und mit sonderbar gebildeten hochrothen oder feuerfarbenen Blüthen prangen. Auf den höchsten Stämmen, hoch oben in der Theilung der Aeste, wachsen ungeheure *Bromelia*-Stauden, mit grofsen Blumenkolben oder Trauben, hochzinnoberroth, oder von anderen schönen Farben; von ihnen fallen grofse Bündel von Wurzeln, gleich Stricken herab, welche bis auf die Erde niederhängen, und unten den Reisenden ein neues Hindernifs bereiten. Solche *Bromelia*-Stauden füllen alle Bäume an, bis sie nach Jahren absterben, und vom Winde entwurzelt mit Getöse herabstürzen. Tausendfältige Schlingpflanzen, von den zartesten Formen bis zu der Dicke eines Mannsschenkels, von hartem zähem Holze (*Bauhinia*, *Banisteria*, *Paullinia* und andere) verflechten die Stämme, steigen bis zu der höchsten Höhe der Baumkronen, wo sie alsdann blühen und Frucht tragen, ohne dafs je ein menschliches Auge sie sah. Manche derselben sind so wunderbar gebildet, wie zum Beyspiel gewisse *Bauhinia*-Arten, dafs man sie ohne Staunen nicht betrachten kann. Aus vielen derselben fault der Stamm, um den sie sich geschlungen, heraus, und hier steht dann eine colossale gewundene Schlange, deren Entstehung sich auf diese Art leicht erklären läfst u. s. w. Wer vermöchte anschaulich das Bild jener Wälder, dem der sie nicht selbst gesehen hat, zu entwerfen! Wie weit bleibt hier die Schilderung hinter der Natur zurück!

Ich erreichte am ersten Tage gegen Abend eine Stelle, welche man *Coral do Jacarandá* nennt, weil hier, aus dem *Sertam* herabgekommene Ochsenheerden übernachtet hatten. Die *Vaqueiros* (Kuhhirten) pflegen alsdann einen *Coral* oder Zaun aufzurichten, indem sie Stangen abhauen, und diese an die Baumstämme in horizontaler Richtung dergestalt anbinden, dafs das Rindvieh oder die Pferde während der Nacht nicht entlaufen können. Der hier erwähnte *Coral* lag durchaus im dichten und dergestalt hohen Walde, dafs es schon frühe daselbst dämmerte. Zunächst bey der Umzäunung fanden wir noch ein Paar alte *Ranchos* (Hütten), die man in diesen Wäldern gewöhnlich sehr nachläfsig zu erbauen pflegt; denn sie bestehen blos in einer schräg geneigten Schirmwand von Stangen, welche man, um den Regen abzuhalten, mit *Pattioba* oder andern Blättern bedeckt. Die hier vorgefundenen Hütten waren so alt und verfallen, dafs sie nicht den mindesten Schutz gewährten, dessen wir, bey der Nothwendigkeit hier zu übernachten, dennoch sehr bedurften; auch war kaum die dunkle Nacht zur Hälfte verstrichen, als ein Regengufs herabstürzte, der uns sämmtlich völlig durchnäfste. Der folgende Morgen brach heiter wieder an, allein dennoch gehörte eine geraume Zeit dazu, ehe wir, durch Kaffee und ein grofses Feuer wieder erwärmt, die Reise fortsetzen konnten. Unsere Lastthiere hatten, wo möglich, eine noch schlechtere Nacht zu überstehen gehabt; denn nach ihrer ersten angreifenden Tagereise, fanden sie in dem hohen Urwalde kaum etwas Gras für ihren Hunger. Der Wald war von dem heftigen Regen noch so nafs, dafs die Fortsetzung der Reise in der dicht verwachsenen Strafse eine harte, höchst unangenehme

Aufgabe war; dennoch wurden die Maulthiere zusammen getrieben, beladen und in Bewegung gesetzt.

Wir fanden an diesem zweyten Tage unserer Waldreise schöne kühle, über Gestein herabrauschende *Corregos*, an denen einige neue Arten von Salbey (*Salvia*) mit herrlichen hochrothen Blumen angetroffen wurden. Eine merkwürdige Pflanze, die ich weder vorher noch nachher wieder gesehen habe, fesselte besonders unsere Aufmerksamkeit. Sie hat beynahe gegen einander über stehende, stark fleischige, eyförmig zugespitzte Blätter an holzigtem Stamme von etwa zwey Fuſs Höhe. Zwischen ihnen entspringen die langen, dünnen, beynahe haarförmigen biegsamen Blumenstiele (*pedunculi*), welche gerade herabhängen und beynahe 8 bis 10 Zoll lang sind. Sie tragen an ihrem Ende einen fünftheiligen dunkelviolettbräunlichen Kelch, dessen Blättchen schmal lanzettförmig zugespitzt sind, und in diesem die groſse prachtvoll scharlachrothe, weite, vorne an der Mündung ein wenig eingezogene, etwa zwey Zoll lange Blumenkrone oder Röhre, die so wie der Kelch und *pedunculus* mit kleinen weiſslichen Härchen dünne besetzt ist. Im Innern der Blume, vorne nahe an der Mündung, liegen die Antheren vereint auf ihren getrennten Trägern. Ich habe dieses schöne Gewächs aus der *Didynamia angiospermia* nur an dieser einzigen Stelle gefunden, und leider keinen Saamen davon einsammeln können, da ich die Frucht nicht gesehen habe. Auf unserem heutigen Wege fanden wir weniger Berge, dagegen aber andere Hindernisse, die wir bisher noch nicht in ihrer ganzen Stärke kennen gelernt hatten. Ich ritt wie gewöhnlich meiner Tropa voran, und folgte den Männern, welche mit dem *Facâo* und der Axt das Gebüsche hinweg räumten, als ich plötzlich meine mir nachfolgenden Leute rufen, und die beladenen Thiere alle hinter mir herrennen hörte. Es blieb mir bey der Unbändigkeit der Maulthiere nichts übrig, als so schnell wie möglich Platz zu machen, um nicht von den Kisten beschädigt zu werden; alle rannten davon, und nur durch ihr beständiges heftiges Ausschlagen, errieth ich die Ursache ihrer Flucht. Sie hatten an den Blättern der Gewächse am Wege ein Nest grimmiger Wespen (*Marimbondos*) berührt, deren Stachel einen sehr heftigen Schmerz verursacht, und waren von diesen Thieren in Menge angefallen worden. Sie scheuen diesen Schmerz so sehr, dafs sie sogleich die Flucht ergreifen, und sich besinnungslos gerade in das verworrene Dickicht der stachlichsten Gebüsche werfen. Selbst meine Leute waren nicht leer ausgegangen, denn der eine von ihnen klagte über seinen Kopf, ein anderer über das Gesicht u. s. w., und nur nach geraumer Zeit war die Tropa wieder gesammelt und zur vorigen Ordnung zurückgekehrt. Diese *Marimbondos* hat man von verschiedenen Arten; sie sind kleine schlanke Wespen, wovon die schlimmste gröfsere Art bräunlich-schwarz, eine andere bräunlich-gelb gefärbt ist. Sie befestigen ihr nach Art unserer europäischen Wespen gebautes Nest an einem Baume oder an einer Pflanze nicht hoch über der Erde; es besteht ebenfalls aus einer weifsgrauen, dem Papier ähnlichen Masse und hat meistentheils eine elliptische an beyden Enden zugespitzte Form; an seinem obern Theile ist es befestigt, und am untern hat es einen kleinen runden Eingang, auch ist es zuweilen mehr rundlich gebildet. Gewöhnlich sind diese gefährlichen Wohnungen an der Unterseite eines jener grofsen Blätter der *Heliconia* befestigt, wo sie von den Reisenden zufällig leicht berührt werden, und alsdann sogleich einen Schwarm ihrer rachsüchtigen Bewohner ausschütten. Die Brasilianer weichen diesen Nestern gewöhnlich ehrfurchtsvoll aus, wenn sie dieselben nicht schnell zerstören können.

Am Mittage erreichte ich eine Stelle im dichten Walde, wo der *Ribeirão dos Quiricos*, ein tief eingeschnittener Waldbach, mit einer Brücke versehen gewesen war, die wir aber jetzt völlig verfault und in das Bette des Flusses hinabgestürzt fanden. Schon sahen wir im Geiste den Aufenthalt voraus, welchen uns dieser ungünstige Anblick drohete; ich entschlofs mich daher lieber hier zu übernachten, um meinen Leuten zur Hinüberschaffung der Tropa Zeit zu geben. Unweit der Ruinen der Brücke fanden wir einen alten *Rancho*, dessen Dach von Cocosblättern zwar zum Theil schon verfault war, doch aber noch einen leidlichen Schutz gegen die Feuchtigkeit der Nacht gewährte. Einige Roste von kurzen Prügeln hatte man ebenfalls hier bey der Hütte vorgefunden und mein Vortrab von Jägern hatte wirklich schon für unsere Mahlzeit gesorgt. Sie führten uns zu ihrem Lagerplatz, wo wir ein wildes Schwein, drey grofse *Miriqui*-Affen und eine *Jacutinga* auf dem Roste liegen sahen; ein Anblick der die hungrigen Reisenden ungemein erfreute, die sich nun um das freundliche, hoch auflodernde Feuer herum lagerten, und bey der Erzählung der erlebten Abenteuer ausruheten. HILARIO, einer der Jäger, hatte das Schwein geschossen, und bey einer gewissen Stelle im Walde mit Zweigen bedeckt liegen lassen, um es am folgenden Morgen abzuholen; als er aber wieder dort hin kam, fand er, dafs eine grofse Unze (*Yaguareté*) den besten Theil desselben zu sich genommen hatte. Der Reisende in jenen weiten Wäldern mufs oft froh seyn, wenn er nur seinen Unterhalt findet, daher waren wir erfreuet, dafs die gütige Unze auch für uns noch etwas übrig gelassen hatte. Ich liefs nun meine Leute das Gepäcke über den Bach schaffen, wobey die Eingebornen viel Gewandtheit und Geschicklichkeit zeigten. Auf einem einzigen Balken giengen sie von einem Ufer zum andern mit einer schweren Kiste auf dem Kopf, und setzten auf diese Art ohne den geringsten Zufall alles ans jenseitige Ufer; mehr Schwierigkeit verursachten uns die Maulthiere. Die Ufer des Baches waren hoch, steil und glatt, unten befand sich ein tiefer sumpfiger Grund, daher war es den ermüdeten Thieren äufserst schwer, das jenseitige Ufer zu ersteigen; sie sanken in dem Grunde des Baches tief ein, und nur, indem man ihnen Balken und Breter der eingefallenen Brücke unterschob, gelang es, sie sämmtlich ohne Verlust am jenseitigen Ufer zu vereinigen. Kaum war dieses Geschäft

Reise von Villa dos Ilhéos nach S. Pedro d'Alcantara

vollbracht, so trat die Nacht ein. Da wir uns jetzt in der Regenperiode befanden, so war der Himmel mit Wolken dicht bedeckt; es herrschte daher in dem hohen Walde eine unglaubliche Finsternifs, die bey dem hellen Schein unserer Feuer noch auffallender erschien; eine unzählige Menge von Fröschen liefs ihre verschiedenartigen Stimmen von den Kronen der hohen Waldbäume, aus den dort oben wachsenden *Bromelia*-Stauden herab erschallen: einige waren rauh und kurz, andere klangen wie ein klopfendes Instrument, noch andere glichen einem kurzen hellen Pfiff, einem klappernden Laut u. s. w.; leuchtende Insekten flogen gleich Feuerfunken in allen Richtungen umher, besonders der *Elater noctilucus* mit seinen beyden Feuerfunken, welche ein grünliches Licht von sich strahlen; allein keines dieser Lichtchen ist viel bedeutender, als das unserer *Lampyris noctiluca*; denn von dem wahrscheinlich fabelhaften des Laternträgers (*Fulgara*) haben wir nie eine Spur gefunden, ob wir gleich dieses sonderbare Insekt häufig an Baumstämmen, besonders am Caschetholze fiengen, auch haben mir die Landesbewohner nie eine Bestätigung für das Leuchten dieses Thieres geben können. Herr von Humboldt sagt, dafs er in jenen dunkeln Tropennächten des *Orinoco* selbst die Stimmen der Affen, der Faulthiere und der Tagvögel gehört habe (*), wovon mir indessen kein Beyspiel vorgekommen ist; denn im östlichen Brasilien vernimmt man alsdann nur Unzen, Eulen, Nachtschwalben, den *Juó* (*Tinamus noctivagus*), die Frösche, Kröten, einige Insekten und vielleicht Eidechsenarten.

Am dritten Tage meiner Waldreise fand ich eine *Picade* (Waldpfad), welche von den Bewohnern von *S. Pedro* gebraucht wird, und die mir das Durchreiten des Waldes sehr erleichterte. Sie führte indessen nur bis zu der Höhe einer Stelle im Flusse, welche man *Banco do Cachorro*

(*) Siehe von Humboldt Voyage aux regions equinoctiales du Nouveau Continent, Tom. II. Chap. 18. pag. 221.

(die Hundebank oder den Hundefelsen) nennt; von hier aus pflegen die Bewohner eine andere *Picade* längs des Flufsufers einzuschlagen; da diese aber für beladene Thiere ungangbar ist, so sah ich mich genöthigt der Strafse zu folgen, die von hier aus ganz besonders unwegsam war. Man hat ihr etwas mehr Breite gegeben, als der zu *Mucuri*, allein umgesunkene, zersplitterte Stämme, Dornen, Gesträuch und junge Bäume, alle vom häufigen Regen durchnäfst, versperrten uns unaufhörlich den Weg. An einer einsamen, von Dickung umgebenen wildverwachsenen Stelle, fanden wir das völlig frische Lager einer grofsen Unze, welche kurz zuvor hier geruhet und das Laub und Gras nach ihrer eigenthümlichen Art, vorher hinweggescharrt hatte. In dem dichten Geflechte und dem dunkeln Schatten dieses Waldes blüheten schöne Gewächse, und die majestätischen Stämme breiteten ihre Riesenkronen aus; unter ihnen fand man auf dem Boden die abgefallenen grofsen Blumen einer prachtvoll scharlachrothen Passionsblume (*Passiflora*), welche die Erde an vielen Stellen völlig überdeckten und rötheten. Der Stamm dieses schönen Gewächses verflocht in dem höchsten Gipfel jener Waldcolosse die dicht belaubte Krone zu einem Knäuel. Schöne Arten der prachtvollen Familie der Bignonien schmückten den Weg unserer Waldreise; rosenroth, weifs, lila, violet, von allen Abstufungen lagen sie unter ihren Stämmen auf dem Boden, und wie völlig in die reinste hochgelbe Farbe getaucht prangten die Stämme des zähen festen *Pao d'Arco*, von welchen, wie früher gesagt worden, die nördlicher wohnenden Stämme der Urbewohner ihre Bogen verfertigen. MARCGRAV hat unter dem Nahmen des *Guirapariba* oder *Urupariba* (p. 118) wahrscheinlich diese Art beschrieben und abgebildet. Noch hatte dieser Baum hier seine Blätter nicht entfaltet, sondern seine Zweige waren nur mit Blumen überschüttet. Häufig wuchs hier an den Stämmen das *Dracontium pertusum* mit seinen weifsen Blumen, so wie mancherley Arten von *Caladium*, welche sämmtlich zur Verschönerung der Pflanzenwelt um uns her nicht wenig beytrugen, während eine leise Bewegung der Luft sogleich den herrlichen Geruch der Vanille uns herbeyführte. Dieses angenehme Gewächs ist überall häufig, wird aber höchst selten aufgesucht und benutzt; mehrere Thierarten, besonders die Mäuse und Ratten verzehren die unreife noch grüne Schoote besonders gierig. Die zahlreichen Arten der Farrenkräuter überzogen besonders in der alten Strafse den Boden, und da sie oft 8 bis 10 Fufs hoch waren, so mufsten wir uns durch ihre dichten Wedel mühsam hindurcharbeiten. Viele sind klein und suchen den Schatten, andere hingegen sind so stark, dafs sie einem Reiter zu Pferd Schatten geben könnten; ich mufs deshalb hier bemerken, dafs in dieser Gegend schon ein Paar starke dornige Arten dieser Familie gefunden werden, welche man allenfalls zu den baum- artigen Farren rechnen könnte. Von Dornen zerkratzt und zerrissen, vom Regen durchweicht, und am ganzen Körper durch die von der Hitze bewirkte beständige Transpiration ermattet, fühlt man sich dennoch zur Bewunderung jener erhabenen Pflanzenwelt hingerissen! Während ein lästiger Regen auf uns herabfiel, überraschte uns der laute sonderbare Ruf eines Raubvogels, welcher uns bis jetzt noch nicht zu Gesicht gekommen war. Seine Stimme war äufserst durchdringend und schallend, ein kläg- licher, lauter, allmählig herabsinkender Schrey, vor dem einige kurz aus- gestofsene Töne vorher giengen, welche der Stimme einer Eyer legenden Henne gleichen. Der Vogel selbst war ein schwarzer Wespen-Bussard mit weifsem Unterleibe, welchen die Landesbewohner *Gavião do Sertam* nen- nen, und der von BUFFON unter dem Nahmen des *petit Aigle d'Amé- rique* (*Falco nudicollis*, DAUDIN) beschrieben worden ist. Er safs auf den hohen Gipfeln der Waldbäume und rief beständig seine klagenden Töne herab. Ich liefs sogleich die Tropa halten; ein Paar Jäger schlichen hinzu, allein der Regen hatte ihre Gewehre unbrauchbar gemacht, und wir be- kamen diesmal keinen der Vögel, welche übrigens erst abflogen, nachdem die Gewehre mehrmals versagt hatten. Wir waren nun nicht mehr weit von *S. Pedro*, der letzten Ansiedlung aufwärts am Flusse *Ilhéos* entfernt; denn am Nachmittage traten wir aus dem dichten Walde in die Pflanzungen der Bewohner, in denen man zwischen alten abgebrannten Stämmen die Setzlinge der *Mandiocca* gepflanzt hatte (*) und erreichten bald die Wohnungen.

Der Ort, wo wir uns jetzt befanden, ist ein elendes Dörfchen von acht bis zehn aus Letten erbauten Häusern mit einer Kirche, welche ebenfalls nur ein aus Letten erbauter Schoppen ist; dennoch wird diese Ansiedlung mit dem Nahmen der *Villa de S. Pedro d'Alcantara* belegt; man pflegt sie aber auch schlecht weg *As Ferradas* zu nennen, da nicht fern von hier im Flusse sich eine Felsenbank befindet, welche den Nahmen *Banco das Ferradas* trägt. Diese *Villa* oder dies Dörfchen, wie man sie richtiger nennen würde, hat man vor etwa zwey Jahren angelegt, als die Minas-Strafse beendigt war. Man versammelte hier verschiedenartige Menschen, einige Spanier, mehrere Indische Familien und farbige Leute (*Pardos*), auch zog man aus den benachbarten Urwäldern eine Parthie *Camacan*-Indier herbey, von einem Stamm der Urbewohner dieser Wälder, welchen die Portugiesen mit dem Nahmen der *Mongoyós* belegen. Diese Wilden streifen nicht weiter südlich, als bis zum *Rio Pardo*, und nördlich findet man sie bis über den *Rio das Contas* hinaus, allein dort sind sie völlig entwildert. Hier in dem grofsen *Sertam* der *Capitania* von *Bahia* ist der Platz, wo man sie noch in ihrem rohen Zustande beobachten kann; denn viele von ihnen haben noch keinen Europäer gesehen. Sie stehen indessen doch schon auf einem höheren Grade der Cultur, als

(*) Ueber die Art der Indier, die Waldungen zu ihren Pflanzungen niederzuhauen und zu brennen, siehe auch die Nachrichten des Missionär WEIGL von der Provinz *Maynas* und den Ufern des Amazonenstromes, in VON MURR Reisen einiger Missionäre der Gesellschaft Jesu. Nürnberg 1785 Seite 142.

ihre nächsten Nachbarn, die *Patachos* und *Botocudos*, denn sie sind nicht blos Jäger, sondern pflanzen gröfstentheils auch schon gewisse Gewächse zu ihrer Nahrung, und binden sich auf diese Art mehr oder weniger an die einmal angebaute Stelle, obgleich dies nicht für immer ist. Es wird sich späterhin Veranlassung finden, mehr von diesen Leuten zu sagen. In *Belmonte* hatte ich, wie früher gesagt, einen kleinen Rest schon völlig ausgearteter Indier dieses Stammes gefunden, der vor vielen Jahren von den Paulisten an jenen Ort versprengt, und nachher gröfstentheils ausgerottet wurde.

Auch die früher erwähnte *Villa de Almada* am Flusse *Taïpe* lieferte ebenfalls einige Bewohner zu der neuen *Villa de S. Pedro d'Alcantara nas margems do Rio da Cachoeira*. Der *Ouvidor* der *Comarca* setzte, als die Kirche vollendet war, selbst den Geistlichen ein; auch erbaute man noch einige Tagereisen weiter, da wo die neue Strafse im *Sertam* den *Rio Salgado* erreicht, ebenfalls eine kleine Kirche, liefs dort Messe lesen und Pflanzungen für die Reisenden anlegen, welches aber jetzt alles verwildert, in Verfall gerathen und völlig unbenutzt liegt. Umsonst waren alle diese Anstrengungen und Unkosten, da die Strafse selbst nicht gebraucht werden, und in kurzer Zeit nicht mehr kenntlich seyn wird. Die *Mineiros* ziehen bis jetzt dieser beschwerlichen Waldreise, den Landweg durch die offenen *Campos* des innern *Sertam* der *Capitania da Bahia* vor, da sie zu *Villa dos Ilhéos* weder Abnehmer ihrer Produkte, noch Schiffe finden, um sich sogleich nach *Bahia* einschiffen zu können. Mit dem Verfall der neuen Strafse, von welchem wir auf unserer Reise hinlänglich die Erfahrung gemacht, hielt der Verfall der *Villa de S. Pedro* gleichen Schritt; denn die mit Gewalt hier zusammengetriebenen Menschen, die nicht gehörig unterstützt wurden, entflohen zum Theil, und ein grofser Theil der *Camacan*-Indier ward durch eine ansteckende Krankheit weggerafft, weshalb die übriggebliebenen schnell in ihre Wälder zurückeilten.

Jetzt lebt hier der Geistliche (*Padre* Vigario) mit etwa fünf bis sechs Familien, welche sich sämmtlich von hier hinweg sehnen, es müste denn die Regierung bald bessere Mafsregeln treffen. Man sprach gegenwärtig von einer neuen Aufräumung der Strafse, so wie von Wiederbevölkerung von *S. Pedro*.

Die Lage dieses Dorfes ist wild. Es ist rundum eingeschlossen vom Urwalde, der voll von wilden Thieren ist, und wo die *Patachos* in kleinen Haufen umherstreifen. Zwar haben dieselben hier noch keinen Schaden angerichtet, da man aber auch noch kein Einverständnifs mit ihnen hat anknüpfen können, so traut man ihnen nicht, und nimmt sich um so mehr in Acht mit ihnen in irgend eine Berührung zu kommen, als die wenigen Menschen sich gegen einen Angriff derselben nicht würden vertheidigen können. Die Wohnungen der Bewohner sind unmittelbar von ihren Pflanzungen eingeschlossen, durch welche ein schmaler unebener Pfad in die Strafse führt, auf welchem unsere Maulthiere mit ihrer Ladung nicht ohne die Hülfe der Axt fortkommen konnten.

Wir hatten *S. Pedro* an einem grofsen Festtage erreicht, welches gegen meine Absicht war, da man in Brasilien nicht gern an solchen Tagen zu reisen pflegt, auch war nur der unvorhergesehene Aufenthalt an der eingestürzten Brücke die Ursache dieser Verzögerung. Einer meiner Leute, welcher in *S. Pedro* wohnhaft war, erhielt deshalb von seiner Frau starke Vorwürfe, und es kam zwischen ihnen sogar zu Thätlichkeiten. Die folgenden Tage waren ebenfalls Festtage, und der Geistliche des Orts hatte die Gefälligkeit, die Bestimmung der Stunde zum Gottesdienst jedesmal uns zu überlassen. Er war erfreut mit uns reden und sich unterhalten zu können, auch hatte er die Gefälligkeit mir ein grofses Canoe zu leihen, als ich es für nöthig fand, wegen einiger zu treffenden Einrichtungen, mich noch einmal nach der *Villa dos Ilhéos* hinab zu begeben. Ich suchte einen gewissen, dieser Wälder vollkommen kundigen Neger, welchen ich mitzunehmen wünschte, auch war es nöthig, noch mancherley Gegenstände anzuschaffen, welche ich vergebens in *S. Pedro* zu finden gehofft hatte. Der Fluſs *Ilhéos* oder eigentlich der Arm desselben, welcher *Rio da Cachoeira* genannt wird, flieſst, wie schon gesagt, nahe bey *Ferradas* vorbey, mit ihm läuft die Minas-Straſse von der Seeküste herauf bis hierher parallel, und oft nur in geringer Entfernung von demselben, daher macht man auch oft die Reise nach *Ilhéos* hinab zu Wasser, wozu man einen Tag, und zurück etwa zwey Tage gebraucht. Der Fluſs war jetzt in der trockenen Jahreszeit so klein, daſs man an manchen Stellen das Canoe kaum fortbringen konnte; denn Felsenstücke und Steine füllen ihn oft beynahe gänzlich aus. Diese Felstrümmer geben ihm zum Theil das Ansehen des oberen Theils des *Rio Grande de Belmonte;* nur erscheint der *Ilhéos* immer schmal im Vergleich mit jenem bedeutendern Flusse. Er hat einige starke Fälle und ist daher für die Canoes beschwerlich; verstehen die *Canoeiros* ihr Geschäft nicht vollkommen, so können diese kleinen Cascaden sogar gefährlich werden; die *Cachoeira do Banco do Cachorro* ist die erste, wenn man von *S. Pedro* herab kommt und eine der stärksten. Der Fluſs in seinem Mittelstande ist hier ziemlich wild, und schieſst 4 bis 5 Fuſs hoch schnell hinab. Auſser diesem Wassersturz giebt es noch einige andere, die, wenn sie auch nicht gefährlich sind, dennoch das Canoe oft mit Wasser anfüllen und die Reisenden und ihr Gepäcke benetzen. Selbst in seinem niedrigsten Stande behält aber der Fluſs immer einige tiefe Stellen zwischen gewissen Felsen; hier sammeln sich gewöhnlich viele Fische, da das Wasser wenig Strom hat. Wir sahen auf einigen Felsstücken groſse *Jacarés*, deren dunkelgraue Farbe ihr Alter anzeigte; gewöhnlich tauchten sie bey unserer Annäherung sogleich in die Tiefe hinab, und wir schossen vergebens unsere Doppelflinten nach ihnen ab. Diese Art, der *Crocodilus sclerops*, wird bey weitem nicht so groſs, als die mehr nördlich unter dem Aequator wohnenden Thiere dieser Familie, welche von Humboldt im *Apure*, *Orinoco* und andern Flüssen von 20 bis 24 Fuſs Länge beobachtete. Dort kann der Reisende nicht ohne Gefahr sich baden, da noch überdies blutdürstige Fische, die *Cariben* oder *Caribitos* ihn anfallen; in den von mir besuchten Gegenden hat man alles dieses nicht zu fürchten. Die Ufer des *Ilhéos* waren durchgehends mit dem schönsten hohen Walde bedeckt, dessen mannichfaltige Gewächse in der Blüthe standen. Viele Arten von Mimosen waren wie mit Schnee überschüttet, und dufteten die herrlichsten Wohlgerüche aus. In diesem Dunkel des Waldes schallte die sonderbare Stimme des *Sebastiam* (*Muscicapa vociferans*), dessen lauter Schäferpfiff immer von einer groſsen Menge dieser Vögel zugleich ausgestoſsen wird; auch hörten wir hier häufig den sanften angenehmen Ruf einer noch unbeschriebenen Taubenart (*), welche man im *Sertam* von *Bahia*, *Pomba margosa* nennt, da sie ein bitteres Fleisch hat. Ihre Stimme klingt, als wenn sie einige Worte sanft ausspräche, und die Portugiesen sagen, sie rufe: *hum so fico!* Wirklich ist ihre Stimme aus vier Tönen zusammengesetzt, die hoch und sanft, sehr angenehm modulirt, im dunkelen Schatten des hohen Waldes gehört werden, und welche man wohl auf diese Art deuten kann. Das Gefieder dieses angenehmen, wenig schüchternen Vogels ist einfach und beynahe aschgrau ohne bedeutende Abwechslung.

Meine *Canoeiros* arbeiteten das Canoe über die Felsen hinab, welche dasselbe nicht wenig beschädigten, so daſs es an der unteren Seite wie zerfetzt war. Strom aufwärts indessen, ist eine solche Reise für das Fahrzeug noch viel nachtheiliger; denn die Späne desselben bleiben überall an

---

(*) Ich nenne sie wegen ihrer Stimme *Columba locutrix*: 12 Zoll 8 Linien lang, 18 Zoll 10 Linien breit; Füſse dunkeltaubenroth; Augenlieder dunkelvioletroth; das ganze Gefieder scheint beym ersten Anblick dunkelaschgrau; Kinn etwas gelbröthlich; Kopf, Hals und Brust purpurgrau, Bauch ein wenig blässer; Seiten des Oberhalses etwas lebhafter violet; alle oberen Theile kupfergrünlich-grau, oder etwas matt olivengraulich schimmernd.

den scharfen Kanten der Steine hängen, daher hält auch auf diesem Flusse ein Canoe nicht lange aus; ich habe auf der Vignette dieses Abschnitts ein solches abbilden lassen, welches über eine sanfte *Cachoeira* hinab gleitet; ein Paar Indier regieren dasselbe mit ihren Stangen (*Varas*), und lassen ihm ruhig seinen Lauf, nachdem sie ihm die gehörige Richtung gegeben haben. Am Ufer erblickt man den Wald, wo lange Zöpfe von Bartmoos oder *Barba dò Pao* (*Tillandsia*) und an einer alten *Mimosa* die beutelförmigen Nester des *Guasch* (*Cassicus haemorrhous*) in Menge herabhängen.

Etwa eine Legoa von der Seeküste entfernt, nimmt der Fluſs stromabwärts ein anderes Ansehen an; die Steine hören auf, *Fazendas* wechseln am Ufer mit dem Walde ab, und schöne hellgrüne Hügel mit Weide oder Zuckerpflanzungen bedeckt, erheitern die Wohnungen, die von hohen stolzen Cocospalmen beschattet werden. Bey einigen derselben fand ich kleine mit Pfählen eingeschlossene Zwinger, in welchen man eine Menge Waldschildkröten (*Jabuti*, *Testudo tabulata*) fütterte, um sie zu essen.

Es war am Ende der Natal-Woche, als ich die *Villa* erreichte, wo eine groſse Anzahl von Menschen zu diesem hohen Feste sich versammelt hatt . Man bereitete sich jetzt gerade zum Tage des heiligen *Sebastiam* vor. Ein hoher Mastbaum ward aufgepflanzt, der mit gemahlten Flaggen geziert war, und am Tage durchzogen verkleidete Menschen unter Trommelschlag und mancherley Scherz treibend, die kleine *Villa*. Man schieſst alsdann selbst am Tage häufig in den Straſsen, und während der Nacht erklingt die Viola und das Händeklatschen zum Baducca-Tanze. Die Namenstage der Heiligen gehören zu denjenigen Festen, wo sich das Volk am meisten belustigt. Die reicheren Einwohner bestreiten die Unkosten dieser Feste, an denen man gewöhnlich die Geschichte des Heiligen mit Verkleidungen, Aufzügen, Gefechten und dergleichen vorzustellen pflegt.

Die bey diesen albernen Mummereyen agirenden Personen werden einige Tage zuvor erwählt und alsdann eingekleidet. Am Tage des *S. Sebastiam* waren zwey Parteyen, welche einander bekriegten, Portugiesen und Mohren, welche ihre Capitaine, Lieutenante, Fähndriche, Sergeanten u. s. w. hatten. Eine Festung von Zweigen ward in der Nähe der Kirche errichtet; die Mohren erobern das Heiligenbild und bringen es in ihre Festung, bis am letzten Abend die andere Partey es wieder erbeutet, und mit grofsem Respecte in die Kirche zurückbringt. Diese Vorstellung dauerte mehrere Tage, während welcher das Volk in beständiger Bewegung und häufig in der Messe war, dabey aber blos seinen Vergnügungen nachgeht, erwünschtem Müfsiggange und allen Arten von Unordnungen sich hingiebt. Selbst die eingebornen Indier, die für den Geist der Religion keinen Sinn zeigen, nehmen zuweilen lebhaften Antheil an diesen Mummereyen und dem äufseren Gepränge; daher benutzten zum Theil die Missionäre manche Gebräuche der wilden Völker, um ihren Lehren Eingang bey denselben zu verschaffen, wovon wir mancherley Beyspiele in den verschiedenen Schriftstellern finden. Herr von Humboldt sah auf den Anden in der Provinz *Pasto* Indianer, welche sich maskirt und Schellen angehängt hatten, um wilde Tänze um den Altar herum zu tanzen, während der Franciskaner-Mönch die Hostie empor hob (*). Sehr anwendbar sind die Worte dieses ausgezeichnetsten der Reisenden auf die Indier des östlichen Brasiliens, wenn er sich an der erwähnten Stelle über die Vermischung der mexicanischen mit der christlichen Religion in folgenden Worten ausdrückt: „Kein Dogma hat hier dem Dogma Platz gemacht; blos ein Ceremoniel ist dem andern gewichen, und die Indianer kennen nichts von der Religion, als die äufseren Formen des Cultus. Freunde von allem, was zu einer gewissen Ordnung von vorgeschriebenen

---

(*) Siehe von Humboldt Versuch über den politischen Zustand des Königreichs Neu-Spanien. Band I. S. 135.

Ceremonien gehört, finden sie im christlichen Cultus ganz besondere Genüsse, und die Kirchenfeste, die damit verbundenen Feuerwerke, die Processionen mit Tanz und baroken Verkleidungen sind für das niedrige Volk reiche Quellen von Belustigungen."

Hier ist indessen noch der Unterschied, dafs viele der Indier an der Ostküste von Brasilien selbst nicht die äufseren Gebräuche der katholischen Kirche zu beobachten pflegen, wovon indessen die Ursache sehr leicht einzusehen ist; denn die Mexicaner hatten vor der europäischen Besitznahme eine sehr ausgebildete Religion, die Brasilianer aber standen auf einer weit tiefern Stufe der Cultur.

Nachdem meine Geschäfte in der *Villa* beendigt waren, schiffte ich den Flufs wieder hinauf. Wir waren genöthiget an einem heifsen Tage stark zu arbeiten, um die schweren Canoes über die Felsstücke und *Cachoeiras* zuweilen 3 bis 4 Fufs hoch hinauf zu ziehen. In der Abendkühlung war unsere Fahrt sehr angenehm, denn jetzt verbreiteten die Baumblüthen am Ufer angenehme Gerüche in besonderer Stärke. Ich brauchte zwey Tage, um *Villa de S. Pedro* wieder zu erreichen, wo ich in der Nacht eintraf. Meine Leute hatten während meiner Abwesenheit manche naturhistorische Seltenheiten zusammengebracht, unter andern auch eine schöne bis jetzt noch unbeschriebene Schlange, welche ich südlich am *Paraïba* und *Espirito-Santo* öfter gefunden hatte, die aber mehr nördlich nicht mehr vorzukommen scheint; sie zeichnet sich durch runde grünliche Perlflecken aus, welche regelmäfsig über den ganzen Körper vertheilt stehen (*). Es war nun nöthig, schnell die Einrichtungen zur Reise nach dem *Sertam* zu treffen, um von der so überaus günstigen trockenen Witterung Vortheil zu ziehen. Der schon früher erwähnte

---

(*) Ich nannte diese Art *Coluber Merremii*, als einen Beweis meiner Anerkennung der Verdienste dieses Nahmens. Die Natter, welche ich diesem ausgezeichneten Amphibiologen zueignete, hat 148 Bauchschilde und 57 Paar Schwanzschuppen; ihr Körper ist dick, rundlich

Th. II.

Mineiro, José Caëtano befand sich hier und erbot sich in meinen Sold zu treten, um die Tropa durch die Urwälder zu führen. Er verstand die Art, Thiere zu behandeln, zu beladen u. s. w., und kannte diese Strafse, da er einmal auf derselben mit Ochsenheerden aus dem *Sertam* herab gekommen war. Ein junger Camacan-Indianer begleitete ihn beständig, der auch jetzt für uns als Jäger diente, und gewöhnlich früh Morgens mit noch einen anderen Gehülfen zum Jagen voran geschickt wurde.

und mit glatten schwärzlichen Schuppen bedeckt, wovon an allen oberen Theilen eine jede mit einem runden zeisig- oder graugrünen Flecke bezeichnet ist; in den Seiten sind die Flecken gelb; der Bauch ist einförmig hellgelb, mit einigen schwärzlichen Fleckchen am Rande; die Schilde unter dem Schwanze sind gelb und schwärzlich eingefafst.

Halt am Rio da Cachoeira

IV.

Reise von S. Pedro d'Alcantara durch die Urwälder bis nach Barra da Vareda im Sertam.

Estreito d'Agoa; Rio Salgado; Sequeiro Grande; Joaquim dos Santos; Ribeirão da Issara; Serra da Çuçuaranna; Spuren der Camacan-Indier; João de Deos; Aufenthalt am Rio da Cachoeira; Aufsuchung der Camacans; Rio do Catolé; Aufenthalt daselbst; Beruga; Barra da Vareda.

Ich hatte am 6ten Januar früh meine Thiere beladen lassen und das Zeichen zum Aufbruch gegeben. Um durch die Pflanzungen von *S. Pedro* nach der Waldstraße gelangen zu können, hatte ich die dahin führende *Picade* erweitern, das heißt, das alte verbrannte Holz aus dem Pfade wegschaffen lassen. So wurde die Straße bald erreicht, in welcher wir denn in hohem schattenreichem Walde bis zu einer Stelle fortzogen, welche *Rancho do Veado* genannt wird. Auf einer von der Fäulniß unbrauchbar gemachten Brücke, brachen einige meiner Lastthiere durch, und wurden nur mit der thätigen Hülfe des *Mineiro* José Caëtano vom völligen Hinabstürzen in das Bette des Baches gerettet. An einem *Corrego* ward uns eine Sumpfstelle (*Atoleiro*) sehr beschwerlich; wir besiegten indessen auch dieses Hinderniß und lagerten gegen Abend an einem kleinen Bache *Estreito d'Agoa* genannt, wo ebenfalls wieder eine verfaulte Brücke eingefallen war. Unsere Feuer zündeten wir zwischen

zwischen hohen Stämmen unweit der Brücke an, und sahen unsere Jäger den einen nach dem andern eintreffen. Einige brachten ein Paar Exemplare des früher erwähnten *Gaviâo do Sertam* (*Falco nudicollis*, Daud.) mit, dessen sonderbare laute Stimme überall in diesen Wäldern gehört wird. Sein Gefieder ist schwarz, von schönem Stahlglanze, der Unterleib ist weifs, und die von Federn entblöfste Kehle, so wie die Iris des Auges lebhaft zinnoberroth. Da die erlegten Vögel nicht efsbar waren, so giengen einige Leute aus, um Fische zu fangen, welches ihnen auch vollkommen gelang. Als sie, auf einem Balken der eingefallenen Brücke sitzend, die Angel ins Wasser hinab warfen, bemerkten sie eine schwimmende Schlange, welche eben einen grofsen Frosch verzehrte; man erlegte sie durch einen Flintenschufs, und ich fand eine schöne Art des Genus *Coluber* (*), deren Haut mit blafsgelben und röthlichbraunen breiten Querbändern angenehm abwechselt, die aber denen mich begleitenden Brasilianern völlig unbekannt war.

Am 7ten früh hieb man mit dem *Facâo* eine Picade, um die Brücke umgehen und den *Corrego* passiren zu können. Der Tropa vorhergehend fand ich in dem vom starken Thau noch benetzten Walde mehrere *Inambús*, von der Art der *Macuca* oder *Macucava* (*Tinamus brasiliensis*, Lath.) und des *Chororâo* (*Tinamus variegatus*), die mit Geräusch vor mir aufflogen, in dem dichten Walde aber nicht geschossen werden konnten. Unter alten Urwaldstämmen entdeckten wir einen Erdhügel, welchen das grofse Gürtelthier (*Tatú assú* der Brasilianer, oder *Tatou géant*, Azara) hervorgescharrt hatte, um seinen Bau oder Röhre in der Erde auszuhöhlen. Da diese sonderbaren Thiere, welche von bedeutender Gröfse und Stärke sind, ihre tiefen weiten Höhlen gewöhnlich zwischen die stärksten Wurzeln alter Bäume hinein graben, so kann man ihnen

---

(*) Diese Natter ist höchst wahrscheinlich Merrems *Coluber versicolor*; siehe dessen Versuch eines Systems der Amphibien pag. 95.

nicht leicht beykommen und wir haben auf dieser ganzen Reise keines derselben zu sehen bekommen, ihre Höhlen aber sehr häufig gefunden.

Eine zweyte Brücke schien uns von neuem aufhalten zu wollen, allein diesmal gelang der Versuch; sie hielt unsere beladenen Thiere aus. Wir erreichten hierauf den *Rio Salgado*, wohin wir von unserm nächtlichen Ruheplatze nur einen Weg von einer halben Legoa zurückzulegen hatten. Dieser kleine Fluſs, der hier 40 bis 50 Schritte breit ist, tritt unweit dieser Stelle in den *Ilhéos* oder *Rio da Cachoeira* ein, und ist eben so wie dieser mit Steinstücken angefüllt, auch befand er sich in gleich niederem Wasserstande. Wir durchritten ihn, und zündeten für heute sogleich am jenseitigen Ufer unsere Feuer an. Da wir nun einige Muſse hatten, so ward gejagt. Man traf ziemlich viele *Miriqui*-Affen (*Ateles*), deren unsere Jäger mehrere schossen, so wie einige *Macucas*, einen *Mutum* (*Crax Alector*) und einige *Capueiras* (*Perdix guianensis*), deren Fleisch man auf den sogleich von Stangen errichteten Rosten bucanirte. Die umliegende Wildniſs zeigte sich bey näherer Untersuchung als ein dichter ununterbrochener Wald; nur auf dem östlichen Ufer des Flusses fand man noch Merkmale der Pflanzung, welche *Capitam* Filisberto Gomes da Silva hier anlegen lieſs, als man vor zwey Jahren diese Waldstraſse bearbeitete. Hohes Gebüsch war indessen schon an diesem Orte erwachsen und man erkannte die Stelle der hier gelegenen Pflanzung nur an dem Mangel des Hochwaldes und an den Hütten von Letten, welche zu jener Zeit zur Kirche und zur Wohnung für die Arbeiter gedient hatten. Meine Lastthiere fanden in diesen verwilderten Pflanzungen selbst kein Gras mehr, da das Holz schon zu hoch und stark geworden war, ein Beweis, wie schnell in diesen heiſsen Regionen der Erde die Pflanzenschöpfung sich zu entwickeln pflegt. In der Nähe der Hütten fanden wir noch eine Menge Pimentsträuche (*Capsicum*), welche man damals angepflanzt hatte; ihre zusammenziehenden Früchte waren uns sehr willkommen, da ein solches Gewürz in den feuchten Wäldern bey der häufigen Fischkost sehr heilsam für die Verdauung ist, und wohl als ein Mittel gegen das Fieber angesehen werden kann. Man pflegt auf den Reisen in den brasilianischen Wäldern dergleichen Fruchtkapseln getrocknet mit sich zu führen (*), um sie bey den Mahlzeiten zu gebrauchen.

Antas und *Capybaras* wandern jetzt in diesen verwilderten Pflanzungen umher und verzehren die Ueberreste der nützlichen Gewächse, da der Mensch in diesen Einöden noch zu ohnmächtig ist, um dieselben benutzen zu können.

Unsere Mahlzeit bestand heute in drey Arten von Fischen, dem *Piau*, der *Piabanha* und *Traïra*, welche man hier häufig fieng; das schöne heitere Wetter begünstigte uns, so daſs wir eine zwar feuchte aber angenehm warme Nacht hatten, und bey groſsen hellen Feuern uns sehr wohl befanden.

Am 8ten belud man die Tropa Morgens sehr früh, denn ich hatte die Absicht heute ein starkes Tagewerk zu vollbringen. Die Straſse steigt und fällt beständig, kleine Hügel und Thäler wechseln mit einander ab. In der Gegend, welche man *Sequeiro Grande* nennt, hat der Wald eine groſse Menge alter Bäume von vorzüglicher Dicke und Höhe; auch wächst hier häufig der sonderbare *Barrigudo*-Baum (*Bombax*) und der *Mamão do Mato*, welche am *Belmonte* schon erwähnt worden sind. Man findet in den Wäldern von Süd-Amerika hohe starke Waldbäume, welche da, wo sie aus dem Boden hervortreten, eine sonderbare Bildung zeigen. Vier bis fünf Fuſs und oft noch höher von der Erde entspringen Leisten, welche immer weiter aus dem Stamme hervortreten, und endlich von den Seiten platt zusammengedrückte brettartige Hervorragungen

---

(*) Barrère erzählt dasselbe von den Indianern in *Guiana*, pag. 121 der deutschen Uebersetzung.

bilden, welche schräg in die Erde hinablaufen, und dort die grofsen, dicken Wurzeln dieser Bäume bilden. Der Missionär QUANDT fand diese sonderbaren Bäume auch in *Surinam*. Er sagt(*), dafs die dortigen Indianer mit ihren Aexten gegen diese brettartigen Wurzeln schlagen, wenn sie Verlorne im Walde wieder aufsuchen.

Die Vögel, welche in diesen tiefen Wildnissen die Waldungen beleben, sind besonders die verschiedenen Arten der Spechte (*Picus*), die Baumhacker (*Dendrocolaptes*), viele Arten von Fliegenfängern (*Muscicapa*), Ameisenvögel (*Myothera*), so wie einige Arten von kleinen Papageyen (*Perikitos*), deren Schaaren lautschreyend durch die hohen Gipfel der Bäume pfeilschnell dahin eilen, und die Ynambus (*Tinamus*). Nirgends als in dieser Gegend trifft man so häufig die Banden der *Miriqui*-Affen, welche von einer Baumkrone zur andern springend, oder vielmehr schreitend über die Strafse hinzogen. Sie sind die Nähe der Menschen wenig gewohnt, und entfliehen daher bey ihrem Anblicke sogleich. Die raubgierigen Jäger liefsen sich aber nicht irre machen, sie suchten sie im Auge zu behalten, und brannten ihre Feuerröhre nach ihnen ab. Oft blieb dieser grofse Affe verwundet auf dem Baume hängen, öfter legte er sich auch platt auf einen dicken Ast nieder, um sich zu verbergen. Sein Fleisch macht in diesen Waldungen beynahe einzig und allein die Nahrung der Reisenden aus. Einige meiner im Walde zerstreuten Jäger berichteten, dafs sie eine uns noch nie vorgekommene Art kleiner schwarzer Aeffchen gesehen hätten, welche jedoch für heute ihren Röhren noch unerreichbar gewesen waren. Ich hatte schon zu *Ilhéos* Nachricht von dieser bisher unbeschriebenen Thierart erhalten, und war daher sehr begierig sie kennen zu lernen, welches einige Tage später wirklich geschah. Die Stimme des *Juó*, hier *Sabélé* genannt (*Tinamus noctivagus*), hatten

(*) QUANDT Nachrichten von *Surinam* pag. 60 mit einer Abbildung, auch CASPAR BARLÄUS bildet auf seiner 8ten Tafel im Vorgrunde einen hohen Baum dieser Art ab.

wir heute seit geraumer Zeit zum erstenmal wieder vernommen; denn dieser Vogel findet sich von *Rio de Janeiro* herauf überall bis zum Flusse *Belmonte*, von dort aber bis zum *Ilhéos* scheint er nicht in der Nähe der Seeküste zu wohnen.

Wir befanden uns jetzt auf der Minas-Strafse, in derjenigen Höhe des Flusses *Ilhéos*, welche man *Porto da Canoa* nennt, weil man denselben bis hieher mit Canoes aufwärts beschifft hat. Der Wald in dem wir uns gegen Abend befanden, gehört zu der Art, welche man in dieser Gegend *Catinga* nennt. So wie man sich nämlich mehr von den niedern feuchten Ebenen der Seeküste entfernt, steigt der Boden allmählig sanft an, und nach Mafsgabe des Steigens wird er trockner und der Wald niedriger. Dieselben Baumarten, welche in dem weiten Striche der hohen, feuchten, dunkeln Küstenwälder einen schlanken, schäftigen Wuchs erreichen, bleiben hier weit niedriger; auch sind diesen trockenen Waldungen eine Menge von eigenthümlichen Baumarten beygemischt. Der Boden ist hier mit einem verwachsenen Dickicht von *Bromelia*-Stauden überzogen, deren stachlichte Blätter dem brasilianischen Jäger mit seinen unbedeckten Füfsen nicht wenig beschwerlich fallen; eben so häufig wächst hier ein niedliches Gras mit zart gefiederten Blättern, unter dem Nahmen *Capin de Sabélé*(*), welches für die Maulthiere eine gute Nahrung abgiebt; in der Blüthe haben wir es leider nicht gefunden. Es überzieht die alte Strafse und andere Blöfsen an manchen Stellen mit einem dichten grünen Teppich. Die Strafse war hier in der *Catinga* sehr unwegsam und verwachsen; hohe *Solana* von mancherley interessanten Arten, vielerley Mimosen und die *Cançaçâo* (*Jatropha urens*), verletzten uns mit ihren

---

(*) Das hier genannte Gras bedeckt den Waldboden dicht geschlossen mit seinen etwa ein bis anderthalb Fufs hohen Halmen, deren niedliche Blätter zart gefiedert, und die Nebenblättchen schmal beynahe linienförmig sind; leider habe ich diese schöne Pflanze nicht in der Blüthe, oder mit der Frucht gesehen.

Stacheln, und schienen uns selbst unsere Kleidungsstücke rauben zu wollen. Wir waren sämmtlich mehr oder weniger blutrünstig, dabey trafen wir auf viele Wohnungen der *Marimbondos*, welche unsere Lage noch viel unangenehmer machten. Die gröfsere schwarzbraune Art besonders fiel an einer gewissen Stelle dermafsen über uns her, dafs alle Thiere tobten und die Menschen von sechs bis sieben dieser Unholde zugleich gestochen noch lange nachher laut klagten. Mit geschwollenem Gesicht und Händen und mit zerrissenen Knieen, durchstreiften wir diese verworrenen Gebüsche in einer erschlaffenden Hitze. Gegen Abend kam für unsere Thiere noch eine neue Beschwerde hinzu, denn tiefe Schluchten wechselten jetzt mit ansehnlichen Höhen ab. Hier sah man schauerlich wilde Thäler, wo eine kühle ewige Dämmerung herrschte; hier verblühen an klaren über Felsen dahin rauschenden Wald-*Corregos* Prachtblumen fern und unbewundert vom menschlichen Auge; nur der einsame Tritt des jagenden *Patachó* oder des *Anta* und der Unze, stört die stille Ruhe dieser abgeschiedenen Wildnisse. In vielen Thälern waren die Bäche jetzt von der Hitze ausgetrocknet, wir mufsten daher ungeachtet der Ermüdung unserer Thiere, noch bedeutend weit fortziehen, um Trinkwasser bey unserem Lagerplatze zu haben, bis wir endlich einen kleinen klaren Bach fanden, der durch ein finsteres tiefes Waldthal dahin rauschte. Ihm, so wie dem Thale, hat man den Nahmen *Joaquim dos Santos* beygelegt, weil daselbst zur Zeit der Anlegung der Strafse ein Mann dieses Nahmens eine Hütte erbaut hatte, um den Arbeitern Lebensmittel zu verkaufen. Wir schlugen unseren Lagerplatz nahe an dem kleinen Waldbache auf, wo man alsdann sogleich die drey grofsen, heute erlegten *Miriqui*-Affen zurichtete. Die hochrothe, der *Bignonia* verwandte Blume, welche am *Belmonte* erwähnt, und von Herrn Professor Schrader beschrieben werden wird (*), zierte hier unseren Lager-

(*) Herr Professor Schrader hat dieses schöne Gewächs aus der Familie der Bignonien für ein neues Genus erkannt, zu dessen völliger Bestimmung aber die Frucht fehlte.

platz, so wie eine andere mit herrlichen lebhaft orangefarbenen Blumen; lange Cocoswedel dienten uns eine leichte Hütte gegen den Thau zu erbauen.

Um von dem angreifenden Marsche des vergangenen Tages uns zu erholen, beschränkten wir uns am 9ten auf eine kürzere Reise von 3 Legoas, auf welcher wir in dem dichten Walde eine Menge interessanter Pflanzen und schöne Blüthen unseren Herbarien einverleibten. Die Wildnifs war dicht mit dem kleinblättrigen *Taquara*-Rohr verflochten; einige kleine *Corregos* enthielten klares frisches Wasser, an ihren Ufern blühte die scharlachfarbige *Bignonia*. Kleine Hügel und Vertiefungen wechseln hier beständig ab; auf den Höhen ist der Wald *Catinga*, in den Thälern findet man noch Hochwald. Hier erfrischt eine liebliche Kühlung um so mehr, da auf den Hügeln der Boden trocken und erhitzt ist. Unsere Jäger erlegten an einem kleinen Bache, in der Kühlung eines mit Hochwald erfüllten Thales mehrere Affen, unter anderen den gelbbrüstigen, den wir schon am *Belmonte* kennen gelernt hatten, und es fand sich bey näherer Besichtigung, dafs er durch den Pfeilschufs eines jagenden Wilden noch unlängst verletzt worden war. In dieser Gegend erreicht man den *Corrego da Piabanha*, welchen man für die Gränze angiebt, bis zu welcher etwa die *Patachos* von der Seeküste aus streifen; von hier an nach dem inneren *Sertam* hin erstreckt sich das Gebiet der *Mongoyós* oder *Camacan*-Indianer. Wir fanden von nun an an der Nordseite der grofsen Waldstämme sehr häufig den gröfsten mir in Brasilien vorgekommenen Schmetterling (*) (*Phalaena Agrippina*), der die Breite von 9½ Pariser Zollen erreicht, und auf einem schmutzig weifsgrauen Grunde mancherley schwärzliche Zeichnungen trägt. Dieser Schmetterling bringt hier in der Kühlung den Tag hin und verläfst seinen Aufenthalt in der Abenddämmerung. Um ihn zu fangen, mufste man sich demselben mit gröfster Vorsicht nähern, und dennoch flog er uns oft davon; wir ersannen daher ein sicheres Mittel, indem wir den

(*) Siehe Cramers Schmetterlinge Vol. I. Tab. 87. Fig. A. und Merian Sur. Ins. Tab. 20.

Reise von S. Pedro d'Alcantara durch die Urwälder

jungen Botocuden Quäck nahe hinzutreten und denselben mit einem stumpfen Pfeil schiefsen liefsen, wodurch er betäubt zur Erde fiel. Quäck hatte sich in dieser sonderbaren Art von Jagd eine grofse Fertigkeit erworben.

Wir erreichten nun eine Bergkette (*Serra*), in welcher viel *Barrigudo*-Holz und andere starke Stämme wachsen, fanden aber viele umgestürzte Bäume in der Strafse, welche uns nöthigten einen Pfad durch das Dickicht zu bahnen, wodurch wir bedeutend aufgehalten wurden. Da wo *Catinga* war, beobachteten wir oft colossale Stämme von vier bis fünfeckigtem *Cactus*, unter andern einen derselben, der 50 bis 60 Fufs hoch zwischen allen andern Waldbäumen hinaufgewachsen war, und über 2 Fufs im Durchmesser hielt. Auch andere Arten dieses sonderbaren Pflanzen-Geschlechts werden oft bedeutend hoch in diesen Tropenwäldern gefunden, zum Beyspiel der hier sehr gemeine *Cactus brasiliensis*, welchen Piso auf der 191ten Seite abgebildet hat. Unter den zoologischen Gegenständen dieser Region der Wälder fanden wir häufig in dem feuchten den Boden bedeckenden Laube die gehörnte Kröte oder *Itannia* (*Bufo cornutus*) von welchen wir viele noch sehr kleine junge Individuen fiengen, die sich durch die Lebhaftigkeit ihrer schön glänzend hellgrünen und bräunlichen Zeichnung vor den ältern sehr auszeichneten (*). An einem Baumstamme ward eine Eidechse (**) gefangen, die unter dem Halse einen grofsen

---

(*) Herr Hofrath Tilesius hat in dem Magazin der Gesellschaft naturforschender Freunde in Berlin im 3ten Jahrgange 1808, Tafel III. die Abbildung dieser Kröte gegeben. Die Zeichnung ist ziemlich gut; allein die Colorirung sehr unrichtig, denn die lebhaft violette und Orangefarbe habe ich nie an diesen Thieren gefunden. Dennoch ist diese Abbildung von allen, welche ich kenne, bey weitem die beste; denn alle übrigen, die man bisher in den naturhistorischen Werken davon gegeben hat, sind wahre Carricaturen. Herr Tilesius hat seine Abbildung nach einem weiblichen Thiere gemacht, denn das Männchen ist sehr verschieden gefärbt.

(**) Diese Art ist ein Anolis, welchen ich für neu halte und *Anolis gracilis* benannt habe. Er hat einige Aehnlichkeit mit Daudins *Anolis à points blancs*, von dem er indessen dennoch

orangefarbenen Kehlsack aufbläfst wenn man sich ihr nähert. Auch zeigte sich öfters eine röthliche Kröte mit einem dreyfachen schwarzen Kreuze auf dem Rücken (*), die man, wie alle Arten dieses Geschlechtes, in dieser Gegend von Brasilien im Allgemeinen mit dem portugiesischen Nahmen *Sapo* belegt. Beschäftigt mit der Betrachtung mancher Naturseltenheiten, erreichten wir im Walde eine Stelle, welche uns die erste Spur des Aufenthalts von Menschen in diesen einsamen Wildnissen zeigte. Umherstreifende *Camacan*-Indier hatten hier vor einigen Wochen gelagert, und sich mehrere

---

hinlänglich verschieden scheint. Sein Körper ist sehr schlank gebaut, mit langem schmalem beynahe rüsselartig verlängertem Kopfe, der etwa ein Drittel der Länge des ganzen Leibes ausmacht, wenn man den Schwanz abrechnet, welcher mehr als zweymal so lang als der übrige Körper ist. Der Kopf hat beynahe die Gestalt von dem des *Jacaré*; unter der Kehle befindet sich ein sehr grofser Kehlsack von schöner Orangenfarbe, auf welchem einige Reihen gröfserer, gelbgrüner Schüppchen stehen, da der ganze übrige Leib mit sehr feinen chagrinartigen Schuppen bekleidet ist. Ueber den Rücken und die Schwanzwurzel hinab zieht ein schwacher seichter Hautkiel; die Ohröffnung ist unbedeckt, alle oberen Theile des Thieres sind dunkelröthlichbraun gefärbt, und mit Querreihen feiner weifser Punkte bezeichnet; an einigen Stellen des Körpers bemerkt man einen leichten grünen Anstrich. DAUDINS Beschreibung seines *Anolis à points blancs* ist zu unvollkommen, um hinlänglich über die Identität beyder Thierarten entscheiden zu können. Einen andern, ebenfalls schlanken, und sehr langgeschwänzten *Anolis* fand ich zu *Morro d'Arara* in den Urwäldern des *Mucuri*, und nannte ihn *Anolis viridis*. Sein Schwanz ist über zweymal so lang, als der durchaus mit gleichartigen kleinen Schüppchen bedeckte Körper. Die Farbe des Thiers, welche sich bey verschiedenen Affecten verändert, ist angenehm, gewöhnlich ein schönes helles Laub-grün, vom Kopfe bis zum Schwanze mit sieben dunkleren Querbinden, die oft dunkelgrün, oft schwärzlich, oft bräunlich erscheinen; die Seiten mit weifsen Perlpunkten bezeichnet, welche im Affect blau-grünlich werden. Der Schwanz ist an der Wurzel hellgrün mit dunkleren Querbinden und Fleckchen, nach der Spitze hin mehr bräunlich, mit schwärzlich braunen Querbinden. Beyde hier erwähnte Arten leben in den Wäldern auf Bäumen und werden von den Brasilianern, zum Theil nicht ganz mit Unrecht *Camaleão* (Chamäleon) genannt, da wenigstens die zuletzt erwähnte ihre Farben verändert.

(*) *Bufo crucifer*; ohne Zweifel DAUDINS *Crapaud perlé* (*Bufo margaritifer*, siehe hist. natur. des *Rainettes*, des *Grenouilles* et des *Crapauds* p. 89. T. XXXIII.

Hütten erbaut. Sie waren von Stangen in viereckiger Gestalt zusammen gebunden, und mit Tafeln von Baumrinde nachläſsig bedeckt; auf dem Boden rund umher lagen die Federn der *Mutums* und *Jacutingas*, welche den Bewohnern zur Nahrung gedient hatten. In welche Region des Waldes sich aber jetzt jene wilden Jäger gewandt hatten, konnten wir nicht ergründen. Unser Führer, so wie sein dieser Wälder kundiger junger *Camacan* versicherten indessen, daſs wir jetzt zu unserer Linken, also in südlicher Richtung, schon eine der gröſsten, stark bewohnten *Aldeas* dieser Indianer vorbeygegangen seyen.

Wir erreichten, gebrannt und gestochen von Nesseln und *Marimbondos*, gegen Abend den *Ribeirão da Issara*, der mit crystallhellem Wasser über Steine herabrauscht, indessen jetzt sehr unbedeutend war, und lagerten in diesem Thale unter alten Urstämmen in einer einsam romantischen Wildniſs. Unser Gepäck ward aufgeschichtet und an den Schlinggewächsen aufgehangen, und wir würden auch ohne Obdach eine gute Nacht gehabt haben, wenn nicht nach Mitternacht ein heftiger Gewitterregen uns sämmtlich aus dem tiefen Schlafe aufgescheucht hätte. Man bedeckt in solchen Fällen schnell das Gepäcke mit Ochsenhäuten, und verläſst sich auf die Dichtigkeit eines guten Mantels, und der etwa mitgeführten Regenschirme. Ein Zelt oder eine Hütte mitzuführen ist deshalb beschwerlich, weil die Fortschaffung des dazu gehörigen Gepäckes sogleich mehrere Maulthiere nöthig macht, und diese würden in zu groſser Anzahl in dem ununterbrochenen Urwalde kaum Nahrung finden. Der den Mühseligkeiten einer solchen Reise sich aussetzende Reisende muſs einen gesunden, zu Anstrengung jeder Art geübten Körper haben, von lebendigem Eifer für den Zweck seiner Reise erfüllt seyn, und mit guter Laune und Heiterkeit Beschwerden ertragen, zu Entbehrungen sich bequemen, und jeder widrigen Lage eine freundliche Seite abgewinnen können. Auch wir blickten jetzt mit philosophischer Ruhe in die dunkeln Regenströme hinein, scherzend über die sonderbar gruppirte Gesellschaft der Abenteurer, welche, ein jeder auf seine Weise, nach Möglichkeit sich zu schützen suchten. Zwar trösteten wir einander mit der Hoffnung, daſs auch diese Regen-Catastrophe vorüber gehen werde, doch konnten wir es uns nicht verbergen, daſs es sehr übel um uns stehen würde, wenn der Regen mehrere Tage anhalten sollte, denn alsdann erkranken die Menschen, und besonders die Lastthiere sehr schnell, welche nichts weniger als anhaltende Feuchtigkeit ertragen können; ganze Gesellschaften von Reisenden haben auf diese Art ihr Leben in kurzer Zeit in jenen dichten feuchten Tropenwäldern eingebüſst.

Der Tag brach endlich an, und welches Glück! ein heiterer Sonnenstrahl zerstreute das dunkele Gewölke und belebte die ganze Truppe mit neuem Muthe; auch war uns dieser jetzt sehr nöthig, denn wir muſsten mit unseren von Mangel an Nahrung etwas geschwächten Maulthieren, und mit dem durchnäſsten und daher sehr erschwerten Gepäcke beladen, die Reise über Berg und Thal fortsetzen. An diesem 10ten Januar befanden wir uns so weit vorgerückt, daſs wir in einem Tage den Punkt hätten erreichen können, wo man den *Rio da Cachoeira* zum letztenmale passirt; um indessen unseren schwer beladenen Lastthieren nicht zu viel zuzumuthen, theilten wir dieses Tagewerk in zwey Märsche ab. Die Straſse war an diesem ersten Tage ziemlich frey von Gebüschen; aber niedere stechende Pflanzen, die *Jatropha urens* und eine Art *Ilex* besonders, so wie *Mimosa*-Gesträuche und *Marimbondos* belästigten uns sehr; die letzteren indessen doch weniger als wir es erwarten muſsten, da wir nun anfiengen feindlich gegen sie zu verfahren und heute eine Menge ihrer Nester zerstörten. Wir durchzogen eine bergigte Gegend, die man *Serra da Çuçuaranna* nennt, weil hier bey Anlegung der Straſse eine rothe Unze (*Çuçuaranna, Felis concolor*, Linn.) erlegt ward. Die Berge dieser Kette sind nicht besonders hoch, aber dürr und trocken, mit vielen Urgebürgstrümmern und Steinen, auf welchen *Catinga* eine dichte Wildniſs bildet, deren Boden an etwas freien Stellen, besonders in der Straſse mit einem dichten Teppich von dem schönen schon erwähnten Grase bedeckt ist, welches man *Capin de Sabélé* nennt. Fortschreitend in diesen Gewächsen beunruhigten wir das einsame Nest einer *Macuca* (*Tinamus brasiliensis*, Lath.), die ihre groſsen schönen Eyer auf die Erde legt. Man findet diese Nester häufig in jenen Wäldern, und sie haben schon manchem Reisenden zur Nahrung gedient; ein auffallendes Beyspiel findet man in der Erzählung des traurigen Schicksals der Madame Godin, die uns de la Condamine mitgetheilt hat(*); sie war so glücklich durch die Entdeckung dieser Eyer sich das Leben zu fristen, als alle ihre Begleiter an ihrer Seite den Beschwerden der Reise unterlagen. An einer der Höhen der *Serra da Çuçuaranna* erkrankte das beste meiner Lastthiere und blieb zurück; es muſste daher eines unserer Reitmaulthiere beladen werden. Ungeachtet man sogleich alle Hülfe anwandte, starb das Thier, und verursachte uns einen sehr fühlbaren Verlust. Vögel, die wir bisher vergebens gesucht hatten, die Geyerkönige (*Vultur Papa*, Linn.) zeigten sich jetzt augenblicklich in der hohen Luft; ihr feiner Geruch hatte ihnen sogleich den todten Körper verrathen, allein ihre Klugheit hielt sie in groſser Entfernung, und vergebens verbarg ich einen Jäger im Hinterhalt, um sie zu überlisten. Um indessen eines solchen Vogels habhaft zu werden, blieb ich für diese Nacht in der Nähe an einem kühlen Wald-*Corrego*, den man nach einem, zur Zeit der Anlegung der Straſse hier verstorbenen, und an die Seite derselben beerdigten Indier, João de Deus nennt. Man bezeichnete damals die Stelle seines Grabes mit einem jetzt noch vorhandenen Kreuze. Der gemeine Brasilianer übernachtet nicht gern an einem Orte, wo ein Todter begraben liegt, denn die Furcht vor Geistern ist unter diesen rohen Menschen noch sehr wirksam, wenigstens wird er in

(*) De la Condamine relation abrégé d'un voyage etc. pag. 355.

einem solchen Falle gewiſs einige Rosenkränze herunter murmeln; sind aber mehrere Menschen beysammen, so hat er schon mehr Muth, denn er glaubt, der Geist werde dadurch entfernt. Die Stelle bey dem Kreuze, wo ich unser Nachtlager aufzuschlagen gedachte, war jetzt gerade von einem Affen (*Cebus xanthosternos*) in Besitz genommen, der sich indessen sogleich auf seinen luftigen Wegen ins Weite zu begeben suchte. Ein anderer Bewohner dieser Stelle vertrug sich besser mit den fremden Gästen; es fand sich nämlich an dem Blatte eines jungen Baumes das niedliche Nest zweyer Colibris (*Trochilus ater*) von einer Art, deren ich im ersten Bande Seite 366 erwähnt habe. Das kleine Nest war auf der Oberfläche des Blattes befestigt und aus gelbröthlicher Pflanzenwolle erbaut; es befanden sich darin zwey sehr kleine nackte Junge, die wir sogleich in unseren Schutz nahmen.

Da uns die Regengüsse der vergangenen Nacht noch in lebhaftem Andenken waren, so hieb man einen Baum (*Bignonia*) nieder, und schälte dessen Rinde ab, um damit eine Hütte zu decken, die wir in der Eile von Stangen zusammen banden. Die *Ranchos*, welche die Reisenden in diesen Wildnissen sich erbauen, machen sie von starken *Cocos-* oder *Pattioba-* Blättern, wenn sie dieselben finden können. Man steckt einige Stangen in die Erde, befestigt einige Querstangen daran, und bedeckt diese mit den Blättern dergestalt, daſs dadurch ein schräger schiefwinklich geneigter Schirm entstehet. Fehlen diese Blätter, so wie es in den meisten Gegenden dieser Strafse, zum Beyspiel hier zu *Joâo de Deus* der Fall ist, so löst man grofse Tafeln gewisser Baumrinden ab, und deckt die Hütte damit, wozu das im ersten Theile der Reise schon genannte *Pao d'Arco* am brauchbarsten ist.

Am 11ten Januar früh kamen die Jäger, welche bey dem todten Maulthiere übernachtet hatten, und berichteten, daſs sie einen Geyerkönig (*Urubu Rei*) nicht geschossen, sondern gefehlt hatten, worauf wir den

Lagerplatz verließen. Die Truppe erreichte bald den *Ribeirão da Cajaseira* und alsdann den *das Minhocas*. In dieser Gegend fanden wir zum erstenmal den schönen blaubärtigen Heher (*Corvus cyanopogon* (*)), welchen man im *Sertam* von *Bahia Geng-Geng* nennt; es wurden mehrere dieser Vögel geschossen, da sie nicht scheu sind. Ihr Gefieder ist einfach schwarz und weiß gezeichnet, dabey durch einen schönen blauen Fleck an der Seite des Unterschnabels kenntlich; auch ist die Stirn durch einen kleinen Federbusch geziert. Aber auch der schwarze *Sahui* (*Sahuim preto*), dessen schon früher Erwähnung geschah, ward hier zum erstenmal geschossen. Ich war äußerst erfreut, diese niedliche neue Thierart kennen zu lernen, welche sich durch sehr abstechende Farben auszeichnet (**). Diese *Sahuis* leben in kleinen Gesellschaften von vieren bis zwölfen, und ziehen in den Kronen der Bäume umher. Sie sind in den großen Wäldern dieser Gegend sehr häufig, scheinen aber dennoch keinen großen Distrikt zu bewohnen, da ich sie an andern Orten nicht gefunden habe. Nähert man sich dem Baume, auf welchem sie sich befinden, so werden sie unruhig, verbergen sich hinter dicken Aesten, blicken neugierig mit den Köpfchen hervor und alsdann suchen sie schnell zu entfliehen. Man schießt sie leicht herab, allein zum Essen sind sie zu klein. Das Fell wird im *Sertam* wohl zuweilen zu Mützen verarbeitet, meistens aber bleibt es unbenutzt. Das Geschlecht der kleinen *Sahuis* (*Jachus*, *Hapale* und *Midas*) ist in den süd-amerikanischen Urwäldern unendlich zahlreich; schon jetzt kennt man viele Arten desselben, und es ist gewiß, daß man bey genauerer Durchforschung jener Wälder noch weit mehrere entdecken wird.

(*) L'Acahé, d'Azara Voyages etc. Vol. III. pag. 152.
(**) *Hapale chrysomelas*; Körper 8 Zoll 8 Linien lang, Schwanz 11 Zoll 11 Linien; Gesicht mit langen rostrothen Haaren umgeben, welche aufgerichtet stehen wie bey dem *Simia Rosalia*, eben diese schöne gelbrothe Farbe haben die Vorderarme; auf dem Schwanze befindet sich von dessen Wurzel bis zur Mitte ein schöner hell-gelbröthlicher Längsstreif; der ganze übrige Körper ist kohlschwarz.

Th. II.

Unsere Jäger erlegten im Allgemeinen nur kleinere Thiere, und besonders Affen; der Wunsch, einmal einer Unze (*Yaguareté*) zu begegnen, ward uns nicht befriedigt, ob wir gleich oft die frische Spur dieser Raubthiere, und öfters Baumstämme fanden, an welchen sie ihre gefährlichen Klauen gewetzt hatten, denn zu diesem Zweck kratzt die Unze in die Baumrinden. Eben so unglücklich waren wir in Ansehung der wilden Schweine, deren Fährte wir häufig fanden, ohne nur ein einziges erlegen zu können; unser Schiefsen und das in dem einsamen Walde weit wiederhallende Geräusch der Lastthiere, vereint mit dem Rufen der *Tropeiros* mochte wohl zum Theil die Ursache davon seyn. Unsere Hunde jagten zuweilen laut, wenn sie irgend ein Thier antrafen, auch trieben sie einigemale die grofse Eidechse *Teiú* (*) in einen hohlen Baum, wo man sie mit Hülfe der Aexte hätte hervorholen können, wenn wir die dazu nöthige Zeit gehabt hätten. Der Wald war heute stark vom Regen durchnäfst, und theilte auch uns, wider unsern Wunsch, von seiner Feuchtigkeit mit, mahnte uns aber zugleich an den nöthigen Schutz bey vorkommendem Regen zu denken. Um für die nächste Nacht einen *Rancho* errichten zu können, nahmen wir überall *Pattioba*-Blätter mit wo wir sie fanden, und erreichten mit dieser wohlthätigen Bürde noch vor Sonnen-Untergang das Ufer des *Rio da Cachoeira*.

(*) Man findet in den naturhistorischen Werken über die *Teiú*-Eidechse mancherley Unrichtigkeiten; so glaubt man zum Beyspiel nach den in Weingeist ausgeblichenen Exemplaren, dafs die Zeichnung dieser rundschwänzigen Eidechse schwarz mit bläulichen Flecken sey, da diese letzteren doch gelblich sind (siehe Cuvier Regne Animal. T. II. pag. 27) u. s. w. Auch habe ich nie bemerkt, dafs diese grofse Eidechse ins Wasser eintaucht, welches übrigens gegen meine Erfahrung auch von Humboldt sagt (siehe Relation du Voyage au Nouveau Continent T. II. pag. 80). — Seba scheint dieses Thier auf Tafel XCVI. des ersten Bandes, Figur 1, 2 und 3 abgebildet zu haben, doch sind diese Figuren nicht weniger als richtig, indem die Grundfarbe schwärzlich, und die Zeichnung hellgelb seyn mufs. Die erste Figur der Tafel XCIX, ist zu verschieden colorirt, um sie auf dieses Thier beziehen zu können.

Der Fluſs *Ilhéos* oder *da Cachoeira* wird hier zum letztenmal passirt. Er macht an dieser Stelle eine Wendung und durchschneidet die Strafse, welcher er nachher bis zur See hinab beständig auf der südlichen Seite folgt. Diese zieht nun von hier aus immer in westlicher Richtung gerade fort, und alle Flüsse, welche sie von nun an durchschneidet, fliefsen dem *Rio Pardo* zu. Der *Rio da Cachoeira* ist an dieser Stelle schon unbedeutend, und war jetzt so seicht, dafs man ihn leicht durchwaten konnte; er ist mit Felsstücken und Steintrümmern angefüllt, und soll sich aufwärts nun bald theilen, wo man zu den ihn bildenden *Corregos* gelangt. Wir errichteten am westlichen Ufer sogleich einige Hütten von Stangen und bedeckten sie gegen den Regen und Thau mit den mitgebrachten *Pattioba-Blättern*. Unsere Leute fiengen in kurzer Zeit ein Gericht von Fischen, besonders von *Piabanhas*, die unser Abendessen ausmachten.

Meine Lastthiere waren von der angreifenden Waldreise bey spärlichem grünem Futter ziemlich abgemattet, und unser Vorrath Mais beynahe verzehrt. Es wurde daher für nöthig befunden ein Dorf der *Camacan-*Indianer im Walde aufzusuchen, welches unser junger *Camacan* kannte. José Caëtano erbot sich mit demselben dahin zu gehen, um jenes nöthige Bedürfnifs daselbst aufzusuchen, und im Falle der Möglichkeit selbst einige jener Wilden uns zur Unterstützung und zum Jagen zuzusenden. Die *Aldea* der *Camacans* war anderthalb Tagereisen von hier entfernt, und wir mufsten uns daher darauf gefafst machen, vier bis fünf Tage in dieser einsamen Wildnifs zuzubringen. Ich gab den beyden des Waldes kundigen Männern, meinen Mulatten, Manoël, mit, einen robusten unternehmenden Menschen; alle wohl bewaffnet, mit Pulver, Bley so wie den nöthigen Lebensmitteln versehen, brachen sie früh Morgens am 12ten Januar auf. Wir übrigen, die wir bey den Hütten zurückblieben, fühlten jetzt das dringende Bedürfnifs des frischen Fleisches, um mit der Fieber erregenden Fischkost abwechseln zu können. Während einige Leute die Angel auswarfen, durchstreiften die übrigen die nahen Urwälder, wo sie eine Menge der schwarzen *Sahuis*, so wie den grauen *Jacchus penicillatus*, GEOFFR. schossen, leider genügten aber dieselben bey ihrer geringen Größe, welche die eines Eichhörnchens kaum übertrifft, den hungrigen Jägermägen nur wenig. Diese Gegend schien jetzt an größeren jagdbaren Thieren arm zu seyn, denn in fünf Tagen erlegten alle ausgesandte Jäger nicht mehr als drey *Guaribas*, einen *Gigó* (*Callithrix melanochir*), eine *Jacupemba*, einige andere eßbare Vögel und eine bedeutende Anzahl der kleinen *Sahui*-Aeffchen. Da nach einigen Tagen auch die Fische nicht mehr an die Angel beißen wollten, so hatten wir nichts als *Carne seca* und *Mandiocca*-Mehl zu essen. Den Lastthieren ergieng es nicht viel besser als den Menschen, denn in dem dichten Walde auf dunkel beschattetem Boden kommt wenig Grünes fort, und in der Straße fand man nur harte, größtentheils dornige Gesträuche. Kein Wunder war es daher, wenn diese klugen Thiere beständig nach besseren Weideplätzen zurückzukehren suchten, deren Andenken ihrem Gedächtnisse lange gegenwärtig bleibt. Dieses Zurücklaufen unserer Maulthiere war jetzt unsere Hauptbesorgniß und unsere ganze Aufmerksamkeit war nöthig, um dasselbe zu verhindern. Zu diesem Ende hatte man sie in die alte Waldstraße vorwärts getrieben, und dieselbe, da das Dickicht seitwärts undurchdringlich war, hinter ihnen mit langen Stangen und jungen Baumstämmen quer verschlossen. Dennoch brachen sie gewöhnlich durch, sobald die Nacht eintrat, und wir hörten sie neben uns durch den Fluß traben, ohne sie bey der großen Finsterniß sehen zu können; alsdann mußten sie mit vieler Mühe eingeholt werden. Wir fanden indessen bald, daß alle Anstrengungen der Leute nichts mehr fruchteten, denn kaum hatte man sie verlassen, als sie auch schon flüchtig durch die Dickung zurückbrachen, und an den Fluß eilten. Jetzt vermutheten wir, daß noch eine andere Ursache als das Verlangen nach besserer Weide auf sie wirke; ich sandte am frühen Morgen einige Jäger auf der Straße vor-

Reise von S. Pedro d'Alcantara durch die Urwälder

wärts, und siehe da man fand sogleich die frische Spur von zwey gewaltigen Unzen (*Yaguareté*), welche bey Nacht ganz in unserer Nähe umher getrabt waren, und ohne Zweifel bald ein Paar unserer Maulthiere gefangen haben würden. Man beunruhigte nun öfters jene Gegend und zündete am Abend Feuer in der Strafse an.

Die Zeit der Ruhe an diesem abgeschiedenen Orte ward von uns auf das thätigste benutzt, die uns umgebenden Wälder kennen zu lernen. Die Erndte an botanischen Seltenheiten fiel reich aus; unter andern fanden wir eine grofse Anzahl interressanter Farrenkräuter. Unter ihnen bemerke ich hier nur eine der schönsten Arten, das *Asplenium marginatum*, das etwa 10 bis 12 Fufs hoch wächst, und welches wir während der ganzen Dauer unserer Reise nur ein einzigesmal gefunden haben, und daher also mit Recht für eine Seltenheit dieser Gegend halten. Wir schossen hier mehrere uns neue Arten von Vögeln, unter andern einen rostbraunen Baumhacker (*Dendrocolaptes trochilirostris* des Berliner Museums) mit sehr langem sichelförmig gekrümmtem Schnabel, und eine andere den Baumhackern verwandte Art, von röthlichbraunem Gefieder, die an den Bäumen umher hüpft und steigt, und dabey eine laute sonderbare Stimme hören läfst (*) u. s. w.

(*) Dieser Vogel gehört zu einer Familie, welche mit den Baumhackern (*Dendrocolaptes*) und den Sängern (*Sylvia*) verwandt ist. Herr TEMMINCK hat sie in der neuesten Ausgabe seines Manuel d'Ornithologie (Vol. I. pag. XXXII.) mit dem Nahmen *Anabates* belegt. Die hier erwähnte Art nenne ich *Anabates leucophthalmus*; ich will sie in der Kürze beschreiben: Der männliche Vogel ist 8 Zoll 2½ Linien lang, und 11 Zoll 3 Linien breit; alle seine oberen Theile sind dunkel-rostbraun oder röthlich braun, das Uropygium allmählig ins hell-rostrothe übergehend; eben so ist der ganze Schwanz gefärbt, dessen Schäfte schwarzbraun sind; Kinn, Kehle und Unterhals haben eine rein hell gelblichweifse Farbe, welche nett gegen die der oberen Theile absticht; nach der Brust hin wird die weifsliche Farbe mehr gelblich schmutzig überlaufen; Bauch blafs-graugelblich, in den Seiten etwas olivenbräunlich überlaufen; Crissum sehr blafs-bräunlichgelb; innere Flügeldeckfedern hellrostgelb-röthlich; Stirn etwas mehr ins röthliche fallend; die Iris des Auges ist blafsperl- oder silberfarben-weifs.

Nachdem wir hier am Flusse vier Tage zugebracht hatten, vernahmen wir am 16ten Januar gegen Mittag einen Schuſs, und waren sogleich neu belebt von der Hoffnung, in kurzer Zeit unsere ausgesandten Leute zurückkehren zu sehen. Bald hörten wir mehrere Schüsse, deren Wiederhall durch die tiefen Waldungen tönte, und sahen Manoël mit zwey *Camacan*-Indiern an dem jenseitigen Flufsufer erscheinen; in der Hand trug er einen noch lebenden vorzüglich schönen weiſsen Falken, von einer mir noch unbekannten Art. José Caetano und sein *Camacan* waren nicht mit zurück gekehrt, sondern hatten der Verabredung gemäſs von der *Aldea* der *Camacans* aus den Rückweg nach *S. Pedro d'Alcantara* angetreten. Manoël berichtete nun, er habe ein sehr kleines, ärmliches Dörfchen jener Wilden, welche in einem noch sehr rohen Zustande sich befanden, getroffen. Nur fünf Männer fand er dort, von denen der eine an einer schweren Fuſswunde krank lag. Jene *Camacans* lebten beynahe einzig und allein von der Jagd, und pflanzten nur einige wenige Gewächse zu ihrem eigenen spärlichen Bedarf; daher erhielten wir für unsere Maulthiere leider keinen Mays. In einigen dieser *Rancharias* (Dörfer) der *Camacans* hat man noch nie einen Weiſsen gesehen. Andere, mehr nach dem *Sertam* hin gelegene *Aldeas*, pflanzen so viel Baumwolle, Mandiocca und Mays, daſs man bey ihnen diese Produkte erhalten kann. Die *Mongoyós*, wie die Portugiesen sie nennen, oder die *Camacans* stehen gröſstentheils auf einer etwas höheren Stufe der Cultur als ihre Nachbarn, die *Botocudos* und *Patachos*; sie pflanzen meistens einige nützliche Gewächse, und haben seit einer langen Reihe von Jahren mit den europäischen Colonieen in Frieden gelebt. Die jetzt hier eingetroffenen Männer dieses Stammes waren wohlgebildet, stark und musculös, und giengen völlig nackt, mit Ausnahme der *Tacanhoba* (Tacanioba) oder des Futterals von *Issara*-Blättern, welches die Männer nach Art der *Botocudos* tragen. Ohren und Lippen waren bey ihnen nicht verunstaltet. Ihre Haare lassen einige so lang wachsen, daſs sie bis zu den Hüften herabhängen, und ihnen ein wildes Ansehen geben; andere hingegen schneiden sie im Genicke rund ab, welches man jedoch nur selten sieht. Ihre Bogen und Pfeile waren ganz besonders nett gearbeitet. Weiter unten wird mehr von diesem Volke geredet werden. Ich habe die Zusammenkunft mit diesen Wilden auf der diesem Abschnitt vorangehenden Vignette abbilden lassen; einer von ihnen hatte mit einem Pfeile einen weifsen Falken von seinem Neste auf einem der höchsten Bäume herabgeschossen, in einer Entfernung, in welcher unsere besten europäischen Flinten nicht immer das Ziel treffen. Meine Freude, diesen schönen Vogel zu erhalten, war um so gröfser, als wir denselben zwar früher einigemal in der Luft schwebend erblickt, seiner aber nie habhaft hatten werden können; er ist uns auch auf der ganzen Reise nachher nie wieder zu Gesicht gekommen (*). Unsere beyden Wilden gafften die Fremdlinge an ohne ein Wort zu reden, und setzten sich ans Feuer nieder. Nach einer kurzen Ruhe sandte ich sie auf die Jagd aus. Ihre Gewandheit in dieser ihnen gleichsam angebornen Beschäftigung ist aufserordentlich. Sie kehrten am Abend mit zwey grofsen schönen Affen (*Cebus xanthosternos* (**)) und einer *Jacupemba* zurück, welchen der kräftige Pfeil sämmtlich die Mitte der Brust durchbohrt hatte. An demselben Tage erlebten wir gegen Abend noch eine der unterhaltendsten Jagdscenen, die man sich denken kann. Wir befanden uns sämmtlich in unsern Hütten auf verschiedene Weise beschäftigt, als nahe vor uns in dem seichten Flusse eine zahlreiche Bande von Fischottern erschien, welche unserer Gegenwart unbewufst bis zu dieser Stelle heraufgekommen war. Da diese sonst scheuen Thiere sich hier in dem seichten Wasser nicht verbergen konnten, so griff alles zu den Waffen. Leider aber waren die

(*) Dies ist ohne Zweifel Mauduyt's *petit Aigle de la Guiane* (*Falco guianensis*, Daudin traité élém. et comp. d'ornith. T. II. pag. 78).

(**) Dieser Affe, dessen ich im 1ten Bande dieses Reiseberichts erwähnte, ist nachher in dem Säugthierwerke des Herrn Geoffroy und Fr. Cuvier unter dem Nahmen des *Saï à grosse tête* abgebildet worden.

Gewehrschlösser nicht in dem besten Stande, und gaben zum Theil nicht Feuer; einige Schützen fehlten, und unsere Hunde wollten die heftig um sich beifsenden Thiere nicht angreifen; auf diese Art entkamen die geängstigten Ottern bis auf eine einzige, welche einer meiner Leute, MANOËL, mit einem gewaltigen Facâo-Hiebe erlegte, als sie über ein Felsstück entfliehen wollte. Die brasilianischen Fischottern haben ein sehr schönes Fell, welches aber in diesem Lande bey weitem nicht so sehr geschätzt wird, als bey uns ein europäischer Otterbalg; sie sind häufig in Süd-Amerika, und werden sehr grofs, daher mögen sie wohl zuweilen Anlafs zu dem Glauben an Meer- und Flufsweibchen gegeben haben, deren Existenz selbst QUANDT (Seite 106) und andere Schriftsteller annehmen; glaubt man doch in unserem gebildeten Europa hier und da noch an Seeweibchen und andere ähnliche Ungeheuer. Da ich nun, nachdem die Hoffnung, auf der *Aldea* der *Camacans* Mais zu erhalten, fehlgeschlagen war, keine Aussicht hatte meine Thiere hier mit besserer Nahrung stärken zu können, so gab ich am 17ten Morgens das Zeichen zum Aufbruche. Unsere beyden Wilden, die uns nicht mehr weiter begleiten wollten, kehrten nach ihren Hütten zurück, überliefsen uns aber gegen Messer und andere Kleinigkeiten ihre Bogen und Pfeile. Bey der starken Hitze dieses Tages fanden wir die mit *Catinga* bewachsenen Höhen äufserst trocken, und das Trinkwasser war sehr selten. Dagegen fanden wir viele *Isara*-Blätter, die wir mitnahmen, um uns davon für die Nacht einen Schirm zu errichten. Nachdem wir einen Weg von etwa 2½ Legoas zurückgelegt hatten, lagerten wir gegen Abend an einem guten hellen *Corrego*, und zogen am 18ten wieder etwa drey Legoas weit fort. Um die Mitte dieses Tages erreichten wir ein Thal, *Buqueirâo* genannt, angefüllt mit Hochwald, in welchem ein kleiner ziemlich ausgetrockneter Bach sich dahin schlängelte; seine Ufer, so wie der ganze Boden des Thales, waren von mancherley verschieden gebildeten Farrenkräutern mahlerisch bedeckt. Hier wuchsen viele Arten der *Anemia*, und besonders eine noch unbekannte *Pteris* (*), deren sterile Blätter (*frondes steriles*) pfeilförmig, die fructificirenden aber von völlig verschiedener, tief eingeschnittener Bildung sind, so wie viele andere schöne Arten dieser interessanten Familie. Mein Hühnerhund suchte eifrig in diesem Gesträuche und brachte plötzlich eine grofse *Macuca* völlig unversehrt hervor, welche er wahrscheinlich auf dem Neste erhascht haben mufste. Zu dieser Jagdbeute gesellten unsere vorangezogenen Jäger noch eine zweyte *Macuca*, einen *Gigó* und einen *Sabélé* (*Tinamus noctivagus*). Der sanfte Berghang, welchen wir aus dem *Buqueirão* hinaus zu ersteigen hatten, wurde einigen unserer abgematteten Maulthiere so schwer, dafs sie alle Schläge nicht mehr achteten, und weit hinter den übrigen zurückblieben; sie zerflossen dabey im Schweifs, denn die Hitze war sehr drückend, und die ganze Luft mit electrischer Materie überfüllt, welche sich durch eine Menge von Gewittern ins Gleichgewicht zu setzen suchte; auch donnerte es häufig, als wir zwischen zwey klaren *Corregos*, von denen diese Gegend den Nahmen der *Duos Riachos* erhalten hat, unser Lager aufschlugen. Bey dem drohenden Donner, welcher ununterbrochen über den dunkeln Urwäldern hinrollte, sahen wir mit Besorgnifs der Nacht entgegen, die wir hier ohne Schutz unter freyem Himmel zubringen sollten. Wir suchten deshalb unsern Lagerplatz so gut es möglich war, mit Ochsenhäuten zu einer Art von Hütte einzurichten, die uns jedoch keinen besonderen Schutz gegen die Gufsregen der Tropengewitter gewährt haben würde; es fiel jedoch zum Glück kein Regen, und die Gewitterwolken vertheilten sich. Das Holz, welches wir in der Nähe unseres Lagerplatzes abhieben, verbreitete einen äufserst aromatischen Zimmetgeruch, weshalb es von den Brasilianern *Canella* genannt wird. Blüthen und Früchte desselben habe ich nicht erhalten können, ohne Zweifel

(*) Herr Professor Schrader zu Göttingen hat diese neue interessante Pflanze *Pteris paradoxa* benannt.

Th. II.

aber hat Arruda diesen Baum unter dem Nahmen *Linharia aromatica* beschrieben (*).

Von unserer diesmaligen Lagerstelle hatten wir bis zum Flusse *Catolé* vier Legoas, welche wir am 19ten zurücklegten. Die Strafse führt über mancherley Höhen durch den ununterbrochenen Urwald fort; wir überschritten mehrere *Corregos* und fanden mancherley Vögel und Pflanzen. Gegen Abend traten wir auf eine von dem hohen Walde befreyte, nur mit Gesträuchen bewachsene Stelle am Ufer des Baches *Catolé*, wo vor einigen Jahren der *Capitam Mor* Antonio Dies de Miranda, von seinen Negern eine Pflanzung hatte anlegen lassen, die aber nun wieder verlassen und verödet ist. Eine alte geräumige Hütte mit mehreren Lehmwänden und einem Dache von Baumrinden, welche den Negern zur Wohnung gedient hatte, fanden wir in sehr schlechtem Zustande, und von Ameisen, Sandflöhen (*Pulex penetrans*) und Eidechsen (*Stellio torquatus*) bewohnt, welche 14 Zoll und darüber lang waren; sie gewährte uns indessen doch einen leidlichen Schutz gegen Sonne und Regen, weshalb wir uns denn, diese Unannehmlichkeiten nicht achtend, ohne Zeitverlust der Ruhe überliefsen, nachdem wir mit einer hinreichenden Anzahl im Flusse gefangener *Piabanhas*, *Guaraïbas* und anderer Fische, unsere frugale Mahlzeit gehalten hatten. Man hat von *Catolé* etwa zwey Tagereisen bis zu den ersten menschlichen Wohnungen an einer Stelle, welche den Nahmen *Beruga* trägt. Dorthin beschlofs ich sogleich einige Leute mit leeren Maulthieren zu senden, um Mays für unsere ermattete Tropa herbey schaffen zu lassen, weil wir nicht hoffen durften, unser Gepäck aus diesen unwirthbaren Wildnissen heraus zu bringen, bevor nicht unsere Thiere durch diese kräftigere Nahrung gestärkt waren. Während ich die Zurückkunft dieser Leute erwartete, liefs ich von den andern die Wälder in allen Richtungen durchstreifen.

(*) Siehe Kosters travels etc. pag. 493.

Mancherley Vögel belebten die Gesträuche in unsrer Nähe, besonders die Schaaren der *Anacans* (*Psittacus severus*, Linn.) und der *Tiribas* (*Psittacus cruentatus*), auch manche kleinere interessante Vögel, unter andern der Fliegenfänger mit zwey verlängerten Schwanzfedern (*), der schwärzliche Kernbeifser mit rothem Schnabel (*Loxia grossa*, Linn.), so wie mehrere den Baumhackern (*Dendrocolaptes*) und den Sängern (*Sylvia*) verwandte Vögelarten, welche Herr Temminck, wie weiter oben schon gesagt ist, unter dem Nahmen *Anabates* in ein neues Genus vereinigt hat. Diese Vögel zeichnen sich sämmtlich durch eine aus mehreren lauten Tönen zusammengesetzte Stimme aus; sie hüpfen und steigen seitwärts an den Zweigen umher, drehen sich nach allen Seiten, und sind in beständiger Bewegung. Unter ihnen erwähne ich einiger von mir hier vorgefundener neuen Arten, des *Anabates erytrophthalmus* (**), des *leucophthalmus* (siehe die vorhergehenden Seiten), des *atricapillus* (***) mit schwarzbraunem Scheitel, des *macrourus* (****) u. s. w. Sie bauen bey-

(*) Le Colon; Azara voyages dans Amer. merid. etc. Vol. III. pag. 369.
(**) *Anabates erythrophthalmus*, ein schöner Vogel; Länge 7 Zoll 9 Linien, Breite 7 Zoll 8 Linien; die Iris des Auges lebhaft brennend mennigroth; Stirn, Kinn, Kehle und der gröfste Theil des Unterhalses so wie der ganze Schwanz sind rostroth; letzterer weniger lebhaft und schön gefärbt als Stirn und Kehle; der ganze übrige Körper ist oliven-graubraun, an Brust und Bauch etwas mehr ins rostgelbröthliche fallend; die kleinen kurzen Flügel haben einen starken Anstrich von Rostroth; die äufseren Zehen sind nur sehr wenig vereint.
(***) *Anabates atricapillus*, von Illiger *Sylvia rubricata* genannt. Scheitel, ein Streif durch die Augen, und ein anderer vom Unterkiefer unter dem Auge hin sind schwarzbraun; ein Streif zwischen Scheitel und Auge, ein anderer unter dem Auge, Kehle, Seiten- und Obertheil des Halses, Unterrücken, Schwanz und alle unteren Theile roströthlich, Bauch olivenbräunlich überlaufen; Schwanz schön hell rothbraun, Rücken dunkler rostbraun, Flügel von eben der Farbe aber etwas dunkel und gelbbräunlich gerandet.
(****) *Anabates macrourus*, auf dem Museo zu Berlin *Sylvia striolata* genannt; 6 Zoll 10 Linien lang, 8 Zoll 11 Linien breit; der Schwanz ist über 3 Zoll 3 Linien lang, der Vogel trägt die schön hellgelblich-rostrothen Federn desselben etwas buschig auseinander gebreitet, und ist dadurch von ferne kenntlich; alle oberen Theile des Körpers sind rostbräunlich, sehr

nahe sämmtlich von vielen ineinander gefügten trockenen Zweigen ein sonderbares hängendes Nest, deren wir mehrere in unserer Nähe an isolirten alten Bäumen bemerkten. Die niederen Gebüsche belebten die schwärzlichen Kernbeifser mit rothem Schnabel (*Loxia grossa*, Linn.) und die *Tangara* mit gestreiftem Kopf (*Tanagara silens*, Linn.) und viele kleine Arten von Kernbeifsern, Sängern und Fliegenfängern, so wie die Rohrdrossel mit nacktem Halsflecke (*Turdus brasiliensis*) die Rohrgehäge an den Ufern des Baches. Ein noch unbeschriebener Vogel(*) mit lautem dreystimmigem Rufe, den er beständig hören läfst, war hier ebenfalls nicht selten. Er ist verwandt mit derjenigen Familie der Sänger (*Sylvia*), welche einen gekrümmten verlängerten Schnabel haben. Ich hatte ihn schon am *Rio Doçe*, nachher aber in bedeutender Entfernung nicht mehr gefunden. An den Ufern der einsamen Waldbäche lebt in diesen Wäldern ebenfalls paarweise der grüne Sichelschnabel (*Tantalus cayennensis*, Linn.), der auf alten umgefallenen Stämmen im Wasser sitzt, und eine laute sonderbare

stark ins Rostrothe fallend; am Scheitel sind die zugespitzten Federn schwarzbräunlich eingefafst, übrigens rostroth, und mit noch lebhafteren röthlichen Schäften; Oberhals etwas heller gefärbt, die Federschäfte sind hier hell rostgelb; der ganze Vorderkörper ist auf röthlich braunem Grunde mit hell rostgelblichen Strichen bezeichnet; Unterrücken und obere Schwanzdeckfedern bräunlich rostroth, ersterer verloschen heller gestrichelt.

(*) Dieser Vogel scheint in Herrn Temminck's neues Genus *Opetiorynchos* zu gehören, und ich belege ihn mit dem Nahmen *turdinus*, da er etwa die Zeichnung unserer Drosseln hat. Der männliche Vogel mifst 7 Zoll 11 Linien in der Länge, und etwas über 9 Zoll in der Breite; alle seine oberen Theile sind hell graubraun, und die Federn haben etwas blässere Ränder, besonders an Kopf und Oberhals; ein Streif über das Auge vom Schnabel nach dem Hinterkopf hin, Kehle, Unterhals und Brust sind weifslich; die Kehle ist ungefleckt; Unterhals, Brust und Bauch mit einzelnen etwas spitzwinklichen graubraunen Drosselflecken besetzt; mittlere Schwanzfedern an den Seiten schwarzbräunlich gefleckt, und neben diesen dunklern noch mit blafs gelbröthlichen Fleckchen bezeichnet; grofse Flügeldeckfedern mit blafsröthlichem Rande und ähnlichen Querfleckchen. Es giebt aufser diesem noch mehrere andere ähnliche Vögel in Brasilien, welche eine den Sängern (*Sylvia*) sehr nahe verwandte Familie bilden, und sich sämmtlich durch eine sehr laute, aber unmelodische sonderbare Stimme auszeichnen.

Stimme hören läfst; die Brasilianer nennen ihn *Caraüna*, wie weiter oben schon gesagt worden ist. Er ward nahe bey unserer Wohnung geschossen, und mein Hühnerhund brachte ihn aus dem Bache ans Land. Dieser Hund fand besonders seine Beschäftigung an den kleinen *Preiás* (*Cavia Aperea*, Linn.), welche in den Gebüschen bey unserem Hause sehr häufig waren; er suchte beständig nach diesen kleinen Thieren umher; auch erlegte man mehrere derselben, deren Fleisch zum Essen für uns Europäer zu weichlich war. An diesem einst angebauten Platze fand ich den Satz wieder vollkommen bestätigt, dafs die inneren grofsen Urwälder ärmer an verschiedenartigen Thieren sind, als bebaute Gegenden; denn wo nur eine Rosse oder eine von Holz entblöfste Stelle ist, da zeigt sich sogleich eine gröfsere Verschiedenheit der Thierarten. Es ist gewifs, dafs auch die innersten Gegenden der grofsen Wälder ihre eigenen Geschöpfe haben, allein bebaute Gegenden besitzen an den Gränzen der sie umgebenden Waldungen stets die mannigfaltigste thierische Schöpfung.

Wir hatten jetzt, da gerade die Höhe des Sommers war, eine bedeutende Hitze. Am 22ten Januar stand das Thermometer von Reaumur im Schatten Nachmittags zwischen 2 und 3 Uhr auf $24\frac{1}{2}°$, und in der Sonne stieg es in wenigen Minuten auf $31°$, andere Tage waren noch heifser, doch selten fand ich $30°$ im Schatten. Am folgenden Tage stiegen mehrere Gewitter auf, es donnerte und regnete heftig, allein kein Blitz ward bemerkt. Diese häufigen Gewitterregen hatten nach und nach den Flufs mehr angeschwellt, so dafs endlich die Fische für uns eine Seltenheit wurden, und die Nässe erschwerte ebenfalls die Jagd. So kam es, dafs wir öfters Mangel litten, und genöthigt waren, mit ein wenig lederartigem altem Salzfleische unsern Hunger zu stillen. Unsere Lastthiere erregten in dieser Periode unser lebhaftes Mitleiden, denn sie fanden in dem hohen Walde kaum so viel Futter, um ihr Leben zu fristen, und standen gewöhnlich um unsere Hütten herum, als wollten sie Nahrung von uns fordern.

Die Noth wurde immer drückender, aber das alte Sprüchwort „wenn die Noth am gröfsten, ist die Hülfe am nächsten" wurde auch jetzt bewährt gefunden. *Guaribas* (*Mycetes ursinus*) hatten sich unserm Aufenthalte genähert, und brüllten plötzlich aus vollen Kräften. Wir alle sprangen von unsern Sitzen auf, ergriffen die Gewehre und schon nach einer halben Stunde hatten wir einige grofse Affen erlegt, welche Fleisch für mehrere Mahlzeiten lieferten; zugleich hatte man auch am Flusse einen glücklichen Fischfang gethan. So vergieng unter naturhistorischer Beschäftigung schnell die Zeit in dieser Einöde, bis wir endlich am sechsten Tage dieses Aufenthalts gegen Abend das Rufen und Schiefsen unserer von *Beruga* zurückkehrenden Leute frohlockend vernahmen. Sie brachten eine Menge Mays mit, wovon man den hungrigen Thieren sogleich ein Futter vorzuschütten eilte, und sich an dem Anblicke labte, den uns die Befriedigung ihres Heifshungers gewährte.

Ueber den Flufs *Catolé*, welcher dem *Rio Pardo* zufliefst, lagen an der Stelle wo wir uns gelagert hatten, glücklicher Weise umgefallene Baumstämme, so dafs sie fast eine Brücke von einem Ufer bis zu dem andern bildeten. Diese boten uns die einzige Möglichkeit dar, denselben zu überschreiten, da zwey Canoes, welche der *Capitam Mor* für die Reisenden hierhin gestiftet hatte, von den Fluthen fortgerissen zu seyn schienen. Wir entdeckten endlich nach langem Suchen das eine derselben unter den Stämmen im Sande halb vergraben, aber alle angewandte Mühe meiner Leute, dasselbe hervorzuziehen, wobey sie bis an die Brust im Wasser arbeiteten, war vergeblich. Man trug nun unser Gepäck, welches in vielen schweren Kisten bestand, auf dem Kopfe über die gefährliche schwankende, von den dünnen umgefallenen Stämmen gebildete Brücke, wobey wir, dieser Art von Uebergängen ungewohnte Europäer unbeladen uns kaum des Schwindels enthalten konnten, um so mehr als die von Wasser bespülten glatten runden Stämme unaufhörlich unter unsern Füfsen schaukelten.

Nach etwa ¾ Stunden erreichten wir einen starken hübschen *Corrego*, jenseits dessen die Strafse sehr bewachsen und unwegsam ist. Zu einiger Entschädigung fanden wir aber mancherley naturhistorische Unterhaltung. Oft sahen wir in der Mitte der Strafse von einem überhängenden Aste an dem Faden einer dünnen Schlingpflanze einen Bündel Moos oder fadenartige Gewächse zu einem etwas pyramidenförmigen Knäul vereinigt herabhängen, dessen breitere Grundfläche den unteren Theil ausmachte. Diese Bündel hiengen sehr häufig ganz frey da, und schwankten nahe über unseren Köpfen, so dafs wir sie mit unseren Hüten zuweilen berührten. Schon war ich auf diese sonderbaren schwebenden Gegenstände aufmerksam geworden, als ich aus dem einen derselben einen kleinen Vogel fliegen sah, und nun erkannte, dafs dies die luftigen Nestchen einer Art von Fliegenfänger (*Muscicapa*) waren (*). Dieser Vogel baut ein sehr merkwürdiges Nest von *Tillandsia* und anderen Faden-gebenden Gewächsen mit Moos vermischt, und hängt dasselbe frey in der Mitte einer offenen Stelle an einem Aste vermittelst einer zufällig daselbst herabhängenden Schlingpflanze auf; der kleine Eingang in diese schwebende Burg ist unten an der Basis der Pyramide, aber es befindet sich vor der Oeffnung ein herabhängender Schirm, welcher dieselbe beschützt. Die jungen Vögel sitzen in diesen sonderbaren Wohnungen vortrefflich gegen die Hitze, Nässe und andere Feinde geschützt.

Als wir noch ungefähr eine halbe Legoa von dem Orte entfernt waren, wo wir unser Nachtquartier zu nehmen gedachten, trafen wir auf einen alten grofsen *Rancho*, eine Hütte mit Baumrinden gedeckt, welche noch seit jener Zeit hier existirt, wo die Strafse angelegt wurde. Wir

---

(*) Der kleine Vogel, welchen ich für den Erbauer dieses Nestes halte, ist ein Fliegenfänger, welchen ich *Muscicapa mastacalis* nannte; seine Farbe ist olivengrünlich, und das Uropygium blafslimonengelb; die Scheitelfedern sind an der Wurzel gelb, an den Spitzen aber graugrünlich gefärbt, so dafs man bey ruhiger Lage derselben erstere Farbe nicht bemerkt; Schwanz und Flügel sind schwärzlichbraun; die ganze Länge des Vogels beträgt etwa 4¼ Zoll.

liefsen uns aber durch diese Gelegenheit zu einem geschützten Nachtquartier nicht reizen, sondern zogen es vor, noch bis zu einem *Corrego* zu gehen, der den Nahmen *Buqueirâo* hat, weil wir daselbst gutes Wasser zu finden hofften. Wir fanden indessen in demselben nur wenig und schlechtes Wasser. Kröten und Frösche liefsen sich hier gegen Abend in Menge hören, und die Moskiten beunruhigten uns während der Nacht sehr.

Am 27ten fanden wir die Strafse noch mehr, besonders mit den hohen steifen Blättern der Heliconien und mit Dornen verwachsen; auch der schmerzhafte Stachel der *Marimbondos* vermehrte die Beschwerde des Tages. Aber die Hoffnung, heute die ersten menschlichen Wohnungen zu erreichen half uns diese Beschwerden fröhlich überwinden, und rasch zogen wir Berg auf Berg ab fort, da unsere Maulthiere bey jeder Mahlzeit mit einem kräftigen Futter von Mays unterstützt wurden. Nach einem Wege von etwa 2½ Legoas erreichte die Tropa einen Bach, an welchem die Bewohner von *Beruga* vor einiger Zeit eine Pflanzung angelegt, und dazu den Wald an einer gewissen Stelle niedergehauen hatten. Hier athmeten wir etwas freyer, denn obgleich rundum alles hoher finsterer Wald war, so erblickten wir dennoch einige Bergkuppen und glaubten nun schon aus dem finstern Gefängnifs der ewigen Urwälder erlöst zu seyn. Allein es war noch ein beschwerliches Stück Weges in der bewachsenen Strafse zurückzulegen. Viele Stellen waren mit *Taquara* (Rohr) überwachsen, welches das Gebüsch mit seinen Zweigen und kleingefiederten Blättern gleichsam zu einem Knäul verflicht, auch war an vielen Stellen dieser Strafse das 30 bis 40 Fufs hohe, schon öfters erwähnte *Taquarussú* zu bedeutenden Gehägen aufgeschossen, welche mit ihren Dornen für uns undurchdringlich gewesen seyn würden, wenn nicht das *Facâo* einen Weg hindurch gebahnt hätte: seine starken Glieder versorgten uns indessen öfters mit kühlendem Getränke, denn die Natur giebt auf der einen Seite reichlich wieder was sie auf der andern nimmt. Kleine Gesellschaften des gelbgrünen Kernbeifsers mit schwarzer Kehle

(*Loxia canadensis*) belebten diese hohen Rohrdickichte. Die Strafse zieht jetzt über Höhen hinweg, welche mit *Catinga* bewachsen sind, und einen steinigten Boden haben. Ob sie gleich nur sanft ansteigen, so erhebt sich doch die Gegend allmählig immer mehr. Beynahe alle *Corregos*, welche wir auf diesem Wege antrafen, waren ausgetrocknet und zeigten nacktes Steingerölle von Urgebürgen mit vielem Quarz gemischt. Unsere Hunde jagten öfters das *Cutia* (*Cavia Aguti*, Linn.) an diesen Höhen, wir waren jedoch nicht so glücklich eines davon zu bekommen. Ueberhaupt bemerkten wir in dieser Gegend sehr wenige Thiere, nur das hängende Nest des kleinen Fliegenfängers war häufig. An einem *Corrego* fanden wir wieder eine alte Hütte mit Rinde gedeckt, in deren Nähe ein schönes niedriges Gewächs mit röhrenförmigen, hoch brennend orangefarbigen Blumen (*) unsere Aufmerksamkeit häufig beschäftigte. Diese Pflanze findet sich von hier nach den höhern Gegenden des *Sertam* hin häufig in der Strafse. Noch eine halbe Legoa, und der Ruf des Hahns, dieses steten Begleiters der Menschen, selbst in diesen entlegenen Einöden, ward plötzlich vernommen. Wir traten an das Tageslicht, und vor uns lag eine grofse Pflanzung von hohem Mays und Mandiocca. Der blaue Himmel war seit langer Zeit zum erstenmale wieder auf eine bedeutende Weite sichtbar, und über den Wäldern zeigte sich ein schönes blaues Gebürg mit mancherley Kuppen und Felsen, deren Anblick uns neu und erfreulich war. Wir befanden uns an dem kleinen Flusse *Beruga*, der hier in der Nähe in den *Rio Pardo* tritt. Hier haben die ersten Bewohner in diesem *Sertam*, drey Familien von farbigen Leuten sich angebaut, als man zur Zeit der Anlegung der Strafse zur Bequemlichkeit der Reisenden hier eine *Aldea* gründen wollte. Diese Menschen besitzen schon bedeutende Pflanzungen, und sind noch immer mit dem Niederhauen der Waldungen beschäf-

---

(*) Ich habe die Frucht dieser schönen Pflanze nicht kennen gelernt, sie kann daher nicht genau bestimmt werden, scheint aber eine *Ruellia* zu seyn.

Th. II.

tiget, um ihre *Roçados* zu erweitern. Einen Beweis der Fruchtbarkeit des Bodens giebt die Höhe und Stärke, welche hier der Mays erreicht; auch ist sein Ertrag äufserst ergiebig. Jetzt war diese Frucht noch nicht reif; auch die Bananen, deren man viele angepflanzt hatte, waren noch nicht zeitig, und wir konnten keine andere Lebensmittel als Farinha erhalten. Drey kleine Häuser von Letten mit Rinden gedeckt voll *Carapatos* (*Acarus*) machen bis jetzt die *Aldea* von *Beruga* aus; einige *Mongoyós* (*Camacans*), die hier im Taglohn arbeiten, wohnen mit ihren Weibern und Kindern in einer nicht weit entfernt liegenden kleinen Hütte. Sie giengen bis auf wenige halb nackt, und an mehreren Stellen des Leibes mit *Urucu* und *Genipaba* roth und schwarz bemahlt, um den Hals trugen sie die dicken runden Saamenkörner einer gewissen Grasart an Schnüren gereiht. Die Regierung hat einen Mulatten zum Commandanten der *Camacan*-Indier ernannt, welcher sich hier aufhält; unter seinem Befehl stehen die verschiedenen *Aldeas* oder *Rancharias* derselben; er versammelt sie, wenn sie gegen feindselige Stämme von Wilden, zum Beyspiel die *Botocudos*, eine Unternehmung machen sollen, und wie man sagt, haben sie sich bey solchen Gelegenheiten recht gut gezeigt.

Die Zeit von 22 Tagen, welche wir seit der Abreise von *S. Pedro* bis zur Ankunft zu *Beruga* in den grofsen Urwäldern zugebracht hatten, ohne menschliche Wohnungen zu sehen, erzeugte in uns den lebhaften Wunsch einmal wieder geschützt vor Regen und Thau, unter Dach und Fach auszuruhen; daher achteten wir die Qual nicht, welche wir in diesen elenden Wohnungen von unzähligen *Carapatos* und Moskiten zu erwarten hatten, und machten am 28ten hier einen Ruhetag. Die Lebensmittel, die wir hier erhielten, bestanden in schwarzen Bohnen und Farinha; zwar keine besonders köstliche Gerichte, aber Leute, welche eine lange Zeit der Entbehrung durchlebt haben, sind an Genügsamkeit gewöhnt. Unsere Thiere konnten hier zwar ausruhen, fanden aber keine gute Weide, denn eine jede dem Walde abgewonnene Stelle war zur Pflanzung benutzt; daher kam es denn, daſs unsere Tropa nächtlicher Weile öfters in die Mays-Pflanzungen eindrang. Meine Leute jagten und fischten an dem zur Ruhe bestimmten Tage. Zu letzterem Endzwecke giengen sie eine halbe Legoa weit nach dem *Rio Pardo* und brachten viele Fische zurück. Der *Conquistador* (jetzt *Coronel*) Joao Gonsalves Da Costa hat diesen Fluſs von hier bis zu seiner Mündung nach *Patipe* hinab beschifft, wovon weiter unten geredet werden wird.

Die Wälder, welche die Pflanzungen zu *Beruga* ringsum nahe einschlieſsen, gewähren wie die zu *Catolé*, besonders dem Ornithologen eine angenehme fruchtbare Unterhaltung, denn überall werden sonderbare Vogelstimmen gehört. Viele Arten der *Tanagra* und *Loxia* bemerkt man, zum Beyspiel *Tanagra silens, gujanensis, magna, brasilia, brasiliensis, cayennensis* und andere mehr, ferner *Loxia grossa, canadensis,* die verschiedenen Arten der *Pipras;* man hört die durchdringenden Stimmen zahlreicher Papageyen, welche sich in dem Mays versammeln, den sanft schnarrenden Pfiff des Tucan (*Ramphastos dicolorus*) und den zweystimmigen Ruf des Arassari (*Ramphastos Aracari*), so wie den oft wiederholten Pfiff der *Çarucuás* (*Trogon*).

Der Aufenthalt zu *Beruga* gab zwar unserer Reise durch die Urwälder eine willkommene Unterbrechung, aber vollendet war sie noch nicht; denn wir hatten nun noch zwey Tagereisen bis *Barra da Vareda*, wo man die offenen oder wenigstens mit Wald und Blöſsen oder Triften abwechselnden Gegenden des *Sertam* der *Capitania* von *Bahia* betritt. Ich verlieſs *Beruga* am 29ten und folgte der Straſse, welche unmittelbar jenseit der Pflanzungen sich wieder in den ununterbrochenen Urwald vertieft, der hier gröstentheils mäſsig hoch und *Catinga* ist. Zwar sind diese Wälder noch ziemlich verflochten und geschlossen; dennoch ist die Straſse weniger unwegsam, da sie von hier an schon mehr benutzt wird. Ein

Camacan hatte hier mit dem Pfeil kürzlich eine Unze (*Yaguareté*) erlegt, deren Skelet ich noch im Walde an der Seite des Weges fand. Der Schädel zeigte, daſs sie sich gerade im Wechsel der Zähne befunden hatte; dieses Skelet würde daher ein interessantes Stück für ein osteologisches Cabinet gewesen seyn, wenn nicht einige Knochen desselben durch Raubthiere schon entwendet gewesen wären. Bey dem Bache, welcher den Nahmen *Jiboya* führt, befanden wir uns dem *Rio Pardo*, mit welchem nicht weit von hier der erstere sich vereint, so nahe, daſs wir das Rauschen desselben hörten. Der *Jiboya* flieſst auf einem Bette von glatten Granittafeln, die wir so schlüpfrig und zum Theil schräg geneigt fanden, daſs man die mit Hufeisen versehenen Maulthiere und Pferde, um sie vor dem Fallen zu sichern, mit gröſster Vorsicht hinüber führen muſste. Auf dem westlichen Ufer fanden wir ein mit Rinde gedecktes offenes Haus erbaut, und dabey einen *Coral* für die Viehheerden, die, wie man bey Anlegung des Weges hoffte, hier durchziehen würden. Wir traten nun in das Thal des *Rio Pardo* ein, und zogen an dessen nördlichem Ufer durch hohen Urwald hin; zu unserer rechten Seite erhob sich die Thalwand, deren Wald nach den Höhen hinauf niedriger wird, oder zur *Catinga* ausartet. Der Fluſs rauschte jetzt trübe und grau, wildschäumend über Felstrümmer dahin. Hier hatten wir zuweilen den freyen Anblick des blauen Himmels und der hohen einschlieſsenden Waldgebürge. Diese Wildniſs ist imposant und schauerlich. Die öde Stille wurde nur durch das Brausen des Flusses unterbrochen, bis sich die lauten sonderbaren Stimmen eines groſsen Schwarms des rothhälsigen *Gavião* (*Falco nudicollis*) hinein mischten, deren Schall in dem wilden Thale durch ein starkes Echo wiederholt wurde. Unsere Jäger konnten nicht hoffen, sie in der Höhe, in der sie sich sehen lieſsen, zu erreichen, dagegen zog ein anderes Schauspiel sie an. Eine groſse Bande von Miriki-Affen (*Ateles hypoxanthus*) zog schnell von Ast zu Ast über uns hin; man erlegte drey dieser Thiere, nachdem man sie lange beobachtet hatte. Die Gränze, die man hier für den Aufenthalt dieser Affenart angiebt, befindet sich in der Nähe und ist der *Corrego do Mundo Novo;* denn diese Thiere scheinen mehr die ebenen hohen Wälder zu lieben, als trockene Höhen mit Niederwald. Quäck hatte mehrere der grofsen weifslichen Nachtschmetterlinge (*Phalaena Agrippina*), die hier sehr häufig waren, erlegt. An einer Stelle, wo die Strafse etwa hundert Schritte vom Flufsufer sich entfernt, führten unsere der Gegend kundige Leute uns plötzlich durch das dichte Gesträuch auf einem kaum bemerkbaren Pfädchen, nach dem Flufsufer hinab. Hier fanden wir ein Paar mit Rinde bedeckte Schoppen, welche, obgleich schon baufällig, uns doch hinlänglichen Schutz gegen Regen und Thau versprachen; man zündete daher sogleich Feuer an und richtete unsere erlegten Affen zur Abendmahlzeit zu. Unsere Maulthiere hatte man in die alte Strafse getrieben, und ihnen wieder mit quervorgelegten Stangen den Rückweg versperrt. Dieser Lagerplatz hatte durch den wilden Charakter der furchtbaren Einöde viel Mahlerisches. In den trüben, schäumenden Fluthen des Flusses lagen kleine Inseln, Felsblöcke an welchen schöne Pflanzen wuchsen und unsere Begierde reizten. Unter ihnen zeichnete sich eine schöne hohe gelbblühende Pflanze aus, welche wir aus der Ferne für eine *Oenothera* hielten. An den Ufern hiengen die blühenden Ranken der schön gefärbten Trompetenblumen (*Bignonia*) herab.

Die Nacht in dem kühlen Thale war sehr feucht; daher brachen wir am 3oten früh auf, und erstiegen sogleich, nachdem wir unfern unseres nächtlichen Bivouacs den *Corrego do Mundo Novo* überschritten hatten, eine Gebürgskette, deren Berge bey einer bedeutenden Höhe eine abgerundete Gestalt haben, und mit Felsstücken und Granitblöcken überschüttet sind, in welchen besonders sehr grofse Stücke von weifsem Quarze vorkommen; das Ganze ist mit dichtem Urwalde oder *Catinga* bewachsen. Dieses Gebürge trägt den Nahmen der *Serra do Mundo Novo.* Der erste Berg ist der höchste; er erhebt sich zwar nur mit sanften Abhängen, aber man bedarf einer ganzen Stunde, um ihn zu ersteigen. Von da aus wechseln Höhen und Thäler, bis man endlich in eine ansehnliche Tiefe hinabsteigt. Der *Rio Pardo* rauscht zur Linken in gleicher Richtung mit der Strafse durch ein tiefes Thal dahin. Die Waldungen, welche das Gebürge bedecken, waren angefüllt mit einer grofsen Menge verschiedener Arten von *Bignonia*, die uns durch die mannichfaltigste Farben-Abwechslung sehr angenehm unterhielten; sie zeigten alle Schattirungen von weifs, gelb, orange, violet und rosenroth. Die Stimmen der *Sabélés* (*Tinamus noctivagus*) und der *Arapongas* (*Procnias nudicollis*) schallten im Grunde der tiefen Thäler, wie auf den hohen Bergspitzen, und belebten die einsame Wildnifs. Sobald wir die angreifende *Serra* zurückgelegt hatten, fanden wir den Wald immer mehr in *Catinga* verwandelt, denn er war selbst in der Tiefe nur 40 bis 60 Fufs hoch mit vielen *Bromelia*- und *Cactus*-Stauden angefüllt, mit Mooszöpfen (*Tillandsia*) behangen, und mit mancherley Holzarten gemischt, welche hier nur eine unbedeutende Höhe erreichen. Hier findet man das *Pao de Leite* (wahrscheinlich ein *Ficus*), welches wegen seines ätzenden Milchsaftes gefürchtet ist; aber nirgends wollte sich die wohlthätige nährende Milch des *Palo de Vaca* uns zeigen, welches Herr von Humboldt beschreibt (*); diese Milch würde in unserer Lage ein grofses Labsal gewesen seyn. Wir fanden ferner den tonnenartigen *Barrigudo*-Baum (*Bombax*), der hier nur zu geringer Höhe aufwuchs, viele Arten von *Mimosa*, von *Bignonia* u. s. w. und dazwischen Felsstücke und Granitblöcke. Alles dieses zeigt an, dafs man von der feuchten schattenreichen Region der grofsen Küstenwälder durch den Urwald allmählig zu höheren trockneren Gegenden hinangestiegen ist. Ich fand hier unter andern einen merkwürdigen isolirten Granitblock, welcher 20 bis 30 Fufs im Quadrate hielt. Er war oben mit Erde

(*) Siehe von Humboldt Voyage au Nouveau Continent etc. T. II. pag. 107.

bedeckt, in welcher eine einzig schöne Vegetation von Bromelien und Cocospalmen dicht verflochten wucherte. Dieser kleine Garten im Walde gab ein höchst mahlerisches Bild, und erinnerte an jene blühenden Fels-Inseln, welche die erstarrten Gletscherthäler am *Mont-Blanc* zieren, und daselbst Gärten oder *Courtils* genannt werden. Die Hitze war in diesen niederen, wenig Schatten gebenden, und daher von den Strahlen der Sonne ausgetrockneten und verbrannten Waldungen sehr grofs, und gab den Reisenden bald die Farbe der *Botocudos*. Wir ertrugen sie jedoch ohne Klage, da wir uns jetzt gleichsam in einer neuen Welt befanden; denn seitdem wir die *Serra* überstiegen hatten, hörten wir in den Waldungen von einem fremdartigen Charakter auch lauter uns neue Vogelstimmen, erblickten neue Schmetterlinge, und ergötzten uns an mancherley uns völlig fremden Gewächsen. Alles was uns umgab, kündigte eine von der bisher gesehenen ganz verschiedene Schöpfung an, und die Beobachtung dieser mancherley Gegenstände, welche nun bey jedem Schritte unsern Sammlungen neuen Zuwachs versprachen, erfüllte uns mit lebhafter Ungeduld, das Ziel unserer heutigen Tagreise zu erreichen.

Wir näherten uns nun dem zweyten von Menschen bewohnten Platze *Barra da Vareda* genannt, wo wir uns am Ende unserer mühseligen Waldreise sahen. Mit frohem Staunen schauten wir um uns her, als wir aus dem Walde heraustraten, und plötzlich eine offene mit Gras und Gesträuchen bewachsene Fläche an der Seite eines sanften Thales erblickten, das rundum in der Ferne von sanft erhobenen und abgerundeten Waldbergen eingeschlossen, und an einigen Stellen mit weitläuftigen Pflanzungen angefüllt sich vor uns öffnete. Lebhafte Freude äufserte sich jetzt allgemein in unserer Gesellschaft, bey dem Gedanken, alle Beschwerden jener angreifenden Waldreise so glücklich überstanden zu haben, und sie wurde um so inniger, da die Bewohner von *Barra da Vareda* uns versicherten, dafs wir vom Glücke sehr begünstigt worden seyen, indem

Menschen und Thiere schwerlich jene Gegend verlassen haben würden, wenn ein anhaltendes Regenwetter eingetreten wäre. Wir überschauten vergnügt die weiten Pflanzungen und die minder hohen Berge, und unser Auge maß getröstet den zurückgelegten Raum der Urwälder, da wir uns im sichern Hafen befanden, wo Lebensmittel im Ueberflusse den Menschen wie den Thieren eine nöthige und reichliche Erholung versprachen. Unsere Tropa zog fröhlich über das mit hohem Grase bedeckte *Campo* dahin, wo in den Gebüschen und einzeln vertheilten mannichfaltigen Gesträuchen von *Mimosa*, *Cassia*, *Allamanda*, *Bignonia* und andern Arten, verschiedene uns neue Vögel sogleich unsere Neugierde reizten. Niedliche Tauben mit verlängertem keilförmigem Schwanze (*Columba squamosa* (*) schritten häufig paarweise auf dem Boden umher, die *Virabosta*, ein schwarzer glänzender Pirol, fiel in Flügen auf einen Buschbaum nieder; aus dem Grase flogen der glänzende *Fringilla nitens*, Linn., so wie der rothhaubige Finke (**) auf, und Rindvieh weidete häufig auf diesen wildbewachsenen Triften. Wir zogen bey den ärmlichen Wohnungen, welche hier ein Paar farbige Pflanzer erbaut hatten, vorüber, und erreichten die bedeutende *Fazenda* des Herrn *Capitam* Ferreira Campos, welcher der Eigenthümer des größten Theiles dieser Ländereyen ist. Hier wurden wir mit der größten Gastfreundschaft aufgenommen und erholten uns bald vollkommen von den Mühseligkeiten der zurückgelegten Waldreise.

(*) Siehe Temminck hist. natur. des Pigeons Tab. 59, wo sie schön abgebildet ist.

(**) *Fringilla pileata;* Männchen 5 Zoll 6 Linien lang, 7 Zoll 7 Linien breit; ganzes Gefieder aschgrau, an den oberen Theilen ein wenig bräunlich beschmutzt; Brust, Bauch, After und Steiß weißlich, in den Seiten dunkler; Kinn und Kehle weißlich; Unterhals und Oberbrust blaßaschgrau; Flügel und Schwanz dunkelgraubräunlich; Scheitel mit schmalen, beynahe $\frac{1}{2}$ Zoll langen hochfeurig scharlachrothen Federn besetzt, welche ein wenig über den Hinterkopf hinausreichen und zu einer Haube aufgerichtet werden. Dieser rothe Scheitel ist auf jeder Seite von einem schwarzen Streif eingefaßt, welcher sogar in der Ruhe die rothen Federn etwas verbirgt.

Zug einer beladenen Tropa

Reise des Prinzen von Neuwied in Brasilien II Bd. 16.

V.

Aufenthalt zu Barra da Vareda und Reise bis zu den Gränzen der Capitania von Minas Geraës.

Beschreibung dieser Gegend. Angicos. Vareda. Wilde Viehzucht im Sertam. Die Vaqueiros. Tamburil. Ressaque. Ilha. Valo, Gränzdouane von Minas. Ansicht der Campos Geraës; ihre Beschreibung und Naturmerkwürdigkeiten. Jagd des Ema und des Çeriema.

Das sanft abgeflächte Thal von *Barra da Vareda* wird an der südöstlichen Seite von dem *Rio Pardo*, der hier den Bach *Vareda* aufnimmt, durchschnitten, und hat von diesem seinen Nahmen erhalten. Hier hat Herr *Capitam* FERREIRA CAMPOS, ein Europäer, dem Walde ausgedehnte Pflanzungen abgewonnen, in welchen er Mandiocca, Mais, Baumwolle, Reis, Kaffee und alle übrigen Produkte des Landes bauet (*). Neben diesen Pflanzungen befinden sich indessen noch ansehnliche wüste Plätze, mit hohem dürrem Grase bewachsen und hie und da mit Gebüschen und Gesträuchen bedeckt, die den wilden rauhen Charakter tragen, der den Ländern der heifsen Zone in beyden Hemisphären eigen ist; weshalb man hier leb-

(*) Zucker wird wenig angepflanzt, und wenn es geschieht, so benutzt man ihn meistens nur zu Branntwein.

haft an die noch öderen Wildnisse in Afrika und Indien erinnert wird, die an grofsen Waldungen nicht so reich sind als Süd-Amerika. Um diese rauhen Trifften urbar zu machen, gebraucht der Besitzer fortwährend eine bedeutende Anzahl von Negern. Der Reichthum eines brasilianischen Pflanzers besteht in seinen Sclaven, und die Summen, welche man aus dem Ertrage der Pflanzungen löset, werden sogleich zum Ankauf von Negern verwendet. Man behandelt sie meistens leidlich, und hier zu *Barra da Vareda* erhielten sie sehr gute Nahrung. In der Hitze des Mittags trug man ihnen grofse Gefäfse mit der besten Milch in die Pflanzungen, wo sie arbeiteten, auch erhielten sie kühlende vortreffliche Wassermelonen (*Melancias*) in Menge. Leute, welche 120 und mehrere Sclaven besitzen, pflegen hier zu Lande in einem schlechten Hause von Letten zu wohnen, und gleich armen Leuten von Mandiocca-Mehl, schwarzen Bohnen und Salzfleisch zu leben. Auf Verbesserung ihrer Lebensart denken sie selten, und ein bedeutendes Vermögen macht ihr Leben nicht froher. Hier im *Sertam* indessen wird der Gewinn, welchen man aus den Pflanzungen zieht, durch den Erlös aus der Viehzucht meistens bey weitem übertroffen. So hielt auch mein gastfreundschaftlicher Hauswirth auf den neu angebauten *Campos* seines Gutes bedeutende Heerden von schönem Rindvieh und viele Pferde; die erstern werden von Negerknaben gehütet und kehren Abends nach der *Fazenda* zurück, wo man sie in einen grofsen *Coral* eintreibt, um die Kühe zu melken. Ich sah hier zum ersten Mal die Viehzucht des *Sertam*, wovon ich indessen weiterhin weitläuftiger reden werde; auch fand ich hier schon die zur Wartung des Viehes bestimmten Leute, die *Vaqueiros* oder *Campistas*, wie man sie in *Minas* nennt, vom Kopfe bis zum Fufs in Rehleder gekleidet. Dieser Anzug erscheint bey dem ersten Anblicke sonderbar, ist aber dennoch sehr zweckmäfsig, weil diese Leute oft dem wild aufwachsenden Vieh durch dornige Gebüsche und *Catingas* nachjagen, und dasselbe einfangen oder zusammentreiben müssen. Ihr Anzug wird aus sieben Rehfellen(*) gemacht, und besteht in dem *Chapéo*, einem kleinen runden Hute, welcher einen schmalen Rand und hinten einen herabhängenden Flügel hat, um den Nacken zu schützen; ferner in dem *Gibâo* oder der Jacke, welche vorne offen ist und unter welcher vor der Brust der *Guarda Peito* getragen wird, ein breites Stück Leder, welches bis über den Unterleib herab hängt; alsdann in den Beinkleidern oder *Perneiras*, woran unten sogleich die mit Spornen versehenen Stiefeln befestigt sind. Eine solche Bekleidung hält lange, ist kühl, leicht, und schützt gegen die Dornen und spitzigen Zweige. Der *Vaqueiro*, auf einem guten mit einem grofsen Bauschensattel belegten Pferde reitend, führt eine lange am Ende mit einem stumpfen Dorn von Eisen versehene Stange in der Hand, mit der er die oft wilden Ochsen von sich abhält oder niederwirft, und gewöhnlich auch eine Schlinge (*Laço*), um damit die schüchternen Thiere einzufangen. Auf der hier beygefügten Vignette Nr. 17 habe ich ein Paar dieser Leute in ihrem originellen Costüme abbilden lassen, und zwar in dem Moment, wie sie im Begriff sind auf einen Ochsen einzusprengen, um ihn niederzuwerfen. Eine jede Vieh-*Fazenda* besitzt eine hinlängliche Anzahl solcher Leute, und man wählt dazu Neger, Mulatten, Weifse und selbst zuweilen Indier. Sie sind öfters zugleich gute Jäger, und geübt mit starken, besonders dazu abgerichteten Hunden, die Unzen oder die grofsen Katzen zu jagen, welche in der Nähe der Viehheerden ihren Stand zu wählen pflegen. Der Eigenthümer der *Fazenda* versendet seine *Vaqueiros* nach Bedürfnifs in die verschiedenen Distrikte seines Viehstandes, und pflegt zu dem Ende mehrere Vieh-*Fazendas* anzulegen, wo immer einige dieser Leute wohnen, und von aller Welt abgeschieden, ein wahres Einsiedlerleben führen.

(*) Das Leder des *Veado Mateiro* (*Guazupita*, des Azara) ist am stärksten, man gebraucht es gewöhnlich zu der Jacke; leichtere Anzüge hingegen giebt das *Veado Catingeiro* (*Guazubira* des Azara).

Es befinden sich zu *Barra da Vareda* auch immer einige Familien von *Camacan*-Indiern, welche gegen Bezahlung arbeiten, besonders nach Holz oder der Jagd wegen in die Wälder gesandt und auch zum Niederhauen der Waldungen benutzt werden. Aus den Pflanzungen des Grundherrn pflegen sie zu benutzen was ihnen beliebt, und Herr *Capitam* Ferreira war zu gutherzig, um es ihnen zu verbieten. Sie gehen mit einigen Kleidungsstücken, besonders mit Hemden bedeckt, und einige Weiber trugen Schürzen von baumwollenen Schnüren. Die meisten von ihnen waren getauft, und einige hatten auf die Stirne ein rothes Kreuz mit *Urucú* gemahlt, die Weiber zwischen den Brüsten schwarze Linien in Halbkreisen, so wie andere ähnliche Striche am Körper und im Gesichte. Die rothe Farbe bereiten sie in länglichen Stücken, gleich den Tafeln der chinesischen Tusche, indem sie die rothe Haut von den Kernen des *Urucú* in diese Form zusammendrücken. Ich fand unter diesen Indiern einen alten Mann, der zwar etwas graue Haare, aber einen starken robusten Körper hatte, die Sprache der Portugiesen verstand und mit denselben lebte. Er hatte vor Zeiten einen seiner Landsleute erschossen, der bey Aufsuchung der *Camacans* in den Wäldern den Portugiesen gedient hatte, als diese von dem unseligen Eifer, die Wilden mit Feuer und Schwert zur Annahme des Christenthums und zur Taufe zu zwingen, getrieben, bewaffnete Partheyen in das Innere der Wälder eindringen liefsen. Ein solcher bewaffneter Haufe nahm damals, geführt von einem zu ihnen übergegangenen Wilden den Weg in diese Gegend. Die *Camacans* entflohen nach allen Richtungen, der erwähnte alte Mann aber, der sich unter ihnen befand, folgte den zurückkehrenden Portugiesen unbemerkt in einiger Entfernung mehrere Tagereisen weit nach, bis es ihm gelang seinem verrätherischen Landsmann einen Pfeil durch die Brust zu schiefsen. Der brasilianische Tell spieste alsdann den Todten mit mehreren Pfeilen an die Erde an, und ist noch jetzt stolz auf diese Heldenthat.

Herr *Capitam* Ferreira Campos hatte mich mit meiner zahlreichen Tropa auf die gastfreundschaftlichste Weise aufgenommen, und auf das uneigennützigste mit Lebensmitteln, mit vortrefflicher Milch, einem für uns bis jetzt seltenen Labsale, und mit einer grofsen Quantität Mais für unsere Thiere versorgt. Es gewährte ihm ein besonderes Vergnügen mir seine schönen ausgedehnten Pflanzungen zu zeigen, in welchen ich indessen den Reis und Mais durch Mangel an Regen etwas zurückgeblieben fand. Uebrigens waren die hier aufgehäuften Vorräthe von Mais und Baumwolle sehr beträchtlich; es lagen unter andern 91 Arroben Baumwolle in grofsen viereckigen Säcken von roher Ochsenhaut eingenäht, schon zur Versendung nach *Bahía* bereit. Ochsenhäute, welche im *Sertam* so gemein sind, gehören hier zu den nöthigsten Bedürfnissen; man schneidet sie in Riemen, macht Stricke und Halftern daraus, und braucht sie auch um die Ladung der Lastthiere damit zu bedecken. Das Vieh giebt hier sehr grofse Häute, da es selbst grofs und fleischig ist; man kauft eine vorzügliche Haut etwa für 3 bis 4 Gulden. Nur selten und blos zur eigenen Consumtion schlachtet man das Rindvieh, man sendet vielmehr zahlreiche *Boiadas* (Ochsenheerden) unter der Leitung einiger berittenen *Vaqueiros* zum Verkauf nach *Bahía*. Ein starker Ochse wird hier zu 7000 Reis ($1\frac{1}{3}$ Carolin) verkauft, in *Bahía* aber besser bezahlt. Benachbarte Gutsbesitzer pflegen ihr Vieh gemeinschaftlich zu versenden.

Theils um mich über die Viehzucht dieser Gegenden näher zu unterrichten, theils um die naturhistorischen Merkwürdigkeiten in diesen höheren Gegenden, die mit der inneren *Capitania* von *Minas Geraës* vieles gemein haben, kennen zu lernen, verweilte ich hier einige Zeit. Unter den Säugthieren fand ich eine noch nicht beschriebene Art von *Cavia*, *Mocó*(*) genannt, ein kleines Thier von der Gröfse eines Kaninchens, welches in

(*) *Cavia rupestris*, eine Thierart, von der ich in der Isis, Jahrgang 1820 Heft I. eine kurze Nachricht gegeben habe.

den aufgehäuften Felstrümmern der Gebürge des *Rio Pardo,* in den oberen Gegenden des *Belmonte,* am *Rio S. Francisco* und ähnlichen Orten lebt. Ein *Camacan,* welcher von mir zum Jagen ausgesandt worden war, brachte vier dieser Thierchen ein, deren Fleisch gut zu essen ist. Koster sagt, das *Mocó* lebe in dem *Sertam* von *Açu,* und nennt es eine Art Kaninchen. Unter den Vögeln befanden sich manche uns neue interessante Arten, welche nur den Rücken von *Minas Geraës* bewohnen, besonders viele Arten von Illigers Genus *Myothera,* so wie auch viele kleine körnerfressende Vögel; unter ihnen mancherley Arten der Kernbeißer und Finken, zum Beyspiel *Loxia torrida, lineola* oder *crispa,* die aber keine krause Federn des Unterleibes hat, *Pyrrhula misya,* Vieill., *Fringilla nitens, Emberiza brasiliensis,* Linn., *Fringilla pileata,* der *Chingolo* und der himmelblaue Kernbeißer (*Grosbec bleu de ciel*) des Azara u. s. w. — Unsere botanischen Sammlungen wurden mit mancherley Grasarten, mit schönen Farrenkräutern (*Filix*) und mit einigen schön blühenden Gewächsen bereichert, unter welchen die *Allamanda cathartica* mit hochgelben großen Blumen sich auszeichnete, die an einigen Stellen sehr häufig als ein starker Strauch zwischen den Felsstücken wuchs. Auch fanden wir hier einen Prachtbaum aus dem Genus *Cassia,* welcher eine kugelförmige schattenreiche Krone bildet, und über und über mit hochorangefarbenen langen Blumenkegeln, der Blüthe der Roßkastanie (*Aesculus*) ähnlich, geschmückt war (*); diese Bäume tragen unendlich viel zur Verschönerung der übrigens graulich und düster gefärbten Gebüsche und Weideplätze bey.

Am 5ten Februar nahm ich Abschied von unserem gütigen Hauswirthe und verließ *Barra da Vareda.* Unweit des Wohnhauses tritt man in einen Wald, welcher sich drey Legoas weit ausdehnt, und allmählig ansteigt. Die Berge dieser höheren Gegend sind sanft abgerundet und verkün-

---

(*) Diese prachtvolle *Cassia* bildet eine neue Species, wenn sie nicht etwa in der zu Montpellier erschienenen Monographie dieser Gewächse beschrieben ist.

digen die Nähe der offenen Ebenen und hohen Rücken, welche einen grofsen Theil des inneren Brasiliens bilden. Es war uns sehr wohlthuend die trocknere, gesündere Luft dieser hohen Gegenden zu athmen, nachdem wir so lange in den feuchten Küstenwäldern mühsam gegen das Fieber gekämpft hatten; hier im *Sertam* hat man diese ermattende Krankheit nicht leicht zu befürchten. Die Flüsse fliefsen hier schnell über Felsstücke dahin, ohne sich mit faulenden Gewässern von Sümpfen zu mischen, deren Dünste in den Küstenwäldern eine feuchte, weniger gesunde Luft verursachen. Selbst die Milch, dieses Hauptprodukt der Weidegegenden, erregt in den niedrigen feuchten Regionen nur zu leicht Uebelbefinden und Fieber; hier aber schadet sie nicht und ernährt eine Menge von Menschen, deren kräftiger Bau und gutes Aussehen schon von einer gesünderen Luft und Lebensart zeugen.

Der Wald von *Barra da Vareda* gehört, wie alle Wälder in diesen höheren Gegenden, nicht mehr zu den hohen Urwäldern, sondern ist *Catinga*, jedoch von der höheren Art. Eine grofse Menge schöner Bäume und Pflanzen standen jetzt gerade in der Blüthe, unter anderen schöne Trompetenblumen von den angenehmsten Farben, ein Baum mit hochscharlachrothen Blumen aus der Familie der Malven, der ein neues Genus bilden wird, und eine schön hellzinnoberroth blühende rankende Pflanze aus der *Diadelphia* u. s. w. Eine Menge Colibris von der Art des *Trochilus moschitus*, LINN., mit rothem Scheitel und goldfarbener Kehle, umschwirrten diese Blumen. Der Wald hat an manchen Stellen, mit hohem Sumpfrohr bewachsene *Lagoas*, an anderen, ausgedehnte nackte Plätze, die man abgebrannt hat, um dadurch Gras für das Vieh zu erzeugen; solche Stellen überziehen sich sogleich mit hohem Farrenkraut (*Pteris caudata*), dessen horizontal gestellte Frondes einen eigenen Anblick gewähren. Mit dem Ende des Waldes erreicht man angenehme grüne Wiesen, welche ungeachtet der trockenen Jahreszeit, dennoch das frische Grün unserer europäischen Wiesen bewahrt zu haben schienen; finsterer Wald rund umher hob angenehm die hellgrüne Fläche. In dem hohen Grase weidete ein bunter Haufe von Stuten mit ihren Füllen, welche bey dem ungewohnten Anblick unserer vorüberziehenden Tropa schnell entflohen.

Hier blüheten am Rande des Waldes Bäume von 20 bis 30 Fufs Höhe aus der *Syngenesia*; Streifen von Wald wechseln mit Wiesen ab und *Lagoas* ziehen sich in der Tiefe derselben hinauf. Unter manchen neuen Gegenständen, die hier unsere Aufmerksamkeit auf sich zogen, nenne ich die einzeln überall vertheilten hohen Cactus-Stämme mit ihren stachlichen Kanten, welche oft eine bedeutende Höhe erreichen; ihr unten verholzter Stamm trägt nur noch undeutlich das Gepräge der Ecken, womit ihn die Natur in früheren Jahren bezeichnet; dies zeigt sich sodann um so deutlicher an den gleich Girandolen ausgebreiteten Zweigen, die jetzt mit ihren rundlichen Früchten überhäuft waren. Dieser Cactus scheint *hexagonus* oder *octogonus* zu seyn, er treibt am oberen Ende seiner Zweige sehr grofse weifse Blumen, und die Früchte werden begierig verzehrt von einer noch unbeschriebenen Art von Papageyen, dem Perikit mit orangefarbenem Bauche, welchen ich *Psittacus cactorum*(*) genannt habe. Er frifst das blutrothe Fleisch der Frucht, und erhält davon den Schnabel roth gefärbt. Mit jenen steifen Gestalten der Cactus contrastiren hier recht auffallend einzelne starke Bäume der gelbblühenden *Cassia*. In diesen für uns neuen Triften zeigten sich unseren Jägern bald mancherley interessante Jagdgegenstände. Zwischen dem grasenden Rindviehe flog am Ufer einer *Lagoa*

(*) *Psittacus cactorum*; 9 Zoll 8 Linien lang, 15 Zoll und einige Linien breit; Schwanz verlängert und keilförmig; alle oberen Theile des Vogels schön lebhaft papageygrün, auf Scheitel und Hinterhals etwas graubraun gemischt, der erstere beynahe ganz von dieser Farbe; Backen, Kinn und Kehle hell oliven-graubräunlich, nach der Brust hinab immer mehr ins Olivenfarbene übergehend; Brust, Seiten und Bauch bis zum After lebhaft orangefarben; Schwungfedern an der Spitze und Vorderfahne etwas himmelblau: Schwanz hellgrün, die mittlern Federn schmutzig, alle an der inneren Fahne gelblich.

oder Wasserpfütze der grofse *Jabirú* (*Mycteria americana*) auf; hier belegt man diesen grofsen schönen Vogel, welcher der seltenste der grofsen Sumpfvögel dieser Gegend ist, mit dem Nahmen *Tuyuyú*; an seinem blendend weifsen Gefieder und dem lang ausgestreckten Halse unterschied man im Fluge das rothe Halsband recht deutlich. Bald erhoben sich in Menge die Waldpelikane (*Tantalus Loculator*, LINN.) und die Störche (*Ciconia americana*) beyde hier ebenfalls *Jabirú* genannt. Alle diese Vögel sind grofs und haben weifses Gefieder; daher verwechseln sie die Brasilianer mit einander, und da sie gewöhnlich nicht geschossen werden, so wissen auch geübte Jäger sie öfters nicht richtig zu unterscheiden. Die Bedeutungen der von MARCGRAVE angegebenen Thiernahmen passen meistens erst nördlich von *Bahia* in *Pernambuco*.

Eine sehr laute Vogelstimme erregt in diesen Waldtriften sogleich die Aufmerksamkeit des ins Freie tretenden Jägers; Flüge der *Curikake* (*Tantalus albicollis*)(*) steigen mit helltönender Stimme in weifs und schwarzbunten Geschwadern auf, und ziehen über die niederen Waldrücken hinweg nach *Lagôas*, Gewässern und Viehtriften hin, welche ihr beständiger Aufenthalt sind. Dieser Vogel trägt hier den Nahmen, welchen ihm MARCGRAVE in seiner Naturgeschichte von Brasilien beylegt; er ist im Fluge sehr kenntlich durch seinen weifsen Hals, und seine schwarzbunten Flügel, wie durch seine laute verschieden modulirte, nicht übel klingende Stimme. Hier beobachtet man zuweilen auch die in prachtvoll rosenrothen

---

(*) Den Vogel, welchen MARCGRAVE *Curicaca* nennt, hielt man gewöhnlich für LINNÉ's *Tantalus Loculator*, bis Herr Prof. LICHTENSTEIN in seiner Erläuterung des MARCGRAVE'schen Werks durch die wieder aufgefundenen Original-Abbildungen diesen Irrthum berichtigte. Aller angewandten Mühe ungeachtet habe ich diesen Vogel nie erhalten können; er zeigte sich uns täglich in kleinen Gesellschaften, wo er einen schwärzlichen oder schwarzbunten Körper und weifslichen Hals zu haben schien. Das hier Gesagte reicht aber hin zu bestätigen, dafs die *Curikake* des *Sertam* von *Bahia* und die *Curicaca* des MARCGRAVE ein und derselbe Vogel sind.

Th. II.

Flügen in die Lüfte sich aufschwingenden, und von einer *Lagoa* der andern zueilenden Löffelreiher (*Platalea Ajaia*, Linn.). Alle diese scheuen wilden Vogelarten erheben sich sogleich bey dem Anblicke der Menschen, fallen aber bald wieder zwischen dem grasenden Rindviehe und den Pferden ein, da der hier häufig umher reitende *Vaqueiro* sie wohl oft stört, aber nicht mit der Flinte beunruhigt. Pferde und Ochsen scheuen diese zahlreichen Bewohner der Sümpfe und Trifften nicht, sie grasen in brüderlicher Eintracht mit ihnen, und fliehen nur den Menschen, der überall in der Natur als der ärgste Tyrann erscheint, um ihren Frieden und ihre Harmonie zu stören.

Abwechselnd durch Wiesen und Streifen von Gebüschen hinziehend, findet man nun die Gegend immer offener und ebener. Die weiten ebenen Trifften des erhöhten Rückens, auf dem wir uns jetzt befanden, waren von der Mittagssonne erhitzt, deren Strahlen von vielen Steinen zurückgeworfen um so heftiger brannten. Gegen Abend erreichten wir ein altes verfallenes Haus, *Anjicos* genannt, welches im Gebüsche unweit einer *Lagoa* erbaut war. Hier hatte ehemals *Capitam Ferreira*, der Eigenthümer dieser Viehtrifften gewohnt. Diese Gegend ist bekannt als muthmaſslich die letzte oder östliche nach der Küste hinab, in welcher die Klapperschlange, *Cobra Cascavella* der Portugiesen (*Crotalus horridus* Linn.) vorzukommen pflegt. Von dem Geschlecht der Klapperschlangen, welches Amerika, und ganz besonders der nördlichen Hälfte dieses Continents angehört, kannte man in Süd-Amerika nur einen Repräsentanten, bis Herr von Humboldt uns noch zwey neue Arten desselben(*) kennen lehrte. Von hier nach *Minas Geraës* und in das innere Brasilien wird der Schauerklapperer immer häufiger; man findet ihn oft von beträchtlicher Gröſse, und am häufigsten in den *Catingas* oder niederen Gebüschen und

---

(*) *Crotalus Loeflingii* und *Crotalus cumanensis*; siehe v. Humboldt Abhandlungen aus der Zoologie und vergleichenden Anatomie T. II. pag. 1.

in den steinigen Gesträuchen der Trifften. Hier verläfst dieses träge Thier Tage lang sein Lager nicht, und sucht gern den einmal gewählten Standort wieder auf. So hat man gesehen, dafs bey einer gewissen Stelle täglich einige Stücke Vieh von einer Heerde gebissen wurden, und an den Folgen des Bisses starben; man wurde aufmerksam und untersuchte den Weg, welchen die Heerde genommen hatte, fand gewöhnlich die Schlange in ruhig aufgerollter Stellung liegen, und tödtete sie mit leichter Mühe. Die Klapperschlange und der *Çurucucú* dürften sich in Ansehung ihres Giftes wohl wenig nachgeben; beyde leben hier, so wie auch die *Jiboya* (*Boa constrictor*), allein die *Sucuriuba* kennt man hier nicht, diese kommt dagegen in *Minas* desto häufiger vor, wovon ich mich an sehr grofsen Häuten überzeugte, welche von dort her gebracht worden waren (*).

Die Gebüsche von *Anjicos* ernähren eine Menge verschiedenartiger Vögel, besonders Perikitten und schwarze Pirole. Das verfallene Haus, worin wir unser Nachtquartier nahmen, war voll unansehnlicher Abendfalter (*Hesperia*), die in so grofser Anzahl umherflogen, dafs man sich vor ihrer Zudringlichkeit nicht retten konnte; grofse Fledermäuse waren ihre Verfolger, und schwirrten ebenfalls um die Köpfe der Menschen herum.

Von *Anjicos* erreichte ich nach einem Wege von vier Legoas eine Vieh-*Fazenda* des *Capitam* Ferreira, welche den Nahmen *Vareda* trägt. Man findet auf diesem Wege anfangs weite Trifften oder Ebenen mit hohem jetzt dürrem Grase und kleinen Gesträuchen dazwischen. Hier suchte das Auge vergebens einen angenehmen erheiternden Ruhepunkt, denn nur grau und dunkelgrün gefärbte Gebüsche und überall einzeln vertheilte girandol-

---

(*) Die *Boa*, deren Herr v. Eschwege im 2ten Heft Seite 276 seines Journals von Brasilien unter dem Nahmen *Sucurii* erwähnt, ist ohne Zweifel nicht *Boa constrictor*, sondern *Boa Anacondo*, Daud. — Uebrigens bezeugt auch der Verfasser, dafs man die Gefahr der Klapperschlange weit übertrieben habe, am a. O. Heft I. Seite 15.

artige hohe *Cactus*-Stämme zeigten sich demselben, und gaben der Landschaft einen steifen todten Charakter. So zogen wir dahin durch weite Wiesen, die fern den Horizont begränzen, wo Pferde und Rindvieh in glühender Mittagssonne, gepeinigt von unzähligen Stechfliegen (*Mutucas*) weiden, und durch niedrige Wäldchen und Ebenen mit kurzem Grase und vielen Steinen. In diesen Trifften zeigte sich uns zuerst der Specht des *Campo* (*Picus campestris* (*)), der blos den hohen inneren Rücken von Brasilien bewohnt, aber beynahe die ganze Breite von Süd-Amerika einnimmt, wie ihn denn Azara unter den Vögeln von *Paraguay* zuerst beschrieben hat. Er lebt besonders von Termiten und Ameisen, welche in diesen Ebenen unendlich häufig sind. Man findet hier in Wäldern und Trifften grofse kegelförmige Hügel von gelbem Letten, welche oft fünf bis sechs Fufs hoch, und von Termiten erbaut sind; in den offenen Gegenden oder dem *Campo* haben sie gewöhnlich eine mehr abgeflächte Gestalt (**). Aehnliche Nester von rundlicher Form und schwarzbrauner Farbe hängen an den dicken Aesten der Bäume, und ein jeder der *Cactus*-Stämme trägt eines oder mehrere derselben. Auf diesen pflegt der genannte Specht zu sitzen und zu hacken; er wird dieser Gegend sehr nützlich durch die Vertilgung dieser schädlichen Insekten, welche in Brasilien die Hauptfeinde des Landbaues sind. Während diese gefräfsigen Thiere ihre Gänge unter und über der Erde anlegen, während sie dieselben von Erde selbst an den Wänden der menschlichen Wohnungen anbringen, werden sie an allen diesen Orten von zahlreichen Feinden verfolgt. So rächen die Ameisenbären (*Myrmecophaga*), die Spechte, die Arten der Myotheren und viele andere Thiere den Pflanzer, dessen ganzer Gewinn öfters von diesen kleinen verheerenden Feinden verzehrt wird. Hier in den Trifften des *Sertam* und in den grofsen *Campos Geraës* des inneren Brasiliens verursachen sie indessen nicht so

---

(*) *Picus campestris, le Charpentier des champs*, Azara voyage etc. T. IV. pag. 9.
(**) Hierüber siehe v. Eschwege Journal von Brasilien Heft II. S. 109.

grofsen Schaden, als in mehr bebauten Gegenden, indem der Hauptgewinn der Einwohner auf Viehzucht beruht. Mehr zu befürchten sind hier anhaltende Dürre und Regenmangel, welche jetzt schon während drey auf einander folgenden Jahren grofsen Schaden verursacht hatten.

Gegen Abend erreichte ich bey einem heftigen Gewitterregen die *Fazenda* zu *Vareda*, wo die *Vaqueiros* eben mit dem Melken der in den *Coral* eingetriebenen Kühe beschäftigt waren. Ein Theil der Kühe nämlich wird Abends von der Weide zurück getrieben; dann läfst man die Kälber trinken, welche während des ganzen Tages angebunden in einem kleinen Zwinger gelegen haben. Dies ist eine Unvollkommenheit der Viehwirthschaft im *Sertam* von *Bahia*, welche in *Minas* nicht statt finden soll; da treibt man die Kühe allein aus und die Kälber von ihnen getrennt auf einen anderen Weideplatz, am Abend aber versammelt man die ganze Heerde bey dem *Coral*. Die wilde Viehzucht im *Sertam* steht noch in anderen Hinsichten hinter der in *Minas* zurück. Dort ist zum Beyspiel das Vieh zahm, und die *Fazendas* sind mit Gräben und Zäunen umgeben, man braucht daher nur der Kuh das *Laço* (Schlinge) um die Hörner zu werfen, um sie zu fangen; hier dagegen sprengt man sie zu Pferd durch Wiese und Wald, und mufs sich oft durch eine Stange (*Vara*) vor ihr schützen. In *Minas* ist das Vieh gröfser und giebt mehr Milch, daher auch mehr Käse zum Verkauf; Kälber schlachtet man dort nie, daher setzt man, um den Käse zu scheiden, nicht Kälberlab sondern das Lab des *Anta* (*Tapirus*) des *Tatú Canastra* (*Tatou géant*, Azara), der Rehe oder Schweine hinzu. Damit die Race des Viehes nicht ausarte, nimmt man in *Minas* den Stier stets von einer anderen *Fazenda*; dort läfst man die Kuh auch erst im vierten Jahre tragbar werden. Butter versteht man in Brasilien nicht zu bereiten; sie würde aber auch wegen der Hitze nicht haltbar seyn, und das Einsalzen würde sie bey den hohen Preisen des Salzes viel zu kostbar machen. Diese bekannten Regeln der Viehzucht werden hier im *Sertam* noch nicht genug beachtet. Die *Vaqueiros* oder vielmehr *Campistas* in *Minas* haben ein weit leichteres Geschäft als die des *Sertam*, und tragen deshalb auch nicht die lederne Kleidung, welche hier unentbehrlich ist.

Die Lage von *Vareda*, in einer weiten, flachen Wiesenebene, von sanften Höhen mit *Catinga* begränzt, wo an einigen Stellen die *Lagoas* der *Jabirús*, der *Tuyuyús*, der *Curicácas* und der rothen Löffelreiher sich ausdehnen, ist nicht unangenehm, aber gewöhnlich von Winden beunruhigt. In allen diesen Ebenen des *Sertam*, je mehr man sich den grofsen *Campos Geraës* von *Minas*, *Goyaz* und *Pernambuco* nähert, wird die Luft von Winden häufig gereinigt, daher herrscht schon so wie man *Barra da Vareda* im Rücken hat, kein Fieber mehr, und der an die Hitze gewöhnte Reisende findet Morgens und Abends die ihm bisher nothwendige leichte Kleidung zu kühl, und oft selbst am Tage nicht erwärmend genug. Auch wir empfanden zu *Vareda* sogleich eine Anwandlung von Catharr, der sich indessen bald wieder verlor, so wie wir allmählig an das kühlere Clima uns gewöhnten.

Am 8ten früh Morgens verliefs ich *Vareda*, und setzte meine Reise durch sumpfige, mit Wasser und niedrigem Schilf angefüllte Wiesen, in welchen die Haubenente nistet (*), durch niedrige Waldungen und trockene dürre Weiden oder Triften fort. Mancherley naturhistorische Neuigkeiten zeigten sich uns; unter diesen nenne ich nur eine neue Art Nachtschwalbe (*Caprimulgus* (**)), hier *Criangú* genannt, welche am Tage umher fliegt,

(*) *Le Canard à crête.* AZARA Voyages etc. T. IV. pag. 331.
(**) *Caprimulgus diurnus*, ein dicker kurzer Vogel mit grofsem Kopfe; Weibchen 10 Zoll 2 Linien lang, 27 Zoll breit; Iris kaffeebraun; alle oberen Theile sehr fein niedlich graubraun, rostgelblich und schwarzbraun gemischt; auf dem Kopfe stehen grofse schwarzbraune Flecken mit breiten rostgelben Rändern, und feingesprengten Pünktchen gemischt; Scapularfedern ähnlich gezeichnet, hier haben die dunkeln Flecken eine Einfassung von feiner rostgelber Zeichnung; über dem Auge ein undeutlicher hellgelber Strich; Kinn blafsgelb, graubraun quergestreift; an der Kehle steht ein breiter weifser Querfleck; die fünf vordern Schwungfedern

und sich auf den Trifften zwischen den grasenden Rindern und Pferden aufhält. Da wir auf unserer heutigen Tagreise viel Wald und *Catinga* fanden, so zeigten sich auch viele interessante Gewächse; mancherley Singvögel belebten hier wieder die Gebüsche und unter ihnen zeigte sich uns eine bis jetzt noch nicht gefundene Art von Pirol, der *Soffré* (*Oriolus Jamacaii*, Linn.) mit hochorangenfarben und schwarzbuntem Gefieder, ein Vogel, dessen Gesang durch Mannichfaltigkeit und Abwechslung angenehm unterhält; mehrere dieser prachtvollen Thiere gaben, da sie auf einem grün belaubten Baume safsen, einen herrlichen Anblick. Die Besitzerin einer *Fazenda* zu *Tamburil*, einem Dörfchen in einer bergigten Gegend, wo wir gegen Abend eintrafen, Senhora Simoa, nahm uns in ihrem Hause, welches in einem Waldthale am *Riacho da Ressaque* eine angenehme Lage hat, gastfreundschaftlich auf. Wir wurden hier zwar mit vieler Neugier beschaut, da man noch nie Engländer gesehen zu haben versicherte; dennoch gieng uns nichts ab, und wir wurden für die Nacht mit einigen brasilianischen Reisenden in ein grofses Zimmer einquartirt, wo wir unsere Schlafnetze aufhiengen. Als die Nacht anbrach, versammelten sich alle Genossen des Hauses, um, wie dieses hier zu Lande Gebrauch ist, eine Litaney abzusingen; denn in einsam gelegenen Wohnungen oder *Fazendas* ist gewöhnlich in einem der Wohnzimmer ein Kasten oder ein Schrank aufgestellt, in welchem sich einige Bilder von Heiligen befinden; vor diesen knieen die Bewohner nieder um ihre Andacht zu halten. Von Geistlichen, die mit einem Altar umherziehen, wie sie Koster im *Sertam* von *Seara* (*) fand, habe ich hier nicht reden gehört.

schwarzbraun, aber in ihrer Mitte steht eine weifse Querbinde; Schwanz fein schwarzbraun und hellgelb marmorirt mit neun bis zehen gefleckten schwarzbraunen Querbinden; Unterhals und Oberbrust fein marmorirt, alle übrigen unteren Theile weifs mit blafs graubraunen Querlinien; Mitte des Bauches weifs und ungefleckt.

(*) Siehe Kosters travels etc. pag. 85.

Von *Tamburil* nach den Gränzen von *Minas* hin durchschneidet man eine rauhe, einförmig mit *Catinga* bewachsene, etwas bergigte und von Schluchten zerrissene Gegend; man folgt dem *Riacho da Ressaque*, an welchem anfangs ein sehr angenehmer Weg, im Schatten überhängender, und von schönen Colibris umschwirrter Gebüsche mancherley Art, hinaufführt. Der kleine Bach macht einige Cascaden und verbreitete eine angenehme Kühlung, da die Hitze groſs und der Weg zum Theil sehr beschwerlich für unsere Lastthiere war. Dabey vergütete die Mannichfaltigkeit der uns umgebenden Blumen reichlich die kleinen Beschwerden der Reise. Unter den schönen beobachteten Gewächsen nenne ich herrliche *Cassia*-Stämme, deren groſse orangenfarbene Blumenbüschel den köstlichsten Geruch dufteten (*), schöne violet und roth gefärbte aber geruchlose Passionsblumen (*Passiflora*), und ein rankendes Gewächs mit hochdunkelrothen Blumen, welches über unseren Häuptern das Gebüsch zu einem Laubengange verflocht (**). Die Gesträuche stachlichter Mimosen von unendlich fein gefiedertem Laube waren uns Reisenden auf den zum Theil unwegsamen Pfaden sehr beschwerlich, indem sie den jetzt von der Sonne ausgetrockneten gelben oder rothen Letten, aus welchem hier die Oberfläche der Erde besteht, überziehen. Sobald man die Bergrücken erstiegen hat, welche einförmig einander überhöhen und durchaus gleichartig mit *Catinga* oder *Carasco* (***) bedeckt sind, folgt man schmalen kleinen Wiesen mit

(*) Diese Art scheint *Cassia mollis*, Vahl, zu seyn.
(**) Wahrscheinlich eine neue *Ipomœa*.
(***) *Carasco* nennt man die niedrigste Art der Waldungen, oder die letzte Gradation derselben, welche an die groſsen ausgetrockneten ebenen Heiden oder *Campos Geraës* gränzt. Sie erreichen eine Höhe von zehen bis zwölf Fuſs, und scheinen aus ziemlich gleichartigen Holzarten zu bestehen; man kann sie mit den in manchen Gegenden von Deutschland vorkommenden Haselhecken oder Haselgebüschen vergleichen, mit welchen sie sehr viel Aehnlichkeit zeigen; da diese Gesträuche sämmtlich abgestorben waren, so konnten die Gewächse nicht bestimmt werden, welche sie bildeten.

mancherley rohrartigen Gräsern angefüllt an dem Flüfschen *Ressaque*, und wird überall durch neue Vogelstimmen und Gewächse angenehm unterhalten. Hier fand ich nicht selten das merkwürdige Nest einer noch nicht beschriebenen Vogelart(*), das aus einer grofsen Menge kleiner Stückchen dürren Holzes zusammengesetzt, schwebend aufgehängt und mit einer kleinen runden Oeffnung als Eingang versehen ist; der Vogel pflegt alle Jahre ein neues Nest über das alte zu setzen, so dafs ich dergleichen Wohnungen von drey bis vier Fufs Länge an einem dünnen Zweige aufgehängt gefunden habe. Bey der Untersuchung einer dieser luftigen Wohnungen fanden wir dieselbe an ihrem unteren Ende von einer unbekannten Mäuseart(**) bewohnt, während der Vogel selbst den oberen Theil noch in Besitz hatte.

Da, wo der Rasenüberzug die Gebürgsarten dieser Höhen hervorblicken liefs, fand ich Stavrolith in einfachen Crystallen, mit etwas Hornblende in Glimmerschiefer. Die Niederwaldungen oder *Carascos*, durch welche wir hinauf ritten, standen in dieser ganzen Gegend zu unserer nicht geringen Ueberraschung ohne Ausnahme völlig entlaubt da, wie unsere europäischen Waldungen im Winter. Bey unserer Ankunft zu *Ressaque* erhielt ich über diese Erscheinung keinen befriedigenden Aufschlufs.

(*) *Anabates rufifrons*, auf dem Museo zu Berlin unter dem Nahmen der *Sylvia rufifrons* bekannt. Seine Länge beträgt 6 Zoll 9 Linien; alle oberen Theile haben ein leichtes blasses Graubraun, hier und da ein wenig gelblich überlaufen; Stirn und Scheitel mit schmalen zugespitzten Federn besetzt, welche aber keine eigentliche Haube bilden; Stirn dunkel-rostbraun; über das Auge hin zieht ein undeutlicher blafs weifsgraulicher Strich; alle unteren Theile sind blafs graubräunlich weifslich gefärbt; Kehle und Mitte des Bauchs am weifsesten; After und Seiten sind stark gelblich überlaufen; Flügel, so wie die oberen Theile im Allgemeinen etwas oliven-graubräunlich überlaufen.

(**) *Mus pyrrhorinos*, die Catinga-Maus mit sehr langem Schwanze; ihre Gröfse ist beynahe die der mittleren Haselmaus; Körper fahl graubräunlich gemischt, etwa von der Farbe des Hamsters; Gegend um die Nase, die dünnbehaarten ziemlich grofsen Ohren, und Schenkel in der Gegend des Schwanzes rothbraun.

Ein verständiger Pflanzer wollte sie daraus erklären, daſs etwa vor zwey Jahren im Monat August ein sehr heftiger Frost das Holz getödtet habe, andere hingegen suchten die Ursache in einer besonders groſsen Trockenheit des Bodens. *Ressaque* ist der Nahme eines kleinen Ortes, wo drey Familien farbiger Leute auf einer sanften freyen, ringsum von *Carasco* eingeschlossenen Höhe sich angebaut haben und von Viehzucht leben. Die abgestorbenen Gesträuche, welche ringsumher den Horizont begränzen, geben dieser Gegend einen äuſserst einförmigen traurigen Charakter, und nur ein Gebüsch der *Agave foetida*, so wie einige Orangenbäume erheitern die unmittelbare Nachbarschaft der Lehmhütten. Es lieſsen sich in dieser traurigen Region selbst nur wenige Thiere erblicken, und nur die schwarze violet glänzende *Viraboste* mit rother Kehle (*Tanagra bonariensis*) belebte einigermaſsen die abgestorbenen Niederwaldungen ringsumher. Man wies uns in einer dieser Hütten unsere Wohnung an, allein ein Schwarm gefährlicher *Marimbondos* suchte uns diesen Aufenthalt streitig zu machen. Sie waren eben beschäftiget in unserem Zimmer ihr Nest zu erbauen, und niemand war vor ihrem Stachel sicher; selbst unsere in der Nähe der Wohnung weidenden Lastthiere ergriffen die Flucht; nur dadurch, daſs wir alle Thüren und Fenster verschlossen, gelang es uns, die ungebetenen Gäste von uns abzuwehren. Gegen Abend zog ein heftiges Gewitter auf und sandte einen wahren Guſsregen von dickem Hagel begleitet zur Erde nieder. Meine Leute, welche an der wärmeren Küste nie dergleichen erlebt hatten, hoben höchst überrascht diese durchsichtigen Glaskörner auf und gaben ihr Erstaunen darüber laut zu erkennen.

Ein schmales Wiesenthal zwischen niederen Höhen mit *Carasco* bedeckt, welches etwa vier Legoas weit nach der *Fazenda* von *Ilha* führt, hat einen rauhen eben nicht anziehenden Charakter; denn die niederen einschlieſsenden Gebüsche sind einförmig und zum Theil verdorrt, hohes dürres oder sumpfiges Gras zeigt sich überall und man hat dabey nicht die mindeste Aussicht. Moos und Farrenkräuter wachsen an vielen Stellen. Einige der vorzüglicheren Singvögel von Brasilien, der *Canario* (*Emberiza brasiliensis*, LINN.) und der *Pintasilgo* (*Fringilla magellanica*) unterhalten den Reisenden durch ihren ziemlich angenehmen Gesang; die *Viraboste* (*Tanagra bonariensis*) zeigt sich in kleinen Gesellschaften; unter ihnen kommen höchst selten die älteren Vögel mit rother Brust vor; eine andere Tangara, welche ich nirgends beschrieben finde (*), sitzt stumm auf den höchsten Spitzen der Gesträuche, man findet hier aber besonders mancherley Arten von Fliegenfängern, und die gröſseren mit ihnen verwandten Arten, welche BUFFON *Becardes* und *Tyrans*, AZARA aber *Suiriris* genannt hat. Die Becarden kommen hier seltener vor als in den niederen Provinzen (**). Die Gegend flächt sich bis *Ilha* immer mehr ab, und das Gesträuch vermindert sich in demselben Grade, bis man in eine neue Welt, in die weite Ansicht der *Campos Geraës* tritt. So weit das Auge reicht, dehnen sich daselbst offene waldlose Ebenen oder sanft abge-

(*) *Tanagra capistrata*: 6 Zoll 10 Linien lang, 9 Zoll 8 Linien breit. Gestalt ziemlich die eines Dompfaffen (*Pyrrhula*); Zügel und Einfassung des Unterkiefers schwarz; Backen und vordere Hälfte des Scheitels hell graubräunlich fahl; Kehle, Unterhals, Brust und Oberbauch fahl gelbröthlich; alle oberen Theile aschgraublau.

(**) Die beyden gemeinsten Arten derselben hat man gewöhnlich verwechselt, und selbst SONNINI ist in diesen Irrthum verfallen. Die beyden Vögel, der *Lanius Pitangua* des LINNÉ und der *Sulphuratus* sind einander im höchsten Grade ähnlich, wie dergleichen Wiederholungen der thierischen Formen überhaupt in Brasilien sehr häufig vorkommen. Beyde Vögel sind aber durch den Bau ihres Schnabels gar nicht zu verwechseln, indem derjenige, dessen Stimme Bentivi! oder Tictivi! beständig gehört wird, den dünneren schlankeren Schnabel, der andere hingegen, welcher deutlich Gnei! Gnei! ruft, einen bauchichten breiten Schnabel trägt. SONNINI irrt, wenn er sagt: AZARA's *Nei-Nei* rufe in *Cayenne* Tictivi! welches, wie gesagt, die Stimme des *Pitangua* ist, ein Irrthum, welchen auch VIEILLOT in seiner Naturgeschichte der nordamerikanischen Vögel begeht. Er sagt T. I. p. 78. der Tictivi rufe auch zuweilen Gnei-Gnei! welches die Stimme der anderen Art (*Lanius sulphuratus*, LINN.) ist, wie denn AZARA diese beyden in Brasilien höchst häufig vorkommenden Vögel nach ihrer Stimme und Gestalt vorzüglich richtig unterschieden hat.

rundete Höhen und Rücken aus, welche mit hohem trockenem Grase und einzeln zerstreuten Gesträuchen bedeckt sind. In diesen weiten *Campos*, welche sich bis zum *Rio S. Francisco* bis *Pernambuco*, *Goyaz* und weiter ausdehnen, laufen in verschiedenen Richtungen die Thaleinschnitte, in welchen die Flüsse entspringen, die von diesem erhöheten Rücken herab dem Meere zufliefsen. Unter ihnen ist besonders der *Rio S. Francisco* zu bemerken. Er entspringt in der *Serra da Canastra*, welche man als die Gränze zwischen den *Capitanien* von *Minas Geraës* und von *Goyaz* ansehen kann. In den Thälern, welche diese weiten nackten Rücken und Flächen durchkreuzen, findet man die Ufer der Flüsse und Bäche von Waldungen eingefafst, auch befinden sich noch besonders in den Vertiefungen verborgen hier oder da einzelne Gebüsche, besonders je mehr man sich den Gränzen von *Minas Geraës* nähert, und diese Art der Bewaldung ist zum Theil einer der eigenthümlichen Charakterzüge dieser offenen Gegenden. Oft glaubt man eine anhaltende Fläche vor sich zu haben und steht plötzlich an einem schmalen, steil eingeschnittenen Thale, hört in der Tiefe einen Bach rauschen und sieht auf die Gipfel der Waldbäume nieder, welche, von mannichfaltigen Blumen verschieden gefärbt, seine Ufer einfassen. Es herrschen hier bey meist bedecktem Himmel in der kalten Zeit beständige Winde, und in den trockenen Monaten eine brennende drückende Hitze; dabey ist alles Gras vertrocknet, der Boden glühend heifs, und Mangel an trinkbarem Wasser. Aus dem Gesagten geht hervor, dafs diese *Campos Geraës* des östlichen Brasiliens, obgleich auch waldlos und gröfstentheils eben, dennoch sehr verschieden von den Steppen sind, deren Vergleichung in der alten und neuen Welt wir auf eine so anziehende Art von Herrn von HUMBOLDT geschildert lesen (*); denn die *Llanos* oder die nördliche Steppe am *Orinoco* und die *Pampas* von *Buenos*

―――――――

(*) Ansichten der Natur B. I. S. 1. und Voyage au Nouveau Continent etc. T. II. pag. 147, 148 und 149, so wie in der Note.

Ayres sind schon den *Campos Geraës* sehr unähnlich, um so mehr die Steppen der alten Welt. Sie sind nicht völlig eben, sondern mit sanften Höhen und abgeflächten Rücken abwechselnd, daher ist ihr Anblick einförmig und todt, besonders in der Zeit der Trockenheit. Dennoch sind sie nie so nackt wie die *Llanos* und *Pampas*, und noch weniger als die Steppen der alten Welt, denn überall überzieht ein Gras dieselben, welches oft hoch aufschiefst, und niedere Gesträuche bedecken gewöhnlich die sanfteren Gründe, auch zuweilen ganze Flächen, daher vermifst man hier mehr die dort so heftige Wirkung der Sonnenstrahlen, und es fehlen folglich die trockenen heifsen Sandwinde der *Llanos*, der afrikanischen und asiatischen Steppen, die eine grofse Beschwerde für die Reisenden in jenen Gegenden sind. Hat man von der Küste aus diese erste Gradation der Höhe des inneren Brasiliens erstiegen, welche in der von mir besuchten Gegend nicht bedeutend hoch ist, indem daselbst kein Schnee fällt und nur selten Fröste und Hagel sich zeigen, auch ein grofser Theil der Bäume zu allen Zeiten des Jahres das Laub behält, welches weiter nach Westen an einigen höheren Punkten schon anders ist, und wandert auf diesen *Campos Geraës* nach den höheren Gegenden derselben fort, so erreicht man alsdann die Gebürgsketten, welche über dieselben sich hinziehen, die indessen mit den Cordilleren des spanischen Amerika nicht zu vergleichen sind, und weder Schneekuppen noch Vulkane haben. Herr von Eschwege hat uns von den höheren *Serras* in *Minas Geraës* Nachricht gegeben, und von Humboldt erklärt die Verbindung der Gebürgsketten des spanischen und des portugiesischen Amerikas (*). Blos in Rücksicht ihrer belebten Schöpfung kommen die waldlosen Regionen von Süd-Amerika mit einander überein, und sie unterscheiden sich dadurch besonders von den Steppen der alten Welt, dafs alle ihre verschiedenen Urvölker zur Zeit der Entdeckung durch die Europäer, Jäger auf der untersten Stufe der Cultur, die der alten

_____
(*) Voyage au Nouveau Continent etc. Tom. II. pag. 153.

Welt hingegen Nomaden waren, ein Zustand, der in Amerika gar nicht existirt hat.

Von der *Fazenda* zu *Ilha* aus erreichte ich nach einem Wege von 1½ Legoa bey dem Quartel *Geral* zu *Valo* die Gränze der *Capitania* von *Minas Geraës*. Der Weg dahin führt durch mit hohem verdorrtem Grase bewachsene Ebenen, in welchen man hier und da einzelne vom Winde niedergehaltene Bäume und zerstreut stehende Gebüsche erblickt. Hier zeigten sich mancherley neue Vögel, unter andern der Fliegenfänger mit langem Gabelschwanze (*Muscicapa Tyrannus*, Linn.), der wegen seiner langen unbehülflichen Ruderfedern nur einen sehr schlechten Flug hat, und andere Arten desselben Geschlechtes. Von Blitzen umleuchtet erreichte ich *Valo*, ein schlechtes Haus von Letten, wo sich ein Posten von einem *Furiel* (Furier) und zwey Soldaten befindet, welche von dem Fähndrich hieher gesendet werden, der seinen Posten zu *Arrayal do Rio Pardo* hat. Sie sind bestimmt, zu Verhinderung jedes Unterschleifes alle aus- und einziehenden Reisenden zu visitiren, und jetzt das spanische Geld (*Cruzados*) gegen portugiesisches einzuwechseln, wobey die Regierung gewinnt. Obgleich das Haus zu *Valo* uns nicht einmal gegen den eindringenden Regen schützte, so beschloſs ich dennoch einige Zeit hier zuzubringen, um die *Campos Geraës* näher kennen zu lernen.

Es war gerade um das Ende der Regenzeit, als ich mich hier aufhielt; auch herrschte schon eine ziemliche Trockenheit mit vielem Winde, und abwechselnd traten heftige Gewitter und kleine Regenschauer ein. Die Witterung war für uns, die wir während des Aufenthalts an der Küste an ein ganz anderes Clima gewöhnt waren, sehr unangenehm kalt und rauh. Früh Morgens bey Nebel stand das Thermometer von Reaumur auf 14°, und bey trockenem Wetter und schwachen Sonnenblicken oder bedecktem Himmel und Wind am Mittage auf 19½°. Diese Temperatur, so wie die gänzliche Abwesenheit der Moskiten erinnerte uns lebhaft an das Vaterland, und veranlaſste uns andere Kleidungstücke anzulegen. Auch fanden wir es zuträglich, uns stark zu bewegen, daher wurden Excursionen in allen Richtungen dieser einsam rauhen Gegend unternommen. Wir fanden in diesen *Campos Geraës*, da wo sie an den *Sertam* von *Bahia* gränzen, einzelne zerstreute, jedoch bedeutend von einander entfernt liegende *Fazendas* oder Wohnungen, wo man Mays und andere Gewächse pflanzt; Viehzucht bleibt aber immer der Haupterwerbszweig der Bewohner, obgleich die Anzahl des Rindviehes in diesen Gegenden gegen die ungeheuere Anzahl desselben in den *Llanos* gar nicht in Vergleichung zu bringen ist (*). Das Vieh giebt wegen der trockenen Weide wenig Milch, so daſs man dies dem Deutschen erfreuliche Labsal kaum zu Kauf erhalten konnte. Pferde werden hier viele gezogen, auch sind alle hiesige Einwohner, wenn sie sich von Hause entfernen, immer zu Pferde, und selten sieht man einen Fuſsgänger. Die rehlederne Kleidung der *Vaqueiros* ist deswegen hier auch allgemein. Das weibliche Geschlecht trägt runde Filzhüte und ist eben so an das Reiten gewöhnt, wie das männliche. Um die Rehfelle recht geschmeidig zu machen, reibt man sie, nachdem sie gegerbt sind, mit Ochsenhirn ein: auf diese Art gerben auch die Wilden in Nord-Amerika ihre Thierfelle. Man behauptet indessen im *Sertam*, daſs dergleichen Häute zwar sehr geschmeidig seyen, aber nicht länger als ein Jahr ausdauern; um ihnen eine gröſsere Haltbarkeit zu geben, reibt man sie deshalb zuerst mit Talg und alsdann mit Hirn.

Der Handel von *Minas* nach *Bahia* wird hier auf verschiedenen Straſsen betrieben. Groſse Tropas von 60 bis 80 und mehreren Maulthieren ziehen ab und zu, um die verschiedenen Waaren zu transportiren, wozu vorzüglich Salz gehört, an welchem in *Minas* Mangel ist. Sie laden zu *Valo* ab, um sich visitiren zu lassen, und folgen dann gewöhnlich der Straſse am *Rio Gavião* hinab. Der Anblick einer solchen Tropa, wie ihn

(*) ALEX. V. HUMBOLDT Voyage au Nouveau Continent etc. T. II. 17tes Capitel.

die Vignette des 7ten Abschnittes dieses 2ten Theiles der Reisebeschreibung giebt, ist interessant, da er diese *Campos Geraës* charakterisirt. Sieben Thiere bilden eine *Lot*, und werden von einem Manne getrieben, beladen, und gefüttert. Der erste Esel des ganzen Zuges hat eine bunt verzierte mit vielen Glocken behangene Halfter. Dem Zuge voran reitet der Herr der Tropa mit einigen Theilnehmern oder Gehülfen zur Seite, sämmtlich mit langen Degen bewaffnet, mit hohen braunledernen Stiefeln, und einem großen weißgrauen Filzhute bekleidet. Solche Züge unterbrechen zuweilen die todte Einförmigkeit dieser *Campos*.

Man trifft in diesen Gegenden wenig Menschen; desto reicher ist die thierische und vegetabilische Schöpfung, so daß man die rohen Bewohner darüber wohl vergessen kann. Wirklich ist die Natur dieser *Campos Geraës* von der der niederen Küstenregion so sehr verschieden, daß der Naturforscher hier lange Beschäftigung findet, wenn er die erforderliche Zeit darauf verwendet; manche dieser zerstreuten Naturmerkwürdigkeiten werden nur gelegentlich und daher nach und nach gefunden, und von den Bewohnern des Landes, den rohen, indolenten, und mit ihrer Viehzucht einzig beschäftigten *Vaqueiros* darf er keine Unterstützung erwarten; selbst zur Jagd kann man ihre Hülfe für Geld nur mit Mühe erlangen. Weit noch von jedem Anspruch auf den Nahmen gebildeter Menschen entfernt, sehen sie das Studium der Naturgeschichte und die damit verbundenen Arbeiten, als eine alberne kindische Beschäftigung an. Man erhielt hier nichts, was man nicht selbst auffand oder erjagte; deshalb waren meine Jäger unermüdet beschäftigt.

Die Zahl der Quadrupeden ist hier geringer als in den niederen Waldgegenden. Man findet indessen im *Campo Geral* eine Hirschart, die man *Veado campeiro* (*) nennt, wahrscheinlich der *Cervus mexicanus* der

---

(*) Der *Guazuti* des AZARA. Auch v. HUMBOLDT *Matacani* in den *Llanos* von *Calabozo* gehört ohne Zweifel hierher; denn auch AZARA merkt eine weiße Spielart unter diesen Hirschen an.

Naturforscher, welche die Größe unseres Rehbocks erreicht, ein dreyzackiges Gehörn trägt, geschwänzt und rothbraun gefärbt ist. Diese Thiere ziehen die offenen *Campos* dem Walde vor, und entfliehen mit gewaltigen Sprüngen, wenn sie den Feind bemerken. Sie sind nicht leicht zu schießen, insbesondere muß man den Wind wohl beobachten, wenn man sie in den Schuß bekommen will. Man benutzt Fleisch und Fell dieser Thiere. Folgt man dem *Campo* noch weiter hinein bis zu den Quellen des *Rio S. Francisco*, so findet man, besonders in der *Serra da Canastra* und in anderen großen Waldungen, die große Hirschart, welche ein Gehörn trägt, das fünf und mehrere Spitzen an jeder Stange bildet, und welche hier *Veado Galhero* oder *Çuçuapara* genannt wird; sie ist wahrscheinlich identisch mit dem *Guazupucu* des Azara. In den Thalwäldern leben das *Veado Mateiro* und *Catingeiro*(*), welche beyde mit Hunden gejagt und wie die andern Arten benutzt werden. Von dem großen Hirsch, welchen ich jedoch nicht gesehen habe, erzählt man, daß er angeschossen, wohl auf den Jäger losgehe, was auch unsere europäischen Brunfthirsche öfters thun. Jedoch rühmt man hier dieser brasilianischen Thierart nicht den großen Verstand nach, welcher in einem neuerlich über Brasilien erschienenen Werke, unserem europäischen Hirsche zugeschrieben wird (**): daß er nämlich, wenn er verwundet worden, heilende Kräuter aufzufinden wisse, und sie in die Wunde stecke. Schwerlich dürften unsere deutschen Jäger Beyspiele eines solchen Verstandes oder verständigen Instinkts jemals bey den Thieren beobachtet haben. Nächst den Hirscharten bewohnt der *Guára* oder *Lobo*(***) diese offenen Gegenden. Er scheint in dem größten Theile von Süd-Amerika in den von Waldungen entblößten Gegenden gemein zu seyn; daher hat ihn Cuvier mit Recht

---

(*) *Guazupita* und *Guazubira* des Azara.
(**) Siehe v. Eschwege Journal von Brasilien Heft I. S. 202 in der Note.
(***) Der *Aguara-Guazu* des Azara.

für den *Canis mexicanus* erkannt; passender jedoch dürfte es seyn, ihn nach seinem Aufenthalt im *Campo* zu benennen, wodurch er vollkommen charakterisirt wird. Man hat ihn auch *Ursus cancrivorus* benannt, er hat aber mit dem Bären nichts gemein; mit größerem Rechte dagegen kommt dieser Nahme dem süd-amerikanischen *Lotor* oder *Procyon* zu, welcher in der Nähe der Ostküste die Mangue-Gebüsche bewohnt, und daselbst unter dem Nahmen des *Guassini* (*Guaxinim*) bekannt ist. Der *Guará* oder rothe Wolf ist indessen hier zu *Valo* noch selten; etwas weiter nach *Minas* hinein aber häufig. Alle Bewohner haben mich einstimmig versichert, daß er sich nie an lebendigem Raube vergreife.

Die Wälder und Gebüsche, besonders die der Thaleinschnitte, bewohnt als eine Eigenheit dieser Gegend, der schwarze *Guariba* (*Mycetes*), wahrscheinlich der *Caraya* des Azara. Das männliche Thier hat ein schön kohlschwarz langbehaartes Fell, das des weiblichen hingegen ist blaß graugelblich fahl, eine auffallende Verschiedenheit, die sonst unter den Affen selten gefunden wird. Dem Männchen stellt man seines schönen schwarzen Felles wegen, das zu Satteldecken verarbeitet wird, sehr eifrig nach, daher findet man jetzt die weiblichen Thiere häufiger als die männlichen. Von *Mycetes Belzebul* scheint sich die genannte Art besonders durch die verschiedene Färbung beyder Geschlechter zu unterscheiden; denn bey jenem ist auch das Weibchen schwarzbraun. Diese Affen, da sie nur die *Catingas* bewohnen, kann man indessen nicht eigentlich als Thiere des *Campo* betrachten, dagegen gehört hierher noch mit vollem Rechte der große Ameisenbär (*Myrmecophaga jubata*, Linn.), der *Tamandua Bandeira* oder *Cavallo* der Brasilianer, der außerordentlich häufig angetroffen wird. Die Menge der Termitengebäude, welche in sehr abgeflächter Gestalt überall auf dem *Campo* dergestalt verbreitet sind, daß man je 10 oder 20 Schritte von einander entfernt eines derselben findet, bieten ihm eine sehr reichhaltige Nahrung dar; er scharrt mit seinen grofsen Klauen Löcher in diese Gebäude, in welche nachher kleine Eulen ihre Nester anlegen.

Unter den naturhistorischen Bekanntschaften, welche ich hier zu machen Gelegenheit fand, war indessen die des amerikanischen Straufses oder *Ema* (*Rhea americana*) vom lebhaftesten Interesse für mich. Dieser gröfste Vogel der neuen Welt zeigt sich in den *Campos Geraës*, da er selten gejagt wird, sehr zahlreich. Hier in der Gegend von *Valo* zog jetzt ein weiblicher Vogel mit 14 Jungen, die vor etwa sechs Monaten ausgebrütet worden, umher. Niemand hatte ihn beunruhigt, bis wir raubsüchtige Europäer anlangten, und sogleich Anschläge auf sein Leben machten. Da diese Vögel sehr scheu und vorsichtig sind, auch den Jäger in weiter Ferne wittern, so mufs man mit vieler Vorsicht zu Werke gehen, um ihrer habhaft zu werden. Ein Pferd wird im Laufe von ihnen ermüdet, da sie nie geradeaus, sondern in vielen Wiedergängen entfliehen. Bey der ersten Erscheinung des *Ema* mit seinen vierzehn mehr als halberwachsenen Jungen, welche wir mehrere Tage vergeblich erwartet hatten, legten sich drey meiner Jäger sogleich ins Versteck, und liefsen sich die stolzen Vögel zutreiben, die aber diesmal zu klug waren und sich nicht überlisten liefsen. Zufällig erschien ein berittener und bewaffneter *Vaqueiro*, welcher ein guter Jäger war; dieser unternahm es sogleich mir einen solchen Vogel zu verschaffen. Er verfolgte die Schaar der *Emas* zuerst langsam, dann in vollem Galopp, und hielt sie öfters durch Vorgreifen um, worauf es ihm glückte die Bande zu trennen, und, indem er schnell vom Pferde sprang, einen der Jungen zu erlegen. Ein gut angebrachter Schufs von groben Schroten tödtet den gröfsten *Ema* sogleich. Wir wiederholten diese Art von Jagd häufig, und es glückte einem meiner Jäger, dem man drey dieser Thiere zugetrieben hatte, einen alten Vogel zu erlegen. Dieser ausgewachsene *Ema*, es war ein Weibchen, mafs in der Länge von der Spitze des Schnabels bis zum Schwanzende 4 Fufs 5 Zoll

Lieblingsnahrung ausmachen. Auch Rehe gab es in diesem Walde, und der Oberst FALCÂO liefs, um dieselben zu jagen, seine Jagdhunde von *Araçatiba* herüber bringen. Um indessen grofse und seltene Thiere zu erlegen, die die Nähe des Menschen mehr scheuen, giengen wir in den zwey bis drey Stunden weit entfernten weitläuftigen Urwald in der Nähe der *Fazenda* von *Araçatiba*. Der Weg dahin war äufserst angenehm; er führte anfangs durch weite sumpfige Sandebenen mit mancherley Sumpfgewächsen angefüllt; dann erstiegen wir Hügel, wo ein dichtes Geflechte von jungen Cocospalmen und andern schönen Bäumen finstern Schatten verbreitete. Ein schilfartiges Gras überzieht hier die offenen Stellen, in welchen der kleine stahlglänzende Fink (*Fringilla nitens*, LINN.) äufserst häufig sich aufhält. Bey einem Ritt in einem engen Waldpfade fand ich hier einst eine grofse Schlange zusammengerollt ruhen, welche uns nicht ausweichen wollte. Mein Reitthier scheute, ich ergriff also eine mit Schrot geladene Pistole und tödtete die Schlange. Wir erkannten bey näherer Untersuchung, dafs sie von einer unschädlichen Gattung war, und erfuhren, dafs man sie hier im Lande unter dem Nahmen der *Caninana* kenne. Sie gehört übrigens zum Genus *Coluber* (*). Nur nach langem Zureden konnte ich den uns begleitenden Neger des Obersten FALCÂO bewegen, die Schlange aufs Pferd zu nehmen. Eine schauerliche Wildnifs bildete der grofse Wald von *Araçatiba*, überall entflohen mit lautem Geschrey die Papageyen, und die Stimme der *Saüassú*-Affen erschallte rund umher. Lianen oder *Çipó's* aller, und mitunter der sonderbarsten Arten, verflechten die hohen Riesenstämme zu einem undurchdringlichen Dickicht; die Prachtblumen der Fleischgewächse, die herabhängenden Ranken der die Bäume umschlingenden Farrenkräuter waren jetzt alle im üppigsten Triebe; junge Cocospalmen zieren überall die niedere

---

(*) Diese Art ist höchst wahrscheinlich MERREM's veränderliche Natter; siehe dessen Beyträge zur Naturgeschichte der Amphibien, 2tes Heft S. 51. Taf. XII.

Errata

Aufgrund eines technischen Fehlers wurde im **zweiten Band** der Reprint-Ausgabe der

Reise nach Brasilien in den Jahren 1815 bis 1817
von MAXIMILIAN PRINZ ZU WIED-NEUWIED

die Seite 188 des **ersten Bandes** reproduziert.

Diese korrekte Seite 188 dient deshalb zur Einlage in den **zweiten Band**.

des alten Pariser Mafses, und klafterte in der Breite 7 Fufs; sein Gewicht war 56½ Pfund. In seinem muskulösen Magen fand ich kleine Cocosnüsse und andere sehr harte Früchte, auch vielerley Grünes, Ueberreste von Schlangen, Heuschrecken (*Gryllus*) und anderen Insekten. Das Fleisch des *Ema* hat einen etwas unangenehmen Geruch, und wird daher nicht gegessen, soll aber die Hunde sehr fett machen. Aus der gegerbten und schwarz gefärbten Haut werden hier zu Lande Beinkleider verfertigt, an welchen die Narben der Federn sichtbar bleiben. Die Haut des langen Halses benutzt man zu Geldbeuteln, die grofsen weifs gefärbten Eyer, wenn sie in der Mitte durchgeschnitten werden, als *Cuias* oder Schüsselchen, und die Federn zu Wedeln.

In Gesellschaft des amerikanischen Straufses oder *Ema*, lebt in allen diesen *Campos* ein anderer sehr schneller Laufvogel, der Çeriema (*) (*Dicholophus cristatus*, ILLIGER), dessen laute hellklingende Stimme wir überall vernahmen; sie besteht in vielen, kurz hintereinander wiederholten, von der Höhe zur Tiefe herabfallenden Tönen. Oft sahen wir diese vorsichtigen Thiere paarweise gleich Putern umherlaufen, aber nie wollte es uns gelingen einen derselben zu erlegen. Ich hatte diese Jagd mit der Flinte lange Zeit vergebens versucht, bis eines Tages ein gefälliger Pflanzer aus der Nachbarschaft bey mir eintraf, welcher einen raschen Schimmelhengst ritt. Er erfuhr zufällig meinen Wunsch diesen Vogel näher kennen zu lernen, und versprach mir sogleich zu zeigen, wie man sich dieser Thiere bemeistern müsse. Nun ritt er in dem trockenen Grase nach der Gegend hin, wo man die Stimme dieser Vögel vernahm, und setzte, als er dieselben ins Auge bekam, seinen Hengst in einen raschen Trab.

(*) *Palamedea cristata*, LINN. — *Cariama* MARCGRAVE pag. 81. — AZARA scheint einen jungen Vogel beschrieben zu haben, welches die Färbung beweifst, die er für die Iris und den Schnabel angiebt; indem die erstern bey alten Vögeln immer perlfarben weifs, der letztere aber zinnoberroth gefärbt ist.

Die Jagd gieng auf diese Art unermüdet über sanfte Höhen und weite Ebenen fort, und bestand hauptsächlich in der Kunst, den schnell laufenden Vogel immer von den Gebüschen abzuhalten. Mit ungeduldigem Blicke verfolgten wir von unserer Wohnung aus den unaufhörlich trabenden *Vaqueiro*, bis endlich der Vogel ermüdet war. Er fliegt alsdann etwa 300 Schritte weit über der Erde hinschwebend fort, seine schwachen Flügel versagen aber bald ihren Dienst, und nun ist der Jäger seiner Beute gewifs. Der Vogel fufst entweder auf einem niederen Baum, oder drückt sich platt an die Erde nieder; im ersteren Fall wird er herabgeschossen und im andern lebendig ergriffen. Das letztere glückte unserem *Vaqueiro*, er stieg vom Pferde und überbrachte mir, zu unserer aller Freude den schönen *Çeriema* lebendig.

Dieser interessante Vogel, von dem man im 13ten Bande der *Annales du Museum d'histoire naturelle de Paris* die beste, dennoch aber nicht ganz getroffene Abbildung findet, scheint für Amerika das zu seyn, was der Sekretär (*Gypogeranus africanus*) für Afrika ist; beyde haben in ihrer Körperbildung, wie in ihrer Lebensart viel Aehnlichkeit. Der *Çeriema* ist ausgezeichnet durch einen Büschel schmaler verlängerter Federn, welche über der Nase aufgerichtet stehen; sein Hals ist mit langen schönen Federn bedeckt, die er nach Art unserer Rohrdommeln (*Ardea stellaris*, Linn.) aufblähet, dabey hat sein Schnabel eine lebhafte zinnoberrothe Farbe. Seine Flügel sind kurz und schwach, dagegen sind die langen Füfse desto besser zum Laufen eingerichtet. Das Fleisch, dem Hühnerfleische an Geschmack ähnlich, wird sehr geschätzt, dennoch wird er deshalb nicht gejagt. Meine Jäger, welche diesen Vögeln besonders eifrig nachstellten, fanden am Ende des Februars auf einem niederen Baume im *Campo* ein Nest derselben. Es war aus Reisern erbaut, mit Letten bedeckt und enthielt zwey junge Vögel. Um die alten bey dieser Gelegenheit zu erhaschen, verbargen sie sich in der Nähe dieses Baumes, allein die schlauen Vögel ließen sich nicht hintergehen. Außer diesen haben die großen *Campos* des inneren Brasiliens noch manche interessante Arten von Vögeln, unter andern den großen Tucan (*Ramphastos Toco*, Linn.), eine große Menge von Fliegenvögeln (*Trochilus*), mancherley Tangaras (*Tanagra*) und verschiedene bisher den Naturforschern noch unbekannte Arten, zum Beyspiel den blauen weißschwänzigen Häher (*), den gehörnten Fliegenvogel (**), den Fliegenvogel mit dem violetten Hals-

(*) *Corvus cyanoleucus:* 13 Zoll 5 Linien lang, 22 Zoll 4 Linien breit; an der Stirn ein Busch von schmalen, 9¼ Linien langen, rückwärts gekrümmten Federn, welche sich von allen übrigen des Scheitels sehr auszeichnen; Kopf, Hals und Brust schwarz, am Oberhals und dessen Seiten schön blaß indigo-blau überlaufen; Seiten des Unterhalses, Rücken, Unterrücken, Flügel und Wurzelhälfte des Schwanzes vom schönsten ungemischten Indigoblau; Brust, alle unteren Theile und die Spitzenhälfte der Schwanzfedern sind rein schneeweiß. — Er wird im Lande *Piom-Piom* genannt.

(**) *Trochilus cornutus*, eine Zierde dieses vorzüglich schönen beliebten Geschlechts; Männchen 4 Zoll 5 Linien lang, 4 Zoll 5 bis 6 Linien breit; Schnabel gerade, und 6¼ Linien lang; Schwanz lang und schmal keilförmig zugespitzt; die beyden mittleren Federn sind 3 Linien länger als die nebenstehenden, diese wieder um beynahe 8¼ Linien als die nächstfolgenden; Scheitel und ganzes Gesicht mit prachtvoll dunkelblauen festen Schillerfedern bedeckt, sie sind über jedem Auge an 4 Linien lang, und bilden daher auf jeder Seite des Kopfs einen zugespitzten Federzopf, welcher prachtvoll violet, feuerroth und grün im Lichte schillert; der übrige Scheitel ist dunkelblau, nach dem Lichte lebhaft blaugrün, stahlblau, himmelblau und ultramarinblau schillernd. Kinn, Kehle, Seiten des Kopfs bis zum Ohr sind dunkelbrauschwarz, aber mit gewöhnlichen nicht schillernden Federn bedeckt, welche aber in der Mitte der Kehle beynahe 6 Linien lang sind, und hier einen spitzigen Federzopf oder Bart bilden, welcher über die milchweißen Federn des Unterhalses herab liegt, und von ihnen auf das netteste gehoben wird. Der ganze Unterhals von der blauen Kehle an so wie alle unteren Theile und der Schwanz sind milchweiß; Seiten der Brust kupfergrün; Hinterkopf und alle oberen Theile goldglänzend kupfergrün, eben so die inneren und äußeren Deckfedern der Flügel, und die zwey langen mittleren Schwanzfedern; die beyden schönen Federbüschel oder Hörner des Vorderkopfs bestehen ein jedes aus 6 größeren hintereinander gestellten Federn; ihre Spitze ist goldgrün, die Mitte goldfarben, und die Wurzel feurig kupferroth. — Ich beschrieb diesen neuen Fliegenvogel etwas weitläuftiger, weil er ganz vorzüglich schön ist.

Aufenthalt zu Vareda und Reise bis Minas Geraës

bande (*), die gelbröthliche Drossel (**), welche ein sonderbares künstliches Nest von Letten erbaut, und von den Bewohnern deshalb *João de Barro* genannt wird, der Fink mit zugespitztem schwarzem Federbusche (***) und die Eule des *Campo* (****), welche in die Termitengebäude auf der Erde ihr Nest anlegt. Der grofse Tucan, dessen colossaler rother Schnabel von den *Mineiros* zuweilen zu Pulverhörnern verarbeitet wird, fand sich besonders da ein, wo in der Nähe der Woh-

(*) *Trochilus petasophorus*; 4 Zoll 10½ Linien lang, 6 Zoll 8 Linien breit; Schnabel nur sehr wenig gekrümmt; Schwanz abgerundet mit breiten starken Federn; ganzes Gefieder schön goldglänzend-grün, die Schwanzfedern mit dunkelblauen etwas violetschillernden Spitzen; Kehle grün, nach dem Lichte in verschiedenen Schattirungen schillernd; Unterhals, Brust und Oberbauch grün, schön blau schillernd; Bauch etwas weifslich gemischt; vom Mundwinkel zieht ein schön dunkelblau schillernder Streif bis zum Ohr und von hier bis in den Nacken; unter dem Ohre befindet sich ein schöner Busch breiter, abgerundeter fester Metallglanz-Federn, welche prachtvoll violetroth glänzen und schillern, er ist im Nacken unterbrochen. After, Steifs und untere Schwanzdeckfedern sind rein weifs.

(**) *Turdus figulus*. Mus. Berol.

(***) *Fringilla ornata*: 4 Zoll 7 Linien lang, 6 Zoll 11½ Linien breit; Scheitel mit einem hohen Federbusche von schmalen, mit den Spitzen rückwärts gekrümmten, über 8 Linien hohen Federn; sie sind schwarz, so wie die Einfassung des Schnabels, Kinn, Kehle, Mitte des Unterhalses, der Brust und des Bauches. — Seiten des Kopfs und der Kehle weifs; Seiten des Halses und aller unteren Theile, so wie Bauch, After und Steifs fahl gelbröthlich; Hinterkopf und Nacken weifslich grau; alle oberen Theile aschgrau; grofse Flügeldeckfedern und obere Schwanzdeckfedern weifs, erstere hell aschgrau gemischt; Wurzel der vierten und fünften Schwungfeder weifs, daher ein weifses Fleckchen auf dem Flügel entsteht; Schwanz an der Wurzelhälfte weifs, die beyden mittleren Federn beynahe gänzlich graubraun, die übrigen mit schwarzer Spitzenhälfte und einem kleinen schwarzen Strich an der äufseren Fahne aufwärts. Das Weibchen ist einfach unansehnlich graulich oder gelblich und bräunlich gezeichnet, trägt keinen Federbusch, hat aber auch den an der Wurzel weifsen Schwanz.

(****) *Strix cunicularia*. MOLINA Naturgesch. von Chili pag. 233. — AZARA Voyage etc. Vol. III. pag. 123. Diese Eulen sind sehr gemein im *Campo Geral*, und nisten in die von den Gürtel- und anderen Thieren in die Termitengebäude gegrabenen Höhlen.

nungen *Goyava*-Bäume (*Psidium pyriferum*) angepflanzt waren, allein er war äufserst schwer zu schiefsen.

Ich fand zu *Valo* einen Unterofficier (*Furiel*), welcher etwas gebildet war, und mir über sein Vaterland manche Nachricht gab; er war einer der beyden Soldaten, welche den Engländer Mawe auf seiner Reise nach *Tejuco* begleitet hatten. Einzig und allein auf seine Gesellschaft eingeschränkt, verlebte ich hier acht Tage bey sehr rauhem unangenehmen Wetter, alsdann aber erheiterte sich der Himmel, der Thermometer stieg bedeutend, und es trat starke Hitze ein. Am Mittage stieg der Thermometer in wenigen Minuten in der Sonne auf 30½° Reaumur, während er sich im Schatten eines offenen von der Luft getroffenen Hauses auf 20° erhielt. Die Hitze war hier um so drückender, als man wegen des gänzlichen Mangels an Wäldern und Bäumen den ganzen Tag hindurch den Strahlen der Sonne ausgesetzt ist. Ueberall waren Gras und Gewächse in wenigen Tagen wie verbrannt, und die Maulthiere fanden wenig Nahrung. Die *Emas*, die sich bisher bey dem schlechten Wetter wenig gezeigt hatten, erschienen nun, Alt und Jung häufig, und so erhielt ich noch einen dritten dieser Vögel, der so schwer war, dafs er von einem Manne nicht getragen werden konnte, und dessen Zubereitung für die Sammlung meine Leute einen ganzen Tag hindurch anhaltend beschäftigte.

Eine nicht unbedeutende Ausbeute gaben uns nebenher auch unsere botanischen Excursionen. Wir fanden mancherley uns neue Gewächse, unter andern sehr niedrige schöne Mimosen, welche mit weifs und rosenrothen, und eine andere mit scharlachrothen Büscheln von Staubfäden geziert waren, allein getäuscht sah ich meine Hoffnung, den einzigen unsern europäischen Fichten ähnlichen Baum von Brasilien, die *Araucaria* hier anzutreffen, welche übrigens in *Minas* und in anderen Theilen des hohen innern Landes gefunden wird (*). Die niedrigen blühenden

(*) Siehe J. Mawe's travels etc. pag. 273 u. a. a. O.

Gesträuche des *Campo* waren, wie gesagt, von einer grofsen Menge von Colibris und Fliegenvögeln umschwärmt. Von diesen niedlichen Thieren hat man geglaubt, dafs sie blos von dem Honig der Blumen lebten; allein schon Doctor Brandes, der Uebersetzer von Molina's Naturgeschichte von Chili, fand in ihrem Magen Insektenreste, und die Sache verhält sich auch vollkommen so.

Nachdem ich mich eine Zeit lang an den Gränzen von *Minas* aufgehalten hatte, fühlte ich mich wegen einer durch das Clima erzeugten Unpäfslichkeit, welche durch Vernachläfsigung ernsthafter hätte werden können, genöthigt, das weitere Vordringen in jene Provinz aufzugeben. Unbedeutende Unpäfslichkeiten, besonders Wunden, und selbst Hautkrankheiten nehmen in diesem warmen Clima bey Vernachläfsigung leicht einen übelen Charakter an. Viele Bewohner dieser Gegend, welche bey Anlegung der Waldstrafse von *Ilhéos* gebraucht worden waren, haben von hartnäckigen, zum Theil langsam geheilten Wunden oder Hautkrankheiten noch die Spuren und Narben, ja nach zwey Jahren noch offene Wunden an ihrem Körper. Die schlechten gesalzenen Nahrungsmittel tragen nicht wenig zur Verderbnifs der Säfte bey, die sich in bösartigen Geschwüren offenbart(*), und die Vermischung der verschiedenen Menschenracen in diesem Welttheile, wo die Volksmenge aus Blendlingen der weifsen, rothen und schwarzen Race besteht, soll mancherley neue Krankheiten erzeugt haben, die man vorher nicht kannte (**).

Ich will bey Gelegenheit dieser *Campos Geraës* einige Worte über das Clima, und über die Schilderungen folgen lassen, welche wir von diesem Lande besitzen.

Ungeachtet des Gesagten, dafs nämlich die heifsen Länder durch mancherley Krankheiten, besonders dem Ausländer gefährlich sind, so ver-

---

(*) Siehe Southey history of Brazil Vol. I. pag. 328. und Piso von den Krankheiten.
(**) Ibid. pag. 327.

mifst man daselbst andere den gemäfsigten und kalten Theilen unserer Erde eigenthümliche, und hierhin gehören besonders Brustbeschwerden, Gicht und dergleichen, woran man hier weit weniger leiden soll. Brasilien hat durch seine bedeutende Ausdehnung vom Aequator bis zu 35° südlicher Breite, eine sehr verschiedene Temperatur, und es ist vorzugsweise die Region, von welcher diese Reisebeschreibung handelt, sowohl vom Clima als durch den Boden vorzüglich begünstigt. Fruchtbar kann man dieses Land gröfstentheils nennen, denn Wärme und Feuchtigkeit sind in seinen meisten Provinzen in dem richtigsten Verhältnisse vereinigt. Nur die höheren Gegenden haben in der heifsen Zeit zum Theil Wassermangel, doch ersetzt alsdann der Thau einigermafsen dieses nöthige Bedürfnifs, ohne dafs jedoch in jenen Gegenden Zeiten der Austrocknung vermieden werden können, die einen grofsen Theil des Viehstandes hinwegraffen. In dieser trockenen heifsen Hälfte des Jahres regnet es nicht, die Erde berstet von Hitze und Trockenheit, und man hat am Morgen und Abend selbst nur wenige Erholung, indem der Wechsel dieser bey uns so angenehmen Stunden der Kühlung zu schnell geschieht. Da Tag und Nacht einander ziemlich gleich sind, so hat man lange Nächte, die gewöhnlich schon bald nach 7 Uhr eintreten. In den niederen und ebenen Küstenländern von Brasilien ist alles ganz anders; dort lebt man in der heifsen Zeit weit angenehmer, weil Lüfte, Gewässer und hohe Wälder überall Linderung geben, und in den kalten Monaten bleibt ebenfalls stets eine angenehmere Temperatur; es friert nie und ich habe den Thermometer nie unter 13° Réaumur gefunden, dabey beobachtete ich in der heifsen Zeit im Schatten nie viel über 30°, woraus für das ganze Jahr eine sehr gleiche angenehme Temperatur hervorgeht, die in der kalten Zeit unserem schönsten Frühjahr etwa gleich kommt, wo auch Blumen und Früchte gefunden werden. Nicht in der kalten Zeit, sondern gerade dann, wenn die Periode der Hitze und Trockenheit ihren höchsten Grad erreicht hat, pflegen sich die heftigen Gewitter einzustellen, alsdann wird die lechzende Erde mit unendlich fruchtbaren Regen getränkt und neu belebt, sichtbar erhebt sich nach einigen Wochen dieser abwechselnden heftigen Regenschauer bey gröſserer Wärme die verdorrte Vegetation des *Campo*, oder der höheren offenen Gegenden, und selbst in den niederen bewaldeten Provinzen tritt ein neues kräftigeres Leben der vegetabilischen Schöpfung ein. Gewöhnlich sind Februar, März, April und May Regenmonate, und die auf sie folgenden Monate Juny, July, August, September, nennt man die kalte Jahreszeit, auf welche alsdann October, November, December, Januar, wo die gröſste Hitze ist u. s. w. folgen. Diese Jahreszeiten sind aber in den verschiedenen Gegenden von einander abweichend, je nachdem sie mehr nördlich oder südlich liegen. In manchen Jahren regnet es kaum sechs Wochen etwas anhaltend, in anderen dauert diese Zeit länger, doch irrt man sehr, wenn man sich einbildet, es regne täglich und die ganze Zeit hindurch anhaltend. Man hat überhaupt von jenen entfernten Ländern bey uns eine zum Theil sehr unrichtige Idee, wozu besonders gewisse Reisende beygetragen haben, welche sich nicht blos an dasjenige hielten, was sie selbst sahen, so wie Schriftsteller, welche Schilderungen von Ländern geben, die sie nie gesehen haben. Solche Beschreibungen, in dem Sorgestuhl entworfen, nachdem aus allen bekannten Schriften über den gewählten Gegenstand das Interessanteste ausgehoben, und ohne Sachkenntniſs nach Gefallen geordnet ist, können vielleicht wegen ihrer Schreibart, und der angenehmen Darstellung anziehen, sie bleiben aber ohne Werth, da sie überall Blöſsen geben. Falsche übertriebene Schilderungen sind da nicht zu vermeiden, wo die eigene Ansicht, die Wahrheit fehlt, es werden Dinge auf das Ganze angewandt, die nur für seine einzelnen Theile gehören, und wie könnte man zum Beyspiel von einem so groſsen Lande, wie Brasilien, Uebereinstimmung in allen Theilen erwarten, da doch jede Provinz ihre Eigenheiten hat. So findet man zum Beyspiel von Brasilien gesagt, daſs baumartige Farrenkräuter überall vorkommen, man findet die Schönheit des Landes im Allgemeinen übertrieben, man liest von schnatternden und klappernden Affen, von schmetternden Singvögeln, von Pomeranzenbäumen in den Wäldern, von der *Agave foetida* (Baumaloe) auf Bäumen, von einer Menge alberner den Schlangen angedichteten Eigenschaften, erhält übertriebene Schilderungen der Wälder, denn selten wird man alle die anziehenden interessanten Gegenstände so vereint finden, wie manche Schriftsteller sich in ihren Lehnstühlen einbilden mögen, nachdem sie diese Beschreibungen von Reisenden entlehnt haben, die ebenfalls zu blumigt zu schildern pflegen u. s. w.

Das Einfangen der Ochsen durch den Vaqueiro

Reise des Prinzen von Neuwied in Brasilien II. Bd. 17

VI.

Reise von den Gränzen von Minas Geraës nach Arrayal da Conquista.

Vareda. Die Geschäfte der Vaqueiros. Jagd der Unze. Arrayal da Conquista. Besuch bey den Camacans zu Jiboya. Einige Worte über diesen Stamm der Urbewohner.

Um von unserem bisherigen Aufenthalt nach der Hauptstadt *Bahia* zu gelangen, muſs man den *Sertam* dieser *Capitania* quer durchschneiden, ich reiste daher auf demselben Wege, welchem ich gefolgt war, wieder längs dem *Ribeirão da Ressaque* hinab nach *Vareda*. Die Hitze war drückend, desto wohlthuender aber der Schatten, welchen alte Mimosen, mit vielästigem weiſslich gefärbtem Stamme und zart gefiedertem lebhaft grünem Laube uns gaben. Schöne *Cassia*-Stämme mit rundlich geschlossener und mit hochgelben Blumen überladener Krone erfreuten uns durch ihren Wohlgeruch. Ich fand am *Ressaque* ein getödtetes *Jacaré* (*Crocodilus sclerops*), dessen Vorkommen an dieser Stelle beweiſst, daſs dieses Reptil selbst zuweilen hoch hinauf in den kleinen Bächen steigt. Termiten-Gebäude waren in allen offenen und bewaldeten Gegenden unendlich häufig; sie entstehen nach und nach durch immer neu hinzugefügte Erdhaufen oder Nester, welche endlich sich zu einem Ganzen vereinigen, da Regen und

Witterung sie abflächen und in die Form des Ganzen niederdrücken. Wie unendlich grofs ihre Menge sey, davon kann man sich einigermafsen eine Vorstellung machen, wenn man die enorme Ausdehnung des inneren Brasilien bedenkt, dabey die Zahl der kleinen Thierchen in Anschlag bringt, welche ein einziges solches Gebäude bewohnen, und nun hinzufügt, dafs man nicht zwanzig Schritte weit gehen kann, ohne auf eine solche Wohnung zu stofsen. AZARA erwähnt dieser Termiten unter dem Nahmen *Cupiy* (*).

Nachdem wir auf der *Fazenda* zu *Vareda* wieder angelangt waren, beschäftigten wir uns einige Zeit mit der Jagd der zahlreichen Sumpfvögel, welche man in den gröfsten europäischen Museen selten so vereinigt findet als hier. Die Geschwader der rosenrothen Löffelreiher (*Platalea Ajaja*, LINN.), die *Jabirús*, die *Tuyuyús*, *Curicacas*, die *Çeriemas*, *Caroês* und andere mehr, leben hier alle gesellschaftlich vereint, ziehen von einer *Lagoa* zur andern, und jede Art zeigt in dieser natürlichen Menagerie, den originellen Charakter, welchen die Natur ihr einprägte. Unsere Jagdzüge fielen in Absicht auf die *Çeriemas* und *Curicacas* (*Tantalus albicollis*, LINN.) immer ungünstig aus, dagegen erhielt ich einige bis jetzt von den Naturforschern noch nicht gekannte Vogelarten. In den *Catingas* leben hier zwey Arten von Papageyen, der *Papagayo verdadeiro* (*Psittacus amazonicus*, LATH. und KUHL), welcher wegen seiner Gelehrigkeit im Sprechen, Pfeifen und Singen am beliebtesten ist und eine andere Art, welche ich *Psittacus vinaceus* (**) benannt habe; beyde ziehen gegen Abend unter lautem Geschrey in die höheren Stellen des Waldes auf ihren einmal erwählten Standort, um daselbst zu übernachten. Hier darf sie alsdann der Jäger nur erwarten, oder aufsuchen, um eines glücklichen Schusses gewifs zu seyn. In allen Trifften ist hier auch der Dornkibitz (*Vanellus cayen-*

(*) AZARA Voyages etc. Vol. I. pag. 190.

(**) Herr Doctor KUHL, dem ich die Beschreibung dieser bis jetzt verkannten Papageyenart mittheilte, hat sie in seinem *Conspectus Psittacorum* pag. 77 bekannt gemacht.

nensis) unendlich häufig, er ist wie die meisten Vogelarten sehr menschenscheu, zwischen dem weidenden Vieh aber sieht man ihn ruhig auf dem Boden umher spazieren, indessen Pirole und der weiſse *Caracara* (*Falco crotophagus* oder *degener*, ruhig auf dem Rücken der Kühe sitzen. Der Spiegel der Gewässer war von mancherley Enten und Taucherarten belebt, unter denen sich zwey Arten durch ihr angenehm abwechselndes Gefieder auszeichneten, der *Aréré* (*Anas viduata*, LINN.)(*) und eine andere schöne Entenart mit schwarzem Kopfe, welche LINNÉ *Anas dominica* benamt hat.

Die belebte immer schöne, immer thätige und mannichfaltige Natur bildet hier einen auffallenden Contrast mit dem groſsen Haufen der Bewohner, welche roh und unwissend sind wie das Vieh, welches sie beständig warten, und das der einzige Gegenstand ihrer Gedanken ist. Die *Vaqueiros* kann man in der That lederne Menschen nennen, denn vom Kopf bis zu den Füſsen sind sie in diesen Stoff gehüllt. Ihr runder lederner Hut dient ihnen im Nothfalle zum Teller, Trinkgefäſs u. s. w., und ihr lederner Anzug, den sie oft in langer Zeit nicht ablegen, schützt sie in den dornigen Wildnissen, in denen sie einen groſsen Theil ihres einförmigen Lebens zubringen müssen, um das Rindvieh auf die bereits oben beschriebene Weise zu hüten und einzufangen, welches letztere oft nicht ohne Lebensgefahr abgeht. Weniger beschwerlich ist das Einfangen der Pferde, man treibt ihre Trupps zusammen, und bringt sie in den bey der *Fazenda* angebrachten *Coral*, der von starken Pfählen umgeben ist. Hier untersucht man die etwa beschädigten Thiere, zähmt die Fohlen u. s. w. Der *Coral* hat zwey Abtheilungen, um die Pferde und das Hornvieh zu trennen. Will man von den ersteren einfangen, so tritt ein *Vaqueiro* mit dem *Laço* (Laufschlinge) in die Mitte des Platzes und läſst die Pferde im Kreise um sich herum laufen. Die Schlinge ist ein langer

---

(*) Von BUFFON in den *Planches Enluminées* No. 808 sehr gut abgebildet. Sie lebt auch am Senegal in Afrika, woher man nach Frankreich den brasilianischen völlig ähnliche Exemplare gesandt hat.

Strick, der an einem Ende einen eisernen Ring hat, durch welchen das andere Ende gezogen wird; man faſst dieselbe weit geöffnet in die rechte Hand, den übrigen Theil des Strickes aber regelmäſsig in Windungen kurz zusammen in die linke, und indem man sie nun beständig über dem Kopfe schwingt, wird sie von dem *Vaqueiro*, der durch lange Uebung dieses Geschäft mit einer seltenen Geschicklichkeit verrichtet, unter 50 bis 60 und mehrere dicht zusammen gedrängte Pferdeköpfe richtig auf den zum Fange bestimmten geworfen. Sobald das Pferd sich gehalten fühlt, zieht es rückwärts, um sich von dem Stricke zu befreyen, worauf alsdann mehrere Leute über dasselbe herfallen, es greifen, knebeln und niederwerfen. Die gefangenen Pferde gebehrden sich oft unbändig, steigen, schlagen über, zerren, springen, schlagen aus u. s. w., allein die ihnen um den Hals gelegte und sich immer fester zuziehende Schlinge macht es ihnen unmöglich lange Widerstand zu leisten. Nicht selten beschädigen sie sich dabey selbst, und ich sah bey dieser Behandlung eine Stute auf der Stelle todt niederfallen. Ein solcher Verlust wird indessen bey der groſsen Menge von Pferden, die man unterhält, leicht verschmerzt. So wie das junge unbändige Pferd gefangen ist, wird es sogleich gesattelt und ihm ein Zaum aufgelegt, worauf ein Neger-Junge es besteigt, spornt und peitscht; es wird alsdann losgelassen und rennt nun im Kreise umher, oder steigt und schlägt aus, allein der *Vaqueiro* sitzt unbeweglich fest, und mattet das Thier völlig ab, bis es in Schweiſs gebadet, zitternd sich dem Stärkeren ergiebt, worauf es dann bald völlig gezähmt wird. Die *Vaqueiros* suchen eine Ehre in dieser Bändigung wilder Pferde, und sie haben es darin zu einer seltenen Fertigkeit gebracht; doch nehmen sie auch öfters Schaden dabey. Kostet es indessen auch einem das Leben, der reiche Eigenthümer achtet es nicht hoch; es ist ja nur ein Neger-Junge, der hier nicht höher geachtet ist als das Vieh. Die *Bolas* (*) des spanischen

(*) Siehe AZARA essais sur l'hist. natur. des quadr. du Paraguay Vol. I. pag. 52 und 125. so wie in verschiedenen anderen Schriftstellern.

Amerika, die man in den *Pampas* von *Buenos Ayres* und allen jenen benachbarten Gegenden gebraucht, um das Vieh so wie wilde Thiere damit einzufangen, ja die man selbst gegen den Feind mit Vortheil angewandt hat, sind verwandt mit dem *Laço*, man kennt sie aber hier im *Sertam* nicht.

So beschwerlich und ermüdend die Arbeiten der *Vaqueiros* sind, so bringen sie dagegen die übrige Zeit gewöhnlich in der höchsten Unthätigkeit bey ihrem Viehe hin und schlafen oder ruhen ganze Tage. Essen und schlafen sind dann ihre einzigen Unterhaltungen. Ihre Nahrung ist kräftig, denn sie leben von Milch, die man blos zur Consumtion oder zur Bereitung von Käsen, aber nicht zum Verkauf benutzt, von Mandioccamehl und getrocknetem Ochsenfleische. Dieses letztere zu bereiten salzt man das Fleisch nicht ein, sondern schneidet es so auseinander, daſs es in schmale Lagen oder Bänder zerfällt; diese werden auf Stricken von Ochsenhaut in der Sonnenhitze getrocknet, und erhalten auf diese Weise in einem bis zwey Tagen eine solche Festigkeit, daſs sie hart und klingend wie Horn werden; nur ist bey dieser Procedur einige Aufsicht nöthig, damit die Sonne und die Luft recht in alle Höhlungen eindringe.

Der Ertrag der Viehwirthschaft im *Sertam* ist beträchtlich, da man hier eine vortreffliche Gelegenheit des Absatzes nach der Hauptstadt hat; in anderen Gegenden des inneren Brasilien, in welchen man überall ausgebreitete Viehzucht besitzt, fehlt dieser Absatz, und das Vieh ist daher dort ungleich geringer im Preise. Am *Rio S. Francisco* kauft man einen groſsen schweren Ochsen für 2000 Reis (etwa ½ Carolin), in *Bahia* hingegen galt er zu dieser Zeit etwa 9 bis 11000 Reis. Die Besitzer dieser Vieh-*Fazendas* senden gewöhnlich ein bis zwey Mal im Jahr Ochsenheerden (*Boiadas*) oder Pferde (*Cavalerias*) nach der Hauptstadt, wo sie schnell verkauft sind. Den bedeutenden Ertrag dieses Handels kann man leicht berechnen; denn wenn man eine *Boiada* nur zu 150 bis 160 Stück annimmt, so giebt dies schon zu einem Mittelpreise von 10000 Reis der Ochse, einen Ertrag von 5000

Patacken (etwa 5000 Gulden). Die Pferde sind hier im Verhältnifs theuer, denn man verkauft ein schlechtes, stark gebrauchtes Pferd selten unter 16 bis 18000 Reis. Der Vortheil der Viehzucht wird in diesen Gegenden dadurch besonders grofs, dafs man keine bedeutende Kosten dabey hat; die nöthigen Sclaven sind die einzigen erforderlichen Auslagen, da das Futter für das Vieh in diesen Climaten, wo es immer Sommer ist, zu keiner Zeit etwas kostet; es geht Jahr aus Jahr ein in der Weide, und nur anhaltende Dürre kann ihm nachtheilig werden. Unendlich viel bedeutender könnte indessen in diesen Gegenden der Gewinn aus der Viehzucht werden, wenn die Bewohner nicht immer bey den alten Gewohnheiten stehen blieben, und selbst über Verbesserung nachdächten, oder von den in anderen Ländern längst aufgenommenen, einige Kenntnifs zu erlangen suchten.

Einen interessanten Anblick gewähren diese weiten Trifften, angefüllt mit Rindvieh und Pferden, zwischen denen hier und da ruhig und ungestört mancherley grofse Vögel umherschreiten. Hier üben, im vollen Gefühle ihrer Kraft, die Stiere ihre Herrschaft über die Heerden. Ein jeder von ihnen hält seinen Distrikt, den er brummend mit niedergesenktem Kopfe vertheidigt, indem er mit dem Fufse in dem Boden wühlend den benachbarten Gegner zum Kampf herausfordert. Oft kommen diese stolzen Thiere alsdann zusammen, kämpfen Stunden lang, und der Besiegte räumt dem Sieger das Feld. Das hiesige Rindvieh ist mittelmäfsig grofs, fleischig und stark; die Stiere haben gröfsere Hörner als bey uns, und am Ende des Schwanzes eine dickbehaarte Quaste; ihre Farbe ist schwarzbraun, oder graugelblich fahl, und nur seltener gefleckt. Man zieht auch Schweine im *Sertam*, welche viel Speck geben.

Ein Hauptgeschäft, welches dem *Vaqueiro* ebenfalls obliegt, ist der Schutz der Heerden gegen die Raubthiere. Man kennt in diesen Wildnissen drey Arten von grofsen Katzen, welche dem Rindvieh und den Pferden nachstellen; die gefleckte Unze, *Yaguareté* (*Onça pintada*), den schwarzen Tieger (*Tigre*) und die rothe Unze (*) (*Onça Çuçuaranna*). Die erstere und letztere sind die gewöhnlichsten, und von der ersteren giebt es zwey Varietäten oder Racen, gerade wie bey dem Panther und dem Leoparden von Afrika. So wie man dort eine Art mit zahlreicheren und kleineren Flecken hat, so auch in Brasilien; von beyden habe ich die Felle erhalten, ohne aber das ganze Thier zu sehen. In vielen Gegenden von Brasilien belegt man die gröſsere Unze, welche sich durch eine geringere Anzahl groſser Ringflecken auszeichnet, mit dem Nahmen *Cangussú*, im *Sertam* von *Bahia* aber belegte man die kleiner gefleckte Art mit dieser Benennung. Wenn man, wie die französischen Naturforscher gethan haben (*Dictionnaire des sciences naturelles* T. VIII. pag. 225.), annehmen will, daſs der schwarze Tieger nur eine Varietät der gefleckten Unze ist, so müſste er nothwendig zu der klein gefleckten Race oder dem *Cangussú* des *Sertam* von *Bahia* gehören; denn die auf seiner kohlschwarzen Haut noch dunkler angedeuteten Flecke sind klein und zahlreich. Ich habe dunkelbraune groſse Katzenfelle gesehen, welche kleine schwarze runde und volle Flecke hatten, diese gab man ebenfalls für die Art des schwarzen Tiegers aus; daher muſs ich glauben, daſs diese groſse raubgierige Katze eine von der gefleckten Unze verschiedene Art ausmacht. Die rothe Unze (*Felis concolor*, Linn.) oder der *Guazuara* des Azara ist am wenigsten gefährlich, ob sie gleich sehr groſs wird; sie wagt sich nur an das junge Vieh, da hingegen die gefleckte und der schwarze Tieger den schwersten Ochsen fangen, und ihn weite Strecken mit dem Gebisse hinweg zu schleifen im Stande sind. Sie tödten oft mehrere Stücke in einer Nacht, saugen ihnen das Blut aus und fressen erst später von dem Fleische. Gewöhnlich hält man auf den *Fazendas* gute Hunde zur Jagd dieser gefährlichen Raubthiere, mit welchen man der blutigen Spur folgt, wenn die Unze vom Raube gesättigt, sich in einem benachbarten

---

(*) *Felis Onca*, Linn., *Felis brasiliensis* und *Felis concolor*, Linn.; die letztere scheint unbezweifelt Azara's *Guazuara*.

dornigem, oder mit Bromelien angefülltem Dickicht zur Ruhe begeben hat. Sobald das Raubthier die Hunde gewahr wird, sucht es einen schräg geneigten Baum zu erklimmen und wird mit der gehörigen Vorsicht von dieser unsicheren Wohnung herabgeschossen; eine Ansicht dieser Art von Jagd giebt die Vignette dieses VI. Abschnittes. Allein nicht immer geht die Jagd so leicht ab; denn recht starke Unzen räumen den Hunden nicht so leicht das Feld, sie tödten im Gegentheil öfters einen oder ein Paar derselben, nehmen sie selbst mit und verzehren sie. Nicht gar weit von *Valo* befand sich im *Sertam* eine berüchtigte grofse Unze, welche den Hunden nie aus dem Wege gieng. Drey *Vaqueiros* waren eines Tages im Walde dem Vieh gefolgt, und ihre umher schweifenden Hunde hatten zufällig die frische Fährte des Raubthiers gefunden und dasselbe gestellt. Die drey Männer waren ohne Schiefsgewehr, blos mit ihren langen lanzenartigen *Varas* bewaffnet und überlegten, ob es dennoch rathsam sey, die seltene Gelegenheit zu benutzen. Sie entschlossen sich dazu und giengen muthig auf das drohend zwischen den tapferen Hunden stehende Unthier los. Die Unze griff sogleich an und verwundete die drey Jäger nach einander, welche ihr aber mit ihren Stangen wiederholte Stöfse und eine Menge Messerstiche beybrachten. Einer von ihnen, der weniger Muth hatte, suchte sich, nachdem er verwundet worden, zurückzuziehen. Schon befand sich der Tapferste unter den Klauen des Feindes niedergeworfen, als der Furchtsame sich wieder ermannte, beyde griffen mit neuem Eifer an, und tödteten das Thier mit vielen Stöfsen. Kaum konnten die schwer Verwundeten gegen Abend nach Hause zurückkehren. Sie zeigten den Ort an, wo sie so ehrenvoll gekämpft hatten, man gieng dahin und fand die stolze Unze in ihrem Blute ausgestreckt von mehreren getödteten braven Hunden umringt. Dieser in jener Gegend des *Sertam* allgemein bekannte Vorfall, der mir von glaubwürdigen Männern mitgetheilt ward, beweifst, dafs man Unrecht hatte, wenn man die süd-amerikanische Unze feige nannte; auch hat man überall in Brasilien, besonders in früheren Zeiten, wo die Raubthiere in bewohnten Gegenden noch häufiger waren, einzelne Fälle gehabt, wo Menschen angefallen und getödtet wurden, ob dies dennoch gleich weit seltener vorfällt, als man dasselbe von Indien und Afrika erzählt. Verschiedene Schriftsteller haben Beyspiele ähnlicher Vorfälle aufgezeichnet, zum Beyspiel der Jesuit ECKART (siehe VON MURRS Reisen einiger Missionäre u. s. w. Seite 542) und andere. Aufser den genannten grofsen Arten findet man im *Sertam* von *Bahia* noch mehrere kleine, zum Theil ebenfalls schön gezeichnete wilde Katzen; unter ihnen nenne ich, als mir bekannt, den *Mbaracayá* (*Felis pardalis*), den *Gato Murisco* oder in manchen Gegenden *Hyrára* (*Felis Yaguarundi*), ferner eine rothe ungefleckte Art, wahrscheinlich den *Eyra* des AZARA, und eine neue bis jetzt noch nicht bekannte, welche ich ihres sehr langen Schwanzes wegen, *Felis macroura* nannte. Von ihr habe ich eine vorläufige Notiz dem Herrn Doktor SCHINTZ in Zürich mitgetheilt, der sie in seiner Uebersetzung von CUVIER *Regne Animal* zu benutzen wünschte. Sie hat beynahe die Zeichnung des *Mbaracayá* oder *Chibiguazu* des AZARA, ist aber kleiner, schlanker, und hat einen weit längeren Schwanz.

Die Jagd der verschiedenen efsbaren Thierarten würde den *Vaqueiros* eine angenehme Abwechslung in ihren Nahrungsmitteln verschaffen können, wenn Pulver und Bley in diesen Gegenden nicht so seltene theuere Artikel wären. Eben deswegen sind auch in vielen Gegenden die Jäger selten, und die Bewohner bleiben unabänderlich bey ihrer Nahrung von Mandioccamehl, schwarzen Bohnen und Ochsenfleisch.

Die einförmige Lebensart, welche den *Vaqueiro* an das Vieh fesselt, mit dem er zusammen aufwächst, bildet rohe, unwissende, gegen alles Uebrige gleichgültige Menschen, die weder über sich selbst nachdenken, noch irgend einige Kenntnifs von der übrigen sie umgebenden Welt haben. Schulen und Lehranstalten für das Volk sind hier eine völlig unbekannte Sache, und es ist eben so wenig für die geistige Bildung dieser Menschen, als für die Erhaltung ihres Lebens durch ärztliche Hülfe gesorgt. Daher bleibt für diese weiten, schwach bevölkerten Länder noch unendlich viel zu wünschen und zu thun, worauf eine thätige, für das Wohl ihrer Unterthanen besorgte Regierung gewiſs mit der Zeit ihr Auge richten wird.

Das Wetter, welches zu *Vareda* bisher windig und kühl gewesen war, erlitt jetzt eine bedeutende Veränderung. Es trat eine beträchtliche aber doch noch durch Wind etwas gemilderte Hitze ein. Am 5ten März, einem der heiſsesten Tage, stand am Mittage der Thermometer von Reaumur auf 28½°, Abends in der Dämmerung desselben Tages auf 15°, und eine Stunde später, als der Thau fiel, auf 14°. Der letztere war während der schönen hellen Nächte aufserordentlich stark, er allein ernährt die von der Hitze des Tages lechzende Vegetation.

Da ich meiner angestrengten Bemühungen ungeachtet manche naturhistorische Gegenstände, die ich hier aufzufinden gehofft hatte, nicht zu sehen bekam, so beschloſs ich *Vareda* zu verlassen, und nach *Arrayal da Conquista* zu reisen. Ich verlieſs daher die offenen *Campos*, durchzog mit meiner Tropa eine mit dichten *Catingas*, oder trockenen Niederwaldungen bedeckte Gegend, und übernachtete zu *Os Porcos*, wo ein Paar farbige Leute einsam mit ihren Familien wohnen. Sie nähren sich von ihren Pflanzungen und der Viehzucht, und wissen in ihrer Abgeschiedenheit nichts von der übrigen Welt, weshalb denn auch unsere Ankunft sie in nicht geringes Staunen versetzte. Sie versammelten sich, begafften uns, und baten sogar alle ihre Nachbarn zu ihnen zu kommen, um die in ihrem Hause angekommene groſse Seltenheit zu besehen. Sie betasteten unsere Haare, befragten uns ob wir lesen, schreiben und beten könnten, ob wir Christen seyen, welche Sprache wir redeten, und gönnten uns nicht eher einige Ruhe, bis wir ihnen Proben von allen unseren Fertigkeiten gegeben hatten. Die Schnelligkeit indessen mit welcher wir schrieben, unsere Bücher mit Kupferstichen, die Farben und die Zeichnungen, so wie

Doppelflinten, die wir ihnen zeigten, erregten bey ihnen eine grofse Verwunderung, und sie gestanden endlich ein, dafs unsere Lage wirklich besser sey als die ihrige, da wir die Welt kennen zu lernen im Stande seyen, bemerkten aber nebenher doch einstimmig, es gäbe doch sonderbare Menschen in der Welt, welche es nicht scheueten sich den Gefahren und Beschwerden so weiter Reisen auszusetzen, um die kleinen Insekten und Pflänzchen in fernen Ländern aufzusuchen, die hier höchstens verwünscht oder von den Kühen aufgesucht würden.

Um einem schönen Paare des *Tuyuyú* (*Mycteria americana*) nachzustellen, blieb ich einen Tag zu *Porcos*; allein obgleich diese Vögel sich hier beständig an einer gewissen *Lagoa* aufhielten, so waren wir doch nicht so glücklich einen derselben zu erlegen, da sie äufserst scheu und vorsichtig sind. Ich war indessen Zeuge, dafs diese Thiere auch auf Raub ausgehen, denn ich sah einen derselben einen Wasservogel im Fluge auf das heftigste verfolgen.

Von *Porcos* aus erreichte ich in einer sehr kleinen Tagereise das *Arrayal da Conquista*, den Hauptort dieses Distriktes. Auf diesem Wege fand ich interessante Gegenden, welche besonders mit schönen Waldungen bedeckt waren. Mancherley schöne blühende Bäume und Gesträuche zierten mit ihren mannichfaltigen Blumen den Weg, und einige Arten derselben dufteten einen angenehmen Jasmingeruch; *Cupim*-Gebäude sind überall in dem schattenreichen Walde zerstreut. Einige rundum vom Walde eingeschlossene Wiesen unterbrachen angenehm die Einförmigkeit der Gebüsche; ihr lebhaftes Grün mit mancherley schönen Grasarten und rohrartigen Gewächsen, die die Aufmerksamkeit des Botanikers fesseln, erinnerte an die frischen Wiesen der gemäfsigten Zone, und was noch mehr das Andenken an die stillen anziehenden Waldscenen meines Vaterlandes belebte, war ein Reh, welches wir in dem hohen Grase weidend erblickten. Gewöhnt, allen Thierarten sogleich den Krieg zu erklären, schlichen unsere Jäger von den

Gebüschen gedeckt heran, um es zu schiefsen; es wurde angeschossen und entfloh, die Hunde verfolgten es vergebens, und es ist ohne Zweifel die Beute eines der Bewohner von *Porcos* geworden, welcher Zeuge dieser Jagdscene war. An einem alten Stamme fand ich die schöne grüne unschädliche Natter, welche man hier *Cobra verde* nennt, die aber nicht mit jener schädlichen Art verwechselt werden darf, welcher man in anderen Gegenden denselben Nahmen giebt. Ich fand auf dem *Arrayal* zufällig den *Capitam Mor* ANTONIO DIES DE MIRANDA, den Commandanten dieses bedeutenden Distrikts, der mich in seinem jetzt unbewohnten Hause gastfreundschaftlich empfieng und beherbergte.

Arrayal da Conquista ist der Hauptort dieses Distrikts, der ungefähr so viel bedeutet als eine *Villa* an der Küste. Er besteht aus etwa 30 bis 40 kleinen niedrigen Häusern, und einer jetzt noch im Bau begriffenen Kirche. Die Bewohner sind arm, daher haben die reichen Gutsbesitzer dieser Gegend, die Familie des *Coronel* JOÃO GONSALVES DA COSTA, der *Capitam Mor* MIRANDA und noch einige andere den Bau derselben bis jetzt auf ihre Kosten betrieben. Aufser dem nöthigen Lebensunterhalt, welchen die Bewohner aus den Pflanzungen ziehen, erhält diese Gegend etwas Nahrung durch den Absatz der Baumwolle und der Ort selbst durch den Ochsenhandel, welcher nach *Bahia* getrieben wird; auch werden die vom *Rio S. Francisco* kommenden *Boiadas* hier durchgetrieben, und man sieht zuweilen in einer Woche über 1000 Ochsen nach jener Hauptstadt ziehen. Dieses Vieh wird auf dem weiten Wege bis in diese Gegend gewöhnlich mager; alsdann läfst man es hier eine Zeit lang in der Weide gehen, um es erst wieder sich erholen zu lassen. Ein grofser Theil der Bewohner sind Handwerker und müfsige junge Leute, welche mancherley Unordnungen veranlassen, da hier keine Polizey ist. Trägheit und leidenschaftlicher Hang zu geistigen Getränken sind Hauptzüge dieser Leute, daher sind Streitigkeiten und Ausschweifungen sehr häufig; auch fliehen die besseren und angeseheneren Bewohner der Gegend diesen übelberufenen Ort, und leben auf ihren *Fazendas* im Lande zerstreut. Sehr oft wurden wir Fremden hier von Betrunkenen belästigt, und es kostete uns oft sehr viele Mühe diese unangenehmen zudringlichen Menschen wieder los zu werden. Da einer gefährlichen Landessitte gemäſs, jedermann sein Stilet oder Dolch im Gürtel trägt, so fallen unter diesem rohen unmoralischen durch keine Aufsicht gezügelten Volke, nicht selten Mordthaten und Gewaltthätigkeiten vor, wie denn auch vor wenigen Wochen einer der Bewohner einen anderen durch einen Flintenschuſs verwundet hatte. Es ist aus diesen Gründen dem Reisenden anzurathen, daſs er zu *Arrayal da Conquista* die möglichste Vorsicht gebrauche, um sich und seine Leute vor Unannehmlichkeiten zu bewahren. Naturforscher finden hier unter den Bewohnern immer einige Jäger, welche zur Anschaffung naturhistorischer Gegenstände gebraucht werden können. Man verschaffte mir hier unter anderen den brasilianischen Fuchs, der eine Nacht vorher die Hühner der Bewohner heimgesucht hatte. Dieses Thier ist AZARA's *Aguarachay*, eine fahl graugelbliche und weisgrauliche Art, die ohne Zweifel über ganz Süd-Amerika verbreitet ist; denn es ist sehr wahrscheinlich, daſs die grauen surinamischen, vielleicht selbst die virginischen Füchse von dieser Art sind. In den meisten Gegenden der Ostküste nennt man dieses Thier *Cachorro do Mato*, zu *Conquista* aber verwechselte man es mit einer anderen Art und nannte es *Raposa*. Vergleicht man seine Bildung und Farbenvertheilung aufmerksam mit der des pensylvanischen Fuchses (*Canis griseo-argenteus, Renard tricolor*), so findet man im Allgemeinen viel Aehnlichkeit, und es ist eine Frage, ob der *Aguarachay* nicht als eine durch das Clima erzeugte Abart des anderen betrachtet werden muſs. Die Lage von *Conquista* ist übrigens nicht unangenehm, besonders wenn man aus der Vertiefung eines sanften Thales gegen den hohen, sanft abgerundeten Waldrücken hinblickt, an dessen dunkelbewaldetem Abhange der Ort in einem weiten länglichen Quadrate erbaut ist, dessen obere Seite die in der Mitte desselben stehende Kirche auszeichnet. Rundum ist alles dichter dunkeler Wald, daher zeigt sich das Quadrat als ein hellgrüner Wiesen-Platz, mit seinen darauf erbauten Häusern sehr angenehm. Vor Zeiten war diese ganze Gegend Wald und Wildniſs. Ein *Conquistador*, ein unternehmender *Capitam* aus Portugal, kam als ein Abenteurer mit einem bewaffneten Trupp zuerst hier her, und bekriegte die damals diesen Landstrich bewohnenden Urbewohner, die *Camacans*, die sich bis in die Gegend der jetzigen *Villa da Cachoeira de Paraguaçú* oder bis zu dem Wohnsitze des Stammes der *Cariri* - oder *Kiriri*-Nation ausgedehnt haben sollen. Er eroberte den Platz und gründete das *Arrayal*, dem man den Nahmen *Conquista* beylegte. Nachdem er sich endlich mit den Wilden in ein Einverständniſs eingelassen und den Anfang gemacht hatte sich anzubauen, bemerkte er, daſs seine Soldaten sich von Tag zu Tag verminderten; er erfuhr endlich, daſs die Wilden sie einzeln unter mancherley Vorwand in ihre Wälder lockten und sie daselbst tödteten. Ein Soldat, den ein Indier auf solche Weise so weit in den Wald geführt hatte, daſs er sich nun seiner bemächtigen zu können glaubte, war stark genug den *Camacan* mit seinem Messer zu tödten, und öffnete bey seiner Zurückkunft in das *Arrayal* dem Commandanten über das treulose Betragen der Indianer die Augen. Dieser lud nun, nachdem er vorher seine Leute die Waffen hatte bereit halten lassen, alle Wilden zu einem Feste ein, und als die sorglose Menge nichts ahndend sich der Freude überlieſs, schloſs man sie plötzlich von allen Seiten ein, und tödtete sie gröſstentheils. Seitdem zogen sich die Wilden mehr in die Waldungen zurück, und das *Arrayal* erhielt Ruhe und Sicherheit. Die zunehmende Bevölkerung schränkt nun diese Wilden immer mehr ein, sie leben aber jetzt noch einzeln in kleinen *Rancharias* oder *Aldeas* (Dörfern) vereint, zum Theil kaum gekannt in den groſsen Wäldern, welche sich vom *Rio Pardo*, am *Rio dos Ilhéos* bis zum *Rio das Contas* ausdehnen. Sie reichen hier nicht ganz bis zur Seeküste hinab, denn dort streifen beynahe bis zu dem letztgenannten Flusse einzelne Gesellschaften der *Patachos*. Die den portugiesischen Ansiedlungen näher gelegenen *Aldeas* der *Camacan*-Indier pflanzen Mays, Baumwolle und Bananen, sind aber dem ungeachtet noch völlig roh; sie gehen zum Theil noch nackt und ihre Hauptbeschäftigung bleibt immer die Jagd. Die Regierung hat Directoren, welche Portugiesen sind, in diese Dörfchen eingesetzt, um jene Wilden zu civilisiren; allein dieses Mittel fruchtet nur wenig und sehr langsam, da die Directoren selbst rohe Menschen, oft Soldaten oder Seeleute und eben nicht geeignet sind, sich Vertrauen zu erwerben. Man tyrannisirt die armen Indier, gebraucht sie wie Sclaven, verschickt sie, kommandirt sie zum Wegebau, zum Holzhauen, zu weiten Bothengängen, bietet sie gegen feindliche *Tapuyas* auf, und bezahlt sie gar nicht, oder nur sehr schlecht, weshalb sie denn auch, bey der ihnen noch immer einwohnenden Liebe zur Freiheit, sehr gegen ihre Unterdrücker eingenommen sind.

Ich hatte auf der Reise durch die Urwälder noch völlig rohe *Camacans* gesehen, jetzt war ich daher begierig ein Dorf dieser Leute zu besuchen, welches eine Tagreise vom *Arrayal* entfernt war, in den hohen Urwäldern an der schon früher erwähnten *Serra do Mundo Novo* liegt, und den Nahmen *Jiboya* trägt. Der dahin führende Pfad ist wild und uneben und mäfsige Anhöhen wechseln ununterbrochen mit kleinen Thälern ab. Bey dem Eintritt in diesen Weg ist die Gegend noch etwas bewohnt, das Land ist vom Holze befreyt und zu Pflanzungen benutzt; allein bald vertieft man sich in Waldungen, welche eine einsame erhabene Urwildnifs bilden. Sie haben besonders an ihrer vorderen Gränze geschlossene Dickungen von dem hohen *Taquarussú*-Rohre, in welchen wir den schwarz und weifsen Würger (*Lanius picatus*, Linn.) zum ersténmale fanden. Weiterhin sind die hohen Waldbäume mit den sonderbarsten Schlinggewächsen verflochten; an den faulenden Urstämmen wuchern Farrenkräuter, *Piper*, *Begonia*,

Epidendrum, *Cactus* und andere Pflanzengeschlechter und die hier herrschende einsame Stille wird von dem lauten Rufe der scharlachrothen *Araras* und des *Çurucuá* (*Trogon*) oder anderer Vögel unterbrochen. Hier wo der Freund und Forscher der Natur bey jedem Schritte von neuen interessanten Gegenständen unterhalten wird, müfste man lange verweilen, und sich in diese Wildnifs vertiefen können, um den neuen jetzt zuerst erblickten Thieren nachzueilen. Mancherley schöne Vögel unterhielten uns, unter andern war hier der bunte *Manakin* mit zwey verlängerten Schwanzfedern (*Pipra caudata*, Lath.) sehr häufig, und wir schossen eine schöne neue *Tangara* (*) mit hochgelb gefärbtem Scheitel. Durch mancherley Abwechslungen der Gegend, welche dem Reiter ein kaum gangbares Pfädchen zeigt, erreichten wir das Wiesenthal *Jiboya*, und von hier aus rundum von hohen geschlossenen Urwaldungen umgeben, die kleinen stillen Hütten jener Indier, die jetzt schon anfangen sich in den Willen ihrer Unterdrücker zu beugen und ihre Sitten und Gebräuche anzunehmen. Diese Wohnungen waren von einem dichten Gebüsche von Bananen-Bäumen eingeschlossen, hinter welchen sich unmittelbar gleich den Pfeilern eines Säulenganges die hohen Urstämme dicht aneinander gedrängt und mit tausendfältigen Gewächsen verflochten gleich einer Wand erhoben; aus ihrem Dunkel schallte häufig die angenehme Stimme der Taube hervor, welche die Portu-

---

(*) *Tanagra auricapilla*: 6 Zoll 2¼ Linien lang, 8 Zoll 11 Linien breit; Scheitel hochcitrongelb; Stirnrand, Seiten des Scheitels und Augengegend schwarz; Gegend des Ohres, unterer Theil der Backen und ganzer Oberkörper olivengrau, am Rücken etwas dunkeler; Flügel und Schwanz schwarz; über die ersteren läuft in der Mitte quer hin eine breite weifse Binde; alle Vorderfahnen, so wie die beyden hintersten Schwungfedern sind gänzlich schwarz; alle unteren Theile vom Schnabel an sind sanft-röthlichgelb und diese Farbe ist gegen die schwarzen Federn des Mundwinkels nett abgesetzt. Dem Weibchen fehlt der gelbe Scheitel. Diese *Tangara* scheint Azara's *Lindo brun à huppe jaune* Vol. III. pag. 244 zu seyn, doch ist in diesem Falle die Angabe der Farben von dem spanischen Schriftsteller sehr oberflächlich und selbst unrichtig behandelt worden.

giesen *Pomba margosa* (*Columba locutrix*) nennen. Die Bauart jener Hütten ist einfach von Holz und Letten und sie sind mit Baumrinden gedeckt. Die Bewohner, welche zum Theil schon etwas bekleidet, zum Theil aber noch völlig nackt einher giengen, pflanzen Mays, Bananen, Mandiocca, etwas Baumwolle, und Bataten in Menge; zufrieden mit den Produkten, wie sie die Mutter Natur ihnen reicht, waren sie indessen bis jetzt noch zu träge sich Farinha zu bereiten.

Herr *Capitam Mor* MIRANDA, der in der Nähe in den grofsen bergigen Wildnissen eine Menge Rindvieh wild erzieht, hatte zufällig jetzt hier Geschäfte und fand sich mit uns zugleich ein, welches mir den interessanten Anblick eines Tanzes dieser Indier verschaffte. Als ein sehr wohldenkender Mann ist er überall geliebt, und Reisende dürfen es nicht versäumen, seine Bekanntschaft zu machen, da er überdies die erste Person in diesem Distrikte ist. Ich brachte die Nacht in seiner Gesellschaft zu *Jiboya* hin, und kehrte alsdann am folgenden Tage mit ihm nach dem *Arrayal* zurück.

Ich lasse nun einige Worte über den Stamm der Urbewohner folgen, deren einsame Wohnsitze ich hier besucht hatte.

Die *Camacan*-Indianer sind in ihrem Körperbaue wenig von ihren Brüdern an der Ostküste unterschieden; sie sind wohl gewachsen, mäfsig grofs, stark, breitschulterig, mit markirt indianischem Gesichte, und schon von ferne daran kenntlich, dafs sie, selbst die Männer, ihr langes starkes Haar den Rücken hinabhängen lassen (*). Ihre Haut hat eine schöne braune oft ziemlich dunkele, oft mehr gelbliche oder röthliche Farbe. Sie gehen gröfstentheils nackt und nur theilweise etwas bekleidet; im ersteren Falle tragen die Männer an einem gewissen Theile des Köspers die *Tacanhoba*, welche bey den *Botocudos* auf der 14ten Platte Figur 4 abgebildet worden

---

(*) Viele amerikanische Stämme, besonders die Urvölker von *Guiana*, halten lange Haare für ein Zeichen der Freiheit, daher schneiden sie dieselben ihren Sclaven ab, so wie diefs auch bey Trauerfällen gebräuchlich ist. Siehe BARRERE pag. 128.

ist, und die von den *Camacans* mit der Benennung *Hyranayka* belegt wird. Das Haar der Augenbrauen und des Körpers rupfen sie aus, oder schneiden es ab und durchbohren zuweilen das Ohr mit einer Oeffnung von der Gröfse einer Erbse. Ihre Hautfarbe pflegen sie zuweilen durch aufgetragene Pflanzensäfte zu verändern, besonders durch *Urucú* und *Genipaba*, auch noch durch eine andere rothbraune Farbe, welche sie *Catuá* nennen und aus der Rinde eines mir unbekannten Baumes ziehen. Am *Rio Grande de Belmonte* habe ich des Ueberrestes eines indischen Stammes erwähnt, welcher sich selbst gegenwärtig noch *Camacan* nennt, aber von den Portugiesen den Nahmen *Meniän*, nach deutscher Aussprache etwa *Meniäng*, erhalten hat. Wie ich aus den erhaltenen Nachrichten schliefse, so sind diese *Meniäns* wirklich ein versprengter, völlig ausgearteter Zweig der *Camacans*, die aber heut zu Tage nicht mehr rein sind, da die meisten von ihnen schon krauses Negerhaar und eine schwärzliche Farbe haben, auch, ein Paar alte Leute ausgenommen, nichts mehr von ihrer Sprache wissen. Die Sprachproben, welche ich später von ihnen geben werde, sind aus der angegebenen Ursache auch nicht mehr als ächt anzunehmen, und die Abweichungen, welche man von der Sprache der wahren *Camacans* finden wird, dürfen den Sprachforscher in diesem Punkte nicht irre führen, da es eine anerkannte Erfahrung ist, dafs unter den amerikanischen Urvölkern Trennungen einzelner Stämme, Familien und Horden oft Einflufs auf die Sprache gehabt haben, so dafs man mancherley Mundarten und Abweichungen bey verschiedenen Zweigen einer und derselben übrigens völlig übereinstimmenden Nation findet. Man wird auch unter diesen Worten der *Meniäns* verschiedene Ausdrücke finden, welche sie von anderen sie umgebenden Nationen angenommen haben.

Die *Camacans* waren ehemals ein unruhiges, freiheitliebendes, kriegerisches Volk, welches den portugiesischen Eroberern jeden Schritt streitig machte, und nur nach bedeutenden Niederlagen genöthigt ward, sich tiefer in die Waldungen zurück zu ziehen, bis die Zeit auch bey ihnen nach und nach ihren Einfluſs äuſserte. Dennoch blieben ihnen die ursprünglich angebornen Charakterzüge treu, denn Freiheit und Vaterlandsliebe äuſsern sich noch jetzt lebhaft bey ihnen; ja es hält schwer sie von ihrem Geburtsorte hinweg zu bringen, und nur ungern kommen sie zu den Europäern in die bebauten Gegenden, auch kehren sie, wie alle jene Wilden, lieber in ihre finsteren Wälder wieder zurück. Durch häufige Beyspiele von den tyrannischen Maſsregeln der Weiſsen vorsichtig gemacht, versteckten sie selbst ihre Knaben und jungen Leute im Walde, als wir ihre Wohnungen besuchten. Sie haben sich nach und nach an feste Wohnsitze gewöhnt, an Hütten von Holz, selbst mit Letten erbaut, und mit Tafeln von Baumrinden gedeckt. Zum Schlafen bedienen sie sich nicht der Netze, wie die Stämme der *Lingoa geral*, welche die Küste bewohnten, sondern sie bereiten in ihren Hütten Schlafstellen (*Camas*) von Stangen auf vier Pfählen, welche sie mit Bast (*Estopa*) bedecken. Die Kinder pflegen mit den Hunden auf der Erde zu liegen. In manchen Zügen scheinen diese Leute mit den alten *Goaytacases* etwas übereinzustimmen. Sie bereiten Kochgeschirre von grauem Thone, so wie überhaupt unter ihnen weit mehr Kunstfertigkeiten gefunden werden, als unter den Stämmen der Ostküste. Das Bedürfniſs animalischer Nahrung wissen sie, da sie keine Hausthiere besitzen (*), durch ihre Geschicklichkeit im Jagen zu befriedigen, aber sie kennen auch sehr gut die Vortheile, welche ihnen aus der Cultur gewisser nützlicher Gewächse hervorgehen. Sie pflanzen um ihre Hütten herum eine Menge Bananenstämme, Mays, Mandiocca, deren Wurzeln sie gebraten essen, und Bataten. Die Baumwolle cultiviren sie ebenfalls in kleinen Quantitäten und verarbeiten sie geschickt zu Schnü-

---

(*) Die *Camacans* besitzen keine andere Hausthiere als Hunde, welche sie von den Europäern erhalten haben; ein Beweis, daſs in Amerika ursprünglich keine Hirten- oder Nomadenvölker existirten. Hierüber siehe von Humboldt in der Beschreibung seiner Reise Vol. II. pag. 160.

ren, besonders die Weiber wissen den Faden äufserst nett zu drehen, und künstliche vierfache Schnüre daraus zu verfertigen. Sie verarbeiten dieselben zu mancherley Endzwecken, besonders aber zu ihren Kleidungs- oder Putzgegenständen und zu ihren Waffen. Unter den ersteren ist ein Hauptgegenstand das *Guyhí*, oder die Weiberschürze, Tafel 21. Figur 4. Sie besteht in einem künstlich mit feinen Schnüren übersponnenen Stricke, mit ein Paar grofsen Quasten an den Enden, von welchem eine Menge andere runde Schnüren herabhängen, um eine Schürze zu bilden; der Strick wird von den Weibern um die Hüften gebunden und es sind diese Schürzen das einzige Kleidungsstück derselben, da wo sie noch in einem etwas rohen Zustande leben; früher kannten sie auch dies noch nicht, sondern giengen völlig nackt, oder späterhin mit einem um die Hüften gebundenem Stück Baumbast. Ueber die Geschicklichkeit mit welcher diese rohen Menschen die Schnüre jener Schürzen zu bearbeiten verstehen, kann man sich nicht genug wundern; zu gröfserer Verzierung pflegen sie dieselben wohl mit der *Catuá*-Farbe rothbraun und weifs zu färben. Ein zweytes Stück aus der Hand dieser Waldnymphen, sind die von Baumwollenschnüren geknüpften Säcke, welche sie jedesmal umhängen, sobald sie die Hütte verlassen. Diese sind von geknüpfter oder geschlungener Arbeit, und werden weifs oder gelblich und rothbraun abwechselnd mit *Catuá* gefärbt, dabey haben sie einen ebenfalls geknüpften Riemen, mit welchem sie über die Schulter getragen werden. Die Männer führen beständig solche Beutel, wenn sie auf die Jagd ziehen, ich habe dieselben Figur 5 auf der 21ten Platte abbilden lassen.

Die Waffen der *Camacans* zeigen, dafs auch selbst die Männer dieses Volkes mehr angeborene Kunstfähigkeit besitzen, als die der anderen Stämme der *Tapuyas*. Ihr Bogen (*Cuang*) ist stark, schön glatt polirt von dunkel schwarzbraunem *Braúna*-Holz, und viel besser gearbeitet als bey den übrigen Stämmen; längs seiner ganzen Vorderseite hinab führen sie eine Hohlkehle, die indessen etwas weniger tief eingeschnitten ist als bey den *Machacaris*; diese Bogen übersteigen die Höhe eines Mannes und sind sehr elastisch und stark. Die Pfeile (*Hoay*) sind besonders nett gearbeitet. Sie unterscheiden sich in ihren drey Arten nicht von denen der übrigen Stämme, allein sie haben, wie bey den *Machacaris*, unter der Spitze einen langen Aufsatz von *Braüna*-Holz, und unten steht der Rohrschaft weit über die Befiederung hinaus, unter welcher sie noch zwey kleine Büschelchen von bunten Federn anzubringen pflegen. Die Befiederung des Pfeiles ist von schönen rothen und blauen *Arara*-Federn gewählt, äußerst genau gebunden und gesetzt, und die Bunde sind gewöhnlich abwechselnd mit weiß und rothbraun gefärbter Baumwolle sehr zierlich gewickelt. Bogen und Pfeil sind auf der 21ten Tafel, Figur 1 und 2 vorgestellt. Sie bereiten auch zur Zierde gewisse Pfeile, welche mit vieler Kunst durchaus von festem schönem Holze so dünn und schlank gearbeitet werden, wie man es von solchen rohen Händen und bey so schlechten Instrumenten nicht erwarten sollte. Diese Pfeile sind von dunkelbraunem *Braüna*-Holz oder von schön rothem Brasilienholz gemacht, äußerst glatt und glänzend polirt und die Bewickelung daran ist mit gefärbter Baumwolle, weiß und rothbraun auf eine zierliche Art gemacht, wie Figur 3 auf der 21ten Tafel zeigt. Auf ähnliche Weise verfertigen sie lange glatte Stäbe, welche man vor Zeiten zuweilen in den Händen ihrer Anführer sah. Bey feyerlichen Gelegenheiten, besonders bey ihren Tänzen, sieht man auch jetzt wohl noch auf ihren Häuptern eine Mütze von Papageyfedern, welche sie *Scharó* nennen, und die besonders nett gearbeitet ist. Auf einem Netze von Baumwollenfäden knüpfen sie eine jede Feder einzeln an, so daß auf dem oberen Theile der Mütze ein großer kronenartiger Busch von den Schwanzfedern des *Jurú* (*Psittacus pulverulentus*) oder anderer Arten von Papageyen steht, aus dessen Mitte sie gewöhnlich ein Paar große *Arara*-Schwanzfedern hervortreten lassen. Der ganze Busch ist grün und roth und nimmt sich recht hübsch aus. Die 1te Figur auf der 22ten Platte giebt eine genaue Abbildung dieses Putzes, auch auf der Vorstellung des Tanzes der *Camacans* Tafel 20 sind sie vorhanden. Die Federmützen, welche die Stämme der Urvölker am Amazonenflusse trugen, als die Portugiesen und Spanier sie zuerst besuchten, waren gerade auf die hier bey den *Camacans* beschriebene Art gemacht, wovon man sich noch gegenwärtig in dem Museum zu *Lisboa*, an der dort aufbewahrten schönen Sammlung von Federzierathen überzeugen kann, auch trugen nach BARRERE die Völker in *Guiana* ähnliche Mützen.

Bey ihrer Geschicklichkeit zu allen Handarbeiten sind diese Leute jetzt, nachdem ein Theil von ihnen einen geringen Grad von Cultur angenommen hat, den Portugiesen sehr nützlich. Besonders zur Urbarmachung der Ländereyen sind sie sehr brauchbar, denn das Niederhauen der Waldungen geht ihnen sehr schnell von statten, da sie mit der Axt besonders geschickt arbeiten. Sie sind geübte Jäger und vortreffliche Bogenschützen, wie ich davon öfters Zeuge gewesen bin, und viele von ihnen verstehen mit der Flinte recht gut umzugehen. Man gebraucht sie jetzt gegen die Einfälle der *Botocudos* am *Rio Pardo*, wozu sie von dem über sie gesetzten *Capitam* PAULO PINTO aufgeboten werden. Sie fürchten die *Botocudos*, welche ganz kürzlich vor meiner Anwesenheit unter ihnen, einige ihrer Leute am *Rio Pardo* erschossen haben, daher sahen sie besonders aufmerksam und mit Ingrimm den jungen Botocuden QUÄCK an, welcher sich in meiner Gesellschaft befand. Sie sollen übrigens brav seyn, und öfters Gefangene von jenen Barbaren gemacht haben. Friedlich sie besuchende Fremde empfangen sie sehr gut, und als im Jahre 1806 der *Capitam Mor* JOÂO DA SYLVA SANTOS eine ihrer *Aldeas* im *Sertam* besuchte, ward er feyerlich empfangen. Der Anführer war roth bemahlt, den Kopf, die Füfse und Vorderarme ausgenommen; auf dem Kopfe trug er eine jener schönen Federmützen, über die Schulter eine dicke rothgefärbte baumwollene Schnur mit zwey Quasten von Thierzähnen und *Anta*-Hufen; seine Haare hiengen lang den Rücken hinab, in der Hand führte er einen langen Staab (*Vara*) von rothem, ohne Zweifel Brasilienholz, schön und glatt gearbeitet. Ueber und unter jedem Auge hatte er einen rothen Halbmond gemahlt. *Caüi* fehlte bey dieser Gelegenheit nicht und sie tanzten die ganze Nacht hindurch. Den Europäern pflegen sie aufser ihren Waffen und Kunstarbeiten Lichter von Wachs zu verkaufen, welche hier in den Waldungen, wenn man sie brennt, einen angenehmen Geruch von sich geben; diese Lichterchen bereiten sie sehr gut in langen Schnüren, wickeln sie künstlich in längliche Bündel zusammen und kleben aufsen um dieselben herum grofse Blätter; aufser dem Wachse verkaufen sie aber auch Honig, welchen sie in Menge aus den hohen Waldbäumen ausnehmen. Der Honig ist eines ihrer beliebtesten Nahrungsmittel; sie sind übrigens nicht eckel in ihrer Kost, denn ich fand Füfse des *Anta* in ihren Hütten, welche völlig in Fäulnifs übergegangen waren und dennoch als ein Leckerbissen von ihnen verzehrt wurden. Das Fleisch des *Tatu verdadeiro* (*Tatou noir*, Azara) sollen sie dagegen nicht essen, da es doch für die Europäer ein beliebtes Gericht ist.

Die Männer behandeln ihre Weiber, wie bey den meisten rohen Völkern, etwas streng, dennoch nicht übel. Ein Theil dieses Volks, der mit den Portugiesen in näherer Berührung lebt, spricht schon einigermafsen portugiesisch. Ihre eigene Sprache klingt barbarisch, wegen ihrer vielen Kehl- und Nasentöne, dabey brechen sie die Endungen der Worte kurz ab, reden auch leise und mit halbgeöffnetem Munde. Haben sie eine gute Jagdbeute gemacht, oder sonstige Gelegenheit zur Freude, so findet man sie sehr aufgelegt, ein Fest mit Tanz und Gesang zu feyern; alsdann kommen ihrer viele zusammen, und beginnen diese Lustbarkeit auf folgende Art. Sie schneiden den dicken Stamm eines *Barrigudo*-Baums (*Bombax*), welcher ein weiches, saftiges Mark enthält, quer durch und höhlen ihn aus, lassen aber unten einen Boden stehen; auf diese Art entsteht ein Faſs, welches zwey bis zwey und ein halb Fuſs hoch ist, und welches sie auf einer ebenen Stelle, zwischen oder neben ihren Hütten aufstellen. Während dieses von den Männern ins Werk gerichtet wird, sind die Weiber beschäftigt *Caüi* von Mays oder Mandiocca zu machen. Zwölf oder sechzehn Stunden vorher kauen sie die Mayskörner (denn sie lieben diese Frucht am meisten zu diesem Endzwecke, bedienen sich aber auch der Bataten dazu und speyen dieselben in ein Gefäſs, in welchem sie mit warmem Wasser gähren; alsdann schütten sie das Gemisch in das Faſs von Baumrinde, wo es zu gähren fortfährt; jetzt macht man Feuer unter dasselbe, nachdem es durch Eingraben seines unteren Theiles in die Erde festgestellt worden ist. Die ganze Tanzgesellschaft hat sich indessen gehörig aufgeputzt, die Männer sind mit schwarzen Längsstreifen, die Weiber mit halbbogenförmigen concentrischen Kreisen über jeder Brust, und mit Streifen im Gesichte u. s. w. bemahlt. Einige setzen ihre Federmützen auf und stecken bunte Federn in die Ohren; einer von ihnen führt in der Hand ein Instrument von einer Menge von *Anta*-Hufen, welche in zwey Bündeln an Schnüren befestigt sind; sie nennen dasselbe *Herenehediocá*, es dient den Takt anzugeben und giebt ein lautes Klappern, wenn es geschüttelt wird; die 3te Figur auf der 22ten Platte zeigt eine Abbildung davon. Zuweilen gebrauchen sie auch ein kleineres Instrument, welches sie *Kechiech* (deutsch auszusprechen) nennen, Figur 2 auf der 22ten Platte, welches aus einer Calebasse an einem Stiele von Holz besteht, in welche man einige kleine Steine gethan hat, und das, wenn es geschüttelt wird, ebenfalls ein Geklapper hören läſst. Dieses Instrument ist wahrscheinlich mit den *Maracas*, den Hausgötzen der *Tupinambas*, oder anderer brasilianischer Urvölker verwandt, welche diese auch bey ihren Tänzen gebrauchten; selbst im nördlichen Amerika, zum Beyspiel in *Florida* haben die Spanier in früheren Zeiten dergleichen gefunden (*). Der Tanz beginnt nun: vier Männer gehen etwas nach vorne über geneigt, mit abgemessenen Schritten hinter einander im Kreise herum, alle singen mit geringer Modulation Hoy! Hoy! He! He! He! und einer von ihnen rasselt dazu mit dem Instrumente abwechselnd, bald stärker, bald schwächer, nachdem er es für passend hält. Die Weiber mischen sich nun ein; je zwey und zwey einander anfassend, legen sie die linke Hand an den Backen, und gehen abwechselnd Männer und Weiber bey dem Schalle jener schönen Musik stets im Kreise um ihr beliebtes Faſs herum. In der heiſsesten Jahreszeit tanzen sie in der Mittagsstunde auf diese Art im Kreise herum, daſs ihnen der Schweiſs in Strömen vom Leibe flieſst. Sie gehen dann abwechselnd zu dem Fasse, schöpfen mit einer *Cuia* und trinken *Caüi*. Die Weiber begleiten den Gesang mit lauten halbhohen Tönen, die sie ohne alle Modulation geradehin ausstoſsen, und gehen dabey mit gebeugtem Kopfe und Oberleibe. Auf diese Art werden sie nicht müde die ganze Nacht hindurch zu tanzen, bis das Faſs ausgeleert ist. Eine anschauliche Vorstellung einer solchen Lustbarkeit giebt die 2te Platte. Es scheint, daſs diese Tänze einige Aehnlichkeit mit denen der *Coroados* in *Minas Geraës* haben (**). Zuweilen sollen sich die Tänzer auch in zwey Reihen stellen, und gegen einander tanzen, so daſs immer eine Linie die andere zurücktreibt. Bey diesen festlichen Gelegenheiten soll, nachdem man die Nacht hindurch getanzt hat, auch oft noch ein anderes Spiel statt finden. Um ihre Kraft zu zeigen laufen die jungen Männer nach dem Walde, hauen dort ein schweres cylinderförmiges Stück eines *Barrigudo*-Astes ab, welches, so lange sich der Saft noch darin befindet, sehr ins Gewicht fällt, und stoſsen an jedem Abschnitte einen Stock

---

(*) Hierüber siehe Barrere pag. 156 und Southey's history of Brazil I. pag. 635. Die Fuſsschellen, deren sich viele Völker von Brasilien und Guiana bey ihren Tänzen bedienten, habe ich bey den *Camacans* nicht gefunden.

(**) Siehe von Eschwege Journal von Brasilien Heft I. Seite 142.

hinein, um es besser anfassen zu können. Dieses Stück Holz ergreift nun der erste beste von ihnen, legt es auf seine Schulter und läuft damit nach Hause zu; alle übrigen folgen ihm schnell nach, und suchen ihm die Last abzunehmen. Auf diese Art wetteifern sie bis zu der Stelle, wo die Schönen versammelt sind, und ihnen ihren Beyfall bezeigen. Oft ist das Holz so schwer, daß einer oder der andere der rüstigen Ritter Schaden nimmt. So wie sie ankommen, pflegen sie sich, völlig in Schweiß gebadet, sogleich in den Fluß zu stürzen, um sich abzukühlen, wodurch schon mancher seinen Tod gefunden haben soll.

Wenn ein *Camacan* krank wird, läßt man ihn ruhig liegen; kann er noch gehen, so verschafft er sich selbst seine Nahrungsmittel, im anderen Falle soll er völlig hülflos bleiben. Diese Gleichgültigkeit gegen Kranke und Hülflose bezeugen viele Schriftsteller, unter anderen GUMILLA von den Völkern am *Orinoco*, wo diese Unempfindlichkeit eben so auffallend ist, als der Gleichmuth mit dem sie Schmerzen ertragen und selbst den Tod erwarten (*). Arzneyen haben sie wenige; ein Mittel indessen, welches sie für wirksam halten, besteht darin, den Kranken, nach Art der *Bogaier* oder *Semmeli* der *Arowacken* und anderer Völker in *Guiana*(**), mit Tabacksrauch zu beblasen. Der Patient verhält sich leidend bey der Operation, und der Arzt murmelt dabey einige Worte, die man leider nicht versteht. Stirbt ein Kranker, so vereinigen sie sich um ihn her, beugen die Köpfe über den Todten hin, und heulen Tage lang heftig, Männer und Weiber. Dieses Weinen ist erkünstelt und dauert oft sehr lange, sie ruhen sich abwechselnd etwas aus und wenn man die Trauer für beendigt hält, so hebt sie plötzlich mit erneuerter Kraft wieder an. Der Todte soll oft lange über der Erde bleiben. Die Seelen der Verstorbenen sollen sie als ihre Götter ansehen, dieselben anbeten und ihnen die Gewitter zuschreiben.

(*) Siehe GUMILLA histoire de l'Orenoque T. I. pag. 328.
(**) QUANDT Nachrichten von Surinam Seite 61.

Sie glauben auch, daſs ihre Verstorbenen, wenn sie im Leben nicht gut behandelt worden sind, als Unzen wiederkehren, um ihnen zu schaden; daher sollen sie ihnen ins Grab eine *Cuia, Panella* (Kochtopf) etwas *Caüi*, so wie Bogen und Pfeile mitgeben. Diese Gegenstände legen sie unter den Todten; dann füllen sie die Grube mit Erde, und zünden ein Feuer darauf an.

Um diese wenigen Nachrichten über den merkwürdigen Stamm der *Camacans* noch etwas zu vervollständigen, will ich hier noch hinzufügen, was die Corografia über diesen Gegenstand sagt, da dieses Buch bis jetzt in Deutschland nur wenigen Lesern bekannt seyn dürfte. „Die *Mongoyóz* (auszusprechen Mungoyós; den Nahmen *Camacan*, den sich dieses Volk selbst beylegt, scheint die Corografia gar nicht zu kennen), mit welchen im Jahre 1806 ein Friede zu Stande gebracht wurde, fand man in sechs bis sieben wenig volkreiche Dörfer in der Nachbarschaft und nördlich vom Flusse *Patype* (*Rio Pardo*) vereiniget. Eine jede Familie lebt in ihrer Hütte getrennt, und Alle pflanzen verschiedene Arten von Bataten, Kürbissen, Iniamen, Wassermelonen und vortreffliche Mandiocca (hier ist die Rede von der *Mandiocca-doçe* oder *Aipi*), auch sammeln sie groſse Quantitäten von Honig. Nirgends sind sie so wenig ökonomisch als bey der Benutzung der Bienen. Sie nehmen selbst bey denjenigen, welche man in ihren Wohnungen findet, Wachs und Thiere miteinander heraus, und reinigen das Ganze durch eine Art von Schwinge; Wachs und Bienen werden in einer gewissen Portion Wasser zerlassen, wodurch ein berauschendes Getränk entsteht, welches sie fröhlich stimmt und zuweilen selbst wüthend macht. Sie bereiten noch ein anderes geistiges Getränk durch einen Aufguſs auf gestampfte Bataten und Mandioccawurzel, der bald in Gährung übergeht."

„Die Väter geben ihren neugebornen Kindern einen Nahmen, ohne alle weitere Ceremonien. Sie beweinen die Todten, und beerdigen sie nackt in sitzender Stellung (*). Sie singen und tanzen nach dem Schalle eines Instru-

---

(*) Diesen Gebrauch des Begrabens in sitzender Stellung sollen sie jetzt nicht mehr haben.

ments, welches eben so einfach als wenig sonor ist und aus einem mit einer dünnen Schnur bespannten Bogen besteht (*). Die Weiber tragen zierlich gearbeitete baumwollene Franzen, welche ihnen vorne beynahe bis zu den Knieen herabreichen. Die Männer verbergen den Geschlechtstheil in einem Geflechte von Palmblättern (**), übrigens aber bedecken sie ihren wohlproportionirten Körper nicht. Sie bringen den gröfsten Theil ihrer Zeit in den Wäldern auf der Jagd, oder beschäftigt mit Aufsuchung der verschiedenen Arten der Früchte hin. Die Verfertigung irdener Gefäfse ist die einzige Kunst, welche sie üben; sie benutzen die Rehfelle, um Blasebälge daraus zu machen, und fangen am Halse an, wenn sie die Haut des Thieres abziehen wollen. Der Hund ist nach ihrer Ansicht das nützlichste der Hausthiere, und auch das einzige, das sie für die Jagd erziehen. Den Europäer beneiden sie am meisten wegen seiner eisernen Instrumente. Ihre Heilmittel bestehen in Pflastern von gekaueten Kräutern, in Bädern und gekochten Getränken, welche sie sämmtlich durch Erfahrung und durch Ueberlieferung ihrer Voreltern kennen gelernt haben. Bogen und Pfeile sind ihre einzigen, sowohl für den Krieg als die Jagd hinreichenden Waffen. Diejenigen *Mongoyóz*, welche die christliche Religion angenommen haben, ziehen die Flinte jenen Waffen vor."

(*) Das Instrument, dessen die Corografia hier erwähnt, habe ich unter den *Camacans* nicht gefunden; sie haben dasselbe aber vielleicht in einigen den Portugiesen nahe gelegenen Dörfern oder *Aldeas* von den Negersclaven angenommen, welche ein solches besitzen und häufig zu spielen pflegen.

(**) Dieses Futteral von *Issara*-Blättern ist Tafel 14. Fig. 4 abgebildet, da es mit dem der Botocuden vollkommen übereinkommt.

Die Jagd der Unze.

VII.

Reise von Conquista nach der Hauptstadt Bahía und Aufenthalt daselbst.

Mahlerisches Thal von Uruba. Cachoeira. Coronel JOÃO GONÇALVES DA COSTA. Rio das Contas. Fluſs Jiquiriçá. Laje; Unangenehmer Vorfall daselbst. Gefangenschaft zu Nazareth das Farinhas. Fluſs Jagoaripa. Insel Itaparica. Çidade de S. Salvador da Bahía de Todos os Santos.

Um von *Arrayal da Conquista* durch den inneren *Sertam* der *Capitania* von *Bahia* nach der Hauptstadt zu gelangen, hat man mehrere Wege. Die Hauptstraſse von *Minas Novas* und *Minas Geraës* dahin, führt über die *Villa de Cayté* und *Villa do Rio das Contas* nach *Villa da Cachoeira de Paraguaçú*. Eine andere hingegen läuft, dem *Arrayal*, wo ich mich befand, näher, am Flusse *Gavião* hinab; man erreicht sie von hier in zwey Tagreisen; sie ist aber ein Umweg. Die Straſse nach der Hauptstadt, welche die *Boiadas* aus der Gegend von *Conquista* zu nehmen pflegen, ist die nächste; auch ich wählte diese, da sie von wenigen Reisenden betreten wird, um so mehr, da am *Gavião* kürzlich Räuber einige Tropas überfallen haben sollten. Die genannte Straſse für die *Boiadas*, welche in der trockenen Jahrszeit ziemlich gut ist, hat bis über die *Fazenda* von *Tamburil* hinauf, der *Coronel* JOÃO GONÇALVES

DA COSTA auf seine Kosten anlegen lassen, wofür er, wie für mehrere ähnliche gemeinnützige Unternehmungen, zu denen er einen grofsen Theil seines Vermögens verwandte, bisher noch nicht von der Regierung entschädigt worden ist. Wenn man das *Arrayal* verläfst, so tritt man in eine einförmig wilde, hohe Waldgegend, wo Hügel an Hügel und Kopf an Kopf gereihet, Gebürge und Höhen, eine hinter der andern dem Auge sich darstellen; alle sind einförmig wild mit niederem Walde bedeckt, so wie auch selbst das *Arrayal* rundum von Waldungen eingeschlossen wird. Diese weiten schwach bewohnten Wildnisse waren vor etwa 60 bis 70 Jahren noch von den Urbewohnern, den *Camacans*, bevölkert, die jetzt sämmtlich schon in die grofsen Hochwälder, der Seeküste näher hinabgedrängt sind, wo ihnen noch lange ein freies unangefochtenes Jagdrevier bleiben wird.

Ich fand jetzt in den menschenleeren Wäldern in der Nähe von *Conquista* nur Beschäftigung durch die mannichfaltigen Gewächse, deren Blumen zum Theil die lieblichsten Wohlgerüche dem Wanderer entgegen hauchten, ehe man sie selbst noch entdecken konnte. Einzelne Wohnungen oder *Fazendas*, deren man gewöhnlich nach einem Wege von drey, vier, fünf bis sechs Legoas eine erreicht, unterbrechen nur selten die Einförmigkeit dieser Reise. Ich übernachtete am Abend des ersten Tages auf der *Fazenda* von *Priguiça*, wo sich ein nettes, mit Backsteinen geplattetes Haus befand, das sich vor den anderen dieser Gegend vortheilhaft auszeichnete, ob es gleich nicht grofs war. In der Abenddämmerung ertönte in den benachbarten Waldsümpfen das sonderbare Concert des schmiedenden Laubfrosches (*Ferreiro*), welches dem Lärm eines vereinten Haufens von Blechschlägern gleicht; es war uns aber nicht möglich eines jener sonderbaren Thiere zu fangen.

Einer meiner Leute, welcher später der Tropa nachgefolgt war, hatte mit seinem Stocke auf einem niederen Baumzweige die grofse Nachtschwalbe erlegt, deren früher unter dem Nahmen des *Caprimulgus œthereus* erwähnt worden ist. Diese Vögel sind in den Wäldern häufig, und nähren sich besonders von Schmetterlingen, deren gröfsere Arten, dem prachtvoll blauen *Papilio Nestor* und *Menelaus*, so wie dem weifsen *Laërtes*, Fabr. sie nachstellen. Da dieser sonderbare Dämmerungsvogel, dessen ungeheuer weiter Rachen zum Fange dieser Insekten vollkommen geeignet ist, die grofsen Flügel derselben nicht mit verschluckt, so sieht man dieselben überall auf der Erde umhergestreut liegen. Ich fand in den Wäldern dieser Gegend auch noch eine andere wahrscheinlich bis jetzt unbekannte schöne Art der Nachtschwalben (*), welche sich durch eine lebhaft orangenfarbene Iris auszeichnet. Die obengenannten beyden Arten schöner Schmetterlinge bemerkten wir besonders häufig am zweyten Tage unserer Reise, als wir

(*) *Caprimulgus leucopterus*: so nenne ich diese schöne Art, welche ich in keinem naturhistorischen Werke beschrieben finde. Weibchen: 11 Zoll 6 Linien lang, 22 Zoll 6 Linien breit; Iris des Auges hoch orangenfarben; Schnabel sehr breit und gebildet wie an *Caprimulgus grandis*; Ferse sehr kurz und nackt, kaum 4 Linien hoch; Flügel schmal und lang; Schwanz aus 10 ziemlich gleichen Federn bestehend, nur die äufserste von ihnen ist ein wenig kürzer; Gefieder bey dem ersten Anblicke ziemlich dunkel schwarzbräunlich, nur bilden die gröfseren hinteren Flügeldeckfedern einen langen weifslichen Fleck auf diesen Theilen; Bauch heller als der übrige Körper, ins Weifsliche ziehend; Kopf schwarzbraun, über jedem Auge ein gelblich weifses Fleckchen und ein ähnlicher Streif bis nach dem Schnabel; Hinterkopf mit feinen blafs-gelbröthlichen Querlinien auf schwarzbraunem Grunde; Nacken und Oberhals etwas mehr mit weifslicher Zeichnung versehen; Rücken schwarzbraun mit feiner weifslicher oder gelbröthlicher Querzeichnung, Unterrücken mehr schwarzbraun; Schultern schwarzbraun, die mittlere Ordnung der Deckfedern so wie die hinteren der gröfsten Ordnung sind weifs, und an ihrer Spitze und äufseren Fahne schwarzbraun marmorirt; Schwanz schwarzbraun, sehr dunkel, mit etwa sieben blässer darauf abgezeichneten verloschen marmorirten Querbinden; innerer Flügel schwarzbraun; Kinn weifslich, die Federn aber an der Spitze etwas gelblich und schwärzlich gefärbt; Kehle graubraun und gelblich gemischt, Unterhals und Oberbrust eben so, nur mehr gelbröthlich gefleckt, und mit grofsen schwarzbraunen Flecken bezeichnet; Bauch, After und Steifs grauweifslich, fein marmorirt, dabey an Brust und Bauch mit feinen Schaftstrichen. Das Männchen ist heller oder mehr weifslich gefärbt als das Weibchen.

Priguiça verliefsen. Hier war der Wald höher, schattenreicher und mehr geschlossen als am ersten Tage; die grofsen Schmetterlinge flatterten in bedeutender Anzahl hoch oben an den Gipfeln der Bäume, wo sie von einer unendlichen Menge duftender, weifslicher und gelblicher Baumblüthen angelockt wurden, daher war es nicht möglich einen einzigen derselben mit dem Netze zu erreichen. In den Strahlen der blendenden Mittagssonne blitzen die Flügel dieser prächtigen Insekten ungemein schön, besonders wenn man von einer Höhe auf sie herabsieht; die himmelblauen Flügel des *Papilio Menelaus* schillern dann das herrlichste violet, die des *Nestor* blau, in verschiedenen Schattirungen, und der grofse bläulich weifse *Laërtes* des FABRICIUS ist ebenfalls in diesen Wäldern sehr häufig, dabey leichter zu fangen als der *Menelaus*. Diese beyden prächtigen blauen Schmetterlinge findet man schon südlich in der Gegend von *Rio de Janeiro* häufig; überhaupt bilden diese schönen Insekten die gröfste Zierde der Wälder; hierhin gehört auch besonders der schwarz und goldgrün gestreifte *Papilio Leilus*, welchen wir zu *Villa Nova de Almeida* und am *Mucuri* besonders häufig fanden. Er ist daselbst in offenen Gegenden selbst an der See ziemlich zahlreich. Ich habe im ersten Theile dieser Reisebeschreibung gesagt, dafs in einer gewissen Gegend die *Nymphales* am zahlreichsten wären; ich bemerke daher, dafs die Schmalflügler (*Heliconii*), in der von mir bereisten Gegend, im Allgemeinen die zahlreichste Familie der Schmetterlinge ausmachen. Sie flattern überall in den Wäldern umher, besonders der Feuerfleck, *Heliconius Phyllis*, ferner *Sara*, *Egena* mit ihren mancherley Verwandten und Varietäten, so wie mehrere andere. Auf offenen Wiesen und Triften ist wohl einer der gemeinsten der *Papilio Plexippus* FABR., der selbst in Nord-Amerika gefunden wird; in den grofsen Urwäldern überall der klappernde Schmetterling, der ein solches Geräusch, wahrscheinlich mit seinem Saugrüssel hervorbringt, und schon von LANGSDORF zu *Sta Catharina* erwähnt ward, so wie *Climena*

(CRAMER Tab. XXIV. F.), welcher die Zahl 88 auf der unteren Seite seiner Flügel trägt. Andere schönere Arten sind seltener, zum Beyspiel *Dimas*, *Zacynthus*, *Polydamas*, *Mutius*, *Dolicaon* u. s. w.

Da die Hitze an diesem Tage groſs war, so suchten die erschöpften Lastthiere emsig das Wasser, welches uns beynahe einen Verlust zugezogen hätte; denn das eine derselben warf sich plötzlich in einem Waldsumpfe nieder, so daſs das Moorwasser in die Kisten eindrang, und die darin befindlichen Gegenstände beynahe unbrauchbar machte. Dergleichen Zufällen ist der Reisende in diesen Einöden häufig unterworfen, und verliert zuweilen durch unbändige Maulthiere, durch Nachläſsigkeit der *Tropeiros*, oder durch Regenwetter die Frucht angestrengter Bemühungen und langer beschwerlicher Reisen.

Nachdem ich den Urwald verlassen hatte, trat ich in eine Gegend von hohen sanft abgerundeten Hügeln ein, welche mit niederen Gesträuchen oder mit weiten Gehägen einer *Samambaya* (Farrenkraut, *Pteris caudata*) bewachsen war. Dieser Farren hat die Eigenschaft, daſs er gesellschaftlich weite Strecken Landes, gewöhnlich wüste Heiden im Walde überzieht, eine sonst seltene Erscheinung in dieser Gegend von Brasilien und wahrscheinlich in allen heiſsen Ländern, da in diesem Clima die Gewächse selten gleichartig vereint vorzukommen pflegen, wie in den gemäſsigten und kalten Gegenden unserer Erde (*). Die jungen Triebe des hier erwähnten Farren sollen das Rindvieh tödten, wenn es davon genieſst. Eine ähnliche Wirkung in Absicht auf die Pferde schreibt man einer hier wachsenden Art von *Bromelia* zu. Da seit langer Zeit kein Regen gefallen war, so er-

---

(*) Hierüber siehe v. HUMBOLDT De distributione geographica plantarum pag. 50. Zu diesen Gewächsen gehören im östlichen Brasilien *Conocarpus*, *Avicennia*, mehrere Arten von *Rhexia*, einige hohe Rohrarten (*Bambusa?*). Das *Ubá* und *Taquaruſsú*, die Küsten-Zwergpalme, mehrere *Filices*, besonders die *Pteris caudata*, mehrere Grasarten, *Cecropia*, *Bignonia* u. s. w.

schienen diese Einöden jetzt völlig verdorrt; solche Trockenheit tödtet in manchen Gegenden des *Sertam* von *Bahia* eine Menge Rindvieh und verursacht bedeutenden Schaden; daher sieht man sich oft genöthigt, das Vieh alsdann aufzusuchen und es nach feuchteren Gegenden zu treiben. Oft steckt man auf diesen trockenen Höhen das Farrenkraut in Brand, um durch diese Düngung dem Boden etwas Gras für das Vieh zu entlocken.

Doch hat selbst in diese öden dürren Heiden die Natur Gewächse gepflanzt, welche der Trockenheit vortrefflich zu widerstehen scheinen; zu diesen gehört besonders eine schöne *Bignonia* mit grofsen hoch-citrongelben Blumen, welche 8 bis 10 Fufs hoch wird, und eine *Cassia* mit grofsen aufrechten, hoch-orangenfarbenen Blumenähren; beyde geben einen vorzüglich schönen Anblick. Dieser letztere Baum ist schon früher erwähnt worden; er macht mit seinem hellgrünen Laube eine grofse, völlig kugelförmig geschlossene Krone, aus welcher jetzt die noch grünen, sehr langen gegliederten Schoten herabhiengen. In den Gebüschen steigt hier eine Art von Palme empor, die höchstens 20 bis 30 Fufs hoch wird und zu der Cocosform gehört, der einzigen auf dieser Reise von mir gefundenen Palmenbildung; ihre Blätter (*frondes*) stehen am Stamme etwa vier- bis fünfzeilig, und die Fruchttraube trägt Früchte von der Gröfse einer kleinen Aprikose, die mit orangenfarbigem süfslichem Fleische überzogen sind. Die *Araras* lieben diese Frucht besonders und brechen die darin befindliche Nufs mit ihrem Schnabel sehr leicht; auch für Menschen ist der innere Kern efsbar, und das Vieh frifst das umgebende Fleisch sehr gern. Man belegt diese Palme in der Gegend von *Nazareth* mit dem Nahmen der *Cocos de Licuri*, sie darf aber nicht mit der im ersten Theile dieser Reise erwähnten *Aricuri* verwechselt werden, mit welcher sie, besonders in Hinsicht der Früchte, Aehnlichkeit hat.

In den trockenen erhitzten Höhen, welche wir durchzogen, fielen Menschen und Thiere gleich gierig über einige klare Bäche her, welche wir in den Thälern fanden; ihr Wasser war gut und kühl, ob man gleich sonst im Allgemeinen in diesem *Sertam* äußerst schlechtes Trinkwasser findet. Dieses Mangels an gutem Wasser zum Löschen des Durstes ungeachtet sind, wie der Reisende leicht bemerkt, in diesen höheren trockenen Gegenden die Fieber ungleich seltener, als in den großen Küstenwäldern. Diejenigen, welche in den von mir bereisten Gegenden herrschen, zeichnen sich jedoch vor denen anderer Provinzen sehr durch einen weit milderen Charakter aus; so hat man zum Beyspiel am *Rio S. Francisco* in der Zeit wenn der Fluß von seinem hohen Stande herabfällt, Epidemien, welche viele Menschen wegraffen, und besonders fremden, des Climas ungewohnten Reisenden sehr leicht gefährlich werden.

Gegen Abend erreichte ich eine alte verlassene *Fazenda*, *Taquara* genannt, wo nur ein Paar elende Lehmhütten in einem sehr baufälligen Zustande sich befanden; sie waren durchaus umgeben von einigen Gebüschen, von weiten dürren Gehägen von Farrenkraut (*Pteris caudata*) und an einigen Stellen von dichten Gesträuchen einer 3 bis 4 Fuß hohen Pflanze, einer neuen Art von *Tagetes*, die einen starken sehr angenehmen Geruch verbreitet. Hier fanden wir einen Vieh-*Coral*, den die vorüberziehenden *Boiadas* gebrauchen, um während der Nacht ihre Ochsen hineinzutreiben. Wir versuchten in den Hütten zu übernachten, allein eine unzählige Menge von Flöhen und Erdflöhen bedeckte sogleich alle unsere Kleidungsstücke und wir hielten es daher für rathsamer im freien Felde ein Bivouac zu beziehen. Man zündete die Feuer an um zu kochen, und durchstreifte die nahen Gebüsche nach dürrem Brennholze, wobey einer meiner Leute ganz in unserer Nähe, neben dem einen der Gebäude eine Klapperschlange (*Cobra Cascavela*) entdeckte. Das Thier lag, als wir sämmtlich hinzu kamen, in größter Ruhe da, und schien sich wegen der ungewohnten Beschauer nicht im mindesten zu beunruhigen, so daß es uns nicht schwer ward, es mit einem kleinen Stöckchen, vermöge einiger

Schläge auf den Kopf zu betäuben und zu tödten. Der übrige Rest des Abends wurde nun der Betrachtung unserer Beute gewidmet, welche nachher in einem zu dieser Absicht mitgeführten Fäfschen mit Branntwein conservirt wurde. Aus diesem Vorfalle ist es einleuchtend wie unrichtig und übertrieben die Schilderungen dieses Thieres in vielen naturhistorischen Werken sind; denn diese Schlange kann, wie auch BARTRAM erzählt, nur dann gefährlich werden, wenn man sich ihr unbemerkt zu sehr genähert und sie dadurch zur Vertheidigung gereizt hat. Man wird unter den verschiedenen Geschlechtern dieser Reptilien nicht leicht eine von trägerem Naturell finden, als die Klapperschlange (*Crotalus horridus*, LINN.), welche DAUDIN sehr gut beschrieben hat; sie erreicht eine Länge von fünf bis neun Fufs und für diese Ausdehnung eine beträchtliche Dicke; ihre Farbe ist sehr einfach, graubraun, allein mit helleren und dunkleren rautenförmigen Zeichnungen angenehm abwechselnd.

Kaum hatte die Morgendämmerung der feuchten Nacht ein Ende gemacht, so war unsere Tropa schon beladen und in Bewegung. Wir durchzogen eine weite, mit niederen Gebüschen und mit Weide abwechselnde Wildnifs. Schön hochgelb blühende *Cassia*-Stämme, Bignonien, Mimosen und *Licuri*-Palmen bilden hier den Kern der Gebüsche, daher hat die Landschaft bey einem rauhen wilden Charakter, dennoch mahlerische Ansichten. Tiefe Thäler durchschneiden wild diese steil sich erhebenden Höhen, in den Tiefen ist finsterer Wald, überall rothgelber Lettenboden, und allenthalben erscheinen die gelben kegelförmig aufgethürmten Gebäude der Termiten. Zur Belebung der Landschaft dient hie und da Rindvieh, welches scheu die ungewohnte Erscheinung der Wanderer anstaunt. Hier lebt der Perikit mit orangenfarbenem Bauche (*Psittacus cactorum*) und die kleine lang geschwänzte Taube (*Columba squamosa*) sehr häufig. In den trockenen *Catinga*-Wäldern und Gebüschen dieser Gegend kann man sich nicht genug vor den kleinen an den Seiten des Weges befindlichen

Zweigen schützen; denn sie sind wörtlich genommen, mit unzähligen kleinen *Carapathos* (*Acarus*) inkrustirt, wovon sie völlig röthlich gefärbt erscheinen. Berührt man ein solches Aestchen, so empfindet man bald ein unbeschreibliches Jucken über den ganzen Körper; denn diese jungen Thiere von der Gröfse einer Nadelspitze verbreiten sich überall und sind so peinigend, dafs man weder bey Tag noch bey Nacht Ruhe findet, bis man sich ihrer entledigt hat. Beynahe unsere ganze Gesellschaft litt an diesem quälenden Uebel, und es giebt dagegen kein anderes sicheres Mittel, als den ganzen Körper mit eingeweichtem Rauchtaback anzustreichen, wovon sie sogleich sterben. Diese beschwerlichen Insekten sind, in den inneren trockenen Gegenden von Süd-Amerika, eine der gröfsten Unannehmlichkeiten für den Reisenden und sie ersetzen die *Mosquitos* der feuchten wasserreichen Urwälder vollkommen. Es giebt deren, welche eine bedeutende Gröfse erreichen, und oft schlimme Wunden verursachen, wenn sie nicht mit gehöriger Vorsicht ausgezogen werden; die kleineren jungen Thiere sollen bey unreinlichen Menschen sogar oft Hautkrankheiten erzeugen. In *Paraguay* nennt man dieses Insekt *Vinchuca* (*) und im französischen *Guiana Tique* (**). An den Zweigen der Bäume sahen wir grofse Haufen junger schwarzer Heuschrecken (*Gryllus*), ein Geschlecht, welches in Brasilien eine grofse Menge von Arten zählt, wovon einige sehr grofs, andere aber schön gezeichnet sind. Die grofsen Züge dieser Thiere indessen, welche Azara (***) beschreibt, habe ich nicht gesehen, es scheint, dafs sie mehr in den ebenen offenen Gegenden vorkommen.

Ich erreichte das kleine *Arrayal* von *Os Possões*, wo der Geistliche ein grofser Liebhaber von starken Getränken zu seyn schien, da er in hohem Grade betrunken war. Der Ort hat etwa 12 Häuser und eine kleine

---

(*) Azara Voyages etc. Vol. I. pag. 208.
(**) Siehe Barrere Beschreibung von *Cayenne*, die deutsche Uebersetzung pag. 49.
(***) Azara Voyages etc. Vol. I. pag. 214.

Kapelle von Letten erbaut. Nicht fern von hier beginnt das Gebiet des *Capitam Mor* Antonio Dies de Miranda, welcher gewöhnlich die *Fazenda* von *Uruba* bewohnt, wohin er mich eingeladen hatte. Sein Vater, der *Coronel* João Gonçalves da Costa, so wie mehrere seiner Söhne besitzen gemeinschaftlich ein bedeutendes Stück Land, wo sie eine sehr einträgliche wilde Viehzucht unterhalten. Der Weg nach *Uruba* führte mich meist durch vertrocknete Gebüsche im Sandboden, wo ich sehr häufig drey neue noch nicht gesehene *Cactus*-Arten fand. Die eine derselben zeichnet sich durch sehr starkwollige junge Triebe aus, und eine andere durch hochrothe, kopfförmig vereinte Blüthen an den Enden der Zweige, gleich unsern Disteln, welche beynahe die Farbe der Blumen des *Cactus flagelliformis* haben. Diese Gegend zeigte wenig Abwechslung, der Boden bestand überall aus gelbrothem Thone, und nur die *Cocos de Licuri* erheiterte, wiewohl spärlich, diese trockene wilde Landschaft. Die prachtvollen hochrothen *Araras* sind hier äufserst häufig, sie setzten sich oft sehr in unserer Nähe auf die unteren Aeste der höheren Bäume im Schatten nieder. Die Hitze war sehr drückend, da kein Lüftchen sie milderte und der trockene Lettenboden, so wie der weifse Sand die glühenden Strahlen der Mittagssonne zurückwarfen. Wir durchritten mehrere *Corregos* mit trübem salzigem Wasser (*Agoa salobra*); allein zwey andere, welche trefflich kühl und klar waren, stärkten und erquickten uns, besonders der crystallhelle Bach *Uruba*, der sich im dunkeln Schatten der Gebüsche zwischen schönen mit Kräutern grün bewachsenen Ufern dahin windet.

Gegen Abend erreichte ich ansehnliche Höhen, wo wir in der Nähe eines Vieh-*Corals*, etwa eine halbe Stunde von der *Fazenda* zu *Uruba* lagerten. Die Nacht war still und angenehm; ein heller Mondschein zeigte die benachbarten Höhen in mannichfaltiger Beleuchtung; wir vernahmen die ganze Nacht hindurch eine Menge von Thierstimmen, da die lästigen *Carapathos* uns den erquickenden Schlaf entzogen. Als der Morgen anbrach und die umliegende Gegend erleuchtet war, fand ich mich höchst angenehm durch eine äufserst reizende Aussicht in ein tiefes Thal überrascht, in welchem die *Fazenda* von *Uruba* erbaut ist. Hohe Berge mit finsteren Urwäldern bedeckt, bilden daselbst einen tiefen Kessel, in dessen grünem, von dem Bache *Uruba* lieblich durchschlängeltem Grunde die rothen Ziegeldächer der Wohnungen sehr mahlerisch hervortreten. Ich begab mich nun dorthin und fand im Hause des Herrn *Capitam Mor* eine sehr biedere Aufnahme, obgleich der Hausherr nicht gegenwärtig war. Seine Familie, die, wie er selbst, in der ganzen umliegenden Gegend einer vorzüglichen Achtung geniefst, überhäufte mich mit Beweisen von Gastfreundschaft. Man trieb die Höflichkeit so weit, dafs man mir auf die Höhe des Berges, wo sich unser Bivouac befand, eine Menge von Lebensmitteln für meine ganze Tropa zusandte; mehrere Sclaven und Sclavinnen waren damit beladen. Gerne würde ich bey diesen guten Menschen länger verweilt haben; weil aber der Hausherr abwesend war, und mir deshalb ein längerer Aufenthalt keine bedeutende Vortheile gebracht haben würde, so entschlofs ich mich an diesem Tage noch meine Reise weiter fortzusetzen, und kehrte gegen Mittag, nachdem ich einige schöne redende Papageyen zum Geschenke erhalten hatte, zu meiner Tropa zurück. Wir brachen auf und erreichten heute noch die *Fazenda* zu *Ladeira*, die in einem äufserst tiefen Thale einer höchst gebürgigten Gegend liegt, und ebenfalls Eigenthum der Familie des *Capitam Mor* ist. Das Hinabsteigen durch den einförmigen, die ganze Gegend bedeckenden Wald war für unsere Maulthiere höchst beschwerlich, und die Unannehmlichkeit dieser Reise wurde durch ein heftiges Regenwetter bedeutend vermehrt, das uns den ganzen Nachmittag verfolgte. Als wir im Grunde des tiefen Thales angekommen waren, zeigten sich uns manche neue wilde Scenen; hohe alte Bäume behangen und verwyst von langen Zöpfen des Bartmooses (*Tillandsia*) von den Portugiesen *Barba do Pao* genannt, bildeten höchst sonderbare

Gestalten; hier waren die grofsen rothen *Araras* sehr häufig und wegen des Regens so wenig scheu, dafs sie auf den Bäumen sitzen blieben, unter welchen unsere lärmende Tropa hinabzog. Zu *Ladeira* fanden wir einige schlechte Hütten ziemlich geräumig von Letten und Holz erbaut, und von Negersclaven bewohnt, welche über das Rindvieh in den benachbarten Wildnissen die Aufsicht führen; auch befinden sich ansehnliche Pflanzungen von Baumwolle hier.

Sechs Legoas von hier entfernt wohnt der Vater des *Capitam Mor*, der *Coronel* João Gonçalves da Costa auf seiner *Fazenda* von *Cachoeira*. Die Bekanntschaft dieses Mannes, der zuerst diesen *Sertam* mit brauchbaren Wegen versah, und die Urbewohner in allen Richtungen bekriegte, wünschte ich vorzüglich zu machen, da ich durch ihn ohne Zweifel die sichersten Nachrichten von dieser Gegend erhalten konnte. Ich folgte dem Wege durch eine unwirthbare menschenleere Wildnifs, in welcher aneinander gedrängt, ein Berg hinter dem andern sich erhob; alle lagen einförmig mit dicht verflochtenem Niederwalde rauh und wild bedeckt, und mit hervortretenden Felsenmassen gemischt vor uns. Manche dieser Berge sind nackte und mannichfaltig geformte Steinmassen, oben meistens sanft abgerundet; an den vom Walde entblöfsten Stellen zeigte sich das Erdreich als ein gelbrother Thon. Gebüsche fein gefiederter stachlicher Mimosen, hier und da mit schön blühenden Pflanzen gemischt, unter welchen ich nur eines Prachtgewächses, einer neuen Art von *Ipomœa* mit hoch brennend-feuerfarbigen grofsen Blumen erwähnen will, bildeten zu beyden Seiten eine Einfassung des Weges. Die Felsmassen von den sonderbarsten Gestalten, oft gleich Thürmen oder Kanzeln einzeln über das Gebüsch hervortretend, sind überall in diesen Bergen von der kleinen *Cavia* bewohnt, welche unter dem Nahmen des *Mocó* schon früher erwähnt worden ist, und auf welche wegen ihres für schmackhaft gehaltenen Fleisches, häufig Jagd gemacht wird. Ehemals durchstreiften feindselige

Camacans diese weiten Wildnisse, und nur mit Lebensgefahr konnte der Reisende sich in dieselben wagen, bis man sie in die der Küste näher gelegenen Waldungen verbannte, und dort im Jahre 1806 den völligen Frieden mit ihnen zu Stande brachte. In diesen trockenen Felsenwäldern herrschte eine unglaubliche Hitze, kein Lüftchen wehete, und die Sonnenstrahlen wurden von allen Seiten zurückgeworfen; selbst der Boden war heiſs, Menschen und Thiere waren erschöpft, nur die stolzen *Araras* in unserer Nähe schienen sich hier jetzt recht zu gefallen; sie flogen schreiend umher, während selbst die meisten anderen Vögel auf einem schattigen Zweige ihre Mittagsruhe hielten. Wir entsagten derselben und setzten während der gröſsten Hitze des Mittags die Reise bis gegen Abend fort, wo wir die *Fazenda* in einer Ausbreitung des wilden Gebürgthales erreichten, und von dem anstrengenden Tagewerke ausruheten.

Zu *Fazenda de Cachoeira* haben die Neger um die Wohnung des *Coronel* João Gonçalves da Costa, durch ihre Hütten ein Dörfchen gebildet; die Lage desselben ist nicht reizend, sondern giebt einen traurigen todten Anblick, der mich an die Schilderungen afrikanischer Landschaften lebhaft erinnerte. Der Besitzer, dessen Haus kürzlich abgebrannt war, wohnt gewöhnlich auf einer benachbarten Pflanzung; er befand sich jetzt zufällig hier. Ich fand in ihm einen alten 86jährigen Greis, welcher noch rüstig und thätig war, und an Lebhaftigkeit des Geistes viele junge Leute übertraf; man erkannte noch, daſs er in seiner Jugend einen hohen Grad an Körperkraft, Muth und Unternehmungsgeist besessen haben muſste. Er empfieng mich sehr zuvorkommend und freute sich einen Europäer zu sehen. Seine Unterhaltung muſs einem jeden Reisenden belehrend und erfreuend seyn. In einem Alter von 16 Jahren trieb ihn seine Neigung fremde Länder zu besuchen, sein Vaterland Portugal zu verlassen und in diesen wilden Gebürgen des *Sertam* der *Capitania* von *Bahia* hatte sich ihm dann ein weites Feld vieljähriger Arbeit eröffnet. Mit vieler Entschlossenheit und Ausdauer, bekriegte er die *Patachos* (von ihm *Cutachos* genannt), die *Camacans* und die *Botocudos*. Er durchstreifte mit bedeutenden Unkosten und unter den anhaltendsten Anstrengungen jene Urwälder, beschiffte zuerst mehrere Flüsse, den *Rio Pardo*, *Rio das Contas*, *Rio dos Ilhéos*, so wie einen Theil des *Rio Grande de Belmonte*, und fand ihre Mündungen in die See, auch zum Theil ihren Zusammenhang unter einander. Am *Rio Pardo* schlug er sich zu wiederholten Malen mit den *Botocudos*. Oft fand er bey diesen Unternehmungen Gelegenheit seine große Entschlossenheit und Geistesgegenwart zu zeigen: so kam er zum Beyspiel eines Tages mit wenig Bewaffneten zufällig einer großen *Rancharia* der *Patachos* so nahe, daß es ihm unmöglich war auszuweichen; er verbarg sich daher möglichst schnell mit zwey Begleitern hinter und auf einem schräg liegenden Baumstamme, und ließ einige andere von seiner Begleitung die Wilden umgehen. Da er nicht hoffen durfte lange in dieser gefährlichen Lage unbemerkt zu bleiben, so faßte er einen raschen Entschluß, stürzte sich mit seinen beyden Begleitern mitten unter die sorglosen Wilden und brannte seine beyden Pistolen unter sie ab, worauf sie, von einem panischen Schrecken ergriffen, sämmtlich die Flucht nahmen und ihm noch einige Gefangene zurück ließen. Später hat er viele *Camacans* entwildert und getauft, und sie alsdann mit Vortheil auf seinen Zügen gegen andere Wilde gebraucht. Mit den Weißen vereint, so versicherte er mir, zeigen diese Leute immer viel Muth in Gefechten. Als er zuerst in dieser wilden Gegend sich anbauete, waren die Wälder voll von Raubthieren; er erlegte in dem ersten Monate allein 24 Unzen (*Yauareté*), und alsdann monatlich eine gewisse Zahl, die aber immer mehr abnahm, so daß er es endlich wagen durfte eine wilde Rindviehzucht hier anzulegen, welches wegen dieser gefährlichen großen Katzen im Anfange ganz unausführbar gewesen seyn würde. Später legte er alsdann mehrere Wege und Straßen an, worunter die, welche über *Tamburil* hinauf nach den Gränzen von *Minas Geraës* führt, die bedeutendste ist; sie kostete ihm viele Zeit und erforderte bedeutende Auslagen, welche ihm bis jetzt die Regierung nicht ersetzt hat. Statt dessen erhob man ihn zur Belohnung vom Range des *Capitam Mor* zum Grade eines Obristen (*Coronel*). Er brachte den gröfseren Theil seiner Mufse auf seinen Ländereyen und *Fazendas* hin, wo er grofse Pflanzungen von Baumwolle und Mays anlegte, auch höchst freygebig und zuvorkommend den Reisenden mit diesem letzteren Produkte aushilft. Der Fremdling, welcher diesen einsamen menschenleeren *Sertam* durchzieht, wird nie der gastfreundlichen Aufnahme vergessen, welche er bey der Familie des *Coronel* Da Costa, besonders bey seinem Sohne, dem *Capitam Mor* Miranda erfuhr; ihr Andenken lebt selbst in fernen Ländern fort, und stiftet ihnen ein unvergängliches Denkmal.

Von *Cachoeira* bleibt das Gebürge stets wild und einförmig mit Waldungen bis zu dem Thale des *Rio das Contas* bedeckt, welchen man von hier aus in einer Tagereise erreicht. Ich fand bey einer bedeutenden Hitze grofsen Wassermangel auf diesem Wege. Die *Corregos* sind von salzigem Geschmacke, wahrscheinlich weil diese Wasser salzige schwefelhaltige Erdschichten auflösen, denn sie sind selbst trübe und weifslich gefärbt. Termitenhügel und *Araras* sind die zoologischen Merkwürdigkeiten dieses Weges; beyde zeigen sich in grofser Anzahl. Aus dem Pflanzenreiche zeigte sich den Reisenden mancher interessante Gegenstand; unter andern schönen Gewächsen ein 4 bis 5 Fufs hoher Strauch mit grofsen gelben, inwendig violet punktirten Röhrenblumen und schönen grofsen Blättern. Von drückender Hitze und abwechselnd von Gewittern belästigt, setzten wir die Reise durch ununterbrochene niedere Waldungen fort; die *Corregos* waren gröfstentheils vertrocknet, und wir sehnten uns umsonst nach einem Labsale für den lechzenden Durst, bis gegen Abend das Gebürge sich etwas öffnete und uns herrliche Abstufungen von mannichfaltiger Abwechselung und Beleuchtung zeigte, aus welcher man sogleich auf die Nähe eines bedeutenden Flusses schliefsen konnte. Wirklich stiegen wir auch bald anhaltend hinab, bis wir das Ufer des Flusses erreichten.

Der *Rio das Contas*, ursprünglich *Jussiappe*, entspringt in der *Comarca da Jacobina*, und nimmt mehrere Flüsse auf. Er war hier an der Stelle, wo ich sein Ufer erreichte, kaum 60 Schritte breit, soll aber bald zunehmen, und seiner Mündung näher, beträchtlicher seyn (*). Wir durchritten ihn ohne Mühe, und fanden an seinem nördlichen Ufer ein Paar Hütten, in denen der Grundeigenthümer dieser Gegend, *Coronel* DE SA, ein Paar Familien seiner Negersclaven angesiedelt hat und eine *Venda* hält, in welcher die Reisenden Mays, Branntwein- und Rapadura haben können. Der *Coronel* selbst bewohnt eine bedeutende *Fazenda* fünf Legoas weiter am Flusse hinabwärts. Die Ufer des *Rio das Contas* waren an der Stelle, wo ich sie sah, sehr mahlerisch; grüne mannichfaltig gebildete Waldberge erheben sich überall, am Fufse derselben sieht man hohe Gebüsche schöner schattenreicher Waldbäume, und hier und da grüne Weideplätze. Das Ufer selbst beschatten alte Mimosen mit ihrem zart gefiedertem Laube, aus deren Schatten der rauhe laute Ruf der *Araras* hervorschallt. Diese Gegend, welche noch sehr wenig bewohnt ist, wird im Allgemeinen als

(*) Die Corografia brasilica giebt T. II. pag. 101 von diesem Flusse folgende Nachricht: „Er hat seinen Ursprung und ersten Zuflufs in der *Comarca da Jacobina*; von der nördlichen Seite nimmt er auf den *Rio Preto*, *das Pedras*, den *Manageru*, den *Ribeirão d'Area*, den *Pires*, den *Agoa-Branca*, *Orico-guassu*, welche grofse Wälder durchfliefsen, in denen man zahlreiche Colonien anlegen könnte. Von der südlichen Seite nimmt er den Flufs *Grugungy* auf, der ihm an Stärke wenig nachgiebt, und dessen Hauptarm der *Rio Salina* ist. Die *Patachós*-Indianer beherrschen seine Nachbarschaft. Unter der genannten Vereinigung ist die Ansiedlung von *Dos Funis*, wo der Flufs getheilt mit Schnelligkeit und zwischen Felsstücken beynahe verborgen dahin eilt. Die Mündung des *Rio das Contas* (oder wie man auch wohl sagt *de Contas*) liegt etwa 10 Legoas südlich von der *Ponta Mutta*, und eben so weit nördlich von *Ilhéos*. *Sumacas* (zweymastige Schiffe, kleine Briggs) beschiffen ihn 4 Legoas weit aufwärts bis zu der ersten *Cachoeira*, wo sich eine volkreiche *Aldea* mit einer Einsiedeley befindet."

Fieber erzeugend angesehen; der alte *Coronel* Da Costa versicherte mich jedoch, daſs die Ursache dieser Epidemieen nicht in dem Clima selbst, sondern in der Fäulniſs einer groſsen Menge von Baumwollenkernen zu suchen sey, welche man alljährlich in den Fluſs zu werfen pflegte; seitdem man dieses abgestellt habe, hätten sich auch die Fieber verloren. Wir fischten öfters in den Flüssen dieser Gegend, dem *Ilhéos*, *Tahype* und anderen, kleine zarte Wasserpflanzen, wovon die eine, eine *Azolla*, auf der Oberfläche des Wassers, die andere, *Potamogeton tenuifolius*, Humb. und Bompl., etwas tiefer sich zeigte, und mit einer neuen Art von *Caulinia* vermischt war.

Die Wälder an den Ufern des *Rio das Contas* enthalten manche naturhistorische Merkwürdigkeiten. Ich bemerkte bey Annäherung des Abends eine groſse Menge von Kröten (*Bufo Agua*, Linn.) zum Theil von colossaler Gröſse, deren blaſs graugelbliche Haut auf dem Rücken mit irregulären schwarzbraunen Flecken bezeichnet war(*), und in den Sümpfen erschallte die klingende Stimme des *Ferreiro*. Die Jäger der Gegend versicherten mich allgemein, daſs man hier eine Art von *Jacù* (*Penelope*) finde, welche in anderen mehr südlich und der Küste näher gelegenen Gegenden nicht vorkomme; ich bekam diesen Vogel zwar nicht zu Gesicht, muſs indessen nach der Beschreibung vermuthen, daſs er Linné's *Penelope cristata* ist. Als wir uns in der Abenddämmerung nach unseren grasenden Maulthieren umsahen, fanden wir diese von einer Menge groſser Fledermäuse bedroht, welche mit lautem Geräusche ihrer Flügel dieselben umflatterten; es war indessen jetzt nichts gegen diese bösen Feinde zu unternehmen, da es schon zu dunkel war um sie zu schieſsen. Am folgenden Morgen bemerkten wir leider, daſs unsere Besorgniſs nicht ungegründet gewesen war, denn wir fanden unsere Thiere sämmtlich am Wieder-

---

(*) Daudin giebt in seiner Histoire naturelle des rainettes, des grenouilles et des crapauds Pl. XXXVII. eine ziemlich gute Abbildung von diesem Thiere.

risse sehr stark blutend, und es war nicht schwer zu erkennen, daſs mehrere solcher Aderläſse sie für den Gebrauch dieses Tages völlig untüchtig gemacht haben würden. Die Blattnasen (*Phyllostomus*) beiſsen eine bedeutende Oeffnung in die Haut, und saugen das Blut aus der geöffneten Ader, welches, nachdem sie sich gesättigt haben, noch lange zu flieſsen fortfährt. Koster erzählt, daſs man in manchen Gegenden ein Eulenfell an die Thiere hänge, um sie gegen diese schlimmen Feinde zu schützen (*). Zu welcher Art die hier in Menge sich aufhaltenden groſsen Blattnasen gehören, kann ich nicht bestimmen; doch vermuthe ich, nach der Angabe der Einwohner, daſs es *Guandirás* oder *Jandirás* (**) waren. Ich fand bey meiner Abreise von der genannten Stelle die Gebüsche und Wälder mit einer groſsen Menge schöner wilder Tauben angefüllt, welche ich anfänglich für junge Vögel der *Columba speciosa* hielt, von denen es mir aber höchst wahrscheinlich wurde, daſs sie zu einer besonderen Art gehören (***), die mir noch nicht vorgekommen war und deren Fleisch wir sehr schmackhaft fanden.

(*) Siehe Koster's travels etc. pag. 292.

(**) Das *Guandirá*, der von mir bereisten Gegenden, scheint eine von dem eigentlichen Wampir (*Phyllostomus Spectrum*) verschiedene Art zu seyn, welche ich *Phyllostomus maximus* nenne. Es übertrifft nicht nur den Wampir des Azara (Chauve-souris troisième ou chauve-souris brune) an Gröſse, sondern ist auch geschwänzt, ein Charakter, welcher dem letzteren gänzlich fehlen soll. Die Länge des *Guandirá* fand ich 5 Zoll 1 Linie, wovon der weiche nur in der Flughaut angedeutete Schwanz $7\frac{1}{2}$ Linien wegnimmt; Breite des ganzen Thieres 22 Zoll 10 Linien; Höhe seines äuſseren Ohres über dem Kopfe 8 Linien; Höhe des Nasenblattes zwischen 4 und 5 Linien; Länge des Daumen $5\frac{1}{2}$ Linien; Länge der Fersenstütze oder des Sporn $11\frac{1}{3}$ Linien. Die Farbe des Thiers auf seinen oberen Theilen ist dunkel-graubraun, zuweilen etwas mehr röthlich, an den unteren Theilen bläſser.

(***) *Columba leucoptera*: scheint gröſser als die *Trocaës* (*Columba speciosa*); Gestalt schlank; Schnabel schwärzlich, die Füſse taubenroth; ganzes Gefieder aschgrau, die Federn am Halse mit einer feinen schwärzlichen Bogenlinie bezeichnet; Uropygium lebhaft aschblau; die Federn des vorderen Flügelrandes sind weiſs, auch die, welche die Schwungfedern decken, daher der Flügel in dieser Gegend eine breite weiſse Einfaſsung erhält.

Ich folgte etwa eine Legoa weit dem Thale des Flusses, und wandte mich dann nördlich über das Gebürge. Hier leben äuſserst wenige Menschen, und überall überzieht dichter Urwald das Land, in welchem an vielen Stellen das Dickicht von *Bromelia*-Stauden und hohem Rohre (*Taquarussú*) undurchdringlich gemacht wird; hier findet sich häufig der schöne gehaubte Heher mit blauem Barte, der *Acahé* des Azara, (*Corvus cyanopogon*), welcher von den Bewohnern *Geng-Geng* benannt ist.

Einer meiner Leute, welcher mit bloſsen Füſsen neben den Maulthieren gieng, bemerkte noch zeitig genug eine nahe am Wege im trockenen Laube zusammengerollt ruhende Viper, um ihr einen tödtlichen Schlag beyzubringen. In Färbung und Gestalt schien sie bey dem ersten flüchtigen Blicke Aehnlichkeit mit der *Jararacca* zu haben; allein nach einer genaueren Betrachtung derselben, lernte ich eine von der letzteren ganz verschiedene Species kennen (*).

Unter mehreren von mir beobachteten Fällen erwähne ich den, wo ein Chinese ohnweit *Caravellas* bey einer *Fazenda*, in welcher ich mich gerade befand, von einer Schlange gebissen wurde. Da es schon spät und keine andere Hülfe zu finden war, so band ich den Fuſs über der Wunde, auf der zwey sehr kleine Tropfen Blut standen, scarificirte sie und sog,

(*) Diese Giftschlange gehört zu dem von Merrem aufgestellten Genus *Cophias* (siehe dessen Versuch eines Systems der Amphibien pag. 154.) und ist eine noch unbeschriebene Art, welche ich wegen ihres schönen Sammtglanzes *Cophias holosericeus* nannte. Sie ähnelt in ihrer Gestalt und Farbe sehr der *Jararacca* (*Cophias atrox*) wird in Brasilien auch gewöhnlich mit der letzteren verwechselt; sie unterscheidet sich aber bey genauer Betrachtung sehr. Ihr Kopf ist platt und an den beyden Kiefergelenken sehr stark heraus tretend, daher beynahe pfeilförmig; ein jeder dieser austretenden Flügel des Kopfes ist auf dunkelem Grunde mit einem hellen Längsstreif bezeichnet, der seine Entstehung über dem Auge hat. Die Farbe der oberen Theile ist dunkel-kaffeebraun mit vorzüglich schönem Sammtschimmer, dabey mit helleren Flecken bezeichnet, welche länglich rauten-förmig gestaltet, und deren auf dem Rücken befindliche sich gegenüber liegende Spitzen ausgerandet sind. Länge des Thiers 22 Zoll 6 Linien, wovon der Schwanz 3 Zoll 5½ Linien wegnimmt; Schwanzschuppen 46 Paar.

da niemand aus Furcht sich dazu verstehen wollte, das Blut lange Zeit aus. Nun brannte ich die Wunde mit Schiefspulver und machte Aufschläge von Kochsalz, welches ich auch nebst Branntwein innerlich gab.

Der Kranke hatte, so wie alle von Schlangen Gebissene, starke Schmerzen in dem Fuſse, und war sehr für sein Leben besorgt, vorzüglich da mehrere alte Leute mit der Behandlung nicht zufrieden waren, und ihm Thee von Kräutern kochten, welche ich nicht zu sehen bekam. Gegen Morgen verschwanden die Schmerzen und alle Besorgnisse; leider konnte die Art der Schlange nicht näher bestimmt werden, da er sie nicht getödtet hatte. Herr SELLOW theilte mir einen anderen gefährlicheren Fall mit. Der junge *Puri* des Herrn FREYREISS, den er zu *S. Fidelis* gekauft hatte, wurde im Oktober 1816, von einer Viper auf der Jagd in den Fuſs gebissen. Das Bein war etwas geschwollen, als er nach einer guten halben Stunde nach Hause kam. Man band den Fuſs, scarificirte die Wunde und saugte sie öfters aus; innerlich bekam er statt eines anderen schweiſstreibenden Mittels Branntwein. Nach mehrmaligem Ausbrennen mit Schiefspulver legte man den Kranken in ein Schlafnetz und streute Cantharidenpulver in die Wunde. Der Fuſs schwoll sehr an. Ein eben anwesender *Mineiro* brachte zwey Wurzeln, die er sehr rühmte; die eine war schwammig und geschmacklos, deshalb wurde sie verworfen; von der anderen, welche sehr bitter war und von der *Aristolochia ringens* zu seyn schien, wurde ein starker Thee gemacht. Ob ein erfolgtes Erbrechen von dem Thee, dem Branntwein, oder von dem Bisse herrührte, ist schwer zu entscheiden. Nach einer ruhigen Nacht waren Fuſs und Schenkel bis zum doppelten Umfange angeschwollen; der Kranke war so gereizt, daſs er bey dem geringsten Geräusche schrie und weinte. Da nach der Aeuſserung des *Mineiro* ein solcher Kranke kein weibliches Geschöpf ansehen durfte, so rief der junge Indier einem jungen Mädchen, sobald es sprach, sogleich zu: *Maria cala a boca!* Maria schweige still!

Da er Blut aus dem Munde auswarf, so gab man kein Mittel mehr; auf den Fuſs wurden ihm die Blätter (wahrscheinlich der *Plumeria obovata*) gelegt, welche der Kranke sehr lobte, da sie ihn vorzüglich kühlten; in die Wunde streuete man das Pulver der Wurzel dieser Pflanze. Er genaſs nun bald.

Auf einer kleinen Reise in der Nähe von *Rio de Janeiro* fand Herr Sellow einen von einer Schlange gebissenen Neger vollkommen erschöpft auf der Erde liegen. Sein Gesicht war aufgetrieben, er athmete heftig, und sollte aus Mund, Nase und Ohren geblutet haben. Man gab dem Kranken das Fett der groſsen Eidechse *Teiú* (*Lacerta Teguixin*, Linn.) ein, welches als gewöhnliches Arzneymittel in den Häusern der Brasilianer zu finden ist; vorher hatte man schon innerlich und äuſserlich einen Thee von einer Art *Verbena*, welche Herr Sellow *virgata* benennen wird, gegeben, welcher den Schweiſs befördern soll. Obschon Herr Sellow das Ende der Kur nicht abwarten konnte, so wird das Gesagte doch eine Idee von der Kurart solcher Kranken unter den brasilianischen Landbewohnern geben; überhaupt ist es dort wie bey uns: jeder kennt ein anderes Mittelchen, welches Vorzüge vor dem des anderen hat, welches gewiſs hilft und auch wohl geheim gehalten wird. Mehr anempfohlen wird das Abbeten einer gewissen Anzahl "Vater Unser, Ave Maria" u. s. w.

An Hunden fand ich eine, wahrscheinlich nach der Art der Schlange, sehr verschiedene Wirkung des Bisses. Einer meiner Jagdhunde wurde in den sandigen Gebüschen an der Küste von einer Viper in den Hals gebissen; sogleich schwoll dieser so wie der Kopf so unförmlich an, daſs man die Augen kaum finden konnte. Nach drey Tagen, während welcher Zeit ihm flüssiges Futter eingeschüttet werden muſste, verlor sich mit der Geschwulst die Krankheit; die Haut am Halse blieb aber immer schlaff und herabhängend. Der Hund hingegen, von dem ich im ersten Theile bey Gelegenheit meines Aufenthaltes zu *Villa Viçoza* erzählte, wurde Abends fünf Uhr ins Schulterblatt gebissen, und nachdem derselbe die ganze Nacht hindurch auf das heftigste geheult hatte und zum Theil sehr aufgeschwollen war, krepirte er des anderen Morgens um 10 Uhr.

Nach dieser kleinen Abschweifung kehre ich wieder zu der Erzählung der Reise zurück.

An einer kleinen vom Walde ringsum eingeschlossenen Wiese, welche den Nahmen *Cabeça do Boi* (Ochsenkopf) trägt, brachte ich eine Nacht ohne Hütten hin; hier wuchs in unserer Nähe eine *Aristolochia* mit höchst sonderbar gebauter colossaler Blume von gelblicher Farbe, mit vielen violetbräunlichen Adern durchzogen. Herr von Humboldt erwähnt einer ähnlichen grofsen Blume dieses Genus, deren Blüthen die Knaben gleich einer Mütze über den Kopf zogen. Um an der genannten Stelle etwas Trinkwasser zu erhalten, war ich genöthigt mehrere Leute zur Aufsuchung desselben auszusenden. Sie fanden nach langem vergeblichem Suchen eine ziemlich klare Pfütze auf einem Felsen im dunkeln Walde; auch gossen sie das Wasser in Schaalen zusammen, welches zwischen den steifen Blättern der Bromelien sich gesammelt hatte. Auf diese Art wurde es uns möglich Menschen, Hunde und Papageyen zu tränken; unsere armen Lastthiere aber, welche nicht zu der Felsenpfütze hinan steigen konnten, mufsten dursten bis zum folgenden Tage. Um ihre Qual möglichst bald zu lindern, brach ich am folgenden Morgen sehr früh auf, und durchzog wieder weite Waldungen, deren Bäume hier immer mehr an Höhe zunahmen, da man sich wieder der Seeküste nähert. Unter vielen uns neuen Gewächsen bemerkten wir drey verschiedene Arten von *Ilex*, mit schönen glänzenden, zum Theil grofsen Blättern. Die Rindviehheerden, welche man zum Verkaufe nach *Bahia* treibt, treten diese Waldstrafse bey nafser Witterung dermafsen aus, dafs die Thiere Gefahr laufen, die Beine zu brechen; überdies verursachen ihnen die steilen Höhen zum Theil sehr beschwerliche Hindernisse, vorzüglich wenn der steile fette Thonboden feucht und daher schlüpfrig geworden ist. Eine dieser Höhen besonders war äuſserst angreifend; denn man braucht eine ganze Stunde um ihren Gipfel zu erreichen. Ich fand hier starke Stämme des bauchigen *Bombax* oder *Barrigudo*-Baums, deren groſse weiſsliche Blüthen mit fünf schmalen länglichen Blättern in Menge auf der Erde umher gestreut lagen; es giebt mehrere Arten dieser bauchigen *Bombax*-Bäume, die sich durch die Gestalt ihrer Blätter sogleich unterscheiden lassen; mehrere haben gelappte, die hier genannten aber ungetheilte Blätter. An den Baumstämmen bemerkte ich häufig eine schöne grün gefärbte und mannichfaltig abwechselnde Eidechse, die nicht scheu war, welche aber ihren Kehlsack sogleich aufblieſs, wenn man sich ihr näherte; die Portugiesen haben ihr nach dieser Eigenschaft den Nahmen *Papa Vento* beygelegt(*)

Die nächsten Tagereisen führten mich durch hüglichtes Land, zum Theil mit weniger hohen Wäldern bedeckt, in welchen wir nur trübes und schlechtes Trinkwasser fanden. Hier wuchs in den Wäldern häufig

---

(*) *Agama catenata*, eine schöne noch unbeschriebene Art: Körper 3 Zoll 5½ Linien lang, Schwanz 6 Zoll 11 Linien, man findet aber gröſsere Individuen; Farbe hell grasgrün, Nasenspitze und die helleren Querstriche des Kopfes gelbgrün, schwärzlich nett eingefaſst, der übrige Oberkopf graubraun mit dunkleren Strichen; über den Rücken hinab läuft nebst einem kleinen ausgezackten Hautkamme eine Kette von dunkel graubraunen, am Rande schwärzlichen Fleckchen, welche auf jeder Seite von einer netten lebhaft grünen Linie eingefaſst sind; die Rückenflecken sind in ihrer Mitte etwas grünlich, oft mehr aneinander hängend, öfters mehr rautenförmig; zu äuſserst der feinen grünen Linie befindet sich eine kleine schwarze Absetzung, und daneben zu jeder Seite des Rückens ein blaſs bläulichgrüner breiter gerader Längsstreif, der an der Wurzel des Schwanzes noch etwas fortsetzt und alsdann versiegt; seine untere Gränze nach den grünen Seiten des Thieres hin ist durch einen Streif von dichtgestellten schwarzen Punkten gebildet, auch befinden sich an dem ganzen übrigen schön grünen Körper des Thieres überall einzelne schwärzliche Fleckchen. Die unteren Theile bezeichnet eine nette weiſse Farbe, sie sind unter dem Auge und an den Seiten des Halses durch einen schwarzbraunen Streif von der übrigen Körperfarbe geschieden, und mit einzelnen schwarzbraunen Pünktchen und kleinen Fleckchen bezeichnet.

der *Imbuzeiro*, ein Baum, welcher die *Imbú*, eine gelbe runde Frucht von der Gröfse einer Pflaume trägt, die einen äufserst angenehmen aromatischen Geschmack hat (*). Man findet in dieser Gegend nur höchst selten einmal eine *Fazenda*, wo man übernachten könnte; in den schon einmal urbar gemachten, und jetzt zum Theil verwilderten Pflanzungen fand ich häufig den prachtvollen Buschbaum *Bougainvillea brasiliensis*, der von seinen grofsen Bracteen über und über roth gefärbt ist, und neben welchem die *Cassia*-Stämme mit ihren hochorangenfarbenen Blumen auf das herrlichste sich auszeichnen. Wir fanden hier, wie auf vielen *Fazendas* des *Sertam*, einen besonderen an der Seite offenen, von oben aber gegen die Witterung mit einem Dache versehenen Schoppen, unter welchem die Reisenden abzutreten und zu übernachten pflegen. Das Haus des Besitzers der *Fazenda* von *S. Agnés* befand sich in der Nähe unseres Schoppens, und war ringsum von seinen Pflanzungen und den Waldungen umgeben. Man zeigte mir hier ein colossales Fell eines kürzlich in den benachbarten Waldungen erlegten schwarzen Tiegers (*Felis brasiliensis*), welches ohne den Schwanz über 6 Fufs lang war, wollte mir dasselbe aber nicht überlassen, da die Portugiesen solche Felle gewöhnlich zu Pferdedecken zu benutzen pflegen. Mehrere *Tropas* aus *Minas* oder dem *Sertam*, die sich mit uns zugleich hier eingefunden hatten, führten eine Menge junge Papageyen mit sich, welche sie sprechen lehren und alsdann in *Bahia* verkaufen.

Da der Abend äufserst angenehm und mondhell war, so sandte ich meine Leute aus, um Frösche von der Art des *Ferreiro* zu fangen, welche in den benachbarten Sümpfen aufserordentlich häufig waren. Sie bewaffneten sich mit einem brennenden Stücke Holz, und kehrten mit mehreren jener Sumpfbewohner zurück, welche zu einer neuen noch unbe-

---

(*) *Spondia tuberosa*. Arruda, siehe Kosters travels etc. pag. 496. im Anhange.

schriebenen Art von Laubfröschen gehören (*). Der *Ferreiro* hat ein unansehnliches Aeufsere, allein seine Stimme ist um so viel auffallender. Wir fanden hier auch noch einen anderen kleinen Laubfrosch (**), welcher schön gezeichnet ist.

Unsere Reise wurde nun angenehmer, nachdem wir *S. Agnés* verlassen hatten. Das Land nimmt jetzt einen mehr romantischen Charakter an, der Wald ist höher und schattenreicher, und daher geschlossener und kühler, auch fanden wir häufig ein recht gutes trinkbares Wasser. Die Strafse zieht nun immer mehr zu Thale, und immer bemerkbarer wird die Annäherung an die Küste. Wir erreichten das Thal des Flusses *Jiquiriçá*, der, obwohl noch unbedeutend, dennoch schon wild schäumend über mahlerische Felsen durch dunkele Wälder hinab rauscht. Einzelne *Fazendas* mit ihren rothen Dächern zeigen sich hier von Zeit zu Zeit auf kleinen grünen Wiesenplätzchen an den Berghängen und erinnern an die Scenen unserer europäischen Alpenketten; dergleichen stille ländliche Wohnungen nehmen an Zahl zu, je mehr man dem Laufe des Flusses hinaufwärts folgt.

(*) Ich nenne ihn *Hyla Faber* 3 Zoll 9 Linien lang, mit grofsen langen Füfsen, dicken Zehen, runden starken Heftplatten und halben Schwimmhäuten an den Vorderfüfsen; ganzer Körper hell fahlgelblich, etwas blafs lettenfarben, mit einem dunkelen schwärzlichen Striche, welcher von der Nasenspitze bis zwischen die Hinterschenkel läuft; Schenkel und Schienbeine mit verloschenen graulichen Querbinden; auf dem Vorderkörper bemerkt man feine schwärzliche Züge, welche zum Theil erhaben sind; Haut glatt, nur an dem weifslichen Bauche ist sie chagrinartig gekörnt; einige Individuen waren olivenbräunlich gefärbt, schienen aber übrigens hieher zu gehören.

(**) *Hyla aurata* eine noch unbeschriebene Art: 1 Zoll 1 Linie lang; dunkelbräunlich olivengrün, zuweilen olivenbraun; quer über die Stirne läuft von einem Auge zu dem anderen eine schön gelbe oder goldfarbene Linie; im Nacken entspringt eine ähnliche in ihrer Mitte etwas unterbrochene Mittellinie, welche bis an das Ende des Körpers fortläuft; zu jeder Seite derselben befindet sich eine ähnliche, der Rücken ist daher mit drey gelben Längsstreifen bezeichnet, auch bemerkt man auf den Oberarmen und Schenkeln einige gelbe oder goldfarbene Fleckchen.

Auf der *Fazenda* zu *Areia* fand ich am Abend mehrere Familien, besonders die jungen Leute der Nachbarschaft vereint, welche sich, da es gerade Sonntag war, durch Gesang mit Begleitung einer *Viola* und allerley Scherz zu belustigen suchten. Bey unserer Ankunft liefen Alle herbey um uns zu sehen, und überhäuften uns mit mancherley Fragen. Da in den meisten Gegenden des *Sertam* keine Kirchen existiren, so pflegen sich die einander benachbarten Bewohner an den Sonntagen zum gemeinschaftlichen Gottesdienste zu vereinigen, und dann die übrige Zeit des Tages zu geselliger Unterhaltung anzuwenden. Wir folgten immer weiter hinab dem Laufe des Baches, der mit jedem Schritte stärker und wilder wird; sein brausend schäumendes Wasser blinkt zwischen den alten Urstämmen hindurch und nimmt zuweilen kleine Seitenbäche auf, deren Bette aus nacktem Urgebürge besteht; bey dem Durchreiten solcher Flüfschen läuft man Gefahr mit dem Pferde niederzustürzen. Der fette gelbrothe Letten, welcher auf dem gröfsten Theile dieses Weges den Boden ausmacht, wird von den heftigen Regen dermafsen verschlemmt, dafs die Wege vollkommen grundlos sind; die durchziehenden *Boiadas* vermehren dieses Uebel noch, indem sie tiefe Löcher eintreten, dabey erschweren abwechselnde Hügel und Höhen den beladenen Lastthieren die Reise, welche daher nur langsam fortgesetzt werden kann. Ich fand nun immer mehrere einzelne Wohnungen, die zum Theil herrliche Scenen für den Landschaftsmahler darboten, besonders da jetzt die grofse Feuchtigkeit vereint mit der Wärme die Vegetation zu einem seltenen Grade der Vollkommenheit entwickelt hatten. An einigen Stellen bemerkte ich viele zusammengehäufte starke, etwas abgeplattete Balken, welche die Indier hier zusammenbringen, um sie nach der Seeküste hinab zu flöfsen. An der Mündung des Flusses befindet sich die *Povoação* von *Jiquiriçá*, gröfstentheils von Indiern bewohnt, welche mit dem *Vinhatico* und anderen Nutz- und Bauhölzern, die sie in den Wäldern schlagen und herabschwemmen,

Handel treiben. Bey hohem Wasser flöfsen sie das Holz in drey Tagen hinab; bey niedrigem Wasserstande hingegen brauchen sie dazu sechs Tage. Sie erhalten von jedem Balken 6000 bis 8000 Reis Hauer - und Flöfserlohn, etwa 19 bis 25 Gulden unseres Geldes. Bey dieser Arbeit sieht man sie ganz oder halb nackt auf dem Holze stehen und dasselbe mit einer langen Stange dirigiren, während es über die Felsenstufen des Flusses hinab gleitet; ein Geschäft, welches oft gefährlich für sie seyn würde, wenn sie nicht so äufserst sicher und geübt im Schwimmen wären. Zu *Bom Jesus*, einer rings umher von hohem finsterem Urwalde umgebenen *Fazenda*, wo ich am Abende eines Sonntags eintraf und übernachtete, fand ich eine grofse Menge dieser Indier vereint; sie verkürzten sich die Zeit nach portugiesischer Art mit dem Spiel der *Viola* und versammelten sich, als sie unsere Ankunft gewahr wurden, sämmtlich unter dem Schoppen, in welchem wir unser Gepäcke aufgeschichtet und Feuer angezündet hatten. Diese Nacht hindurch fielen heftige Regengüsse, welche zu unserem lebhaftesten Kummer den schlammigen Boden immer mehr auflöfsten und uns der Hoffnung beraubten, die Merkwürdigkeiten dieser Wälder kennen zu lernen, nach welchen mancherley interessante Vogelstimmen, besonders die des *Jurú* (*Psittacus pulverulentus*, Linn.), uns lüstern gemacht hatten. Auf eine günstige Aenderung des Wetters hoffend, erwarteten wir ungeduldig den kommenden Tag, dessen Anbruch indessen unseren Wünschen keineswegs entsprach. Da ich mich jedoch nicht entschliefsen konnte, in dem engen Thale von *Bom Jesus* zu verweilen, so gab ich des Regens ungeachtet das Zeichen zum Aufbruche. Aber nun trat ein neues Hindernifs ein. Der kleine Bach *Bom Jesus*, welcher hier in den *Jiquiriçá* fällt, war in der vergangenen Nacht plötzlich so angeschwollen, dafs er unsere Wohnungen zu überschwemmen drohete. Ihn zu durchreiten war nicht mehr möglich; wir mufsten daher in dem heftigsten Platzregen mit einem grofsen Zeitverluste unsere Lastthiere wieder abladen, und die ganze Tropa auf einer *Jangade* von vier Baumstämmen übersetzen. Bey diesem höchst unangenehmen Geschäfte wurde unser ganzes Gepäcke durchnäfst, und wir selbst waren gezwungen den ganzen Tag hindurch in völlig durchnäfsten Kleidungsstücken zu bleiben. Die tropischen Gewitter in der Regenperiode schwellen häufig auf diese Art die Flüsse in kurzer Zeit so stark an, dafs man oft plötzlich während der Nacht von denselben vertrieben wird; sie fallen aber eben so schnell wieder zu ihrem früheren Stande herab. Obgleich unsere Reise in einem heftigen Gufsregen für zärtliche Menschen unerträglich gewesen seyn würde, und auch uns abgehärtete Reisende nicht wenig verstimmte, so fanden wir dennoch selbst reichen Stoff der Unterhaltung. Der Urwald, welchen wir unausgesetzt durchritten, war von dem herabstürzenden Regen dergestalt verfinstert, dafs man in demselben die Annäherung der Nacht zu sehen glaubte. Die Urwälder der Tropen im blendenden Sonnenscheine mit hellen Lichtern von dunkelen Schatten gehoben, sind prachtvoll, allein auch im trüben Regen dämmernd sind sie interessant anzusehen. Tausend Wesen erwachen alsdann, die man vorher nicht beobachtete; in den Pfützen und angeschwellten Waldsümpfen, in den Stauden der Bromelien, auf Bäumen und auf der Erde schreyen mannichfaltige Arten von Fröschen; in hohlen an dem Boden modernden und von einer Welt von Pflanzen und Insekten bewohnten Urstämmen brummt mit tiefer Bafsstimme eine grofse Waldkröte, deren Laut den unkundigen Fremdling in Staunen versetzt (*), und alle Reptilien überhaupt empfanden jetzt bey der Vereinigung der gröfsten Wärme und Feuchtigkeit die höchst mögliche Thätigkeit ihrer kaltblütigen Natur; Papageyen, besonders *Jurús* (*Psittacus pulverulentus*) fliegen schreyend hin und her, um ihre vom Regen benetzten Flügel in Thätigkeit zu erhalten; von der Hitze der vergangenen Tage ermattet treten jetzt

---

(*) Ich habe diese grofse Kröte mit der tiefen Bafsstimme nicht zu Gesicht bekommen, sie ist vielleicht *Bufo Agua*, Linn.

die Blätter der Gewächse und die brennend gefärbten Blumen einer Menge von Fleischpflanzen in das üppigste, neu angefachte Leben: *Dracontium*, *Caladium*, *Pothos*, *Bromelia*, *Cactus*, *Epidendrum*, *Heliconia*, *Piper* und eine Menge andere fleischige Familien der Pflanzen, besonders an bemoosten Baumstämmen mit Farrenkräutern gesellschaftlich vegetirend, erheben neu belebt ihre Häupter, und mehrere unter ihnen erfüllen die Wildnifs mit ihren Wohlgerüchen. Erfrischt und in ein kräftiges Leben zurückgerufen prangen alsdann nach vorüber gegangenem Regen im jungen Sonnenglanze alle diese Zierden des Pflanzenreichs, wozu man vorzüglich auch die Palmengewächse, besonders die *Cocos*-Arten zählen mufs, da sie vor allen die Zierde dieser Urwälder sind.

Am Abend dieses schrecklichen Regentages schifften wir bey *Corta-Mão*, einer kleinen *Povoação* von einigen wenigen Wohnungen, über den sehr angeschwollenen und reifsenden Bach *Jiquiriça*. Wir brachten hierauf eine unangenehme Nacht in einer von allen Seiten offenen Mandiocca-Fabrik zu, und legten von hier aus am folgenden Morgen einen Weg von einer Legoa zurück, um die *Povoação* oder das kleine *Arrayal* von *Lage* zu erreichen, wo ein unvorhergesehener höchst unangenehmer Auftritt unserer wartete. Sorgenlos setzten wir unsern, von beyden Seiten eng eingeschlossenen Weg nach *Lage* (einer starken in einem Thale gelegenen *Povoação*) fort, als ich plötzlich die Strafse durch einen bedeutenden Auflauf von Menschen gesperrt fand. Etwa 70 theils mit Gewehren aller Art, theils mit Prügeln bewaffnete Männer stürzten plötzlich von allen Seiten gegen uns, der eine zerrte hier, der andere dort, so dafs es höchst schwierig war diese grobe banditenartige Menge von Negern, Mulatten und Weifsen von Thätlichkeiten abzuhalten. Mehrere Männer fielen mir in den Zügel und schrieen: ich sey gefangen und würde meinem wohlverdienten Schicksale nicht entgehen. Man belegte mich mit dem Ehrentitel *Inglez* (Engländer) und einige schienen vor uns dermafsen in Angst zu seyn, daſs sie den Hahnen ihres Gewehres immer gespannt und zum Schusse bereit trugen. Man legte sogleich Hand an unsere Jagdgewehre, Waldmesser und Pistolen, ja sogar meinem jungen Botocuden Quäck riſs man Bogen und Pfeile aus der Hand. Einige meiner Leute, welche sich weigerten ihre Gewehre abzugeben, wurden beynahe miſshandelt, und nun erst nachdem man uns entwaffnet sah, wuchs der Muth dieses Gesindels zu einem hohen Grade von heroischer Kühnheit. Siebenzig Bewaffnete gegen sechs Unbewaffnete! das war auch wahrlich keine geringe Heldenthat! Um uns aus diesem unbegreiflichen Tumulte einen Ausweg und eine Erklärung über die Ursache dieser Behandlung zu verschaffen, rief ich in den tollen Haufen hinein: ob diese Bande denn keinen Anführer habe und wo er sey? worauf man mir höchst laconisch antwortete: der Commandant, Herr *Capitam* Bartholomäo werde sogleich kommen und mir schon mein Recht geben. In der That sah ich auch nun einen unansehnlichen, schmutzigen, abgerissenen und von Schweiſs triefenden Mann mit seiner Muskete in der Hand ankommen, dessen Diensteifer ihm nicht erlaubt hatte, uns an der Spitze seiner Gesellschaft zu erwarten, sondern der uns schon entgegen geeilt war, seine Beute aber verfehlt hatte. Die Erscheinung des Oberhauptes machte endlich zu unserem Glücke dem Streite über unseren Besitz, welcher in dem wilden Haufen ausgebrochen war, ein Ende, und der laute Wortwechsel und das Geschrey dieser ungestümen Menge verwandelte sich plötzlich in eine unseren Ohren sehr willkommene Stille.

Furcht vor seinem strengen Vorgesetzten, dem *Capitam Mor* zu *Nazareth*, trieb den Herrn Commandanten uns genau visitiren und uns alle Arten von Waffen, selbst Feder- und Taschenmesser abnehmen zu lassen. Ich wurde hierauf mit meinen Leuten in ein offenes Haus an der Seite der Straſse gebracht, wo man eine Bande von bewaffnetem Pöbel im Zimmer selbst, und eine andere vor der Thür aufstellte; Fenster und Thüren blieben den ganzen Tag und selbst während der sehr kühlen Nacht geöffnet, auch ließ man ohne Unterschied betrunkene Matrosen, Negersclaven, Mulatten, Weiße und alle Arten des bunten müßigen Straßenvolks zu uns hinein, welche sich für den ganzen Tag daselbst häuslich niederließen, sich zu uns auf die Bänke drängten, und mit politischen Bemerkungen, welche sie laut über uns anstellten, nicht einen Augenblick der Ruhe uns vergönnten. Ich erfuhr jetzt, daß man mich für einen Engländer oder Amerikaner halte, und daß mein Arrest eine nöthige Vorsichtsmaßregel wegen der zu *Pernambuco* ausgebrochenen Revolution sey. Meine portugiesischen Leute waren durch dieses Verfahren zum Theil sehr niedergeschlagen; denn sie wurden an mir irre, und glaubten ich sey ein wirklicher Betrüger. Meine *Portaria*, welche mir gewiß in einem jeden anderen Falle von Nutzen gewesen seyn würde, war hier unnütz; denn obgleich mehr als zwanzig Personen die Köpfe zusammen steckten um sie zu lesen, so verstand doch niemand ihren Inhalt, und der Commandant der Bande am wenigsten; dies beweißt unter andern der Titel eines Engländers, welchen man mir in dem Rapporte beylegte, obgleich in der *Portaria* ausdrücklich gesagt war, daß wir Deutsche seyen. Es ist indessen sehr wahrscheinlich, daß in *Lage* niemand ahndete, es könne außer Portugal und England wohl noch ein anderes Land in der Welt geben. Es wurde nun ein Verzeichniß von meinem ganzen Gepäcke aufgestellt, und ich lieferte die Schlüssel von den sämmtlichen Kisten ab. Einige raubsüchtige Gesellen unter meinen Wächtern von Raubgierde getrieben, bestanden darauf, man müsse alle Effecten eröffnen und visitiren, welches zu gestatten *Capitam* BARTHOLOMÄO jedoch zu billig dachte. Mittags erhielten die Gefangenen ein wenig Salzfisch, und hatten dann Gelegenheit, ihre Geduld in der Anhörung einer Menge beleidigender Reden zu üben, bis die Nacht diesem unerträglich lästigen Tage ein Ende machte. Aber selbst diese brachte uns wenig Ruhe, da uns das gaffende Volk nicht verließ.

Ich hatte die Absicht gehabt in der Gegend von *Lage* auszuruhen, um die hiesigen Wälder zu durchstreifen; auch bedurften meine angegriffenen Lastthiere gar sehr der Ruhe, allein kaum war der Tag angebrochen, so rief man uns auf, um uns zur Abreise nach der Küste anzuschicken. Man gab uns ein ungeniefsbares Frühstück von Salzfisch und trieb alsdann meine Lastthiere herbey, welche zum Umfallen ermattet waren, da sie, wie ich nun erfuhr, gänzlich vergessen und während der ganzen Nacht ohne Futter angebunden gestanden hatten. Die Reise gieng vor sich. Etwa dreysig bewaffnete Reiter und Fufsgänger mit geladenen Gewehren und Pistolen wurden uns zur Bedeckung mitgegeben und beobachteten strenge den Geringsten meiner Leute. Den Zug eröffnete ein neu gewählter Commandant; meine Lastthiere beschlossen denselben. So zogen wir durch angenehm abwechselnde Waldgegenden und bey einer jeden *Fazenda*, die in unserem Wege lag, kamen die Bewohner herbeygeströmt, zeigten mit Fingern auf die Verbrecher und riefen beständig den Nahmen *Inglezes* oder *Pernambucanos*. Am Abend hielten wir in einer einsamen *Fazenda* an, wo man uns strenge beobachtete, wo übrigens kaum Lebensmittel zu finden waren, und wo besonders meine ohnehin sehr erschöpften Lastthiere den gröfsten Mangel litten. Eines meiner Pferde ermattete und mufste zurückgelassen werden.

Am zweyten Morgen unserer abenteuerlichen Reise brachen wir ebenfalls frühe auf und trafen nach einem Marsche von einigen Legoas unerwartet auf ein in Parade aufgestelltes Commando von dreyfsig Milizsoldaten unter den Befehlen des *Capitam* Da Costa Faría. Jetzt nahm die Sache in den Augen des Volkes eine ernstere Miene an. Während des Marsches wurden meine Leute auf alle Art von den Soldaten insultirt; man zeigte ihnen das geladene Gewehr: „dies ist für dich Engländer! Spitzbube!" man schlug ihre Pferde u. s. w. Am Abend erreichten wir auf grundlosen Wegen die *Povoação* von *Aldéa* unweit der Seeküste, welche das Ansehen einer *Villa* hat. Sie sendet kleine Schiffe mit den Produkten der Gegend nach *Bahia*. Noch eine Legoa weiter und wir trafen am Ziele unserer Wanderung zu *Nazareth* ein. Unter einem unglaublichen Zulauf und Gedränge des Volks setzte man uns über den hier durchfliefsenden *Jagoaripe,* und versah das Gepäcke mit Wachen, um die bunte Menge einigermafsen in den Schranken der Ordnung zu erhalten. Ich selbst ward von dem *Capitam* vor meinen stolzen Richter, den Herrn *Capitam Mor* geführt. Es war schon dunkel, als ich in seinem Hause ankam, und der erhabene Hausherr war noch nicht sogleich sichtbar. Man erleuchtete die Zimmer, und rief mich dann wie zu der Audienz eines persischen Satrapen vor. Ein armer Sünder am Hochgericht kann nicht mit mehr Neugier betrachtet werden, als ich hier vor dem Richterstuhl des *Capitam Mor,* der mich kaum eines Anblickes würdigte. Kalt hörte er meine gerechten Klagen über die ungerechte und unwürdige Behandlung an, welche ich erfahren hatte; dann fertigte er andere mit mir in eine Cathegorie gesetzte Verbrecher ab, eine Geduldübung, wobey ich meinen Aerger und Ingrimm nicht zurück zu halten vermogte. Endlich nach langem Warten erklärte er mir mit kalter hoher Miene: meine *Portaria,* obgleich günstig, sey nicht hinlänglich, und er werde seinen Bericht sogleich an den Gouverneur nach *Bahia* abgehen lassen, einstweilen müsse ich hier gefangen bleiben. Meine fünf Leute wurden aufgerufen, und von dem stolzen Handhaber der Justiz gnädig nach Nahmen und Geburtsort befragt, darauf aber mit mir in den oberen Stock eines grofsen leeren Hauses eingesperrt und hinter uns die Thüre verschlossen. Zum Glück war es Nacht als man uns in dieses Gefängnifs führte, denn der versammelte Pöbel würde uns vielleicht mit Steinen begrüfst haben.

Herr *Capitam* DA COSTA FARIA suchte unsere unangenehme Lage zu erleichtern, so viel es ihm seine Instruction erlaubte, wofür ich ihm meinen Dank noch aus der Ferne gern öffentlich zu erkennen gebe.

Sobald man uns in unserem neuen Gefängnisse mit Wasser und Holz versehen hatte, ward die Thüre verschlossen. Soldaten bewachten das Haus, und nur einer meiner Leute wurde unter Bedeckung ausgesandt, um die nöthigen Lebensmittel für die Arrestanten einzukaufen. Ich brachte auf diese Art bewacht, drey Tage in meinem Gefängnisse hin, bis von dem Gouverneur in *Bahia* die Entscheidung eintraf, die meine Erlösung bewirkte.

Durch dieses unangenehme Ereignifs verlor ich meine Zeit und büfste selbst eine Menge interessanter Gegenstände ein, welche verdarben, weil man bey der Uebereilung unseres Marsches nicht die gehörige Zeit gab, nafs gewordene Sachen wieder zu trocknen. Gern hätte ich die Gegend von *Nazareth*, welche mir durch den erzählten Vorfall höchst zuwider war, sogleich verlassen, wenn nicht der Mangel an Schiffsgelegenheit nach *Bahia* noch ganzer acht Tage mich hier aufgehalten, und gewissermafsen gezwungen hätte, sie näher kennen zu lernen.

Nazareth mit dem Beynahmen *das Farinhas*, ist eine *Povoação*, die vollkommen den Nahmen einer *Villa* verdient. Sie hat ziemlich regelmäfsige Strafsen, einige sich auszeichnende Gebäude, und zählt mit den einzelnen Wohnungen in der Nähe, welche zu diesem Kirchspiel gehören, sechs bis sieben tausend Seelen. Es befinden sich hier ein Paar Kirchen, und die nicht unansehnliche Hauptkirche ist nett gebaut. Der Ort selbst liegt zu beyden Seiten des Flusses *Jagoaripe*; grüne Hügel, zum Theil mit Pflanzungen bedeckt, geben den Ufern eine lachende Ansicht, und überall sieht man die edle Cocospalme und die *Dendé*-Palme ihre stolzen Gipfel erheben. *Nazareth* erhält seine Nahrung durch den Handel mit der Hauptstadt *Bahia*, wohin an jedem Sonntage und Montage eine gewisse Anzahl von *Barcos* oder *Lanchas*, beladen mit den Produkten der Pflanzungen absegelt. Sie schiffen mit der Ebbe den *Jagoaripe* hinab, übersegeln die *Bahia de Todos os Santos* und erreichen in 24 Stunden die Hauptstadt. Die Produkte der Pflanzungen, welche man verschifft, bestehen vorzüglich in Farinha, deren man hier jedoch bey weitem nicht so viel zieht als zu *Caravellas* und anderen mehr südlich gelegenen Orten, in Bananen, Cocosnüssen, Mangos und anderen Früchten, Speck, Branntwein, Zucker u. s. w. Diese Produkte sind hier natürlich in weit höheren Preisen als an jenen südlichern mehr von der Hauptstadt entfernten Orten, denn dort bezahlt man die Alqueire Farinha mit 1½ bis 2 Patacken oder Gulden, und hier in der Nähe von *Bahia* mit 6 bis 8 Patacken. Man versendet auch besonders mancherley Früchte nach der Hauptstadt, versteht sie aber hier nicht so gut zu bauen als dort. Der Cocos- und der Mangobaum (*Mangifera indica*, LINN.) erwachsen am *Jagoaripe* üppig und zu bedeutender Höhe, geben aber nur kleinere schlechtere Früchte, statt daſs man in *Bahia* dem Baume die Rinde nahe über der Erde abbrennen, und dadurch weit gröſsere Früchte von aromatischem Geschmacke erhalten soll. Die Frucht des *Dendeseiro*, eines schönen hohen afrikanischen Palmbaums, den man hier anpflanzt, *Cocos Dendé* genannt, benutzt man häufig um daraus ein Oel zu ziehen, welches eine orangengelbe Farbe hat und auch an Speisen gebraucht wird. Selbst europäische Früchte gerathen zum Theil recht gut, besonders die Weintrauben und Feigen; die letzteren finden aber unter den befiederten Luftbewohnern so viele Liebhaber, daſs man genöthigt ist die Früchte einzeln in Papier zu wickeln. Aepfel, Birnen, Kirschen und Pflaumen gerathen zuweilen, allein ein gewisses Insekt soll gewöhnlich die Bäume früh zerstören.

Ich trennte mich mit leichtem Herzen von *Nazareth*, wo ich die Osterwoche als Gefangener zugebracht hatte, und sah hoffnungsvoll *Bahia* entgegen, wo ich mich nach Europa einzuschiffen gedachte. Wir begannen die Fahrt den *Jagoaripe* hinab am Abend eines schönen heiteren Tages, als die Sonne sich schon dem Horizonte genähert hatte. Die

Barken, welche hier wöchentlich nach *Bahia* segeln, sind kleine bedeckte Schiffe mit einer Cajüte die zwanzig Menschen fassen kann, und mit drey kleinen Masten, wovon die beyden hinteren schräg zurück geneigt stehen. Der Schiffer (*Mestre*) hat seine eigene Sclaven, welche als Matrosen dienen, von denen man aber, da sie gezwungen und mit Widerwillen arbeiten, im Falle der Gefahr wenig Hülfe zu erwarten hat. Die Ufer des Flusses sind mahlerisch; grüne Gebüsche wechseln mit Hügeln ab, und überall zeigen sich die freundlichen mit Cocoswäldchen geschmückten *Fazendas*, deren Bewohner größtentheils Töpfereyen besitzen. Hier werden verschiedene Töpferwaaren, so wie auch Dachziegel in Menge gemacht und in großen Schiffsladungen nach der Hauptstadt gesandt. Der Thon, welchen diese Töpfer gebrauchen ist grau, die Gefäße brennen sich röthlich und werden auch noch ohnehin roth angestrichen. Zum Brennen bedient man sich am liebsten des Holzes der Mangibäume (*Conocarpus* oder *Avicennia*), wodurch die Gefäße schon eine etwas rothe Farbe erhalten sollen. Die Fischer widersetzten sich anfangs als man jenes Holz zu dem genannten Behufe abschneiden wollte, aus dem Grunde, weil es die Fische und Krabben anziehe und ihnen den Fang erleichtere; auch sollen sie dagegen in *Rio de Janeiro* Klage geführt haben, aber abgewiesen worden seyn.

Wir ankerten um Mitternacht bey der *Villa de Jagoaripe*, und erblickten dieselbe bey Anbruch des Tages in einer sehr angenehmen Lage am südlichen Ufer des Flusses auf einer Landspitze, welche der *Jagoaripe* mit dem einfallenden *Caypa* bildet; außer diesem nimmt der erstere noch die Flüsse *Cupióba*, *Tejúca*, *Maracujipinho*, *da Aldea* und *Mucujó* auf.

Jagoaripe ist der Hauptort des Distrikts, wo eigentlich der jetzt zu *Nazareth* lebende *Capitam Mor* wohnen soll. Diese *Villa* ist ziemlich beträchtlich, allein jetzt schlecht bewohnt und still, auch treibt sie weit weniger Handel als *Nazareth*, führt aber doch Töpferwaaren nach der

Hauptstadt aus. Es befindet sich hier eine ansehnliche Kirche und unmittelbar am Ufer des Flusses die größte *Casa da Camara*, welche ich auf der ganzen Reise angetroffen habe.

Mit Anbruch des Tages fuhren wir wieder ab und erreichten nach einem Wege von einer Legoa die Mündung des Flusses im Angesicht der großen Insel *Itaparica* (gewöhnlich blos *Taparica* genannt), welche in dem Meerbusen oder der *Bahia de Todos os Santos* gelegen und an ihrer westlichen Küste nur durch einen schmalen Canal vom festen Lande getrennt ist. Die auf dem *Jagoaripe* hieher kommenden Schiffe benutzen diesen geschützten Weg um nach der *Çidade (Bahia)* zu segeln; sie laufen zwischen dem festen Lande und der Insel hindurch, wobey jedoch, wie bey dieser ganzen Wasserreise, Ebbe und Fluth wohl beachtet werden müssen. Unsere Schifffahrt längs der Insel *Taparica* hin war sehr unterhaltend und von einem frischen Winde begünstigt. Fern und nahe wechselten grüne Küsten mit mahlerischen Höhen mit Cocoswäldern und freundlichen *Fazendas* ab, überall öffneten sich schöne weite Aussichten auf das Wasser und die dasselbe bedeckenden Barken und fischenden Canoen mit ihren glänzend weißen Segeln. Wir kauften von den zahlreichen vorbeyeilenden Fischerböten eine Menge guter Fische, welche zu unserer Mittagsmahlzeit zugerichtet wurden. Bald nachher liefen wir wegen der starken Ebbe auf eine Sandbank fest auf, und nur nach langer Anstrengung und mit Hülfe der wieder anschwellenden Fluth gelang es uns wieder flott zu werden. Ein starker Windstoß legte aber nun unser Schiff plötzlich sehr auf die Seite und zerriß unser bestes Segel; wir erreichten indessen glücklich gegen Mittag die nördliche Spitze der Insel, auf welcher die *Villa de Itaparica* erbaut ist, und ließen hier den Anker fallen um die nächste Ebbe abzuwarten.

Die Insel *Itaparica* hat von Norden nach Süden eine Ausdehnung von 7 Legoas und ist ein fruchtbares, ziemlich bewohntes Eiland. Die ganze

Bevölkerung ist in drey Kirchspiele getheilt, es befindet sich aber nur die einzige *Povoação* oder *Villa* hieselbst, das übrige Land ist im Inneren von einzelnen Pflanzern und an der ganzen Küste gröfstentheils von Fischern bewohnt. Die *Villa* hat einige gute Gebäude, Magazine für den Wallfischfang und einige Kirchen. Die Märkte sind mit Fischen und Früchten aller Art angefüllt; man zieht viele Orangen, Bananen, Mangos, Cocosnüsse, Jacas, Weintrauben, deren Stämme hier zweymal Frucht tragen u. s. w. und verschifft alle diese Früchte nach *Bahia*. Der Wallfischfang ist in manchen Jahren in den Gewässern von Brasilien sehr einträglich; zu *Itaparica* sind beynahe alle Umzäunungen der Gärten und Hofräume von Wallfischknochen gemacht. Man führt etwas Zuckerbranntwein aus und bereitet Stricke von *Piaçaba*, welche sehr dauerhaft seyn sollen. Aehnliche Schiffsthaue verfertigt man auf *Amboina* und anderen ostindischen Inseln aus den langen Fäden der Palmen, welche an den Wurzeln der Blattstiele wachsen (*). — Von der nördlichen Spitze der Insel *Taparica*, an welcher die *Villa* erbaut ist, hat man eine schöne Aussicht ringsum auf die Küsten des von mannichfaltig geformten Gebürgen eingeschlossenen und mit kleinen weifsen Segeln bedeckten *Reconcavs*. Dieses Binnenmeer, das durch die frühere Geschichte Brasiliens merkwürdig geworden ist, hält in der Ausdehnung von Norden nach Süden 6½, und in der Richtung von Osten nach Westen mehr als 8 Legoas; es ist von allen Seiten durch Berge beschützt, und nicht gar weit von seiner Mündung liegt am nördlichen Ufer die Hauptstadt *S. Salvador*, die man gewöhnlich blos mit dem Nahmen *Çidade* oder *Bahia* belegt. In der entferntesten Gegend dieses Meerbusens mündet der *Paraguaçú*, gewöhnlich *Peruacú* genannt, an welchem etwa 8 Legoas aufwärts die *Villa da Cachoeira de Paraguaçú*, im Range nach der Hauptstadt der bedeutendste und blühendste Ort dieser Gegend, erbaut ist. Sie ist grofs, sehr volkreich und treibt einen starken

(*) Siehe LABILLARDIÈRE voyage à la recherche de LA PÉROUSE Vol. I. pag. 302.

Handel nach der Hauptstadt, indem daselbst alle Tropas aus dem Inneren ankommen, ihre Thiere dort zurücklassen, und die Waaren zu Schiffe nach *Bahia* bringen. Wöchentlich gehen von da mehrere *Barcos* nach der Hauptstadt. In jener Gegend wohnten vor Zeiten die *Kiriri* oder *Cariri*, ein Stamm der Urbewohner oder *Tapuyas*. Pater Luis Vincencio Mamiani hat die Grammatik ihrer Sprache bekannt gemacht, die in *Lisboa* gedruckt worden ist (*). Diese Leute sind jetzt völlig civilisirt; die Ueberreste von ihnen, die man *Cariri da Pedra Branca* nennt, dienen sämmtlich dem Staate als Soldaten. Wenn ihr Commandant den Befehl erhält eine Unternehmung zu machen, so ziehen Weiber und Kinder mit. Am Abend lagert man sich, und der Commandant hat seine Hütte vor den übrigen; zum Ave Maria kommen sie zusammen und dabey werden ihnen die nöthigen Befehle ertheilt; doch soll dieses Militär von Indiern, die noch steif an ihren Eigenheiten hängen, sehr stark essen und wenig thun, dem Staate daher mehr Kosten als Nutzen bringen.

Ueber die alte Geschichte des *Reconcavs* oder der *Bahia de Todos os Santos* finden wir in den älteren Schriftstellern viele Nachrichten; sie ist besonders durch die Kriege mit verschiedenen wilden Völkerstämmen merkwürdig geworden. Die Jesuiten rotteten hier nach einer langen Reihe von Jahren mit den gröfsten Gefahren und Aufopferungen den grausamen Gebrauch der Anthropophagie unter jenen wilden Horden aus. In früheren Zeiten machten mancherley Nationen einander diese Gegend streitig. Ursprünglich sollen *Tapuyas* die Ufer des *Reconcavs* bewohnt haben, diese wurden vom *Rio S. Francisco* her von den *Tupinaës* und den *Tupinambas* vertrieben, welche die Portugiesen bey ihrer Ankunft in der neuen Welt im Besitze dieser schönen Ufer vorfanden; Cristovam Jaques

---

(*) Unter dem Titel: Arte de Grammatica da Lingua Brasilica da Naçam Kiriri, composta pelo P. Luis Vincencio Mamiani, da Companhia de Jesu, Missionario nas Aldeas da dita Naçaõ. Lisboa. 1699.

entdeckte die *Bahía de Todos os Santos* im Jahr 1516. Nachher baueten die Portugiesen sich an, führten Krieg mit den Urbewohnern, und es glückte den Jesuiten diese rohen Barbaren zu gewinnen, sie von dem Genusse des Menschenfleisches abzubringen und sie endlich völlig zu civilisiren.

Nachdem unser Schiff zu *Itaparica* bis gegen Abend verweilt hatte, wo die Ebbe eintrat, lichteten wir den Anker und überschifften quer den schönen Meerbusen, der an dieser Stelle bis zur Stadt *Bahía* 5 Legoas breit ist. Ein starker Wind hatte sich erhoben und schwellte gewaltig die Wogen, so dafs wir in unserem kleinen Schiffe eine sehr unruhige unangenehme Fahrt hatten, bis man nach Mitternacht zu *Bahía* den Anker fallen liefs.

Die *Çidade de S. Salvador da Bahía de Todos os Santos* ist die alte Hauptstadt von Brasilien, in welcher zwey Jahrhunderte hindurch die General-Gouverneure residirten. Sie ist an dem Abhange einer steilen Höhe am Meerbusen dergestalt erbaut, dafs ihr bedeutendster Theil oben auf dem Rücken der Höhe, und der andere, der gröfstentheils Wohnungen der Kaufleute enthält, sich unten am Meere befindet. Die Stadt dehnt sich eine Legoa weit von Norden nach Süden aus, ist aber ziemlich unregelmäfsig gebaut, obgleich eine bedeutende Anzahl grofser, ansehnlicher Gebäude vorhanden ist. Der Anblick von *Bahía* vom Meerbusen aus ist schön; es steigt an dem Berge in die Höhe, und zwischen seinen Gebäuden treten grüne Gebüsche, gröfstentheils Orangenbäume hervor. Die obere Stadt ist der merkwürdigere Theil; hier sind zwar ungepflasterte Strafsen, auch grofse Felder und Gärten, welche zum Theil die Gebäude trennen, allein die schöne Vegetation und eine vortreffliche Aussicht ersetzen diese Mängel. Mehrere kleinere Thäler sind hier mit Gärten und Pflanzungen angefüllt, in welchen meine Leute bey ihren Excursionen mehrere interessante Thiere erlegten, zum Beyspiel den kleinen *Sahui* mit weifsem Haarbüschel am Ohre (*Simia Jacchus*, Linn. oder *Jacchus vul-*

garis, Geoffr.), der mir weiter südlich nirgends vorgekommen ist; auch erhielten sie in den Gebäuden der Stadt *Bahia* eine schöne Eule (*), welche sehr mit unserer Schleyereule (*Strix flammea*, Linn.) übereinkommt. Noch vor kurzem erst hat der Gouverneur, Conde Dos Arcos, einen breiten gangbaren Weg von der unteren Stadt nach dem Pallaste hinauf einrichten lassen. Da es hier keine Wagen giebt, so bedient man sich, um bey der Hitze dieses Climas dergleichen steile Wege und Strafsen mit Bequemlichkeit auf- und absteigen zu können, in der ganzen Stadt einer Art von Tragsessel (*Cadeiras*), bequeme Stühle mit einem Baldachin und rundum mit Vorhängen umgeben, welche von zwey Negern getragen werden. Ohne diese würde man weder in der glühenden Sonnenhitze, noch bey nasser Witterung, wo die ungepflasterten Strafsen sehr unreinlich sind, gut fortkommen können. In der oberen Stadt sind eine Menge von Klöstern und zum Theil prächtige Kirchen. Aufser diesen zeichnen sich auch die Citadelle und der ziemlich ansehnliche Pallast der Gouverneure mit dem Paradeplatze aus. In diesem oberen Theile werden die Zusammenkünfte der verschiedenen königlichen Tribunale und Collegien gehalten,

---

(*) Dieser Vogel ist die von Marcgrav unter dem Nahmen *Tuidara* pag. 205 beschriebene Eule, welche man wohl nur als eine durch das Clima erzeugte geringe Abänderung unserer Schleyer- Kirch- oder Perleule (*strix flammea*, Linn.) anzusehen hat. Die brasilianische Varietät kommt mit der europäischen in den meisten Kennzeichen überein, nur scheinen ihre Füfse, Zehen und Nägel stärker und länger, und das ganze Gefieder ist heller gefärbt. Alle unteren Theile sind nicht wie an unserer Art blafsgelblich, sondern weifs, hier und da ein wenig gelblich angeflogen, man bemerkt aber dagegen ebenfalls die einzelnen dunkelen Pünktchen. Das Gesicht zeigt nur wenig der braunen Farbe, welche die Augen umgiebt, und die Schwungfedern sind aufser ihren dunkleren Querbinden gänzlich dunkel marmorirt, dahingegen unsere europäische Eule diese Theile beynahe ungefleckt rostgelb, und nur mit dunkleren Querbinden bezeichnet hat. Schon Pennant sagt in seiner arctischen Zoologie (Zimmermanns Uebersetzung B. II. pag. 224), dafs seine weifse Eule an den unteren Theilen gänzlich weifs gefärbt sey, welches mit meinen Beobachtungen an diesem brasilianischen Vogel völlig übereinstimmt.

Th. II.

auch ist daselbst ein Gymnasium, wo man die lateinische und griechische Sprache, Philosophie, Rhetorik, Mathematik u. s. w. lehrt, so wie auch die öffentliche Bibliothek von 7000 Bänden, um welche der Gouverneur, *Conde* Dos Arcos, sich grofse Verdienste erworben hat; man findet darin schon neuere Werke aus allen Zweigen der Wissenschaften. Diese Bibliothek ist in dem alten Jesuiten-Collegium aufgestellt; ein bedeutender Verlust ist es aber, dafs man die Schriften jenes Ordens nicht gehörig geachtet, und sie gröfstentheils verschleudert hat. Die Verdienste des so allgemein geachteten Gouverneurs, Grafen Dos Arcos(*), sind zu anerkannt, um sie mit Stillschweigen übergehen zu können. Dieser Minister hat die Zeit seiner Statthalterschaft thätig zum Vortheil der Provinz benutzt; bekannt mit den Sprachen und Einrichtungen fremder Länder, und durch seine Reisen mit den verschiedenen Provinzen von Brasilien selbst, fand dieser aufgeklärte und für alles Gute unermüdet thätige Minister mannichfaltige Veranlassung, Verbesserungen anzuordnen und auszuführen. Er ist ein Verehrer und Beschützer der Wissenschaften und Künste und gewährte ihnen mit beharrlicher Sorgfalt Unterstützung und Aufmunterung. Die fremden Reisenden werden von ihm mit Auszeichnung behandelt und dürfen mit Zuversicht auf seine Unterstützung rechnen. Er hat eine Buchdruckerey und eine Glasfabrik errichtet, die Stadt durch öffentliche Spaziergänge und auf andere Weise verschönert, und zum Besten der öffentlichen Bibliothek eine Lotterie angeordnet, aus deren Ertrag die Büchersammlung vermehrt wird. In dem *Passéo Publico* liefs er die ächte China von *Perú* anpflanzen. Mehrere europäische und andere Gewächse ziehen hier die Aufmerksamkeit des Botanikers auf sich, unter andern die Trauerweide

---

(*) Bald nach meiner Anwesenheit in *Bahía* ernannte der König den Grafen Arcos zum Marine-Minister, sein gegenwärtiger Titel ist daher: *Illustrissimo Excellentissimo Senhor Conde* Dos Arcos Do Conselho *de Sua Majestade, Ministro e Secretario d'Estado da Marinha e Dominios Ultramarinos etc.*

Salix babilonica), welche hier sehr schön und kräftig aufwächst. Die China von *Sta Fé de Bogota* scheint dagegen hier nicht recht gut fortzukommen, da der Standort wahrscheinlich der Natur dieses Baumes nicht angemessen ist. Ebendaselbst sieht man einen Obelisken, der zum Andenken der Anwesenheit des jetzigen Königs errichtet worden.

Von der Höhe des oberen Theiles der Stadt ist die Aussicht unübertrefflich schön; der stolze Meerbusen zeigt sich als glatter ruhiger Spiegel, am Ufer liegen die Schiffe vor Anker, andere sieht man bedeckt mit ihren geschwellten Segeln sich nähern, oder dem Ocean zueilen, indem sie begrüfsend ihre Kanonen abfeuern; in der Ferne zeigt sich die Insel *Itaparica*, und rundum schliefst ein Amphitheater mahlerischer Gebürge die anziehende Scene ein. Aufser den öffentlichen Spaziergängen hat man in der oberen Stadt für die Unterhaltung der Bewohner durch Anlegung eines Comödienhauses gesorgt, das aber in einem veralteten Geschmacke erbaut, kleiner als das zu *Rio de Janeiro*, und durch kleine spitzige Obelisken auf dem Dache verunstaltet ist.

Bahia hat an 36 Kirchen und viele Klöster, daher kann man auf die Menge der hier lebenden Geistlichen und Mönche schliefsen. Die Nonnen einiger Klöster beschäftigen sich mit der Verfertigung schöner Blumen aus den Federn der verschiedenen lebhaft gefärbten Vogelarten des Landes, welche sie an die durchreisenden Fremden abzusetzen pflegen. Der untere Theil der Stadt, welcher nur einige wenige lange Strafsen längs des schmalen Strandes bildet, enthält die Kaufläden, die Waaren- oder Vorrathshäuser der Kaufleute, eine neue Börse, welche man der Sorge des Grafen Dos Arcos verdankt, das Arsenal und die Schiffswerfte, wo man jetzt gerade eine Fregatte vollendete. Die Schiffe, welche man in *Bahia* erbaut, stehen in einem vorzüglichen Rufe, da die Wälder von Brasilien mit mannichfaltigen Arten der vortrefflichsten Bauhölzer angefüllt sind. Ein thätiger Handel belebt diese Stadt; die Produkte des *Sertam* werden von hier in alle Weltgegenden versandt, weshalb man hier Schiffe von allen Nationen findet, und mit Portugal und *Rio de Janeiro* wird durch Pakete eine beständige Verbindung unterhalten, da diese schnell segelnden Fahrzeuge die Reise in möglichst kurzer Zeit zurück legen. Die benachbarten Küstenbewohner von Brasilien bringen ihre sämmtlichen Produkte nach der Hauptstadt und setzen dieselben dort gegen andere Bedürfnisse und die Waaren fremder Länder um. Durch diesen lebhaften Umtrieb hat sich *Bahía* schnell zu einer bedeutenden Stadt erhoben, welche an Gröfse *Rio de Janeiro* weit übertreffen soll. Man kann auf das schnelle Heranwachsen dieser Stadt schliefsen, wenn man bedenkt, dafs sie im Jahre 1581 nicht mehr als 8000 Einwohner, der ganze *Reconcav* aber nur etwas über 2000 Bewohner zählte, worunter jedoch weder Neger noch Indier einbegriffen sind (*); jetzt soll *Bahía* über 100000 Menschen enthalten.

Das innere Ansehen dieser grofsen Stadt hat im Allgemeinen wenig Erfreuliches, denn es herrscht hier weder Nettigkeit, noch Ordnung und Geschmack. Die Bauart ist massiv, ja die Jesuiten liefsen zu ihrem Kloster und ihrer Kirche sogar die behauenen Steine aus Europa kommen. Die Häuser sind in einem sehr verschiedenen Style erbaut, ein Theil derselben ist hoch, ziemlich nach europäischer Art gebaut und durchgehends mit Balkons versehen; ein anderer aber besteht aus niederen unansehnlichen Wohnungen, doch findet man fast in allen Glasfenster. In der trockenen Jahreszeit herrscht in den Strafsen, besonders in der unteren Stadt, eine drückende Hitze, welche durch mancherley daselbst sich verbreitende Gerüche noch beschwerlicher gemacht wird. Eine regsame, sich immer bewegende Volksmenge von gröfstentheils farbigen Leuten vermehrt diese Unbequemlichkeit; Negersclaven tragen zu zehn, zwölf und mehreren vereint, schreyend oder singend, um sich im gleichen Takte des Schrittes

---

(*) Southey's history of Brazil Vol. I. pag. 317.

zu erhalten, grofse Lasten, indem alle Waaren auf diese Art vom Hafen in die Stadt geschafft werden; andere tragen mancherley Kaufartikel umher, und rufen dieselben aus, und zu den Seiten der Strafsen erblickt man die Feuer der Negerinnen, welche hier beständig kochen und braten und nicht besonders anziehende Gerichte an ihre Landsleute verkaufen.

Die Sitten und Gebräuche der Bewohner sollen im Allgemeinen die der Portugiesen in Europa seyn und unter den höheren Ständen soll ein bedeutender Luxus herrschen. Zu jeder Zeit findet man hier Fremde der see-handelnden Nationen, vorzüglich viele Engländer und jetzt auch Franzosen; Deutsche und Holländer sieht man dagegen nur seltener.

Am Tage bemerkt man keine Frauenzimmer in den Strafsen; erst in der Abenddämmerung geht die schöne Welt aus den Wohnungen hervor um der Kühlung zu geniefsen, und alsdann erschallt Gesang und die Viola. Zu den gewöhnlichen Unterhaltungen des Pöbels in den Strafsen von *Bahia* gehören Processionen und religiöse Aufzüge, welche bey der unglaublichen Menge der Festtage sehr häufig vorfallen. Man bestreut die gereinigten Strafsen mit weifsem Sand und Blumen, erleuchtet die Fenster, und mit einer grofsen Menge von Wachskerzen ziehen bey dem Geläute der Glocken und dem Geprassel der abgebrannten Feuerwerke die aufgeputzten Züge nach der Kirche. Leichenbegängnisse werden ebenfalls bey Nacht mit einer Menge von Lichtern gehalten, und man ist hier von dem übelen Gebrauche noch nicht abgekommen, die Todten in die Kirche zu begraben. Nachdem der Verstorbene eingesegnet und mit Weihwasser besprengt worden, senkt man ihn ein, worauf die Geistlichen sich entfernen und die Vollendung der Beerdigung Negersclaven überlassen. Hier hörte ich nach zwey Jahren wieder Orgeln in den Kirchen und das Geläute der Glocken.

Lindley und Andrew Grant beschrieben *Rio de Janeiro* und *Bahia* im Allgemeinen ziemlich richtig, besonders wird man sich nach ihnen eine Idee von den dort gebräuchlichen Kirchenceremonien machen können; allein da jene Hauptstädte mit jedem Jahre sich mehr heben, und in der Cultur vorwärts schreiten, so vermißt man jetzt schon eine Menge von Mißbräuchen und veralteten zu dem Geiste der Zeit unpassenden Einrichtungen und Gebräuchen, welche jene Reisenden anmerken. So zum Beyspiel unterscheidet sich der Bürger in den Städten in seiner Tracht nicht mehr von dem der europäisch-portugiesischen Städte, und Luxus und Eleganz herrschen hier in hohem Grade.

GRANT schreibt übrigens in seiner *Description of Brazil* eine Menge von Nahmen falsch, so wie auch alle seine naturhistorischen Bemerkungen unrichtig und komisch sind.

Zur Vertheidigung der Stadt *Bahia* dient ein ziemlich zahlreiches Militär; es befinden sich hier drey bis vier reguläre Regimenter, und eben so viele von der Landmiliz, unter welchen sich ein Negerregiment und ein anderes ganz aus Mulatten zusammengesetztes auszeichnen. Der Gouverneur hat sich schon mehreremale genöthigt gesehen, diese Truppen bey Aufständen der Negersclaven zu gebrauchen, da von der bedeutenden Volkszahl dieser großen Stadt, bey weitem der größere Theil aus Negersclaven besteht. Bey den Unruhen in *Pernambuco*, welche gerade jetzt zur Zeit meiner Anwesenheit in *Bahia* vorfielen, hatte man alle disponibelen Truppen dorthin gesandt. Mit Truppen und Kriegsbedürfnissen beladene Kriegsschiffe liefen von *Rio de Janeiro* hier ein, die von der Rhede von *Bahia* gesellten sich zu ihnen, und man blockirte den Hafen von *Olinde* oder *Pernambuco*. Auch hier fand man Gelegenheit die zweckmäßigen schnell ergriffenen Maßregeln des Gouverneurs Conde Dos Arcos zu loben. Durch sein thätiges Wirken wurde jene schöne Provinz dem Könige erhalten, und der Geist des Aufruhrs erstickt, welchen einige anerkannt schlechte Menschen aus Eigennutz aufzuregen strebten, indem sie mehrere Geistliche in ihr Interesse zu ziehen wußten, welche, die Herrschaft der Religion über die rohen Gemüther der Brasilianer benutzend, allerdings der öffentlichen Ruhe am gefährlichsten werden konnten. Die Rädelsführer MARTIMS, RIBEIRA und MENDOZA wurden in *Bahia* öffentlich erschossen, und selbst Priester sah man auf diese Art sterben. Der Geist der Bewohner von *Bahia* hat sich übrigens bey dieser Gelegenheit als ihrem Könige treu und anhänglich bewährt, denn überall mifsbilligte man jenen Aufstand, und würde im Falle gröfserer Gefahr durch die That jene Treue beurkundet haben.

Gegen einen Angriff sichern die Stadt *Bahia* mehrere Forts; den Eingang in die *Bahia de Todos os Santos* beschützt am nördlichen Ufer das Fort *S. Antonio da Barra;* auf der Höhe des Stadtberges befindet sich die Citadelle und gerade vor der Stadt hat man im Hafen ein rundes Fort erbaut, welches mehrere Batterien von schweren Kanonen enthält; diese werden bey besonderen Gelegenheiten, vorzüglich an hohen Festtagen abgefeuert und salutiren die ankommenden Schiffe.

Mein Aufenthalt in der alten Hauptstadt Brasiliens war nur von kurzer Dauer, und ich fand selbst nicht die nöthige Zeit um die verschiedenen gelehrten Anstalten dieser Stadt zu besuchen, deren zwar bis jetzt noch immer nur wenige sind. Es giebt indessen aufser der öffentlichen Bibliothek, für welche der Graf DOS ARCOS so thätig sorgte, und welche mit der Zeit beträchtlich und sehr nützlich für die Verbreitung der Aufklärung in dieser Gegend werden wird, noch andere Anstalten dieser Art, welche schätzbare neue und alte Werke enthalten. Mehrere Klöster, zum Beyspiel das der Franciskaner, besitzen schätzbare alte Schriften und Manuscripte über Brasilien. Auch befinden sich hier mehrere Gelehrte, Herr ANTONIO GOMES, Correspondent des Grafen VON HOFFMANNSEGG in Berlin, die Herrn PAIVA, BIVAR und andere, welche sich um das Feld der Wissenschaften und besonders das Studium der Natur verdient machen. Der Güte des ersteren, der eine schöne Bibliothek besitzt, verdanke ich einige interessante Schriften über Brasilien, und der gütigen Mittheilung des letzteren einige Beobachtungen über das Clima der Stadt und Gegend von *S. Salvador*.

Ich fand in *Bahia* bey mehreren gebildeten Einwohnern eine sehr zuvorkommende Aufnahme. Der Gouverneur *Conde* Dos Arcos verwischte bey mir, durch sein einnehmendes Betragen, so wie durch den Antheil, welchen er mir an dem zu *Nazareth* erfahrenen unangenehmen Vorfalle bezeigte, alle schmerzliche Erinnerungen an jene so traurig verlorenen Tage, wozu der in *Pernambuco* ausgebrochene Aufstand die Veranlassung gegeben hatte, und ich muſs ebenfalls mit Auszeichnung und Dankbarkeit des englischen Consuls *Colonel* Cunningham und seiner Familie erwähnen, welche sich beeiferten mich mit Beweisen ihrer Güte zu überhäufen. Gern würde ich diese Vortheile länger benutzt haben, wenn meine Sehnsucht nach dem Vaterlande, und eine sich darbietende günstige Gelegenheit zur Rückkehr in dasselbe nicht meine Abreise beschleunigt hätten.

Das Beladen der Maulthiere zur Reise.

VIII.

Rückreise nach Europa.

Reise nach Lisboa. Ueberfahrt nach Falmouth. Landreise durch England. Fahrt nach Ostende.

Der Ostindienfahrer *Princesa Carlota* war von *Calcutta* auf der Reise nach Europa in *Bahia* eingelaufen, um daselbst frischen Proviant einzunehmen, und die Regierung hatte ihn in Beschlag genommen, um Kriegsbedürfnisse nach *Pernambuco* zu bringen, wodurch er genöthigt wurde auf längere Zeit nach *Bahia* zurückzukehren. Ich benutzte die Gelegenheit dieses guten sicheren jetzt nach *Lisboa* segelnden Schiffes, um die Rückreise nach Europa zu machen.

Nachdem ich von meinen Bekannten Abschied genommen, begab ich mich am 10ten May Abends an Bord, und der Schiffs-Capitan BETHENCOURT lichtete noch vor Nacht die Anker. Ein frischer günstiger Wind wehete aus der *Bahia de Todos os Santos* hinaus, man zog alle Segel auf, und schnell schwand die Stadt aus unserer Nähe. Bey eingetretener Abenddämmerung erblickten wir die das *Reconcav* einschließenden Gebürge nur noch in trüber Ferne, und ihr Anblick entschwand uns bald völlig in dem Dunkel der Nacht. Da aber der Wind bald nachließ und nur schwach zu wehen fortfuhr, so hatten wir am 11ten und 12ten May die Küste noch immer vor Augen; der Thermometer stand jetzt am Mittage in der Sonne auf 24½° Reaumur, im Schatten auf 23°, und Abends 9 Uhr 21°. In der Nacht vom 12ten verstärkte sich der Wind wieder, so daſs wir am 13ten Morgens die Küste nicht mehr erblickten. Das Wetter blieb zu unserer Freude fortwährend schön und es war weder zu heiſs noch zu kühl; der Thermometer erhielt sich in der Sonne am Mittage immer auf 26 bis 28°. Man hatte auf dem Schiffe die nöthigen Einrichtungen zu einer langen Seereise getroffen, die Ankerthaue (*Amaras*) in den unteren Schiffsraum gebracht u. s. w. Schon hatte sich der Passatwind eingestellt, welcher beynahe ununterbrochen während unserer ganzen Reise aus Ost-Süd-Ost mit abwechselnder Stärke blies, und das Meer hatte eine herrliche dunkelblaue Farbe angenommen.

Wir befanden uns am 15ten etwa in der Höhe des *Rio S. Francisco*, und erblickten hier einzelne kleine schwarze Sturmvögel und öfters einen weiſsen Vogel mit schwarzen Schwungfedern, der dem Bassanischen Tölpel (*Baſs Goose*) sehr zu ähneln schien. Gewöhnlich fanden wir in dieser Region des Oceans am Nachmittage etwas Windstille, gegen die Nacht aber trat der frische Wind wieder ein. Am 17ten May bekamen wir starken Wind, und das *Cabo S. Agostinho* war umsegelt; auch hatte man heute zur groſsen Freude der Schiffsgesellschaft *Pernambuco* zurückgelegt, weil man gefürchtet hatte von den daselbst kreuzenden portugiesischen Kriegsschiffen angehalten, und vielleicht zum zweytenmal gebraucht zu werden. Der Wind ward nun etwas mehr ungünstig und zwang uns die Richtung der Insel *Fernando de Noronha* zu nehmen, wo wir, als gewöhnliche Folge der Nähe des Landes starke Windstöſse und Regenschauer bekamen; auch bemerkten wir in dieser Gegend schon sehr viele Seevögel und besonders groſse Geschwader fliegender Fische.

Am 20sten May hatten wir die Insel *Fernando* zurückgelegt, das Wetter war wieder gut und heiter; auch erleuchtete ein freundliches Mondlicht das schöne Schiff mit seinen zahlreichen geschwellten Segeln.

Ruhig in der Abendkühlung auf dem Verdecke sitzend, erfreuten wir uns oft der herrlichen Beleuchtung in den hohen Masten und weißen Segeln des Schiffs, und waren verloren in den Betrachtungen über diese kühne große Erfindung des menschlichen Geistes, womit er die Welttheile beherrscht und durchmißt. Das stolze Schiff fliegt gleich einem Vogel still und ohne Geräusch vor dem Winde dahin, es hebt sich der Vordertheil des schwer beladenen Gebäudes und fort gleitet es um bald wieder tief in die Fluthen einzutauchen; brausend und in weißen Schaum verwandelt theilen sich vor seinem gewaltigen Körper die rollenden Wogen. So hatte die *Carlota* schon vier Monate von *Calcutta* nach *Bahia* gesegelt, den Stürmen und dem Wetter getrotzt und keinen Schaden genommen, während Kriegsschiffe am Vorgebürge der guten Hoffnung in ihrer Nähe verunglückten.

Wir waren erfreut die Insel *Fernando* in unserem Rücken zu wissen, da die Nähe des Landes gewöhnlich auf die Witterung nicht den günstigsten Einfluß zu äußern pflegt. Uebrigens bedauerte ich recht sehr diese Insel nicht gesehen zu haben: sie soll etwa 3 Legoas in der Länge halten und wird von *Pernambuco* aus mit einem Militärposten versehen. Von Portugal aus hat man zu Zeiten Verbrecher zur Strafe dahin geschickt. Die Bewohner dieser Insel sollen viel Mandiocca pflanzen und Fische in Menge fangen.

Ein bedeutender Grad von Wärme, da der Thermometer Abends 9 Uhr auf 21 bis 22° stand, so wie Regenschauer und abwechselnde Windstille zeigten, daß wir uns dem Aequator nahe befanden, welchen wir in der Nacht vom 22sten auf den 23sten May durchschnitten. So befanden wir uns denn nun wieder in unserer nördlichen Hemisphäre, und dieser Gedanke erfüllte die ganze so lange von dem Vaterlande getrennt gewesene Schiffsgesellschaft mit einer laut sich aussprechenden Freude. Dennoch behielten wir noch acht Tage abwechselnde Windstille und Regenschauer bey großer

Hitze. Zuweilen stürzte selbst der Regen mit solcher Heftigkeit auf das Schiff herab, daſs er an vielen Stellen desselben eindrang. Als wir in der Höhe der *Cap Verdischen* Inseln waren, nahm die Hitze sehr merklich ab; denn wir hatten am Mittage in der Sonne nicht mehr als 23 bis 24°, dabey wehete meistens starker Wind der uns zu viel östlich trieb, und das Schiff so sehr auf die Seite legte, daſs die See gewöhnlich das Verdeck stark benetzte.

Das unfreundliche stürmische Wetter, welches in der Nähe der *Cap Verdischen* Inseln beständig anhielt, war Abends zuweilen von heiteren Intervallen der Ruhe und des schönsten Mondscheines unterbrochen; dann hatten wir Gelegenheit auf dem Verdecke gerade im Rücken unseres Schiffes das schöne Sternbild des südlichen Kreuzes zu beobachten, welches in vorzüglicher Klarheit funkelte.

Am 4ten Juny bey dicken Wolken und trübem windigem Wetter erschien uns ein dreymastiges Schiff, welches seinen Lauf gerade auf uns zu nahm; schon waren wir besorgt einem Corsaren begegnet zu seyn, als es die holländische Flagge aufzog. Am 9ten Juny durchschnitten wir den nördlichen Wendekreis, nachdem wir kurz zuvor schwimmenden Fucus und Tropicvögel (*Phaëthon æthereus*, Linn.) beobachtet hatten; die letzteren werden von den Portugiesen *Rabo de Junco* genannt. Der Tang oder Fucus häufte sich nun immer mehr, daher nennen auch die Portugiesen diese Region des Oceans *Mar de Sargasso*. Bey einer Mittagswärme von 22° und stets bedecktem Himmel fischten wir eine Menge dieser Seegewächse, in welchen wir eine kleine Krabbe und mehrere Arten kleiner Fische, besonders Syngnathen fanden. Die Tropicvögel hatten uns vom 8ten bis zum 12ten Juny, also etwa bis zur Höhe der Insel *Palma* begleitet; sie blieben aber stets in einer bedeutenden Höhe, und man konnte keinen von ihnen erlegen. Am 14ten bey einem herrlichen heiteren Wetter hatten wir eine angenehme Unterhaltung durch den Fischfang; ein

Schwarm von Doraden (*Coryphæna*) war seit dem vergangenen Tage dem Schiffe gefolgt und hatte es von allen Seiten umgaukelt; jetzt gelang es dem Bootsmann (*Contramestre*) einen dieser Fische zu angeln. Der Anklick dieses Thieres, welches aufs Verdeck gezogen wurde gewährte uns ein ungemeines Vergnügen. Das reinste Himmelblau schmückt in mannichfaltiger Abwechselung mit einem Goldglanze schillernd den Körper dieses schönen Fisches, und ultramarinblaue Punkte zeigen sich auf der goldenen Grundfarbe; selbst die Iris des Auges ist von einem herrlichen Goldblau. Diese wird gelb wenn der Fisch todt ist; überhaupt verlor er durch das Entweichen des Lebens unendlich viel von seiner Schönheit. Wegen seines schmackhaften Fleisches waren wir sehr erfreut, als man bald nachher noch einen anderen dieser schönen Fische harpunirte. *Alvacore* und noch eine andere Art von Fischen, welche die Portugiesen *Judéos* (Juden) nennen, umschwärmten ebenfalls unser Schiff, wurden aber nicht gefangen.

Wir hatten schon am 15ten das *Mar de Sargasso* verlassen und beobachteten keinen schwimmenden Seetang mehr; dagegen hatten wir oft Windstille und am Abend gewöhnlich 18° Wärme. Am 18ten Juny befanden wir uns etwa in der Höhe von Gibraltar und es zeigten sich auf dem spiegelglatten ruhigen Meere häufig Mollusken: besonders die *Physalis*, *Medusa pelagica* und eine *Beroë*, so wie Braunfische und die *Procellaria pelagica*.

Am 19ten wurde der Wind frischer und erlaubte uns die Richtung der *Azorischen* Inseln und der portugiesischen Küste zu nehmen; immer heftiger wurde er am 20ten und warf uns die schäumenden Wogen bis aufs Verdeck; am Nachmittage zwang uns ein Regenschauer mit verstärktem Winde die meisten Segel einzunehmen. Am 21ten war der Himmel wild mit Sturmgewölken bedeckt, der Wind heulte und Regenströme stürzten herab; das Wasser floſs auf dem Verdecke und wild aufsprützend schlugen die Wogen mit solcher Heftigkeit gegen das Schiff, daſs seine Wände unaufhörlich erbebten. Wir bemerkten ein Schiff, das gleich uns mit wenigen Segeln dem Ungestüm des Windes und der Wogen trotz zu bieten suchte. Gegen Mittag entstand plötzlich eine schreckliche Verwirrung; der Wind, der mit groſser Heftigkeit aus Norden gewehet hatte, sprang plötzlich nach Nord-Westen um, und drohete unsere Masten zu zerbrechen; alles eilte aufs Verdeck und Jedermann legte Hand an um die Segel herabzureiſsen, welches bey dem unendlich heftigen mit Sturm verbundenen Regen nicht gleich zu bewerkstelligen war; selbst der Schiffskapellan, ein Maratte aus *Goa*, der Schiffsarzt und die Passagiere bewiesen sich sehr thätig, und so gelang es uns mit groſser Anstrengung dieser Gefahr zu entgehen.

Das Schiff muſste nun in der falschen Richtung von Süd-Westen fortlaufen. Später legte sich die Heftigkeit dieses Wettersquals ein wenig; wir behielten aber eine heftige schwere See und einen starken frischen Wind, bey welchem der Thermometer um 12½ Uhr Mittags ι 17°, und Abends auf 15° stand. Der folgende Tag war besser und die Temperatur wärmer; an dem darauf folgenden indessen zeigte sich schon wieder ein trüber Regenhimmel mit starkem Winde; das Schiff lief den ganzen Tag hindurch über 7 Knoten, die unteren Segel waren gerefft, und es lag sehr auf der Seite, wozu seine starken aber sehr schweren, aus brasilianischen Holzarten verfertigten Masten viel beytrugen. Diese unangenehme, veränderliche Witterung hatten wir der Nähe der *Azorischen* Inseln zuzuschreiben; wir sahen mehrere Schiffe, welche ebenfalls mit dem Wetter kämpften, und bemerkten, daſs der Regen eine wärmere Temperatur hatte als der Wind, indem in dem letzteren der Thermometer auf 15°, und im Schutze vor demselben auf 16° stand, auch sich bis in die Nacht hinein auf diesem Stande erhielt. Am Mittage befanden wir uns an dem Eingange des Canals, der die *Azorischen* Inseln *Fayal* und *Flores* trennt; schon glaubten wir uns unserer Rechnung zu Folge, nördlicher als die ersteren dieser beyden Inseln, als wir gegen Abend in einer Oeffnung, welche die dicken nebelartig auf dem Meere ruhenden Wolken gaben, auf etwa fünf Legoas von uns entfernt ein hohes Vorgebürge der Insel *Fayal* erblickten. Vor dieser steil ansteigenden Felsküste bemerkte man eine kleine Felsinsel und erkannte durch sie das Vorgebürge *Ponta das Capellinhas*.

Capitain BETHENCOURT nahm nun seinen Lauf etwas mehr nördlich, und entfernte sich so von der Insel, welche sein Vaterland war, und welche er schon seit Jahren nicht besucht hatte; auch mir würde es interessant gewesen seyn die Insel *Fayal* kennen zu lernen. Wir liefen nun mit starkem Winde fort, und erblickten um Mitternacht plötzlich einen Schooner nahe bey uns, welchen man für einen amerikanischen Corsaren erkannte; Schrecken befiel die Mannschaft, rasch wurde das Schiff gewendet, und da die Wachen auf dem Schooner zu schlafen schienen, so entgiengen wir auch dieser Gefahr mit vielem Glücke, denn bey Anbruch des Tages befand sich jenes Schiff nicht mehr in unserem Gesichtskreise.

Der 24ste Juny war ein trüber, stürmischer Tag, wo die äufserst wilde See die heftigsten Schläge gegen den Bord des Schiffes gab, welches fortwährend 8 Knoten lief und uns nördlich von der Insel *Graçiosa* vorbey trug. Wir sahen mehrere Schiffe, wichen ihnen aber immer sorgfältig aus; denn gewöhnlich kreuzen eine Menge von Corsaren in diesen Gewässern, welche sehr lüstern nach den reichen Ladungen der portugiesischen Indienfahrer sind, die sämmtlich diese Strafse passiren müssen; auch kreuzen sich bey den *Azorischen* Inseln, oder *Western-Islands* der Engländer, die Wege einer grofsen Menge von Schiffen. Die See hatte eine bleygraue Farbe und war mit weifsem Schaum bedeckt; sie gab dem Schiffe die heftigsten Schläge, während ein günstiger Sturm de popa (d. h. gerade von hinten) dasselbe forttrieb und anhaltender Regen herabstürzte. Gegen

Mittag zerbrach der Wind das Escutel am zweyten Segel des grofsen Mastes, welches aber sogleich ersetzt wurde; am Mittage trieb er ein im Meere schwimmendes grofses Segel an seiner Stange (*Yard*) bey uns vorbey, welches auf den Verlust irgend eines Schiffes schliefsen liefs. Am 25ten Juny hatten wir die *Azorischen* Inseln zurückgelegt und ein sehr starker Wind blies uns nach der portugiesischen Küste hin, der aber oft umsprang und den Seeleuten viel zu thun gab; er zerrifs ein Escutel-Tau und brachte die See in heftige Bewegung. Unsere Wache auf dem grofsen Maste zeigte mehrere Schiffe an, welchen wir auswichen, da wir keine Kanonen an Bord führten. Der Raum, welchen wir bis zu den europäischen Küsten noch zu durchlaufen hatten, war nicht sehr bedeutend mehr, allein wegen der Corsaren gefährlicher für uns als die ganze übrige Reise. Man beobachtete ein jedes Schiff, deren wir jetzt täglich mehrere sahen, und nahm sogleich einen anderen Lauf. Dies war uns auch immer vollkommen geglückt bis zum 28ten, wo man am Morgen ein Schiff am Horizonte bemerkte, welches unsere Richtung zu halten schien. Der *Pilote* der *Carlota*, welcher sich schon in der Gefangenschaft der Corsaren befunden hatte, so wie der Capitain und alle Seeleute beobachteten dieses Schiff mit einer besonderen Aufmerksamkeit, indem sie einige ungünstige Zeichen daran zu erkennen vorgaben. Man sah nun, dafs es seinen Lauf gerade auf uns zu richtete und alle Segel beysetzte um uns einzuholen. Gegen 12 Uhr erkannte man zu allgemeiner Bestürzung, dafs dieses Schiff ein amerikanischer Schooner (*Escuna* der Portugiesen), also höchst wahrscheinlich ein Corsar sey; auch gab es in diesem Augenblick einen Kanonenschufs zum Zeichen, dafs wir es erwarten sollten und zog die portugiesische Flagge auf. Jetzt entstand eine allgemeine Bestürzung! ein jeder rannte in den Raum hinab, um seine Habseligkeiten zu verbergen so gut es möglich war. Man meisselte Oeffnungen in die innere Verkleidung des Schiffes und verbarg die wichtigsten Effecten: Papiere, Geld,

Zeuge und dergleichen mehr, wiewohl man kaum erwarten durfte, daſs vor den geübten Blicken gieriger, der Plünderung gewohnter Piraten, irgend etwas von Werth verborgen bleiben könne. Das Mittagessen wurde aufgetragen, allein Niemand hielt lange dabey aus, denn der Ruf: der Schooner ist schon nahe heran! versammelte schnell die ganze Mannschaft auf dem Verdecke. Erwartungsvoll und stille ohne einen Laut standen Alle und blickten mit gespannter Aufmerksamkeit nach dem schönen Kriegsschiffe hin, welches mit allen Segeln, nett und schlank wie ein Vogel auf uns zustrich, und die Mündungen der Kanonen entblöſst hatte; auf dem Verdecke standen eine Menge Menschen Kopf an Kopf gedrängt, unter welchen man als Bestätigung unseres Verdachtes verschiedene Neger und andere farbige Leute erkannte. In dem Augenblick, als wir unser Urtheil erwarteten, ergriff der Offizier auf dem Schooner das Sprachrohr und befragte uns, woher wir kämen und wer wir seyen. Die Antwort erfolgte in dieser furchtbaren Spannung sogleich, aber in diesem Augenblick, welche überraschende Freude! erkannten einige unserer Matrosen von der Höhe des Mastkorbes, daſs unser vermeinter Corsar ein portugiesisches Kriegsschiff sey. Allgemeiner Jubel verbreitete sich jetzt auf unserem Schiffe, und wir Alle wünschten einander Glück! Der commandirende Offizier des Kriegs-Schooners *Constantia* (so hieſs das Schiff) gab uns den Befehl ihn zu erwarten, indem er uns zurief: daſs er ein Boot an unseren Bord senden werde. Der Schooner gieng nun um uns herum, legte bey, und setzte ein Boot in See, worin sogleich ein Lieutenant an uns abgesandt wurde, welcher unsere Besorgnisse wegen Unsicherheit dieser Meere bestätigte. Die Escuna *Constantia* war wirklich ein sehr schöner amerikanischer Schooner, welchen die portugiesische Regierung gekauft und ausgerüstet hatte; sie führte 18 Kanonen und hatte vor 16 Tagen *Lisboa* verlassen, um in diesen Gewässern gegen die zahlreichen Corsaren zu kreuzen. Erst vor wenigen Monaten hatte eine portugiesische Fregatte einen solchen genommen; ein anderer hatte den grofsen portugiesischen Ostindienfahrer *Asia Grande* in dieser Region angegriffen und verfolgt, aber nicht genommen, da der letztere 20 Kanonen an Bord führte und sich tapfer vertheidigte.

Erfreut jene beunruhigende Täuschung auf eine so glückliche Art aufgeklärt zu sehen, zog die *Carlota* in gröfster Eile ihre Segel wieder auf; die *Constantia* that dasselbe, und nachdem sie ihr Boot wieder hinauf gewunden hatte, segelte sie *sotto vento* (unter dem Winde) pfeilschnell und höchst majestätisch bey uns vorbey, indem sie uns eine glückliche Reise wünschte. Wir entfernten uns hierauf schnell von einander, indem der eine seiner Bestimmung nach Osten, der andere aber nach Süden folgte. Ein Regen- und Sturmschauer, von den Portugiesen *Agoaçeiro* genannt, war uns günstig und trieb das Schiff dermafsen schnell, dafs wir in wenigen Stunden die *Constantia* ganz aus dem Gesichte verschwinden sahen. Am folgenden Tage beobachteten wir mehrere Schiffe, welchen wir abermals vorsichtig auswichen, als wir am 30ten Juny schon die Anzeigen der nahen Küsten von Europa in mancherley Stücken von Seetang (*Fucus*) erkannten, worunter besonders eine Art in Gestalt eines Bandes sich auszeichnet, welche die portugiesischen Seefahrer *Curiolas* nennen.

Um 2 Uhr Nachmittags erschallte von der Spitze des grofsen Mastes der fröhliche Ruf: Land! Land! und wir erkannten bald in trüber Ferne das *Cabo da Roca* in Portugal, dessen vordere Spitze gleich einer sanft abgerundeten Insel sich unseren erfreuten Blicken zeigte. Bald erhob sich die Küste deutlicher vor unseren Blicken, obgleich Wolken die schöne Ansicht etwas trübten; Schiffe verschiedener Nationen zeigten sich nun in der Ferne. Mehrere Fischerböte näherten sich, und man gab ihnen durch Flaggen zu verstehen, dafs wir einen Piloten wünschten, worauf man auch gegen Abend eine Muleta, ein sonderbar gebautes Fischerboot, mit der Pilotenflagge heran segeln sah. Es brachte uns eine grofse Menge guter Fische und einen Piloten aus *Cascaës*, der bey uns an Bord stieg. Da der Tag schon zu weit vorgerückt war, so konnte man heute nicht mehr in den *Tajo* einlaufen; wir kreuzten bis zum folgenden Morgen, und als der 1te July sein erfreuliches Licht über die früh wachsame Schiffsgesellschaft ergofs, befanden wir uns sämmtlich schon auf dem Verdeck vereint, um die europäischen Gestade zu begrüfsen; leider war aber das Wetter nicht günstig, um das Land recht unterscheiden zu können. Wir segelten nun der Mündung des Flusses zu. Sie wird am nördlichen Ufer von dem *Cabo da Roca* und am südlichen von dem *Cabo d'Espichel* begränzt, welches letztere weit in die See vortritt, und flacher ist als das nördliche. Das Meer hatte die hellgrüne schöne Farbe wie an den Küsten von Brasilien. Um 9 Uhr lief die *Carlota* in die *Barra* ein, wo rechts und links die See sich heftig an den Felsenketten bricht. Mancherley Fischerböte von origineller sonderbarer Gestalt, *Muletas*, *Barreiros* und spanische Schiffe durchkreuzten einander und liefen zugleich mit uns ein.

Der Nebel hatte sich um diese Zeit verloren, und zeigte uns die etwas flachen, sanfthügligen Ufer des hier noch sehr breiten Flusses, bedeckt mit Dörfern, Villas und Kirchen. Man konnte die weifslichen Häuser unterscheiden, so wie die schon von ihren Früchten entblöfsten Felder, da der Waizen in Portugal sehr frühe reift. Zur Rechten blieb uns im Flusse ein rundes Fort, *Torre de Bujio* genannt, und am nördlichen Ufer die Festung *S. Julião*. Der Flufs verengt sich nun etwas mehr, und man bemerkt zu beyden Seiten Dörfer und Wohnungen. Wir segelten bey ein Paar französischen Fregatten vorbey, welche vor Anker lagen, und wurden alsdann von einer portugiesischen *Bombarde* examinirt. Gegen Mittag ankerte die *Carlota* am nördlichen Ufer zu *Belem*, dem Anfange der Stadt *Lisboa*. Von hier an zieht sich eine weite Häusermasse bis zur eigentlichen *Cidade* hinauf. Am Nachmittage erhielten wir die *Visita da Saude*, welche den

Gesundheitszustand unserer Mannschaft untersuchte; wir durften indessen das Schiff nicht verlassen, da unsere Pässe noch nicht untersucht waren. Zwey bey der Stadt geankerte Linienschiffe, welche bestimmt waren in wenigen Tagen nach *Livorno* abzusegeln, um die Erzherzogin Leopoldine von Oesterreich nach *Rio de Janeiro* zu bringen, sandten einen Offizier mit einem Commando Soldaten, um unsere Matrosen in Beschlag zu nehmen, da sie Mangel an Leuten hatten. Wir segelten etwas aufwärts, mußten aber aus Mangel an Wind den Anker wieder fallen lassen. Schon am Abend und während der Nacht war unser Schiff zur Bewachung der Matrosen mit einer Menge von Soldaten besetzt, welche scharf feuerten sobald ein Boot sich näherte.

Am 2ten July Morgens segelten wir nach der *Çidade* hinauf; der Anblick dieser großen Stadt war vorzüglich schön. Sie breitet sich weit längs des Ufers hinauf an einem sanften Rücken aus und ihre weißliche Häusermasse mit blaßröthlichen Ziegeldächern ist sehr bedeutend. Man erblickt viele sich auszeichnende große Gebäude und ansehnliche Paläste, unter andern den von *Ajuda*, welcher noch nicht vollendet ist, viele große Kirchen u. s. w. Zwischen den Gebäuden treten schöne dunkelgrüne Gebüsche von Lorbeer-, Orangen- und Citronenbäumen mit Cypressen, Pinien u. s. w. hervor, gegen welche das Silbergrün der Oelbäume schön absticht; unter diesen Baumparthien bemerkt man besonders den Garten der Königin. Im Allgemeinen ist jedoch der Anblick dieser Gegend todt und ernst, etwas nackt, ohne frisches lebhaftes Grün, und man bemerkt nur die Farbe des verbrannten Bodens, der weißlichen Häuser und der schwärzlich grünen Baumgruppen.

Wir ankerten gegen Mittag im Angesicht der Statue König *Dom João I.*, welche man gewöhnlich mit dem Nahmen der *Memoria* belegt, und des *Quay Sodré*, zwischen vielen großen Dreymastern, welche zum Theil so eben von ihren Weltreisen angekommen waren.

Der Flufs gewährt hier eine besonders schöne Ansicht: nach dem Lande hinein gleicht er einem Meere, da seine äufserst niedrigen Ufer so weit zurücktreten, dafs man sie völlig aus dem Auge verliert; Schiffe aller Art, mit den Produkten der benachbarten Gegenden und Ortschaften beladen, durchkreuzen einander, und reges Leben ist auf dieser anziehenden Wasserscene verbreitet. Der Thermometer stand an diesem heiteren schönen Tage am Mittage auf dem Schiffe im Schatten auf 19°, jedoch war die Hitze in den Strafsen bedeutend stärker.

Lisboa, diese grofse ansehnliche Stadt, giebt, vom *Tajo* aus gesehen, eine weit bessere Ansicht als wenn man ihr Inneres betreten hat. Genau betrachtet ist sie hügelig, uneben und zerstreut erbaut, schmutzig und schlecht gehalten, sie dehnt sich aber auf eine bedeutende Entfernung längs des nördlichen Ufers des schönen *Tajo* aus. Nur am Ufer des Flusses ist eine regelmäfsig zusammenhängend gebaute Stadt, deren lange Strafsen zum Theil breit und ansehnlich sind. In den oberen entfernteren Theilen von *Lisboa* hingegen findet man Gärten und selbst Kornfelder, welche durch einzelne, zerstreut ausgedehnte Strafsen eingeschlossen und verbunden sind. Der gröfsere Theil der Strafsen dieser Hauptstadt ist enge, schmutzig und daher besonders in der grofsen Hitze dem Geruchsinne empfindlich. Die Gebäude sind von Stein, gröfstentheils hoch und von mehreren Stockwerken, alle mit Balkons versehen, von welchen man zum Theil die schöne grofse Aussicht auf den Flufs und die umliegende Gegend geniefst. An ansehnlichen Kirchen und Klöstern ist ein grofser Ueberflufs, so wie man denn auch alle mögliche Uniformen von Mönchen, und alle Arten geistlicher Orden in den Strafsen erblickt. Oeffentliche, zum Theil ansehnliche Gebäude hat diese Hauptstadt ebenfalls mehrere; zu diesen gehört besonders das Arsenal mit den Werften, das indische Haus mit dem Zollhaus (*Alfandega*) und die Börse, sämmtlich in einem grofsen Gebäude vereint, neben welchem unmittelbar ein schöner grofser

Platz, die *Praza do Commerçio* angelegt ist, auf dem man die colossale bronzene *Statue Equestre* des Königs *Dom João I.* aufgestellt hat. *Lisboa* hat ein Opern- und zwey Comödienhäuser. Die *Quays* am Flusse, besonders der *Quay Sodré*, vor welchem die grofsen Indienfahrer vor Anker liegen, werden stark besucht, und dienen besonders in der Kühlung des Abends den Bewohnern zum Spaziergange. Ehemals soll das Gewühl der Spaziergänger und des handeltreibenden Theils der Einwohner in diesen dem Ufer nahe gelegenen Theilen der Stadt weit beträchtlicher gewesen seyn als jetzt, da der Handel unendlich viel verloren hat. Die Portugiesen geben der englischen Regierung die Schuld dieser Abnahme ihres Wohlstandes, weshalb auch die Engländer im Allgemeinen hier wenig beliebt sind. Der Handel nach Indien ist stärker als der nach Brasilien, welcher durch die Engländer ganz besonders verloren haben soll. Portugal ist in vielen Stücken noch gar sehr gegen andere Nationen zurück; selbst in der grofsen Hauptstadt *Lisboa* vermifst man eine Menge von nützlichen Einrichtungen, die man in den meisten kleineren Städten des civilisirten Europa findet. Alles ist theuer; die Wagen (*Seichas*) und Gasthöfe äufserst schlecht, und nur sehr wenige, welche von Ausländern angelegt sind, haben einige Vorzüge. Man hat bey Nacht keine Erleuchtung; weder Landstrafsen noch Posten sind zweckmäfsig eingerichtet; der *Corréo* (Briefpost) nach *Madrid* geht zu Pferd; keine Wächter schützen die Sicherheit der Strafsen bey Nacht. Dagegen findet man jetzt überall Militärwachen, besonders seitdem ohnlängst ein Aufstand in der Stadt vorgefallen war. Manche Züge dieser südlichen Stadt sind originel. Das Wasser, welches der grofse sehenswerthe Aquäduct, der ein schönes massives Werk ist, 4 Legoas weit aus den Kegelgebürgen von *Çintra* herüberführt, wird von einer Menge von Menschen mit kleinen Fäfschen in allen Theilen der *Çidade* zu Kauf umhergetragen. Diese Wasserträger, welche zu der rohesten Klasse des Volks gehören, sieht man an allen Brunnen in zahlreichen Banden gelagert. An einem jeden Morgen bey Anbruch des Tages treibt man Kühe und Ziegen mit einer Glocke am Halse, durch die Strafsen, und melkt sie vor einem jeden Hause. Ueberall wallfahrten in den Strafsen eine Menge von Gärtnern, Bauern und Windmüllern mit grofsen Zügen von Maulthieren und Eseln, welche ihre Produkte, alle Arten von Gemüsen, Obst, Mehl u. s. w. verkaufen. Man bringt besonders eine grofse Menge Obst zur Stadt.

Lisboa hat mehrere ansehnliche Gärten, in welchen schöne schattenreiche Bäume anziehende Parthien bilden. Aber auch in der Gartenkunst sind die Portugiesen noch hinter allen Nationen zurück; denn überall findet man noch nach dem alten steifen französischen Geschmack geschnittene Bäume, zu den kläglichsten erbärmlichsten Figuren verunstaltet. Zu *Belem*, dem unteren Theile der Stadt, befindet sich der Garten der Königin, nahe bey der jetzt völlig ausgestorbenen Menagerie. Er besteht in einem Bosquet von hohen schattenreichen Bäumen verschiedener Art, besonders von Silberpappeln, Lorbeeren, Eschen und mehreren anderen südlichen Bäumen, überall mit geraden unter der Scheere gehaltenen Hecken durchschnitten, zwischen welchen sich die Wege befinden; eine Menge von Singvögeln beleben diese Schatten. Auf eben diese Art ist der öffentliche Garten (*Passéo publico*) angelegt, welcher sich in der Mitte der Stadt befindet. Hier hat man unter alten schattenreichen Bäumen einander durchkreuzende gerade Gänge angebracht; sie sind mit kleinen Brusthecken eingefafst, und zu den Seiten mit Mauern und vielen kleinen Thoren versehen. Dieser Spaziergang ist klein, er erfreut aber durch seinen Schatten, da er in der Mitte der von der Sonne erhitzten Strafsen angelegt ist. Unter den hier wachsenden Bäumen bemerkt man mit Vergnügen hohe schöne *Cercis*-Stämme. Unweit dieses *Passéo* befindet sich der königliche Palast, ein nur mäfsig ansehnliches Gebäude. Ein anderer Palast, *Palaçio da Ajuda* genannt, wird zu *Belem* erbaut, doch fehlt jetzt noch viel an seiner Vollendung. Mit mehrerem Interesse betrachten die

Fremden das Naturalien-Cabinet in der Nähe von *Ajuda*, wo sich auch der botanische Garten befindet. Das erstere soll ehemals sehr beträchtlich gewesen seyn und es enthält auch noch viele interessante Stücke aus den verschiedenen portugiesischen Besitzungen in den entfernteren Welttheilen. Napoleon hat sich durch die Plünderung dieser Anstalt bey der portugiesischen Nation ein unvergängliches Denkmal gesetzt, denn er war der erste Eroberer, welcher selbst die wissenschaftlichen Einrichtungen der verschiedenen mifshandelten Völker nicht verschonte, und alles für gute Beute erklärte, was seinen Händen erreichbar war. In diesem Cabinette befand sich eine sehr bedeutende Collection von brasilianischen Thieren, welche man jetzt indessen nicht mehr hier sondern, in *Paris* suchen mufs. Alle anderen Nationen erhielten wenigstens einen grofsen Theil der ihnen geraubten Seltenheiten bey dem Frieden von 1815 wieder, die Portugiesen allein giengen leer aus, und betrauern jetzt noch ihren Verlust, der indessen zu ersetzen seyn würde, wenn ein Befehl des Königs Sammler in Brasilien beauftragte, die verschiedenen Provinzen jenes Landes zu durchreisen, und die naturhistorischen Merkwürdigkeiten desselben für dieses Cabinet zu bearbeiten. Dennoch besitzt diese Collection auch jetzt noch vieles Sehenswerthe, unter andern eine nirgends zu findende Sammlung von Waffen, Geräthschaften und Federzierrathen der verschiedenen brasilianischen Völkerschaften, besonders der Stämme am *Maranhão*, deren Farben prachtvoll sind, da sie aus den Federn der *Araras*, *Ararunas*, *Tucanas*, *Guarubas* und anderer schöner Vögel zusammengesetzt sind. Auch gehören zwey *Manatis* von 6 bis 7 Fufs Länge zu den Seltenheiten, welche man hier bemerkt.

Der botanische Garten ist kaum der Erwähnung werth; er enthält zwischen niederen unter der Scheere gehaltenen Hecken, Räume, wo einige gemeine Pflanzen halb wild vegetiren. Ein Paar kleine Treibhäuser sind beynahe leer; in ihrer Nähe befinden sich einige merkwürdige Gruppen von verschiedenen Arten sehr starker *Cactus*-Stämme und ein Drachenblutbaum (*Dracæna Draco*), der eben reife Früchte im freyen Lande trug. Da das Studium der Naturgeschichte in Portugal nicht viele Verehrer zu finden scheint, und selbst die eigenen Produkte dieses Landes gröfstentheils von fremden Naturforschern untersucht wurden, so darf man sich um so viel weniger wundern, wenn diese Nation die naturhistorische Untersuchung ihrer entfernten Colonien vernachläfsigte.

Der Anblick der vielen Mängel und Unvollkommenheiten, welche den Bewohnern dieses Landes noch zu verbessern bleiben, wird jedoch durch die Schönheit der Natur, besonders im Frühjahre, in einem gewissen Grade ersetzt; allein jetzt hatte durch die Sommerhitze das Land schon seinen Reiz verloren, und ich sehnte mich um so mehr, in dem gemäfsigten Clima nördlicher gelegener Länder eine Erholung von den Anstrengungen meiner Reise zu suchen.

Die englischen Packetboote, deren aus *Falmouth* in den ersten Tagen eines jeden Monats eine bedeutende Anzahl auslaufen, gehören zu den angenehmsten Einrichtungen für Reisende. Auch in *Lisboa* findet man in einer jeden Woche Gelegenheit mit einem solchen nach England abzugehen, und ich benutzte dieselbe, indem ich mich auf dem *Packet Duke of Kent*, Capitain Lawrence einschiffte.

Wir verliefsen am 12ten July am Mittage mit einem frischen Winde die Stadt, liefen schnell den *Tajo* hinab in die offene See und verloren noch an demselben Tage Portugal aus dem Gesichte. An den nächstfolgenden Tagen blies ein frischer Wind, und die See war etwas unruhig, daher wurden einige der Passagiere von der Seekrankheit befallen. Ob wir gleich bis zur Höhe von *Cap Finisterre* in Spanien oft widrigen Wind und einigemal Windstille hatten, so legten wir dennoch die Reise nach *Falmouth* in zehn Tagen sehr glücklich zurück. Die englischen *Packete* sind den Reisenden sehr zu empfehlen, da ihre Einrichtung sehr nett und reinlich, die Lebensart und der Tisch gut, und die Seeleute ebenfalls von der besten Art sind. In Kriegszeiten führt ein solches Fahrzeug, wozu man immer die leichtesten, sichersten, möglichst gut segelnden zweymastigen Schiffe wählt, 8 Kanonen und 31 Seeleute; in Friedenszeiten nur 21 Mann.

Am 21sten July erblickten wir gegen Mittag die Küsten der *Scilly-Islands* und steuerten gerade auf den Canal zu. Gegen Abend erhob sich *Cape Lizzard* aus dem Ocean empor; unsere Freude war groſs, nach zwey Jahren und 29 Tagen diesen Punkt glücklich wieder berührt zu haben. Eben trat die Dunkelheit ein, als wir die Mündung des Canals erreicht hatten und wir bemerkten mit Vergnügen, wie plötzlich überall an der Küste von England Leuchthäuser an vielen Orten zu glänzen anfiengen. Am folgenden Morgen, als wir das Verdeck betraten, erblickten wir uns in dem freundlichen Hafen von *Falmouth* ruhig und sicher vor Anker.

Falmouth ist ein hübsches Städtchen an der Mündung des Flusses *Fal*, der Hafen ist rundum eingeschlossen, schön und sicher. Ueberall erblickt man die freundlich grünen Ufer bebaut und mit den schönsten Wiesen bedeckt, und bey der Stadt erheben sich hohe schattenreiche alte Bäume. Nachdem wir unser Schiff verlassen hatten und unsere Pässe berichtigt waren, hielten wir uns noch einen Tag in *Falmouth* auf, wo wir die Umgegend etwas kennen lernten, und mit vorzüglicher Herzlichkeit und Güte in dem Hause unseres biederen Capitain Lawrence aufgenommen waren. Ich fand die Gegend von *Falmouth* sehr angenehm, besonders wenn man das auf einem Hügel in der Nähe der Stadt erbaute Fort *Pendeñis* ersteigt, von welchem man einer sehr schönen Aussicht in die See und in das überall grüne freundliche England genieſst.

Die Reise von *Falmouth* nach *London*, welche ich am 24sten July antrat, war sehr angenehm und unterhaltend. Die Chausseen sind in diesem reichen schönen Lande untadelhaft, und die Posteinrichtung von einer Vollkommenheit, wie man sie in keinem anderen Staate antrifft. Die Pferde sind die schönsten und besten, alle von edler Race, und die Schnelligkeit der Bedienung auf den verschiedenen Stationen läfst nichts zu wünschen übrig. Die Ansicht der Provinz *Cornwallis*, in welcher *Falmouth* gelegen ist, hat im Allgemeinen weniger Anziehendes als die übrigen Provinzen, welche man auf dieser Reise durchschneidet; sie hat viele Heiden, auf welchen Rinder und Schaafe weiden; viele sumpfige Wiesen mit Rohr und Binsen, aber auch viele schöne lachende Gegenden und ist besonders bekannt wegen ihrer mannichfaltigen Bergwerke, von welchen verschiedene Reisebeschreibungen Nachricht gegeben haben. Der rauhere, geringere Fruchtbarkeit verkündende Charakter, welchen man in einigen Gegenden von *Cornwallis* findet, verschwindet schon in *Devonshire*, und von nun an erfreut sich der Reisende der schönsten fruchtbarsten Gegenden, in welchen Wiesen und Gebüsche von dem üppigsten Grün mit weidenden Pferden, Rindern und Schaafen über ein Land von sanft abgerundeten Hügeln verbreitet sind. Alles ist benutzt, bebaut und belebt, nirgends Blöfsen oder unfruchtbare Stellen, nette wohlgebaute Oerter oder Pachthöfe überall, und Städte die durch freundliche Häuser überall einen gewissen Wohlstand verrathen, welchen man in anderen Ländern vermifst. In vielen Gegenden gleicht das Land einem natürlichen Park; andere Gegenden sind durch Kunst dazu umgeschaffen, und man erblickt auf weit ausgedehnten von Wasser durchschnittenen Wiesen hohe alte schattenreiche Eichwälder und das ansehnliche, geschmackvoll erbaute Landhaus des Besitzers. Von *Falmouth* hat man 84 englische Meilen bis zu dem am Flusse *Ex* gelegenen *Exeter*, einer der schönsten Städte von England, welche regelmäfsig gebaut ist, und etwa 18000 Einwohner zählt. Die ganze Umgebung glich in dieser schönen Jahreszeit einem Garten, wo der Reisende die mannichfaltigste Unterhaltung hat. Ich reise über *Salis-*

bury durch *Wiltshire*, *Hampshire* und andere Provinzen stets durch die angenehmsten, lachendsten Gegenden nach *London*, wohin man von *Exeter* einen Weg von 176 englischen Meilen zurücklegt, und traf am 26sten July in dieser Weltstadt ein, von wo ich, nach einem kurzen Aufenthalt nach *Dover* abreiste, um mich daselbst nach dem festen Lande einzuschiffen.

Die Fahrt nach *Ostende* gieng sehr glücklich von statten; das Paket verliefs am Nachmittage *Dover*, und erreichte schon vor Mitternacht die Küste von Flandern; wir liefen mit dem ersten Anbruch des Tages in den Hafen ein, und ich begab mich alsdann über *Gent*, *Brüssel*, *Lüttich* nach *Aachen*, wo ich wieder deutsch reden hörte, und nun bald den vaterländischen Rhein begrüfste.

Anhang.

I.
Ueber die Art in Brasilien naturhistorische Reisen zu unternehmen.

Es wird Naturforschern nicht unwillkommen seyn, die Erfahrungen eines Reisenden über die Art, wie man am zweckmäfsigsten in jenen Climaten naturhistorische Sammlungen einzurichten habe, kennen zu lernen und um richtig beurtheilen zu können, welche Hindernisse sich dem Sammler in den Weg zu stellen pflegen. Obgleich alle in der heifsen Zone gelegene Länder in der Hauptsache in dieser Rücksicht überein kommen, so hat dennoch ein jedes Land seine Eigenheiten und ich rede daher vorzugsweise über Brasilien; man wird indessen die meisten der hier erwähnten Einrichtungen, einige Modificationen abgerechnet, in allen Tropenclimaten benutzen können.

Brasilien, ein weites, gröfstentheils gebürgiges oder hügeliges, noch wenig kultivirtes Land, bietet dem Naturforscher grofse Schwierigkeiten dar, indem für das Fortkommen der Reisenden auf keine Art gesorgt ist. In Europa ist das Reisen eine Sache des Vergnügens und der Erholung, denn hier hat man alles berücksichtiget, was dem Reisenden angenehm und nützlich seyn kann, und leicht findet man Befriedigung für alle Bedürfnisse, die in einer solchen Lage entstehen können.

Brasilien ist dagegen bis jetzt auf der unteren Stufe der Cultur stehen geblieben. Hier befinden sich nur wenige Hauptwege und keine Landstrafsen, ja es fehlt für den Reisenden in den meisten Gegenden an Obdach, an Brücken, selbst nicht selten an Lebensmitteln und dem nöthigen Vorrath für die dringendsten Bedürfnisse. Der Fremde hat sich oft mit allem zu versorgen und vieles zu bedenken, was er ohne Erfahrung unmöglich wissen kann. Die so leichte und zweckmäfsige Fortschaffungsart der Waaren durch Frachtfuhren kennt man in Brasilien nicht, dagegen müssen Maulthiere, welche oft durch die ihnen eigene Halsstarrigkeit die Beschwerde vermehren, eine geringe Last mit bedeutenden Kosten fortschaffen. Es ist wahr, dafs in gewissen sehr gebürgigen Gegenden der Gebrauch der Lastthiere grofse Vortheile gewährt, allein diese Art des Transportes bleibt dennoch im Allgemeinen unendlich weit hinter unserem Fuhrwesen zurück; sie ist aber bis jetzt die allein anwendbare, da in diesem Lande keine gangbaren Wege und Landstrafsen existiren.

Will man in das Innere von Brasilien reisen, so mufs man sich zuerst nach guten dauerhaften Maulthieren umsehen, die man in einigen Provinzen, zum Beyspiel in *Minas Geraës*, *S. Paulo*, *Rio Grande* wohlfeil, in anderen nur zu hohen Preisen erhält (*). Man kauft zu *Rio de Janeiro* einem *Mineiro* seine ganze Tropa (d. h. alle seine Lastthiere) ab, und bezahlt gewöhnlich 23 bis 25000 Reis, etwa 6 Carolin nach unserem Gelde für das Stück; in *Bahia* kauft man sie zu *Villa da Cachoeira de Peruaçú* oder *Paraguaçú*. Fremde verstehen es nicht solche Maulthiere zu behandeln, zu beschlagen, zu heilen wenn sie krank sind u. s. w., daher ist es nöthig sogleich einen *Tropeiro* oder *Arrieiro* in Dienst zu nehmen; Leute, welche von Jugend auf den Transport der Waaren mit ihren Maulthieren besorgt haben. Immer sieben beladene Lastthiere nennt man eine Lot, und auf diese Zahl rechnet man einen *Tropeiro*. Diese Leute, bey dem Geschäfte aufgewachsen, verstehen alles dazu Nöthige vollkommen, sind abgehärtet und genügsam wie alle Brasilianer, schlafen auf der Erde wenn es seyn mufs und gehen neben ihren Thieren her oder reiten, nachdem man mit ihnen überein gekommen ist. Hat man das Glück einen guten *Tropeiro* zu bekommen, so ist der wichtigste Punkt beseitiget, welcher einen günstigen Fortgang der Reise versprechen kann. Er beladet täglich am Morgen die Maulthiere, ladet sie am Abend ab und treibt sie, nachdem sie während der Nacht geweidet haben wieder zusammen, wenn man am folgenden Morgen abreisen will. Oft mufs er ihnen weit nachgehen um sie aufzufinden, kennt aber ihre Spur und ihre Lebensart so genau, dafs er sie gewifs finden wird.

Die Art, wie man in Brasilien die Lastthiere beladet, ist sinnreich und einfach eingerichtet; sie verdient daher hier auch einer Erwähnung. Ein gutes Maulthier trägt 8 *Arrobas* (eine *Arrobe* beträgt 32 Pfund); man ladet ihm jedoch zuweilen bis zu 12 *Arrobas* auf. Zum Beladen bedient man sich eines Packsattels (*Cangalha* genannt). Er besteht aus einem Gestelle von Holz, das vorne und hinten an seinem Oberthheile einen dicken starken Fortsatz in aufrechter Stellung hat, an welchen man von beyden Seiten die Kisten anhängt. Um den Druck dieses Packsattels zu vermindern, füttert man ihn an seiner inneren Seite mit getrocknetem Grase aus, welches schmale lange Blätter hat und sehr gleichförmig gelegt wird,

---

(*) Hierüber siehe von Eschwege Journal von Brasilien Heft II. S. 76.

bringt nun inwendig über dem Grase oder *Capin* noch ein Kissen von einer Rohrmatte (*Esteira*) an, und überzieht dieses mit Baumwollenzeug. Auf der Oberseite wird der so ausgefütterte Sattel mit einer Kappe von Ochsenhaut bedeckt, welche viereckig geschnitten und auf ihrem oberen Rücken mit zwey Oeffnungen versehen ist, um die hölzernen Verlängerungen durchzulassen, an welche die Kisten gehängt werden. An einem solchen Sattel befestigt man vorne einen breiten Brustriemen, und hinten ein Hinterzeug, welche im Hinauf - und Hinabsteigen der Gebürge unentbehrlich sind. Ein lederner Riemen aus roher Ochsenhaut geschnitten, blos fest angezogen und mit einer Schleife gebunden, giebt den Gurt des Sattels ab und befestigt diesen hinlänglich. Als Zaum bekommt das Lastthier nichts als eine Halfter (*Cabresto*) von roher Ochsenhaut oder von sehr fest gedrehten Pferdshaaren, welche hinter den Ohren liegt und dem Thiere das Maul zum Grasen und Trinken völlig frey läfst; der an der Halfter befindliche Riemen, womit man es anbindet, wird, sobald das Thier beladen ist, an den Sattel fest geknüpft und nun läfst man auf der Reise ein jedes derselben hinter dem andern frey einhergehen. Die Ladung selbst besteht in zwey Kisten von gleicher Gröfse, von denen auf jede Seite des Sattels eine gehangen wird und welche weder zu grofs noch zu klein seyn dürfen. Die beste Gröfse für dieselben ist eine Länge von 29 rheinländischen Zollen; sie werden aus dem leichten Caschetholze gemacht, haben einen übertretenden Deckel und sind mit Ochsenhaut (die Haare nach aufsen) überzogen. An einem jeden ihrer Enden befindet sich ein eiserner Griff; an ihrem unteren Theile umgiebt man sie mit zwey Riemen von Ochsenhaut, welche sich kreuzen, um sie haltbar zu machen und bringt an einem jeden der Handgriffe eine Schleife von Ochsenhaut an, womit sie an die Fortsätze des Sattels angehängt werden.

Wenn der *Tropeiro* aufladen will, so nimmt er den Kasten auf die Schulter und hängt ihn selbst an, wobey er hauptsächlich auf Gleichgewicht der Ladung an beyden Seiten sieht, damit das Thier nicht gedrückt werde; haben die Kasten die erforderliche Gleichheit der Schwere nicht, so legt man wohl auf den leichteren noch andere Dinge oben auf, um das Gleichgewicht hervorzubringen. Auf diese Art beschäftigte *Tropeiros* stellt die Vignette des VIIIten Abschnittes vor, auch zeigt sie die äufsere Bildung des Packsattels. Ist die Ladung auf diese Art befestigt, so bedeckt man sie mit einer grofsen trockenen Ochsenhaut, das Haar nach aufsen, welche nun mit einem langen Riemen von Ochsenhaut, *Sobrecarga* genannt, zugeschnürt wird. Dieser Uebergurt hat an seinem einen Ende einen eisernen Haken, mit welchem man das andere Ende, welches mit einem hölzernen Knebel versehen ist, dadurch anzieht, dafs man den letzteren durchsteckt und öfters herum drehet. Um zu verhindern, dafs die Ladung auf dem Sattel nicht vor - oder rückwärts rutsche, ist an demselben vorne und hinten noch ein Riemen angebracht mit welchem man auch von dieser Seite die Kisten noch mehr befestiget. Ist das Thier auf diese Weise gehörig beladen, so läſst man es frey gehen und grasen bis alle bepackt in Bewegung gesetzt werden können. Nach vollendeter Tagereise giebt mau ihnen, nachdem sie abgeladen sind, ein Futter von Mays, welcher ihnen, wie bey der Cavallerie im Felde, in einem Futterbeutel angehängt, oder auf Ochsenhäuten vorgeschüttet wird. Diese Nahrung ist sehr kräftig und auf ermüdenden Reisen besonders nöthig.

Die bey dieser Bepackung gebrauchten Kisten erhält man bis jetzt nur in bedeutenden Städten, wie *Rio de Janeiro*, *Villa Rica* und *Bahia* gut gemacht, wo man sie indessen ziemlich theuer bezahlen muſs. In allen kleineren *Villas* und Ortschaften der inneren Gegenden von Brasilien, und selbst der Küste, findet man keine Gelegenheit dergleichen gut und dauerhaft gearbeitete Kasten zu bekommen; da es hier keine Tischler sondern höchstens nur Zimmerleute giebt, die dergleichen Verschläge zu plump und schwer, und gewöhnlich nur mit Nägeln zusammen schlagen, so daſs sie zum Zweck der Reise völlig unbrauchbar sind. Es ist daher durchaus nöthig, sich mit den erforderlichen Kisten in groſsen Städten zum voraus zu versorgen. Um alle Arten von Naturalien in einem fremden Lande gehörig bewahren zu können, ist es rathsam diese Kisten inwendig auf eine eigene Art einrichten zu lassen. Man läſst in denselben dünne Böden von Caschetholz übereinander anbringen, deren Zwischenräume jedoch von verschiedener Höhe seyn müssen, damit man Naturalien verschiedener Gröſse darin einpacken könne. An den vier Ecken läſst man kleine aufrechte Pflöcke befestigen, auf welche der nächst obere Boden zu ruhen kommt. In den Kisten für die Säugthiere und Vögel bleiben diese Böden nackt, in denen für die Insekten hingegen bringt man eine etwa 5 bis 6 Linien dicke Lage von *Pitta* an, einer Masse, welche zu diesem Behuf unsern europäischen Kork völlig ersetzt, und vielleicht noch übertrifft; sie ist das Mark, welches sich in dem hohen Blumenschafte der in Brasilien sehr gemeinen *Agave foetida* findet; nicht alle Gegenden liefern indessen diesen Stoff, in *Rio de Janeiro* und vielen anderen Gegenden kann man ihn in hinlänglicher Menge erhalten. Dieses Mark wird, da es nicht breit ist, in schmalen Tafeln auf das Brett geheftet. Als Material zum Einpacken der Naturalien gebraucht man die Baumwolle, welche man überall und besonders in den von den Küsten mehr entfernteren Gegenden äuſserst wohlfeil erhält. An vielen Stellen, besonders an den südlicheren der von mir bereisten Küste erhielt ich die *Arrobe* (32 Pfund) für 2 bis 3 Pataken, etwa 3 Gulden rheinisch; theurer ist sie in der Nähe groſser Städte, wo sie stark von den Kaufleuten gesucht wird; schon im *Sertam* von *Bahia* bezahlte man sie mit 4000 Reis (etwa 12 ½ Gulden) und in *Bahia* selbst mit 8 bis 10000 Reis. Wohlgeklopfte und von den Kernen befreyte Baumwolle ist ohne Zweifel das beste Material zum Verpacken aller Arten von Naturalien und sichert selbst gegen die Feuchtigkeit. Da der Reisende es immer ziemlich sicher vorher wissen kann, wenn ihn seine Reise in Gegenden führt, wo dieses nöthige Ingredienz nicht zu haben ist, so wird er für solche Fälle seine leeren Kisten mit einem gehörigen Vorrathe davon anfüllen.

Um Säugthiere und Vögel zu sammeln, sendet man seine mit allen Sorten von Schroot versehene Jäger voran und läfst ohne Unterschied alles schiefsen. Die Tagemärsche werden klein gemacht, so dafs man im Quartier frühe angekommen noch hinlängliche Zeit findet die erlegten Gegenstände präpariren zu lassen. Man erkundiget sich sogleich nach den besten Jägern der Gegend, läfst sie kommen, accordirt mit ihnen und giebt ihnen Pulver und Bley, welches man aus Europa mitnehmen, in grofsen brasilianischen Städten aber auch recht gut, nur theurer kaufen kann. Das erstere und groben Schroot findet man, wiewohl nur von einer schlechtern Sorte auch selbst im Innern des Landes. Den Jägern giebt man die nöthigen Instructionen wegen der Behandlung der geschossenen Thiere; sie jagen fleifsig, wofür man ihnen täglich etwa einen Gulden bezahlt. Von den geschossenen Thieren läfst man alsdann die Felle sogleich präpariren, und zwar ohne Dräthe und legt sie hierauf gehörig gestellt, d. h. die Flügel in ihrer gehörigen Lage, und alle Federn recht glatt und genau in Ordnung gebracht, auf ein Brett, wozu man sich im Nothfalle der Böden aus den Kisten bedienen kann. Auf diesem Brette, welches vorher recht gleich mit Baumwolle belegt ist, setzt man sie einige Tage der Sonne aus. Will man weiter reisen, ehe die Thiere völlig trocken sind, so braucht man sie nur gehörig mit Baumwolle zu belegen, damit sie ihre einmal erhaltene Stellung nicht verlieren können. Man hat sie sogleich mit einem Zettel zu versehen, worauf das Geschlecht angemerkt ist, und thut deshalb wohl eine Menge von diesen Zetteln vorher verfertigen zu lassen.

Dafs man die Häute mit einer guten Arsenickseife, als Haupterhaltungsmittel, vorher anstreichen müsse, brauche ich wohl nicht zu bemerken. Besonders in der heifsen Jahrszeit trocknet die Sonne in Brasilien alle Arten von Naturalien aufserordentlich schnell; die gröfsten Quadrupedenfelle werden dann in wenigen Tagen hart wie Holz.

Anders hingegen ist es in der feuchten Regenzeit. Dann trocknet wegen der grofsen Feuchtigkeit der Luft nichts, und da diese dennoch zugleich sehr warm ist, so faulen die Füfse grofser Vögel, besonders der Raubvögel, Reiher, und gröfseren Hühnerarten gewöhnlich, und oft in Zeit von zwey bis drey Tagen in den Fersengelenken völlig ab. Diesem Uebel vorzubeugen hatte Herr FREYREISS, welcher überhaupt in allen Arten Naturalien zu präpariren sehr geschickt und geübt ist, einen Blechkasten erfunden, in welchem die Vögel auf Baumwolle in die gehörige

Lage der Federn gebracht, über einem gelinden Feuer aufgehängt und getrocknet werden, indem man, um das Anbrennen zu verhüten, und eine gleichmäfsige Trocknung zu bewirken, sie von Zeit zu Zeit umwendet. Der Deckel der Blechkiste bleibt ein wenig geöffnet, damit die Feuchtigkeiten frey abdampfen können. In einem bis zwey Tagen sind auf diese Art die Naturalien getrocknet. Zwar verlieren schöne Vögel bey dieser Art zu trocknen oft viel von der Lebhaftigkeit ihres Gefieders und bey Wasservögeln zieht das Fett zuweilen in die Befiederung, allein man kennt bis jetzt kein anderes besseres Mittel für den durchziehenden Reisenden, um interessante Gegenstände oft im feuchten dichten Walde, wo man keine Sonne erblickt und unter freyem Himmel zu lagern genöthigt ist, der Fäulnifs zu entreifsen.

Das Sammeln der Reptilien ist für den Reisenden das unbequemste, beschwerlichste Geschäft. Nur in wenigen Gegenden erhält man starken reinen Branntwein, wiewohl man schlechten an allen bewohnten Orten antrifft. Das gewöhnliche *Agoa ardente de Canna* ist sehr schwach, und mufs in den Flaschen, welche man mit Reptilien anfüllt, oft erneuert werden, wenn sich diese conserviren sollen. Weit besser dient in diesem Falle der stärkere brasilianische Branntwein (*Cachassa*). Eine Hauptbeschwerde ist indessen der Mängel an tauglichen Gefäfsen, und diesem ist oft nicht gut abzuhelfen. Nirgends im Innern bekömmt man gute Gläser oder Bouteillen mit etwas weitem Halse; man kann also nur kleine Thiere, besonders dünne Schlangen in Weinbouteillen setzen. Der Transport der Gläser ist überdies sehr unsicher; ein Esel wirft muthwillig seine Ladung ab, und die ganze Reptiliensammlung ist dahin; der Branntwein dringt vielleicht noch dazu in andere Gegenstände und verdirbt dieselben ebenfalls. Thönerne, inwendig gut glasirte Gefäfse taugen gar nichts, denn diese halten den Branntwein nicht lange und ich habe durch den Gebrauch derselben viele Seltenheiten verloren; überdies bekommt man dergleichen Töpfe nur in den *Villas*, und sie sind nicht weniger zerbrechlich als das Glas, und dabey schwer.

Am besten habe ich mich immer befunden, wenn ich kleine Thiere in Weinbouteillen setzte, und diese in mit Baumwolle ausgefüllte Kisten vertheilte. Für gröfsere Reptilien hatte ich als halbe Ladung eines Maulthiers, ein in Europa sehr gut gearbeitetes Fäfschen. Das Eichenholz, woraus es verfertigt war, wurde zwar leider bald von den Würmern durchbohrt; diesem Uebel wurde jedoch dadurch ziemlich abgeholfen, dafs man das Fafs stark übertheeren und es dann mit starker Leinwand umwickeln liefs. Es hatte an seiner oberen Seite einen grofsen Spund, der mit Leinwand umwickelt sehr genau pafste, seine Oeffnung war so weit, dafs man mit der Hand bis auf den Boden des Fasses hinab greifen konnte. Dieses war mit starkem Branntwein angefüllt, und fafste viele Reptilien, die ich, ehe man sie hinein legte, in Baumwolle einbinden liefs. Um es an den Packsattel des

Maulthiers anzuhängen, hatte man es mit Riemen von Ochsenhaut umbunden, welche an jedem Ende eine Schleife bildeten. Es ist nöthig zu bemerken, dafs man bey jeder möglichen Gelegenheit den Vorrath von gesammelten Amphibien auszuleeren und zurückzusenden suchen mufs, welches freylich oft viele Schwierigkeiten hat. Bey diesen Reisen an der Küste geniefst man des grofsen Vortheils, dafs man gewöhnlich Schiffsgelegenheit findet, um die eingesammelten Gegenstände nach einem gemeinschaftlichen Sammelplatze senden zu können. Im Inneren findet man nur selten Gelegenheit zu solchen Sendungen, daher mufs man alsdann mehrere Maulthiere anschaffen, um dieselben damit zu beladen, und auch mit bedeutenden Kosten oft den Branntwein erneuern. Reptilien auszustopfen hat nur bey einigen Eidechsen und Schildkröten-Arten Werth, und es mufs mit grofser Vorsicht geschehen, indem dadurch nur zu leicht Irrungen und falsche Beschreibungen in den Systemen veranlafst werden. Um in Brasilien gute Fäfschen machen zu lassen, mufs man sich des *Viniatico*-Holzes bedienen, es ist aber sehr schwer einen geschickten Fafsbinder aufzufinden. Immer bleibt es ein Hauptaugenmerk für den Reptiliologen die Beschreibungen der Thiere sogleich frisch zu entwerfen, da selbst der Branntwein in jenen Climaten ihre Farbe äufserst schnell zu verändern pflegt.

Auf die Fische kann man das vorhin Gesagte durchgehends anwenden; gewöhnlich sind sie zu grofs, um in Branntwein gesetzt zu werden, daher kann man sie nur ausstopfen, wodurch indessen ihre Farbe immer verloren geht. Arsenikseife darf man in die Reptilien und Fische nicht bringen, dagegen haben wir, um die Wirkung derselben zu ersetzen, Schnupftabak mit Vortheil angewandt.

Um Insekten zu sammeln versieht man sich mit einem grofsen Vorrathe von Nadeln, welche aber durchaus nicht von Stahl seyn dürfen, da dieser durch den Rost in kurzer Zeit zerstört wird. Statt des Korks kann man sich der *Pitta* bedienen, die noch vorzüglicher wie jener ist. Die frisch aufgesteckten Insekten tödtet man leicht bey der Hitze eines Feuers. Den grofsen Spinnen nimmt man den Leib aus und stopft ihn voll Baumwolle. Bey den grofsen Schmetterlingen ist dies auch zu empfehlen, erfordert aber mehr Vorsicht und Uebung. Die frisch aufgesteckten und selbst die schon trockenen Insekten werden in Brasilien von einer unendlichen Menge sehr kleiner Ameisen angegriffen und in kurzer Zeit verzehrt. Sie dringen selbst in verschlossene Kisten ein, wenn diese nicht sehr genau gearbeitet sind. Es giebt gegen diese Feinde kein besseres Mittel als Schnupftabak, welchen man dick über die Insekten hinstreut, und welcher sich nachher leicht abblasen läfst. Zum Fange der fliegenden Insekten sind Netze an einem langen Stock hier sehr nöthig, da es viele Schmetterlinge giebt, welche sehr hoch und schnell fliegen.

In Ansehung der Würmer und Mollusken habe ich auf der See Physalien und Medusen in Weingeist gesetzt, worin sich vorzüglich die letzteren ziemlich gut hielten;

die zarten Saugfäden der Seeblasen verzehren sich aber dennoch und nur die Blase bleibt unverändert. Alle Sammlungen dieser Thiere sind mit vielen Schwierigkeiten verbunden, dabey kostbar und dennoch unvollkommen. Die aus Europa mit Vortheil nach Brasilien mitzunehmenden Gegenstände beschränken sich hauptsächlich auf gute Recepte für Arsenikseife, die man in *Rio de Janeiro* und *Bahia* gemacht bekommt, gute Messer, Scheeren und andere Instrumente.

Um botanische Sammlungen anzulegen, kann man mit Vortheil das ungeleimte Maculaturpapier nicht anwenden; es ist zu weich und trocknet schwer, wenn es einmal feucht geworden ist. Die Pflanzen heifser Länder enthalten in der Regel mehr Saft als die unserer gemäfsigten Climaten; es ist daher meistens nicht möglich die Pflanzen wie bey uns langsam an der Luft zu trocknen, weil sie anstatt zu trocknen verfaulen würden. Nur geleimtes starkes Papier ist hier anwendbar, welches man täglich am Feuer umlegt und schnell trocknet, um die Pflanzen warm hinein zu legen, eine wegen der Hitze und des Rauchs gewöhnlich sehr beschwerliche Beschäftigung.

Sind die Gewächse einmal trocken, so kann man sie nachher in ungeleimtes Papier legen und in demselben auch versenden. Weiche Saftpflanzen taucht man etwa 8 bis 10 Minuten in kochendes Wasser, doch so, dafs die Blumen nicht von der Flüssigkeit berührt werden; die Blätter lassen alsdann bey dem gehörigen Pressen den Saft fahren. Nach langem Regenwetter ist es nöthig die gesammelten Gegenstände der Sonne auszusetzen, den etwa entstandenen Schimmel abzureiben und die so gereinigten Theile in der Sonne wieder zu trocknen.

Mineralogische Sammlungen sind in Rücksicht der Anschaffung und Conservation am leichtesten zu machen; sie bieten aber wegen des Transportes dennoch die gröfsten Schwierigkeiten dar. Schnell hat man an Mineralien die Ladung eines Maulthiers zusammen gebracht, aber eben dadurch wird die Zahl der erforderlichen Thiere und Menschen bedeutend vermehrt, welches grofse Kosten verursacht. Oft ist es nicht möglich neue Thiere anzuschaffen, und man mufs überdies immer zum voraus darauf rechnen, dafs einige abgehen können. In den grofsen Wäldern hatte ich eine Sammlung von Gebürgsarten zusammen gebracht, mufste sie aber wegwerfen, da ich keine Gelegenheit fand mehrere Lastthiere anzukaufen.

In kleinen Kisten kann man wenig verpacken, dagegen sind grofse Kasten eben so unpassend, da sie sowohl durch ihre Breite in engen Waldpfädchen als durch ihr Gewicht beschwerlich werden. Ich glaubte meine Kisten dadurch recht gegen das Eindringen des Regens geschützt zu haben, dafs ich sie inwendig mit Blech ausfüttern liefs; ich mufste aber wegen der Schwere davon bald wieder abgehen. Halten die Regenschauer nicht zu lange an, so schützt die über die Kisten genagelte Ochsenhaut hinlänglich. Auch wird man wo möglich bey den trüben

Tagen der anhaltenden Regengüsse die Reise aufschieben, und wenn nicht menschliche Wohnungen in der Nähe sind, sich gewifs in der Schnelligkeit eine Hütte, Schirm oder Regenschauer (*Rancho*) zu erbauen Gelegenheit finden. Hierzu bieten die grofsen Waldungen der Tropen gewöhnlich hinlängliche Materialien dar, indem man sich dazu entweder der grofsen Blätter der Palmenarten, oder der Rinden verschiedener Bäume, als der Bignonien, Lecythys-Arten u. s. w. bedient. Man setzt alsdann bey solchen Regenperioden die Kisten möglichst enge zusammen, unterlegt sie mit Stücken Holz, damit sie die feuchte Erde nicht berühren und bedeckt sie mit den Ochsenhäuten, welche zur Decke der Ladung dienten.

Ich mufs als letzte Notiz den Naturforschern, welche in Brasilien reisen wollen, noch empfehlen, die in dicht verschlossenen, wohl zugemachten Kisten verpackten Naturalien guten sicheren Schiffen zu übergeben, und wo möglich die Gegenstände zu theilen, damit bey dem Verluste eines Schiffes man dennoch nicht alles verlieren möge. Die Kisten läfst man, wenn sie zugeschlagen sind, mit rohen Ochsenfellen, das Haar nach aufsen, überziehen. In Brasilien kauft man Ochsenhäute sehr wolfeil; man läfst sie ins Wasser legen und nagelt sie, nachdem sie weich geworden, mit kurzen Nägeln über die Kiste wohl angespannt hin. Ist die Haut getrocknet, so wird sie so fest wie Holz und schützt den Kasten gegen alle äufsere Feinde, besonders gegen die Feuchtigkeit der Seeluft, wodurch die Naturalien sehr leicht dem Schimmel ausgesetzt werden würden.

II.

Sprachproben
der in diesem Reisebericht erwähnten
Urvölker von Brasilien.

Der Forscher, welcher bemüht ist der Entstehung und früheren Geschichte der Urvölker des östlichen Brasiliens nachzuspüren, findet, wie schon weiter oben gezeigt wurde, weder Hieroglyphen noch andere Denkmale, welche seinen Schritten zum Leitfaden dienen könnten, indem das Geschlecht des Menschen in jenen Urwäldern sich noch nicht von seinem Urzustande entfernt hat. Es ist also für Untersuchungen dieser Art kein anderes Hülfsmittel übrig, als die genauere Erforschung und Vergleichung der Sprachen, dieser ersten, rohen Produkte der menschlichen Vernunft. Ihre Kenntniſs wird in den unermeſslichen Räumen der Vorzeit, mit einem schwachen Schimmer des Lichtes den schwer zu findenden Pfad erhellen, auf welchem in neueren Zeiten ausgezeichnete Forscher zu den interessantesten Entdeckungen fortzuschreiten streben. So groſs die Schwierigkeit ist, zu der genauen Kenntniſs aller der unendlich mannichfaltigen Sprachen und Mundarten zu gelangen, welche in jenem ausgedehnten Welttheile geredet werden, so belohnend wird dieselbe seyn; denn allein durch sie wird man auf die Abstammung und Verwandtschaft der ungemein mannichfaltig zerästeten und getrennten, zum Theil auf weite Strecken Landes auseinander verpflanzten Völker schlieſsen können. Die völlige Verschiedenheit oft unmittelbar aneinander gränzender Sprachen ist wirklich ein Gegenstand des höchsten Interesse für den denkenden Menschen und keiner der übrigen Welttheile erreicht in dieser Hinsicht Amerika. Man hat in der neuen Welt 1500 bis 2000 verschiedene Sprachen und Mundarten gezählt, worüber SEVERIN VATER im Mithridates die interessantesten Untersuchungen angestellt hat(*). Nach ihm läſst sich diese Zahl auf höchstens 500 festsetzen, von welchen die der nördlichen Hälfte

---

(*) Siehe S. VATER im 3ten Bande 2ter Abtheilung des Mithridates S. 372 u. f.

von Amerika verschieden von den südlichen sind. Nur ein langer Aufenthalt in diesen Ländern selbst kann zu der genauen Kenntnifs jener Sprachen führen, und der Reisende, welcher nur im Durchfluge jene Völkerschaften erblickt, kann höchstens die Armuth ihrer Mundarten, und ihre gröfsere oder geringere Verwandtschaft mit einander beobachten. Auch ich kann daher nicht auf das Verdienst Anspruch machen, bedeutende Beyträge zur Kenntnifs der Grammatik jener Sprachen zu liefern, sondern mufs mich darauf beschränken einige Wortproben von denselben mitzutheilen, welche indessen dennoch zu der Beurtheilung ihrer Verwandtschaft unter einander dienen können.

Die am weitesten verbreitete Sprache in Süd-Amerika scheint die der *Tupí*-Stämme zu seyn, oder die *Lingoa geral*, zu welcher auch die der *Guaranís* gehört; sie ist schon sehr bekannt und von mehreren Schriftstellern behandelt worden, auch haben MARCGRAVE und JEAN DE LERY bedeutende Beyträge zu ihrer Kenntnifs gegeben; daher übergehe ich sie hier gänzlich und theile nur Wortproben der verschiedenen von mir berührten Stämme der *Tapuyas* mit, in denen man eine gänzliche Abweichung von den Worten ihrer unmittelbaren Nachbarn und Feinde finden wird. Der Stamm der *Cariri* oder *Kiriri*, welcher noch heut zu Tage, aber im civilisirten Zustande, in der Gegend von *Bahia* wohnt, zeichnet sich auch durch eine besondere Sprache aus, von welcher, wie schon gesagt, Pater LUIS VINCENCIO MAMIANI, ein Jesuit und Missionär in den Dörfern dieses Volks 1699 in *Lisboa* eine Grammatik herausgegeben hat, deren Wortproben als eine Wiederholung, dem Leser füglich zu ersparen sind, ob sie gleich auch zu den von mir besuchten Stämmen gehört. Ungeachtet die Sprachen der *Tapuyas* unter einander zum Theil sehr verschieden sind, so findet man dennoch einige Benennungen und Worte, welche viele von ihnen mit einander gemein haben, so zum Beyspiel den Ausdruck für ein höchstes überirdisches Wesen, *Tupán* (die letzte Sylbe lang ausgesprochen) oder *Tupá*. —

Um von allen den Stämmen, welche ich besucht habe, einige Wortproben zu geben, hätte ich dieselben für die *Puris*, *Coroados* und *Coropos* aus Herrn VON ESCHWEGE Journal von Brasilien Heft I. entlehnen können, da meine Wortverzeichnisse von diesen drey Stämmen etwas mangelhaft waren; jedoch ich halte es für zweckmäfsiger, meinen Lesern diese Wiederholung zu ersparen.

Die Aussprache der Brasilianer ist sehr verschieden; zuweilen sprechen sie die Endungen ihrer Worte auf deutsche, zuweilen auf französische Art, daher habe ich, um einen richtigen Begriff von dem Klange der Worte zu geben, immer hinzugefügt, wie sie etwa ausgesprochen werden müssen; aber selbst bey dieser Hülfe wird man oft den Ton der *Tapuyas*-Kehlen nicht vollkommen nachahmen können. Der eine Stamm hat Nasentöne, der andere Kehllaute, ein anderer beyde vereint, und dem vierten fehlen sie gänzlich. Die meisten Worte der verschiedenen *Tapuyas*-Sprachen sind reich an Vocalen; ihre Endungen werden zum Theil ausgesprochen wie im Französischen, zum Theil wie im Deutschen. Um dem Leser Töne der ersteren Aussprache zu versinnlichen, würde ich sehr unrecht haben, wenn ich versuchen wollte dieselben durch deutsche Schreibart wieder zu geben, wie zum Beyspiel der Uebersetzer von Jean de Lery Reise nach Brasilien; denn gewifs wird man doch das französische *an* am Ende eines Wortes nicht für gleichlautend mit dem deutschen a n g halten können, wo man das *g* deutlich hören läfst.

Die Sprachproben, welche ich von den Botocuden geben werde, sind die zahlreichsten, weil mein Quäck ein solches vollständigeres Verzeichnifs möglich machte, ohne dafs man indessen über den Bau der Sprache selbst durch ihn bedeutenden Aufschlufs erhielt. Vielleicht wird man durch ihn in der Zukunft, wenn er der deutschen Sprache mächtiger seyn wird, vollständigere Beyträge zur Kenntnifs seiner Muttersprache erlangen. Sehr nöthig ist es, dafs der Reisende, welcher die Sprachproben verschiedener Völker aufzeichnen will, sich diese Töne unmittelbar von Leuten jener Nationen vorsagen lasse; denn wenn man dergleichen Worte nach der Aussprache eines dritten von einer anderen Nation aufzeichnen wollte, so würde man unrichtig schreiben, wie ich an mir selbst die Erfahrung zu machen Gelegenheit fand. Die botocudischen Worte, welche ich nach der portugiesischen Aussprache nachschrieb, waren unrichtig, weil diese am Ende immer noch ein *i* klingen lassen; so wurde zum Beyspiel das Wort Kopf, botocudisch *Kerengcat* von den brasilianischen Portugiesen immer *Kerengcati* ausgesprochen, da wo ein deutsches Ohr durchaus kein *i* hören würde u. s. w. Deshalb wird man in den von den Reisebeschreibern über ein und dasselbe Volk gegebenen Wortverzeichnissen oft Abweichungen finden, welches bey Menschen verschiedener Nationen am auffallendsten seyn mufs; in der Hauptsache werden sie jedoch immer überein kommen und in dieser Hinsicht sind selbst blofse Wortverzeichnisse dem Sprachforscher von Nutzen. Oft hält es schwer rohe Wilde zur öfteren Wiederholung ihrer Benennungen der Gegenstände zu bringen, welches doch unumgänglich nöthig ist, wenn man barbarische Töne richtig nachschreiben will; oft glauben sie man wolle sich über sie aufhalten, und sind alsdann zu keiner Mittheilung, selbst bey den angenehmsten Versprechungen, mehr zu bewegen.

Ich würde von einigen dieser brasilianischen Sprachen ganze Phrasen und Sätze mittheilen können, doch würden dieselben weniger zuverläfsig seyn, als einzelne Worte und Benennungen, da ein und derselbe Ausdruck oft mancherley Bedeutungen hat, und man ohnehin nur etwa den Sinn einer Phrase, aber nicht ihre einzelnen Theile errathen kann, wenn man nur kurze Zeit unter diesen Menschen zugebracht hat.

Sprachproben der Urvölker von Brasilien

1) Sprachproben der Botocuden.

Anmerkung. Die botocudische Sprache hat viele Nasentöne, aber keine Kehllaute, dabey viele Vocale, aber auch oft nur undeutlich vor einander klingende Consonanten, daher ist sie zuweilen etwas unverständlich, obgleich weniger als andere Sprachen der *Tapuyas*. Da manche Worte geschrieben unverständlich sind, wenn nicht einige nöthige Erklärungen hinzugefügt werden, so muſs ich zuvor folgende Punkte festsetzen:

fr. bedeutet, daſs das Wort, die Sylbe oder der Buchstabe nach französischer Art ausgesprochen werden muſs.

r Wird nie in der Kehle, sondern immer mit der Zungenspitze gesprochen; sehr häufig klingt es wie *l*, ich bezeichne dieses alsdann auf folgende Art $\overset{l}{r}$: $\overset{l}{r}$. —

g wird in der Mitte eines Wortes, oder am Anfange nie voll in der Kehle, sondern mit der Zungenspitze, wie bey *Georg* im Deutschen ausgesprochen. Am Ende eines Wortes ist es zu nehmen wie im Deutschen.

Da wo am Anfange eines Wortes ein Consonant vor einem anderen steht, zum Beyspiel *Nn* — *Mn* — *Mb* — *Np* — *Nd* u. s. w. soll man von dem ersteren nur einen kurzen schwachen Laut hören lassen; dieses kommt in den amerikanischen Sprachen sehr häufig vor, zum Beyspiel *Mbaya*, *Mborébi*, *Ndaia*, *Mbaracayá* u. s. w.

Wenn man über ein ö oder ü auch ä einen anderen von diesen Buchstaben gesetzt findet, so bedeutet dies einen Ton, der zwischen beyden in der Mitte liegt, oft sehr undeutlich und schwer zu sprechen.

Viele Worte, Sylben und Buchstaben werden im Gaumen ausgesprochen, dies wird alsdann durch ein G bemerkbar gemacht.

d. d. N. bedeutet durch die Nase ausgesprochen.

Uebrigens werden alle Worte, bey welchen keine besondere Bemerkungen hinzugefügt sind, nach deutscher Art ausgesprochen.

Eine kurze Aussprache wird durch ein k angedeutet.

Findet ein Unterschied zwischen den botocudischen Worten des Textes der Reise und denen dieses Verzeichnisses statt, so wähle man die letzteren.

Abend, Sonnenuntergang, *Tarú-te-mung*

Achsel, Schulter, *Corón* (Fr. und d. d. N.)

Ader, *Pónim-gnit* (gn fr.)

Aderlaſs (nachdem man mit der Pflanze *Giacu-täck-täck* gepeitscht hat) *Kia-katóng*.

Affe, *Hieräng*.

Aguti, *Maniakenüng* (e k. oft unhörbar)

Alt, *Makniam* (kn d. d. N.)

Allein, *Mökenam* (ken d. d. N.)

Ameise, *Pélick-näck-näck*.

Anacan (Papagey), *Hátarat-cudgí*.

Ananas, *Mánan*.

Angelhaken, *Mutung*.

Aniuma (Vogel), *Ohí*.

Anta (Tapir), *Höchmereng*.

Anzünden, *Numpruck*.

Arara (Papagey), *Hátarat*.

Arm (der), *Kgiporóck*.

Asche, *Tiáco* (*Tia* beynahe wie *Ch*).

Aas (riechendes todtes Thier), *Uwám w*) beynahe unhörbar.)
Aufwecken, *Meråt* (*r* und *a* undeutlich).
Augapfel, *Ketom-hím* (*e* kurz).
Auge, *Ketom* (*e* k.)
Augenbraun, *Kán-kä* (*a* undeutlich im Gaumen beynahe wie *ö*).
Augenlied, *Ketóm-kat*.
Augenwimper, *Ketom-kä*.
Auslöschen, *Nucú*.
Ausreifsen, *Amǻck* (zweytes *a* beynahe wie *ü* im Gaumen).
Ausspeyen, *Kniákerit* (sehr undeutlich d. d. Nase).
Ausweiden (ein Thier), *Cuang-awó* (*cua* undeutlich beynahe wie *w*, *ó* kurz).
Axt, *Carapóck* oder *Carapó* (*ck* kaum hörbar).
Backen (der), *Njímpong* (d. d. N.)
Backenzahn, *Kjuñ-äräck*.
Balg oder Fell eines Thiers, *Bacǻn-cat* (zweytes *a* im Gaumen beynahe wie *ö*)
Bart, *Giáküöt*.
Batate, *Gnúnana* (*Gn* im G. kaum gehört)
Bauch, *Cuáng*.
Bauchweh, *Cuáng-íngerung*.
Bauen (eine Hütte), *Kjiém-tárat* (beyde *a* nur halb, beynahe wie *ä* gesprochen)
Baum, *Tchoon* (*ch* beynahe wie *sch*).
Baumbast (worauf sie schlafen), *Tchoon-cat*.
Baumwolle, *Angnowáng* (*ang* wie *ack*, das Ganze d. d. N. undeutlich).
Begraben (einen Todten), *Merám*.

Begräbnifsloch, *Naák-mah*.
Bein, *Maak*.
Beifsen, *Coróp*.
Belecken, lecken, *Númerang*.
Bemahlen, anstreichen, *Nówung*.
Beule (eine) vom Schlage, *Gnióng*.
Beutelthier, *Ntjúntju*.
Beweinen, weinen, *Puck*.
Bisamente, *Catapmúng*.
Bitter, *Niángcorock*.
Blatt (ein) einer Pflanze, *Jiám*.
Blatter (die), Pocken, *Nnichmangkuck*.
Blind, das Auge ist blind, *Ketom-entjá-gemeng*, (*tja* wie *chia*, *en* kurz).
Blinzen, *Meräh* (*r* beynahe wie *l*).
Blitz, *Tarú-te-merän* (*än* wie *in* im Fr.)
Blond (vom Haar), *Keräñ-kä-nióm*.
Blut, *Comtjäck* (*tiä* wie *tchä*).
Bogen (der), *Neem*.
Bohnen (schwarze), *Erá-him*.
Brennen (sich), *Jiöt* oder *j-öt*.
Branntwein, *Magnan-coróck* (erstes Wort franz.)
Braten, *Op*.
Bratspies (woran sie das Fleisch ans Feuer stecken) *Tchoon-meräp* (*e* k.) wörtlich: ein spitziges Holz.
Braun, *Npurúck* oder *Nprúck*.
Breit (ist), *Ae-räck*.
Brennnessel, *Giacu-täck-täck*.
Bruder, *Kgiparack*.
Brüllt (die Unze), *Cuparack-hä-hú*.
Brüllen (von der Unze), *Hú*.

Brummt (der Mutung (*Crax* LINN.), *Cónt-chang-hä-hing*.
Brust, *Mim*.
Brustschmerz oder Beschwerde, *Mim-ingerung*.
Botocude (ein), *Engeräck-mung* (*en* sehr kurz)
Cocosnuſs (wilde), *Póntiăck*.
Cocosnuſs (wilde, anderer Art), *Ororó*.
Colibri, *Moróckniung* (*kn* d. d. N.)
Capuere (Art Rebhuhn), *Hárarat*.
Cuia, Schaale zum Eſsen, *Pokndjiwin* (*dji* fr.)
Capybara (*Hydrochœrus*), *Njimpon*.
Darm, Därme, *Cuáng-oróñ* (wörtlich: das Lange im Bauche.)
Dick (ist), *Ae-räck*.
Dickbein, Schenkel, *Makn-dchopock* (ein *e* zwischen *k* und *n* kaum hörbar)
Donner (der), *Taru-te-cuong*.
Dorf (Rancharie der Wilden), *Kjiem̄-uruhú* (viele Häuser oder Hütten).
Dorn, *Tacå̄ñ* (zweytes *a* im G.)
Dotter (im Ey), *Nnáck* oder *Nniáck* wörtlich: das Gelbe)
Dünn, *Nnin*.
Ey (eines Vogels), *Bacáñ-ningcú*.
Eins, einer, *Mokenam* (*ken* d. d. N.)
Einhufig, *Pó-mokenam*.
Ellenbogen, *Ningcreniot-nom̄*.
Er, sie, es, *Hä* oder *ă*.
Er weint, *Hä-puck*.
Er hat gestohlen und ist fort, ich habe es gesehen, *Njingkäck-kigick-piep*.

Erde, Land, *Naak*.
Es ist gut, *Ae-rehä́*.
Es ist nicht gut, *Toñ-toñ*.
Es schmerzt, *Hä-ingerung*.
Es kocht, *Hä-mot* oder *Ae-mot*.
Essen, *Nungcút*.
Fächer von gelben Federn oder Japú-schwanz, *Nucangcañ* oder *Jake-räiuñ-ioká́*.
Fallen, *Gnaráck* (*gn* d. d. N.)
Faul, träge, *Cam̄núck* (*a* ein wenig im G.)
Faulthier, *Ihó*.
Feder (eines Vogels) *Gni-maak* (oft das *k* unhörbar).
Feuer, *Chompäck* (*ch* beynahe wie *tsch*, oder *ch* fr.)
Feuerzeug, *Nom-nan*, (d. d. N. *an* fr.)
Finger, *Pó*.
  Erster oder Daumen, *Pó-ä-räck*.
  Zweiter oder Zeigefinger, *Pó-iopú*.
  Mittelfinger, *Pó-cupa-niem* (vielleicht vom Gebrauch bey dem Bogen, doch fand man dafür keine Bestätigung).
  Goldfinger, *Pó-cupa-curúck*.
  Kleiner Finger, *Pó-cudgí* oder *Pó-cruck*.
Fisch, *Impock* (*o* etwas gedehnt).
Fischen, *Impock-awuck*.
Fische schieſsen (mit dem Pfeil), *Impock-atá́*.
Fischroggen, *Impock-giping*.
Fledermaus, *Niákenat* (*ken* undeutlich d. d. N.)
Fleisch, *Bacå̄ñ-gnick* (*gn* fr.)

Fliegen, *Mung.*
Flinte, Büchse, *Pung.*
Flinte (doppelte), *Pung-uruhú.*
Flöte, Pfeife, *U-åh* (sehr d. d. Nase, undeutlich).
Flügel, *Bacañ-gnimaak* (gn fr.)
Fluſs (ein), *Taiäck* (etwas im G.)
Fluſs (wenn er voll und im höchsten Wasserstande ist), *Taiäck-ngimpung.*
Fluſs (der) ist sehr tief, *Taiäck-mot-gikarám.*
Fluſs (der) ist sehr seicht, *Taiäck-mah-gikarám.*
Frau, *Jókunang* (zuweilen zwischen k und n kein u gehört).
Frosch, Kröte, *Nuang* (d. d. N. undeutl.)
Fuſs, *Pó.*
Füſse (die), wenn sie sehr krank sind oder schmerzen, *Maak-gitia-gikarám.*
Fuſspfad, Weg, *Emporong* (em sehr k. und wenig hörbar, auch das mittlere o)
Fuſssohle, *Pó-pmim* (p wenig hörbar).
Fuſsstapfen, Fährte, *Pó-niep* (niep d. d. Nase).
Futteral über das *memb. vir.*, *Giúcañ* (g im G.)
Freygebig, *Kån* (im G. beynahe wie ö).
Gähnen, *Mpähack* (m kaum hörbar).
Gehirn (das), *Manjáck* (erstes a etwas länger).
Geyer (Urubu), *Ampö̈* (ö zwischen ö u. ü im G.)
Gelb, *Nniáck.*
Gerade, *Täh-töh* (ö zwischen ö u. ä).

Gewölke, Wolke, *Tarú-niom̄.*
Groſs, *Gipakjú.*
Gut, *Ae-rehä.*
Geistlicher (ein), *Paï-tupan* (oft klingt das *pan* wie *pat*).
Gehen, *Mung.*
Gieb her, *Up.*
Guariba (Affe), *Cúpilick.*
Geizig, *King.*
Geiziger (sehr geizig), *King-gikarám.*
Haar (auf dem Kopfe), *Keräñ-kä* (erstes e sehr k.)
Haar (rothes), *Keräñ-npuruck* (erstes u sehr k.)
Haar (das) abschneiden, *Keräñ-mang.*
Haar (blondes), *Keräñ-kä-niom̄.*
Haar (schwarzes), *Keräñ-kä-him.*
Hals, *Kgipuck.*
Halsschnur, Rosenkranz, *Pó-it* oder *Pó-uït.*
Hand, *Pó.*
Harn, Urin, *Niim-küang.*
Hart, *Meróng* (e kurz).
Haus, Hütte, *Kjiem̄.*
Haut (die), *Cat.*
Haut (braune), *Cat-nprúck.*
Haut (weiſse), *Cat-niom̄.*
Haut (schwarze), *Cat-him.*
Heiſs, warm, *Kigitiá.*
Hell, *Amtchiú.*
Herz, *Hätung.*
Heirathen, *Kjiem̄-ah.*
Hirsch, Reh, *Pó-cling.*
Hirschgeweih, *Kräñ-tiouém̄.*

Hoch, *Oróñ*.
Holz, Baum, *Tchoon*.
Holz (glühendes), *Tchoon-keróng*.
Honig, *Mah-rä* (erste Sylbe lang, rä kurz, alles d. d. N.)
Horn, wie Hirschgeweih.
Hübsch, *Ae-rehä*.
Häfslich, *Toñ-toñ*.
Hüfte, *Keprotám* (e kurz).
Huhn (ein Haus-) *Capucá*.
Hund, *Engcóng* (beynahe wie im Portugiesischen; *eng* sehr kurz und kaum hörbar).
Hunger, *Tu*.
Husten, *Uhúm*.
Ja, *He-e* (beyde e sehr kurz).
Jagen (auf die Jagd gehen), *Nio-kná* (kn d. d. N.)
Jagen (in weiter Entfernung), *Nio-kná-amorong*.
Jucken, kratzen, *Kiagantjép* (tie wie tche).
Jacutinga (*Penelope*), *Pó-coling*.
Ich, *Kgick* oder *Kigick*.
Jacaré (Crocodil), *Aehä*.
Japú (*Cassicus cristatus*), *Jakeräiuñ* eigentlich *Tiakeräiuñ*.
Kahl (vom Kopfe), *Krän-nióm*.
Kahn, Canoe, *Tiongcat* (scheint darauf hinzudeuten, dafs man die Canoe von Baumrinde machte).
Kalt, *Ampurú*.
Kampf (Zweykampf mit Stangen), *Giaca-cuá* (Gi im G.)

Katze (*Felis pardalis*), *Kúparack-nigmäck* (g kaum hörbar).
Katze (kleine Tiger-, *Felis macroura*) *Kúparack-cuntiack*.
Katze (Yaguarundi-) *Poknieñ*.
Kauen, *Miáh*.
Kaufen, *Comprä* (von den Portugiesen angenommen und abgeändert).
Kauz, kleine Eule, *Nu-knúng* (kn d. d. Nase).
Kern (einer Frucht), *Jiam* (i kaum hörbar).
Kerze (Wachslicht), *Karantäm* (erstes a sehr k.)
Kind, *Curuck-nin* (ni d. d. N.)
Kinn, *Kngip-mah* (erstes Wort d. d. N.)
Klatschen (in die Hände), *Pó-ampáng*.
Klein, *Cudgi* oder *pmäck*.
Klopfen, *Hang*.
Knie (das), *Nakerinjam* (undeutlich in G. und N.)
Knieband, *Merúknignim* (e k., rukni d. d. N., gn fr.)
Knöchel am Fufse, *Pó-nimh-nong* (d. d. N. vorzüglich hn).
Knochen, *Kjäck*.
Knochenmark, *Kjäck-iotóm*.
Knurren (vom Hunde), *Mporompong*.
Knüttel (Knüppel), *Tchoon* (wie Holz).
Kohl (der junge, oder die jungen Blätter und Blüthen der Palmen) *Pontiäck-atá*.
Kopf, *Keräng-cat*.
Kopfschmerz, *Kerän-ingerung* (e k.)

Kraft, Stärke, stark, *Meróng*.
Krank, *Maun-maun* (n fr.)
Krieg, Streit, *Kiakiiem* oder *Jakiiam*.
Krumm, *Ntang* (a nur halb ausgesprochen im G.)
Komm, komm her! *Ning* (g kaum hörbar).
Kürbis, *Amiaknon* (kn d. d. N.)
Lachen, *Hǎng* (a im G. wie ö).
Lang, *Oroñ*.
Langsam gehen, *Múng-negnóck* (letztes Wort d. d. N.)
Laufen, *Emporóck* (m sehr k., kaum hörbar).
Laufen (schnell oder sehr heftig) *Emporóck-uruhú*.
Laufen (weit fort), *Emporóck-morong*.
Leer, *Mah*.
Leiche (eine), Todter, *Kuém*.
Leicht, *Mah*.
Loch (ein), *Mah*.
Lügen, *Japaüiñ* (ü zwischen w und ü).
Mädchen, Weib, *Jóknang* oder *Jókunang*.
Magen, *Cuang-mniáck*.
Mager, *Kniǎñ*.
Mann, *Uahá*.
Mays, *Jadnirun*.
Meer (das), *Magnan-ä-räck* (gnan fr.)
Messer, *Karacke*.
Milch, *Pó-cling-parack*.
Mist (Excremente), *Gnüng-kú* (gni ganz undeutlich d. d. N.)
Mond (der), *Tarú*.
Mond (der volle), *Tarú-gipakiú*.

Mond (wenn er im Viertheil ist), *Tarú-carapóck-cudgi*.
Mond (wenn er halb voll ist), *Tarú-carapóck*.
Mond (wenn er dunkel ist oder Neumond) *Tarú-him*.
Müde, *Nümperáng*.
Mund, *Gnima* oder *Kigaak* (Gni d. d. N.)
Mundpflock, *Gnima-tó* (Gni d. d. N.)
Mutter, *Kiopú*.
Mašchacari (Volk), *Mawóng*.
Mammone (*Carica*), *Páttaring-gipakiú*.
Mutung (*Crax*), *Cóntchang*.
Moskite *Pötang* (ö wie ü im G.)
Männlicher Geschlechtstheil, *Kjúck* (wie Schwanz eines Säugethieres).
Macuca (Vogel), *Angcowóck*.
Miriki (Affe), *Kupó* (u wie ü oder ö).
Möve (*Larus*), *Naak-naak* (d. d. N.)
Nabel (der), *Gnick-na-gnick* (gni fr., ckna d. d. N.)
Nacht (die), *Tarú-te-tú*.
Nachtschwalbe (*Caprimulgus*), *Nümpǎntiuñ* (tiu wie tchu).
Nagel (an Händen und Füſsen), *Pó-crängkenat* (ken d. d. N.)
Nase, *Kigíñ*.
Nasenloch, *Kigíñ-mah*.
Nase (gebogene), *Kigíñ-ntang*.
Nase (gerade), *Kigíñ-täh-töh* (ö zwischen ä und ö).
Naſs, *Kniót* (k kaum hörbar).
Neger, *Engóra* (en kaum hörbar).

Nest (eines Vogels), *Bacăn-tiem* (zweytes *a* im G.)

Nein, ich will nicht, *Amnúp* oder *amnuck*.

Nicken (mit dem Kopfe), *Can-apmáh* (erstes *a* im G.)

Niedersetzen, sich setzen, nieder kauern, *Njëp*.

Niefsen, *Nákgning* (*gni* fr.)

Nüchtern, *Cuang-e-mah* (der Bauch ist leer) *e* kaum hörbar.)

Nahe, *Nahräng*.

Ochse, *Bocling-gipakiú*.

Ochsenhorn, *Krän-tiouem*.

Oeffnen (das Auge), *Ketom-amang*.

Ohr, *Kniaknon* (*kn* d. d. N.)

Ohröffnung (die), *Kniaknot-mah* (d. d. N.)

Ohrpflock (der), *Nu-mä* (vor dem *N* wird ein *G* sehr wenig gehört).

Ohrfeige, *Núpmaun* (*n* fr.)

Pfeffer (*Capsicum*), *Tom-chäck* (*ch* beynahe wie *g*) oder *Tschom-jäck*, hier wird die erste Sylbe vielleicht von *Tchoon* (Holz) abzuleiten seyn).

Pfeifen, *Uáh* (*a* nur halb und in d. N.)

Pfeil, *Uagike*.

Pfeil (der mit Widerhaken) *Uagike-nigmerang*.

Pfeil (der für kleine Vögel) *Uagike-bacăn-numóck*.

Pfeil (der mit der Rohrspitze) *Uagike-com*.

Pfeil (mit dem) schiefsen, *Uagike-nunggring* (letztes *g* nicht hörbar).

Pfeil (mit dem) tödten, *Uagike-nutá*.

Pferd, *Bácăn-niángcorock*, oder *Pómokenám*.

Pulver zum Schiefsen, *Pung-gningcú* (*gn* fr.)

Panelle (Kochtopf), *Nát-neck*.

Panelle (die) kocht, *Nat-neck-hä-mot*, oder *i-mot*.

Paca (*Cœlogenys*) *Acorón* (*on* fr.)

Pataschó oder Cutaschó (Volk), *Nampuruck* oder *Naknpuruck* (*kn* undeutlich kurz).

Rauch, Dampf vom Holz, *Tchoon-gikaká* (a. G.)

Rauchtabak, *Gnin-nang* (*gn* fr.)

Reden, sprechen, *Ong*.

Regen, *Magnan-ipö* (erstes Wort fr., *ö* im G. undeutlich).

Rein, sauber, *Kuring*.

Reis, *Japkenin* (*ke* undeutlich d. d. N.)

Ribbe (eine), *Tö* (*ö* zwischen *ö* und *ä*)

Riechen, *Cui*.

Rinde, Bast, *Tchoon-cat*.

Rohr, *Com*.

Roth, *Tiongkrän* (wie *tchiong*).

Rücken (der) *Núkniah* (*Nú* d. d. N.)

Roh, *Tüp*.

Rosenkranz, *Pó-it* oder *Pó-uït*.

Sack (ein), *Tang* (*a* gemäfsigt im G.)

Sand, *Gnúmiang* (*gn* d. d. N.)

Satt (sehr), *Cuáng-gipakiú-gicarám*, d. h. der Bauch ist sehr dick.

Saugen, *Kiaká-äck* (*ka* k.)

Schaaf, *Pó-cling-cudgi*.

Schädel (menschlicher), *Kerǟn-hong* (erstes e kaum hörbar).

Schamroth, sich schämen, *Hä-ráng* oder *e-ráng* (e kurz, a im G. wie ä), er schämt sich.

Scharf, *Meräp* (e k.)

Scharf (das Messer ist sehr), *Karack-e-meräp-gicarám.*

Scharren (die Erde), *Naak-awit* (wie *aü-wit.*)

Schaudern (vor Kälte), *Ae-rä* (ä beyde undeutlich im G.) wahrscheinlich: er schaudert.

Schaum, *Köróp* (ö beynahe ä im G.)

Scheere (eine), *Keprotám* (e k.)

Schielen, *Ketōm-iojäck.*

Schienbein, *Küäck.*

Schiefsen (mit der Flinte), *Pung-apúng.*

Schildkröte, *Corotiock* (tio wie tcho).

Schlafen, *Kuckjū̄n.*

Schlag, *Núp-maun* (letztes n fr.).

Schlange, *Engcaráng* (eng wie n sehr kurz).

Schlange (gröfste Wasser-, Boa) *Ketom-enióp* (e k.)

Schlange (gröfste Land-, Boa) *Cuong-Cuong-gipakiú* (cuong d. d. N.)

Schlangenbifs (der), *Engcarang-coróp.*

Schlecht, *Toñ-toñ.*

Schleifen, wetzen *Ampe-öt* (e k.)

Schmetterling, *Kiacu-käck-käck.*

Schmutzig, *Toñ-toñ.*

Schnabel, *Jiuñ.*

Schnabel (ein langer), *Jiuñ-oroñ*

Schnäuzen, *Kigiñ-gnoreng* (gn d. d. Nase).

Schnecke, *Gnocuäck* (gno d. d. N.)

Schneiden, *Nut-näh.*

Schnur (die) am Bogen, *Neem-gitá.*

Schön, *Ae-rehä́.*

Schreyen, *Ong-merong* (d. h. stark reden; das ng wird etwas undeutlich gehört).

Schwach, *Engéniock* (eng ein kurzer Gaumen-Laut).

Schwanger, *Cuáng-ä-räck* (d. h. der Bauch ist dick).

Schwanz (eines Vogels), *Joká'.*

Schwanz (eines Säugethiers), *Jiúck.*

Schwarz, *Him.*

Schwein (zahmes), *Curäck-gipakiú.*

Schwein (*Dicotyles labiatus*), *Curäck-nigmantiocú-niōm.*

Schwein (*Kaitétu* oder *Taitetu*), *Hó-Kuäng.*

Schweifs, schwitzen, *Cucang-eiú* (e k.)

Schwer, *Mökarang.*

Schwester, *Kgi-cutä́.*

Schwimmen, *Küúm* (i kurz).

Sehen, *Piep.*

Sehr, *Gicarám.*

Seufzen, *Nohón* (d. d. N.)

Sieden (es kocht), *Hä-mot* oder *he-mot.*

Singen, *Ong-ong.*

Sonne (die), *Taru-di-pó.*

Sonnenaufgang, *Tarú-te-ning.*

Sonnenhöhe, Mittag, *Tarú-njëp.*

Sonnenuntergang, *Tarú-te-mung.*

Spannen (den Bogen), *Neem-gitá-merong-ong.*
Specht (Vogel), *Aeng-äng* (wie im Fr. ain).
Speichel, *Gni-ma-kniot* (gni fr. d. d. N.)
Speyen, *Nupiú.*
Spinne (eine) *Angcori.*
Spitzig, *Meräp* (e k.), wie scharf.
Springen, *Nahang* (zweytes a nur halb im G.)
Stachelschwein, *Acoró-ió* (letztes o k.)
Stechen, *Nungcoró.*
Stehlen, *Ningkäck.*
Steigen, klettern, *Mukiäp.*
Stein, Felsen, *Carátung,* oft wie *Caratú.*
Sterben, *Kuém.*
Stern, Gestirn, *Niore-ät* (e k.)
Stinken, übel riechen, *Uwám* (w wenig hörbar).
Stirn, *Can* (a nur halb und im G.)
Stofsen, *Nútick.*
Stottern, *Te-óng-ton-ton* (te-óng wenig getrennt).
Stumm, *Ong-nuck* (nuck von *amnup* oder *amnuck,* der Verneinung).
Süfs, *Cui.*
Tamandua (grofser), *Cuián* (a nur halb und im G.)
Tamandua (kleiner), *Cuián-cudgi.*
Tanzen, *Ntäck.*
Tapfer, sehr tapfer, *Jakjiám-gicarám.*
Tatu (Thier), *Kuntschung.*
Tatu (grofses, *Das gigas,* Cuv.) *Kuntschung-cocan.*

Th. II.

Taube (Vogel), *Köüem* (ö im G. undeutl.)
Tauchen, *Múkarack* (kara d. d. N.)
Tauschen, *Up.*
Teufel, *Jántchong* (ch wie g).
Thon, *Naak* oder *Nnaak* (erstes n kaum hörbar.)
Thräne, *Ketom-magnán* (letztes Wort fr.) wörtlich: Augenwasser.
Tief, *Mät* (a nur halb, beynahe wie ö).
Treten, *Tang.*
Trinken, *Joóp* oder *Jióp* (erstes i kaum hörbar).
Trocken, *Nümtchä.*
Tröpfeln, *Magnán-knin* (erstes Wort fr. kn d. d. N.)
Unten, *Pawin* (beynahe wie aüi)
Unze (grofse gefleckte) *Kuparack-gipakiú.*
Unze, schwarze (Tiger), *Kuparack-him.*
Unze (rothe, ungefleckte) *Kuparack-nimpuruck* (erstes u kaum hörbar).
Vater, *Kgikan.*
Viel, *Uruhú.*
Vogel (grofser), *Bacán-ä-räck.*
Vogel (kleiner), *Bacán-cudgi.*
Voll, *Mät* (a zwischen ä und ö).
Voran, vorwärts, *Mung-merong* (e k.) wörtlich: stark gehen.
Wachs, *Pökekat* (ö zwischen ö und ü, e k.)
Wachsen, *Mäknot-knot* (kn undeutlich in d. N. und G.)
Wade, *Maak-egnick* (e k., gn d. d. N.)
Waten (durch den Flufs), *Mung-magnan-mah,* (d. h. wörtlich: durch das seichte Wasser gehen).

Wahr, Wahrheit, *Japaüñ-amnúp* (wörtlich: es ist keine Lüge).
Wald, *Tchoon-uruhú* (viele Bäume).
Warze, *Ki-áng* (d. d. N.)
Waschen, *Küǘm* (wie schwimmen).
Wasser, *Magnán* (fr.)
Wasser (warmes) *Magnán-igitiá* (*i* sehr kurz und undeutlich).
Wasser (kaltes) *Magnán-nümtiack*.
Wasser (geh und hole!) *Magnán-ah*.
Wassergefäſs von Rohr, *Kákrock*.
Weich, *Gneniốck* (*gn* d. d. N.)
Weinen, *Puck*.
Weiſs, *Nnióm̄* oder *Nióm̄*.
Weiſser (ein), *Pa-i*.
Weiſse (eine) *Pa-i-iokunáng*.
Weit, *Amoróñ*.
Wenig, *Amnúp*.
Wespe (*Marimbondo*), *Pǻngnonioñ* (*a* zwischen *a* u. *ö*, *ng* kaum hörbar).
Wetzstein, Schleifstein, *Carátung*.
Wickeln, aufwickeln, *Nuŕat*.
Wind (der), *Tarú-te-cuhú* (*te* wenig hörbar).

Wind (wenn er sehr stark ist) *Tarú-te-cuhú-pmeróng*.
Windstille (wenn kein Wind geht), *Tarú-te-cuhú-amnúp*.
Winken, rufen, *Kia-keĺit*.
Wischen, abwischen, abputzen, *Numaun* letztes *n* fr.)
Wühlen (in der Erde) *Naak-atähäck* (*ä* beyde undeutlich im G.)
Werfen (einen Stein), schleudern, *Carátung-ang-gring* (letztes *g* wenig hörbar, alles d. d. N.)
Wurzel, *Kigitang*.
Zahn (ein) *Küǘn*.
Zähne (mehrere oder viele) *Küǘn-uruhú*.
Zahnschmerz, *Küǘn-ingerung*.
Zehe (am Fuſse) *Pó*.
Zerreiſsen, *Núngniong*.
Ziehen, *Núñtchorot*.
Zielen, *Jagintchi*.
Zucken, *Ncurúh* (*N* kaum vorklingend)
Zunge, *Kjgitiok* (*i* wie *ch*).

Dieses Wortverzeichniſs der botocudischen Sprache schrieb ich zum Theil am *Rio Grande de Belmonte* nieder, und vervollkommnete es nachher immer mehr in dem Maſse, als mein Quäck der deutschen Sprache mächtiger wurde. Ich habe aber seitdem Gelegenheit gefunden, diesen jungen Botocuden dem eben so gelehrten als genialen Blicke eines ausgezeichneten Sprachforschers, des Herrn Direktor Göttling, zu unterwerfen, der mir in dem nachfolgenden, von ihm verfaſsten Aufsatze das Resultat seiner Forschungen über die Sprache der Botocuden mitzutheilen die Güte gehabt hat. Gewiſs wird man mit der Zeit, wenn Quäck sich die deutsche Sprache noch mehr zu eigen gemacht haben wird, noch manchen Nachtrag zu diesen Beobachtungen liefern können; bis jetzt wird aber die interessante Abhandlung des Herrn Direktor Göttling, welche ich mit dessen eigenen Worten ganz unverändert gebe, eine hinlängliche Idee über die Sprache dieser Wilden zu verbreiten geeignet seyn.

Ueber die Sprache der Botocuden.

Diese Sprache ist an sich sehr einfach, und so gebildet, daſs der Verstand in seiner Kindheit darin nicht zu verkennen ist. Dennoch ist es anziehend, einzelne Sprachformen, so gut es nach den sparsamen Hülfsmitteln geschehen kann, hinzustellen, weil sich aus der Art sprachlicher Bildungen und Zusammensetzungen ein Schluſs auf die Vorstellungsweise und das Denkvermögen jener wilden Stämme machen läſst. In manchen Beziehungen werden diese Sprachformen mit der Anschauung der gebildetsten Völker zusammentreffen, weil die menschliche Natur auch in ihrer rohesten Form sich nicht verläugnen kann.

Die Sprache dieser Wilden ist sehr reich an *onomatopoëticis*, das heiſst, an solchen Wörtern, welche den Ton oder die Bewegung der zu bezeichnenden Sache durch eigenen Klang nachahmen. Dabey pflegt der Stamm gern verdoppelt zu werden, wie es auch bey anderen Nationen, wenn sie dergleichen Wörter bilden, der Fall ist. So heiſst *Nack-Nack* eine Möve, *äng-äng* ein Specht, um das Geschrey des Thiers anzudeuten. Auf eine ähnliche Weise ist *Kjacu-täck-täck* eine Nesselart, *Kjacu-käck-käck* ein Schmetterling und *Plick-näck-näck* eine Ameise, *Encarang-cuong-cuong-jipakiú* die gröſste Landschlange. Aehnliche Verdoppelungen sind in *maun-maun* krank, (*Nup-maun* dagegen ein Schlag) *toñ-toñ* schlecht. So heiſst *ong* reden, *ong-ong* singen, *pung* eine Flinte, *pung-a-púng* schieſsen mit der Flinte (Nachahmung des Klanges). Dergleichen Zusammensetzungen sind etwa gebildet wie $\pi o \rho \varphi \acute{v} \rho o \varsigma$ oder $\pi o \rho \varphi \acute{v} \rho \alpha$ im Griechischen aus dem verdoppelten $\pi \tilde{v} \rho$, eigentlich $\pi o \rho \pi \acute{v} \rho \varepsilon o \varsigma$, oder die Kinderwörter Pa-pa, Ma-ma, Weh-weh, bey uns. Sie sind allen Völkern gemein, wenn auch nicht in solcher Ausdehnung wie bey den Botocuden. Jede Reduplication in den alten Sprachen gehört hieher.

Die Botocuden kennen in ihren Hauptwörtern und Beywortern durchaus nicht die Bestimmung eines Geschlechtes. Es sind also alle diese Wörter eigentlich Neutra, wie denn in jeder Sprache, selbst der reichsten, die Wörter des sogenannten sächlichen Geschlechts die ältesten und darum am wenigsten der Beugung fähig sind. Merkwürdig ist aber, daſs diese Wilden zwey Casus kennen, wodurch sie das Verhältniſs des Subjects zum Object darzustellen im Stande sind; nämlich einen subjectiven Casus (wenn hier dies Wort gestattet ist für Nominatur oder *casus rectus*) und einen objectiven. Der erstere hat kein äuſseres Kennzeichen und der zweyte wird nur gebraucht in der Zusammensetzung zweyer Substantiva, wovon das zweyte in den Zustand eines Objects tritt. Dieses Verhältniſs, das ihnen statt Genitivs, Dativs und Accusativs gilt, wird herbeygeführt durch das Vorsetzen der Sylbe *te* (die bald *te*, *ti* bald *de* lautet) vor das zweyte Wort. Auch ist der Wilde nicht streng an dies Gesetz gebunden und darf es in rascher Rede weglassen; während er bey der Zusammensetzung solcher Substantiven, welche eine ihm verborgene Kraft, etwas Göttliches, bezeichnen sollen, aus einer Art scheuer Verehrung dieſs *te* niemals wegläſst. Dieſs zeigt sich am deutlichsten an dem merkwürdigen Worte *Tarú*. *Tarú* bezeichnet freylich ursprünglich den Mond (wahrscheinlich aber auch die Sonne), dann aber durch eine sehr natürliche Ideenverbindung auch die Zeit. Daſs den Botocuden für den Begriff der Zeit der Mond wichtiger war als die Sonne, insofern bey ihm bestimmte äuſsere Kennzeichen eine Zeitabtheilung leichter herbeyführen, mag Veranlassung geworden seyn, daſs die Sonne nur den Nahmen *Tarú-ti-pó* erhielt. *Pó* heiſst der Fuſs; also als Bezeichnung der Sonne eigentlich: der Läufer am Himmel. Es entspricht dies ganz dem ὑπερίων (der oben am Himmel geht) und λυκάβας (der in glänzender Bahn eilt, erst die Sonne, dann das Jahr) der Griechen. Daſs *Tarú* auch die Sonne heiſst, geht aus den Wörtern *Tarú-te-ning* Sonnenaufgang und *Tarú-te-mung* Sonnenuntergang hervor. *Ning* (kommen) und *mung* (fortgehen) sind Zeitwörter, deren Infinitive hier als Substantiva gebraucht sind; doch darf in diesem Falle *te* auch wegbleiben wie in *Tarú-njép*, Mittag; von *njép* sitzen, wo die Sonne scheinbar festsitzt. Durch die Ideenverbindung der Zeit mit dem Worte *Tarú* erklären sich nun die Wörter *Tarú-te-tú* die Nacht (eigentlich die Zeit, wo man nichts zu essen hat, eine Benennung, die aus der starken Eſslust der Botocuden sehr erklärbar wird. *Tú* heiſst Hunger. *Tarú-te-cuong* der Donner (eigentlich: wenns brüllt; denn *cuong* soll den Klang des Donners nachahmen) *Tarú-te merän* der Blitz (eigentlich: wenn man mit den Augenliedern zucken muſs; denn *merän* heist blinzen; es ist das Wort also ganz nach unserem Blitz gebildet) *Tarú-te-cuhú* der Wind (das heiſst wenn's braust; *cuhú* ahmt das Brausen des Windes nach.

Jenes *te* findet sich auch in anderen Zusammensetzungen zum Beyspiel *pó-t'-ingerung* Fuſsweh, doch kann es, wenn das vorhergehende Wort in dieser Zusammensetzung mit einem Consonanten endet, auch weggelassen werden; zum Beyspiel *maak-ingerung* Beinschmerz, *Kerän-ingerung* Kopfweh. In der Verbindung mit Adjectiven findet sich dies *te* niemals. Daher *Tarú-him* Neumond (*him* heiſst schwarz; *Ketóm-him* zum Beyspiel der Stern im Auge, weil alle Botocuden schwarze Augen haben) *Tarú-nióm̄* bewölkter Himmel, Wolken (*nióm̄* heifst weifs).

Den Pluralis bilden sie durch Anhängen des Wortes *ruhú* oder *uruhú* (mehr, viel) zum Beyspiel *pung-uruhú* zwey Flinten, eine Doppelflinte, dann überhaupt viel Flinten; *Tschoon-uruhú*, Bäume, Wald. *Kjém-uruhú* Häuser, Dorf.

Diminutive werden durch das angehängte *njin* klein, gebildet, welches ein abgekürztes Adjectiv ist. So *Kruck-nin* ein kleines Kind, Knäblein, *Magnáng-nin*, ein Tropfen, kleines Wasser, ähnlich unserem — lein, was mit klein zusammenhängt.

Strenges Gesetz ist, dafs Adjectiva nie vor das Substantiv, auf welches sie sich beziehen, gesetzt werden, sondern stets nach demselben, zum Beyspiel *uaháh* oder *wahá-oron̄* ein grofser, langer Mann, *uaháh-pmäck* ein kleiner Mann. Die Steigerung der Adjectiva wird hervorgebracht 1) der Comparativ durch Anhängen von *urúh* (oder *uruhú*, dasselbe Wort, welches den Pluralbegriff bildet) zum Beyspiel *Amp-urúh* schärfer (d. h. kalt); denn *ampe-öt* heifst schärfen. 2) Superlativ durch Anhängen des Adverbiums *jikarám* oder *gikaram* (sehr), zum Beyspiel *Cuang-mah-jikarám*, sehr hungrig (eigentlich: der Bauch ist sehr leer).

Das Pronomen Substantivum *Kjick* (ich) wird stets vorgesetzt zum Beyspiel *Kjick-píep* ich habe es gesehen; *Kjick-ioop* ich trinke. Vom Possessiv-Pronomen scheinen die Botocuden nur *Kjack* (mein) zu kennen; zum Beyspiel *Kjick-Kjuck-magnán-joóp*: ich trinke mein Wasser. Doch scheint das Possessiv-Pronomen nicht sehr unterschieden zu seyn von dem Substantiv-Pronomen der ersten Person; denn Quäck sagt *Kjick-maak*, mein Bein, so gut als *Kjuck-maak*. Der Umlaut als *u* in *i* in *Kjick* und *Kjuck* darf nicht auffallen, denn eben so heifst *Kuém* todt und *Uámm* Aas.

Die Zeitwörter sind alle Infinitive oder Participien und scheinen sich äufserlich nicht zu unterscheiden von der Bildung der Substantiva; auffallend ist aber, dafs eine grofse Menge derselben entweder mit *n* beginnt, was beweglich zu seyn scheint, oder mit *p* endet. Was dadurch angedeutet werden soll, mag dahin gestellt bleiben; doch scheint *n* vorzugsweise dem Infinitivbegriff eigen zu seyn, wovon weiter unten Beyspiele angeführt werden. Die dritte Person des Zeitworts bilden sie auf eine Weise, die in dem Wesen der Sprache und der Entstehung des Zeitwortes begründet ist. Das Verbum Substantivum (seyn) heist nämlich vollständig *het* (er, sie, es ist), wird aber gewöhnlich in *he*, auch blos *e* verkürzt und dann vor das Verbum gesetzt; zum Beyspiel *Hé-mót*: es kocht, *he-múng* er ist fortgegangen, *het-nohónn* er seufzt, *he-ning* er kommt, *e-rehä* oder *ä-rehä* es ist gut. Dies *hé* wird, nach botocudischer Weise, wiederholt in *hé-e-e* oder *hé-e* und heifst dann: ja, d. h. es ist so; *he-kjúm-m'rong*: er schwimmt gut. In *Ampe-öt* (schärfen, wetzen) scheint sich in *öt* eine eigene Verbalendung erhalten zu haben, denn *amp* heifst schon **scharf**; daher *amp-urúh* **kalt**; vielleicht ist ebenfalls dies *öt* aus dem Verbum Substantivum *het* entstanden, gerade so scheint *j-öt* sich brennen. Diese Art durch Zusammensetzung mit dem Verbum Substantivum Zeitwörter zu bilden ist sehr natürlich, zum Beyspiel ist: **er trinkt** leicht aufzulösen in: **er ist trinkend**; nur ist, was bey uns an intransitiven Zeitwörtern erklärlich scheint, bey den Botocuden auf alle Zeitwörter ausgedehnt.

Von der einfachen Art der Botocuden allerley Begriffe auszudrücken mag folgendes als Beyspiel dienen.

1) **Honig** finden sie, von wilden Bienen erzeugt, in Löchern hoher Bäume; daher nennen sie ihn *Mah-rä* oder *Mah-rehä*, d. h. ein süfses oder gutes Loch.

2) Die Hauptbeschäftigung der Männer ist das **Jagen** *Njokná* (das nennen sie, deren Rücken sich in ihrer Freiheit noch nicht in der Uebung eines Handwerks gekrümmt hat, **Arbeiten**, *iopéck*); die Weiber müssen daheim bleiben; daher heifst ein Weib *joknang*, vermuthlich verwandt mit *Njokná;* denn *n* scheint Infinitiv-Zeichen (so *nungering* verwandt mit *angering*, jenes schiefsen, dieses werfen, *ioóp* und *njoop* trinken) und *ng* oder *nck* Zusammenziehung aus *amnup* oder *amnuck* (in der Zusammensetzung gewöhnlich *nuck*, wie *Cam-nuck* ein Thunichts) d. h. **nicht**. Das entspricht ohngefähr dem deutschen **Weib**, das heifst, deren Beschäftigung das **Weben** ist. Auf ähnliche Weise ist dem **Weibe** der **Degen** (der den Degen führt) entgegengesetzt oder im alten Sachsenrecht die Schwertmagen (Verwandte von väterlicher Seite), den Spillmagen oder Spindelmagen (Verwandte von mütterlicher Seite).

3) Der Zeigefinger heifst bey ihnen *Pó-iopú*. *Jopú* von *ióp* trinken, erst aber lecken, also *Pó-iopú* der Finger, womit man leckt. Dazu kann man keinen andern brauchen als den Zeigefinger. Gerade so heifst der Zeigefinger im Griechischen λιχανὸς, das heifst Leckfinger.

4) Feuer heifst bey ihnen *Tschom-päck*. Bedenkt man die Art, wie sie durch rasches Reiben zweyer Hölzer das Feuer hervorbringen, so wird die Etymologie deutlich aus *Tschon* (Holz) und *iopéck* (rasch sich bewegen).

5) Die Begriffe **wahr** und **moralisch gut** sind auf eine, bey diesen Wilden sehr erklärliche Weise ausgedrückt, nämlich negativ. So heifst *Njinkäck* ein Spitzbube, Dieb, *Njinkäck-amnúp* ein braver Mann, das heifst: kein Spitzbube, *japa win* lügenhaft, eine Lüge; *japawin-amnup* **wahr**.

2) Sprachproben der Maschacarís.

Anmerkung. Sie haben Nasentöne, aber keine, welche in der Kehle ausgesprochen werden. Viele Sylben und Worte werden wie bey den Botocuden auf eine sonderbare Art im Gaumen gesprochen.

Affe, *Keschniong* (*e* kurz).
Arm (der) *Nipnoi* (d. d. N.)
Auge, *Idcay*.
Axt, *Püm*.
Anta (Tapir) *Tschaá*.
Brust, *Itkematan*.
Blut, *Idkäng* (*ä* im Gaumen).
Baum, *Abaay*.
Bogen, *Tsayhä*.
Bruder, *Idnoy* (d. d. Nase).
Bauch, *Inion* (d. d. N.)
Berg, *Agniná*.
Blitz, *Tänjanam* (erstes *n* fr.)
Botocude, *Idcussän* (*än* wie *in* im Fr.)
Canoe, Kahn, *Abascoï* (*oi* getrennt).
Donner, *Tátiná*.
Dorn, *Minniám*.
Essen, *Tigman* (*ig* d. d. Nase, *an* fr.)
Ey (ein) *Niptim*.
Fisch, *Maam*.
Feuer, *Kescham* (*e* im Gaumen).
Fleisch, *Tiungin*.
Finger, *Egnipketakam* (*gn* fr., *kam* undeutlich im Gaumen) auch *Nibcutung*.
Fuſs, *Idpatá*.
Flinte, *Bibcoy*.
Fluſs, *Itacoy*.
Gott, *Tupá*.
Gesicht, *Nicagnin*.
Gras, *Schiüi* (undeutlich).
Gehen (laſst uns gehen), *Niamamú*.
Gold, *Tagnibá*.
Hund, *Tschuckschauam*.
Huhn, *Tsucacacan*.
Holz, *Ke* (*e* kurz im Gaumen).
Haar, *Inden* (*e* kurz und wie *ü*).
Herz, *Idkegná*.
Hand, *Agnibktän* (*gn* und *än* fr.)
Haus, *Beär*.
Jacaré (Crocodil), *Maai* (*ai* d. d. N.)
Mann, *Idpin*.
Neger, *Tapagnon* (fr.)
Schön, *Epai*.
Tatú (Gürtelthier), *Coim*.
Weib, *Atitiom* (*Etiatün*, *ü* zwischen *ö* und *ü*).
Weiſser (ein) *Creban*.
Wasser, *Cunaan*.

3) Sprachproben der Patachós oder Pataschós.

Anmerkung. Diese Sprache hat besonders viele undeutliche Worte, welche zum Theil im Gaumen gesprochen werden; viele Buchstaben zwischen ä, ü und ö.

Arm (der) *Agnipcaton.*
Alt, *Hitap.*
Auge, *Anguá.*
Axt, *Cachü* (ch Gaumen, ü wie ö).
Anta (Tapir) *Amachy* (ch deutsch).
Angel, *Kutiam.*
Baum, *Mniomipticajo.*
Bauch, *Etä* (undeutlich).
Bein, *Patá.*
Beißen, *Kaangtschaha.*
Berg, *Egnetopne* (undeutlich, e am Ende kurz).
Bette, *Miptschap.*
Blasen, *Ekepohó* (erstes e kurz).
Blut, *Enghäm* (undeutlich).
Brechen, *Tschahá.*
Bogen, *Poitang.*
Bruder, *Eketannoy* (an fr.)
Brust, *Ekäp* (undeutlich).
Calebasse (Cuia), *Totsá.*
Canoe (Kahn), *Mibcoy.*
Colibri, *Petékéton.*
Daumen, *Nüp-ketó.*
Dorf (viele Leute), *Canan-patashi.*
Dorn, *Mihiam.*
Essen, *Oknikenang.*
Eins, allein, *Apetiäenam.*
Erde, Land, *Aham.*
Ey (ein) *Petetiäng.*
Es ist gut, *Nomaisom.*

Es ist nicht gut, *Mayogená* (ge deutsch)
Feder, *Potoitan.*
Fisch, *Maham.*
Fleisch, *Unün.*
Finger, *Gnipketó.*
Flinte, *Kehekui* (e Gaumen).
Feind, sich streiten, *Nionaikikepá.*
Fluß, *Kekatá.*
Faul, träge, *Noktiokpetam.*
Frosch, *Mauá.*
Faulthier, *Gneüy* (undeutlich).
Fett, *Tomaisom.*
Freund, Camerad, *Itioy.*
Gott, *Niamissum.*
Groß, *Nioketoiná.*
Gut, *Nomaisom.*
Geduld, *Niaistó.*
Glänzen, *Niongnitschingá.*
Hund, *Koká.*
Huhn, *Tschuctacaco.*
Haar, *Epotoy.*
Hals, *May.*
Horn, *Niotschokaptschoi.*
Ja, *Han* (fr.)
Kind, *Tschauaum.*
Kälte, kalt, *Nuptschaaptangmang.*
Klein, *Kenetketó.*
Kopf, *Atpatoy.*
Komm! *Nana.*
Kurz, *Nionham-ketom.*

Krank, *Aktschopetam.*
Lang, *Miptoy.*
Lende, Schenkel, *Tschakepketon* (on fr.)
Leber, *Akiopkanay.*
Laufen, *Topakautschi.*
Mann, *Nionnactim.*
Mutter, *Atön* (ö zwischen ö und).*e*
Mays, *Pastschon.*
Mandioca, *Cohom.*
Messer, *Amanay.*
Mädchen, *Nactamanian.*
Mahlen (mit Farben) *Noytanatschä.*
Nacht, *Temenieypetan.*
Neger, *Tomeningná.*
Nein, *Tapetapocpay.*
Nase, *Insicap.*

Nagel (an Händen und Füſsen) *Nion-menan* (an fr.)
Ochse, *Juctan.*
Pfeil, *Pohoy.*
Pferd, *Amaschep.*
Paca (Thier) *Tschapá.*
Roth, *Eoató* (eo getrennt).
Sonne, *Mayon*
Stein, *Micay.*
Sohn, *Nioaactschum.*
Sterben, *Nokschoon.*
Schwein, *Schaem* (e wie ü im Gaumen).
Singen, *Sumniatá.*
Schlafen, *Somnaymohon.*
Stinken, *Niunghaschinguá.*
Schwester, *Ehä.*

4) Sprachproben der Malalís.

Anmerkung. Sie haben Kehl- und Nasentöne, auch sind ihre Worte meistens undeutliche, nur halb ausgesprochene Töne, daher diese Sprache mit am schwierigsten durch die Schrift auszudrücken ist. Wo über dem *a* ein *o* angebracht ist, und umgekehrt, da liegt die Aussprache zwischen beyden.

Affe, *Hüschnió.*
Arm (der) *Niem.*
Auge, *Ketó* (e kurz).
Axt, *Pe.*
Anta (Tapir) *Amajö* (ö kurz).
Brust, *Anjoche.*
Blut, *Akemje.*
Baum, *Me.*
Bogen, *Soihé* (e kurz).
Bruder, *Hagno* (undeutlich).
Bauch, *Aigno.*

Beiſsen, *Niamanomá.*
Bart, *Esekö* (undeutlich).
Botocude, *Epcoseck* (Groſsohr).
Donner, *Scape.*
Dorn, *Mimiam.*
Essen, *Pomamenmeng.*
Eins, *Aposé* (e kurz).
Erde, *Am.*
Ey (ein Hühner-), *Suckakakier.*
Es ist gut, *Epoi* (kurz).
Es ist nicht gut, *Jangmingbos.*

Feder, *Pöe* (undeutlich).
Fisch, *Maåp* (*a* etwas wie *o*).
Feuer, *Cuiá*.
Fleisch, *Junié* (*e* kurz).
Finger, *Aniemkó*.
Fuſs, *Apǻ*.
Flinte, *Poó*.
Fallen, *Omá*.
Gott, *Amietó*.
Gesicht, *Tietó*.
Gras, *Achená* (*e* kurz).
Gehen, *Akehege* (*e* kurz).
Geschwind, *Aioihamoi*.
Gestern, *Hahem* (*a* kurz).
Gieb her! *Naposnom*.
Gold, *Toioá*.
Häſslich, *Evuurn* (undeutlich).
Hund, *Wocó*.
Huhn, *Sucaca*.
Hitze, *Ejé* (Ende kurz).
Holz, *Me* (*e* kurz).
Horn, *Manaïtke* (Ende kurz).
Haar, *Aö* (undeutlich).
Herz, *Akescho* (kurz).
Hemde, *Agüschicke* (kurz).
Hals, *Ajemio*.
Himmel, *Jamepäoime* (Ende kurz).
Hoch, *Amsettoi*.
Haus, *Jeó* (undeutlich).
Hand, *Ajimké* (*e* kurz).
Jacaré (Crocodil) *Ae*.
Ich, *Pö* (kurz).
Ja, *Hoó*.
Jacutinga (Vogel) *Pigná* (fr.)

Kind, *Akó*.
Kälte, *Kapägnomingming*.
Klein, *Agná*.
Knochen, *Akem*.
Kopf, *Akö*.
Komm! *Jó* (undeutlich).
Katze, *Jongaët*.
Lang, *Escheem* (undeutlich).
Mann, *Atenpiep* (*e* kurz).
Mund, *Ajatocó* (Ende kurz).
Mutter *Ate* (*e* kurz).
Mond, *Ajé* (*e* kurz).
Milch, *Pojó* (*o* undeutlich).
Mays, *Manajá* (Ende kurz).
Mandioca, *Cuniä* (*ä* kurz).
Messer, *Haak* (*k* beynahe unhörbar).
Mutum (Vogel) *Jahais* (undeutlich).
Moskite, *Kepná*.
Nacht, *Aptom* (Ende undeutlich).
Neger, *Tapagnon* (fr.)
Nein, *Atepomnock* (undeutlich).
Nase, *Asejé* (Ende kurz).
Ochse, *Tapiet* (*e* undeutlich).
Ohr, *Ajepcó*.
Oben, *Jamemauem*.
Pfeil, *Poï* (alle Buchstaben hörbar).
Pferd, *Cawandó*.
Roth, *Pocatá*.
Regen, *Chaab*.
Schenkel, *Ekemnó* (*e* kurz).
Schön, *Epoi*.
Sonne, *Hapem* (d. d. N.)
Schlange, *Checheem* (*ch* in der Kehle).
Stein, *Haak*.

Sohn, *Hakó*.
Sterben, *Hepohó*.
Sand, *Nathó* (Nasenlaut).
Schwein, *Jauem* (a und u getrennt).
Schwarz, *Echeemtom* (d. d. Nase)
Singen, *Niamekae* (Ende kurz).
Schlafen, *Niemähonó* (o am Ende kurz)
Stirn, *Haké* (e kurz).
Tatu (Thier) *Couib*.
Tochter, *Ekokahá*.
Tamandua (Thier) *Bakee* (beyde e getrennt und kurz).

Unze (Yaguareté) *Jó*.
Viel, *Akgnonachä*.
Vater, *Tanatämon* (on undeutlich).
Vogel, *Poignan* (undeutlich).
Weib, *Ajente* (e kurz).
Wind, *Aoché* (e kurz).
Wasser, *Keché* (beyde e kurz).
Weg, *Påå*.
Wurzel, *Mimimiaë*.
Zähne (die) *Aió*.

5) Sprachproben der Maconís.

Affe, *Kegno* (e undeutlich).
Arm, *Agnim*.
Auge, *Idcaai*.
Axt, *Büm*.
Anta (Tapir) *Tia*.
Alt, *Idkatoen* (a und oe undeutlich).
Angel, *Cagnagnam*.
Bratspiefs, *Muschí*.
Banane, *Atemtá*.
Bein, *Idcasché*.
Brust, *Inkematan* (an fr.)
Blut, *Inkö* (ö zwischen ö und ü).
Baum, *Abooi*.
Bogen, *Paniam*.
Bruder, *Tschinan* (an fr.)
Bauch, *Agniohn* (d. d. N.)
Beifsen, *Cuptumang*.
Bart, *Agnedhürn* (undeutlich).

Blitz, *Agnamam*.
Calebasse, *Cunatá*.
Donner, *Uptatiná*.
Dorn, *Bimniam*.
Essen, *Uptumang*.
Eins, *Epochenan* (ch deutsch).
Erde, *Aam*.
Ey (vom Huhne) *Amnientin*.
Es ist gut, *Epőy*.
Feder, *Potegnemang* oder *Angemang* (e unhörbar).
Fisch, *Maam*.
Feuer, *Coen* (d. d. Nase).
Fleisch, *Tiungin*.
Finger, *Agnipcutó* (gn fr.)
Fufs, *Ingpatá*.
Flinte, *Bibcoi*.
Fallen, *Omnan* (an fr.)

Flüfschen, *Ecoinan* (an fr.)
Gott, *Tupá*.
Gesicht, *Incaay*.
Gras, *Scheüy* (*e* kurz).
Gehen, *Jamón*.
Geschwinde, *Moachichman* (*ch* deutsch)
Gieb her! *Aponenom* (Ende fr.)
Gold, *Taiuá*.
Gebürg, *Aptien*.
Häfslich, *Niaam*.
Hund, *Pocó*.
Huhn, *Tiucacan*.
Heute, *Ohnan* (*n* am Ende undeutlich)
Hitze, *Abcoican* (*a* zwischen *a* und *e*).
Holz, *Cö̂* (*o* Kehllaut zwischen *o* und *u*)
Horn, *Ecüm* (*ü* zwischen *ü* und *ö*)
Haar, *Endaen* (kurz).
Herz, *Inkicha* (*ch* deutsch).
Hemde, *Tupickchay*.
Hals, *Incatakay*.
Himmel, *Becoy*.
Hoch, *Ecuptan*.
Haus, *Baan*.
Hand, *Inhimancoi*.
Heilig, *Tupá*.
Jacaré (Crocodil) *Maai* (d. d. Nase)
Ja, blos der Athem eingezogen.
Ich, *Ai*.
Jacutinga, *Macatá*.
Kind, *Idcutó*.
Kälte, *Chaam* (*ch* deutsch)
Klein, *Capignan* (an fr.)
Knochen, *Ecobjoi* (*e* kurz).
Kopf, *Epotoi*.

Komm! *Abui*.
Katze, *Kumangnang*.
Lang, *Etoitam*.
Mann, *Icübtan*.
Mund, *Inicoi*.
Mutter, *Ahain* (fr.)
Mond, *Puaan* (undeutlich).
Milch, *Atiedacün* (*e* kurz; *ü* zwischen *ö* und *ü*).
Mays, *Punadhiam*.
Mandioca, *Coon*.
Messer, *Patitai*.
Mutum (Vogel), *Tschaschipsché* (*sch* weich wie *j* im Fr.)
Moskite, *Kemniam* (*e* kurz und undeutl.)
Nacht, *Aptamnan*.
Netz, *Mapképä*.
Neger, *Tapagnón* (fr., ungefähr wie im Deutschen *Tapaniong*).
Nein, *Poé*.
Nase, *Inschicoi*.
Ochse, *Manaiti* (kurz).
Ohr, *Inipcoi*.
Oben, *Pawipam*.
Pfeil, *Paan*.
Pferd, *Camató*.
Roth, *Upkängehäng*.
Regen, *Taeng*.
Schenkel, *Incajhé* (*j* fr.)
Schön, hübsch, *Epoinan* (an fr.)
Sonne, *Abcaay*.
Schlange, *Cagná* (*gn* fr.)
Stein, *Comtai*.
Sohn, *Incutó*.

Sterben, *Umniangming.*
Sand, *Awoon.*
Schwein, *Tiatketen* (en d. d. N.)
Schwarz, *Imnictam.*
Singen, *Niamungkätä'.*
Schlafen, *Niamonnon* (letzte Sylbe d. d. N.)
Stirn, *Incüy* (ü d. d. N.)
Tatu (Thier), *Coim.*
Tochter, *Atinang.*
Tamandua, *Potoignan* (oi wie ö).

Unze (Yaguareté), *Cuman* (an fr.)
Viel, *Agnunaitam.*
Vater, *Tatá.*
Vogel, *Petoignang* (e kurz).
Wind, *Thiam* (lang).
Wasser, *Cunaan.*
Weg, *Pataan.*
Wurzel, *Agnibtschaten* (en lang(.
Weib, *Ati'.*
Zähne (die), *Etiöy.*

---

6) Sprachproben der civilisirten Camacan-Indianer zu Belmonte, welche von den Portugiesen Meniens (deutsch etwa Meniengs) genannt werden.

Anmerkung. Diese Sprache hat mehrere Gaumen- und besonders Nasentöne, auch werden die Worte im Allgemeinen für den Fremden sehr undeutlich ausgesprochen.

Affe, *Caun* (n fr., das ganze Wort wie die Portugiesen Hund aussprechen).
Arm, *Ighia* (undeutlich).
Auge, *Imguto.*
Anta (Tapir), *Eré* (E undeutlich).
Alt, *Schoeo* (alle Buchstaben ausgesprochen).
Aguty, *Onschó.*
Blut, *Isó* (I undeutlich).
Baum, *Hi.*
Bogen, *Huán.*
Bruder, *Ató.*
Bauch, *Jundú.*
Beißen, *Imbró.*
Bart, *Jogé* (g deutsch).
Banane, *Incrú.*
Beutelthier, *Cansché* (n fr.)

Dorn, *Inschá.*
Essen, *Jucuá.*
Eins, *Wetó.*
Erde, *É.*
Ey (Hühner-) *Sacré.*
Es ist nicht gut, *Saú.*
Feder, *Ingé* (g deutsch).
Fisch, *Há* (d. d. N.)
Feuer, *Jarú* (i).
Fleisch, *Kioná.*
Fluß, *Sin.*
Gras, *Assó.*
Gehen (geschwinde) *Ni.*
Häßlich, *Saú* (a und u getrennt gehört).
Hund, *Jaké* (i).
Huhn, *Saschá.*
Heute, *Inu* (i der Accent).

Hitze, *Aniunggú.*
Holz, *Hintá* (*Hin* d. d. N.)
Haar, *Iningé.*
Herz, *Niroschi.*
Hals, *Inkió* (mit geschlossenen Zähnen auszusprechen).
Hoch, *Insché.*
Haus, *Tuwuá.*
Hand, *Incrú.*
Ja, *Inu.*
Jacaré (Crocodil) *Ué.*
Kind, *Canaiu.*
Klein, *Intán* (*n* halb).
Kopf, *Inro* (*n* nur halb).
Komm! *Ni* (wie bey den Botocuden).
Katze, *Intan* (*n* halb).
Lang, *Insché.*
Leute, Menschen, *Tuji.*
Laſst uns gehen, *Niamú.*
Mund, *Iniatagó.*
Mond, *Jé.*
Milch, *Anjú.*
Mays, *Kscho* (undeutlich)
Mandioca, *Kaiú.*
Messer, *Keaio.*
Mann, *Cahé.*
Nacht, *Utá.*
Neger, *Coatá.*
Nase, *Inschiwó.*
Ohr, *Incogá.*

Pfeil, *Hain* (*n* halb deutsch).
Regen, *Si.*
Schenkel, *Aschi.*
Sonne, *Schioji.*
Schlange, *Ti.*
Sohn, *Camajó.*
Sterben, *Juni.*
Sand, *Ae.*
Schwein, *Cuiá.*
Schwarz, *Cuatá.*
Schlafen, *Jundun* (*un* halb).
Schön, *Ingóte* (*i* undeutlich).
Tatu (Thier) *Pá* (im Gaumen).
Tamandua (der groſse) *Tamanduá.*
Unze (Yaguareté) *Kukiamú.*
Vogel, *Satá.*
Wind, *Juá.*
Wasser, *Sin* (*n* nur halb).
Weib, *Aschun.*
Weg, *Schá.*
Wurzel, *Kiaji.*
Zähne (die) *Jo* (beyde Buchstaben gehört)
Tigelle (Art von Teller) *Enan* (*e* kurz).
Salz, *Schuki.*
Weiſser (ein) *Paï* (alle Buchstaben ausgesprochen).
Todt, *Scha-úia.*
Wald, *Antó* (*o* kurz).
Stern, *Pinia.*

7) Sprachproben der Camacans oder Mongoyóz in der Capitania da Bahía.

Anmerkung. Eine sonderbare Sprache mit vielen langen barbarischen Wörtern und vielen Kehltönen, wodurch sie sich von allen vorher erwähnten sehr unterscheidet. Die Worte werden am Ende auf eine sonderbare Art abgekürzt ausgesprochen. Zuweilen hört man Nasen-, Gaumen- und Kehltöne zugleich. Sehr häufig kommen vor das deutsche *ch*, ferner *k*, *ä*; *e* wird gewöhnlich sehr kurz ausgesprochen; *a* und *o* sind die gewöhnlichen Endungen der Worte, werden aber äufserst kurz abgebrochen, als wenn der Sprecher hier plötzlich den Ton aufhielte. — Ist bey den Worten keine weitere Erklärung gesetzt, so spricht man sie nach deutscher Art aus; — d. d. N. bedeutet durch die Nase; — k. bedeutet kurz; — fr. französisch auszusprechen.

Auge, *Kedó* (*e* und *o* kurz).
Arm, *Nichuá* (*ch* deutsch d. d. N.)
Axt, *Jakedochkó* (*ch* deutsch).
Asche, *Aechkeia* (*e* kurz).
Alt, *Stahie* (*i* und *e* getrennt, *e* kurz).
Angel, *Kediahaie* (*e* k., *hai* der Accent).
Arara (Papagey) *Tschoká*.
Anta (Tapir) *Herä* (kurz).
Affe, *Caun* (wie die Portugiesen den Hund)
Aguty, *Hohion* (d. d. N. ohne besonderen Accent).
Bruder, *Kiachkoadan* (die drey letzten Sylben kurz, *an* fr.)
Backen (der) *Diahaiä* (*ä* kurz).
Brust, *Kniochhere* (*here* kurz).
Bauch, *Kniooptech* (*ech* sehr kurz).
Bein, *Tächketse* (*ketse* ganz kurz).
Bogen, *Cuan* (*an* fr.)
Berg, *Kere* (beyde *e* sehr kurz).
Baum, *Hauué* (*ué* k., das Ganze d. d. N.)
Blatt, *Ere* (*e* sehr kurz).
Blut, *Kedió* (*e* und *o* k.)
Bach, *Sanhoá* (*hoá* k.)
Blume, *Huänhindó* (*dó* k.)

Bohnen, *Kegná* (*gn* k.)
Brücke, *Hondiá* (*dia* äufserst kurz).
Brennen, *Undsedó* (*dsedó* k.)
Bodock, *Diapá* (*dia* k., *pä* ebenfalls).
Bratspiefs, *Ohindió* (*dió* k., im Gaumen undeutlich).
Blitz, *Tsahochkó* (*kó* k.)
Blasen, *Schkí* (*i* k.)
Botocude, *Kuanikochiä*.
Canoe, *Hoinaká* (*á* k.)
Calebasse (Çuie) *Kerächká* (*äch* k. und im Gaumen).
Corallenschlange, *Diderä*.
Daumen (der) *Nede* (erstes *e* undeutlich, zweytes kurz).
Donner, *Sankoray* (k., *san* kaum hörbar).
Dorn, *Hohiä* (*iä* k.)
Essen, *Niukuá* (*niu* kaum hörbar, *kuá* laut mit Accent).
Erde, Boden, *E* (kurz).
Finger (erster) *Inhindió* (*inhin* kurz u. undeutlich).
Finger (zweyter) *Ndiachhiä* (kurz und undeutlich, *ä* sehr kurz).

Finger (dritter) *Ndiaënó* (*enó* kurz).
Finger (vierter) *Ndioëgrá* (*grá* k.)
Fuſs, *Uadä* (*ä* k.)
Ferse, *Hoak* (k.)
Fliegen, *Hohindochkó* (*o* k.)
Fallen, *Kogerachká* (undeutlich).
Flinte, *Kiakó* (*o* k.)
Feuer, *Diachke* (*e* k.)
Fisch, *Huá* (d. d. N.)
Frucht, *Keränä* (*e* und *ä* am Ende k.)
Fluſs, *Kedochhiä* (alles k.)
Gut, *Koikí* (*ki* Accent).
Gehen, *Man* (*an* fr., etwas d. d. N.)
Geben, *Adchó* (*ch* im Gaumen).
Gieb her! *Nechó* (*ch* im G.)
Groſs, *Iró-oró* (*ro* Zungenspitze alles kurz auf einander folgend).
Gras, *Kaï* (*a* und *ï* ein wenig getrennt).
Haar, *Kä* (sehr k. und wie abgebrochen)
Hals, *Ninkhedió* (*khe* sonderbar, *h* d. d. N., *dió* sehr k.)
Hand, *Ninkre* (*kre* sehr k.)
Hütte, Haus, *Dea* (k. d. d. N. und im G.)
Hitze, *Schahadió* (*dió* k. und wie abgebrochen).
Holz, *Hoindá* (*oin* zusammen, *da* k.)
Hoch, *Hoiniá* (*á* k. alles d. d. N.)
Holen, (gehe hin und hole!) *Ihanä* (d. d. N., *nä* k.)
Husten, *Cogerä* (*rä* k. d. d. N.)
Ich, *Echchá* (*E* und *ch* im Gaumen und Kehle, letztes *ch* beynahe wie *k*.)
Ja, *Koki* (*o* undeutlich).
Jung, *Crenän* (d. d. N.)

Insel, *Kahoï* (*h* undeutlich, *oï* getrennt)
Jacutinga (Penelope) *Schanensü* (*ü* zwischen *ü*, *e* und *ö*).
Jacupemba (Penelope) *Schaheiä* (*ä* kurz und abgebrochen).
Jiboya (Schlange, Boa) *Kta-hiä*.
Jararacca (Schlange) *Dká-hiä*.
Lüge, *Nechionän*.
Liegen, *Koinuï* (*uï* getrennt, alles undeutlich).
Laufen, *Nianí*.
Luft, *Anchoro* (*ch* in der Kehle, *ro* mit der Zungenspitze).
Loch, *Aekó* (*ae* etwas länger, *ko* kurz)
Lende, *Kedse* (sehr k. besonders *e*, beyde gleich lang).
Licht, *Ichke* (*ich* in der Kehle, *ke* k.)
Kind, *Koinin* (*nin* der Accent).
Kopf, *Hero* (sehr kurz mit der Zungenspitze, *o* sehr k.)
Klein, *Krahado* (*kra* mit der Zungenspitze, *hado* sehr k.)
Kinn, *Nichkaran* (*nich* in der Kehle, alles sehr k.)
Kälte, *Schahadioin* (*schaha* kurz, alle übrigen Buchstaben getrennt, das ganze schnell, undeutlich und kurz ausgesprochen).
Katze (gefleckte) *Kuichhua-dan* (alles getrennt, *dan* fr.)
Mann, *Hüemá* (*hüe* alles getrennt, sehr kurz und undeutlich).
Mund, *Häräko* (*ko* k.)
Meer, *Sonhiä* (*on* fr., *hiä* k,)

Sprachproben der Urvölker von Brasilien

Mahlen, *Indärä* (*därä* kurz).
Messer, *Kediahadó* (undeutlich u. kurz).
Mond (der) *Hädiä* (k., Accent auf *diä*).
Mulatte, *Kedíachká* (*ach* in der Kehle und Gaumen).
Mutung (Vogel) *Schachedá* (*da* k.)
Nacht, *Huerachká* oder *Huerá* (*ka* k. alles undeutlich).
Neger, *Khohadá* (*kho* so kurz, dafs man es kaum hört, *dá* k.)
Nein, *Moschí* (kurz).
Nase, *Nihiekó* (*e* sehr kurz, auch *o*, alles undeutlich).
Nichts, *Hatschhoho* (*hatsch* etwas lang, *hoho* kurz, alles d. d. N.)
Netz, *Huerachkachká* (d. d. N. und alles kurz)
Ohr, *Nichkó* (*nich* d. d. N., *ch* wenig hörbar, *kó* k.)
Ochse, *Hereró* (*he* undeutlich alles kurz)
Oben, *Hoéchoá* (alles kurz und undeutl. besonders *a*).
Pferd, *Cavaró* (k., *o* etwas wie *ü*).
Pfeil, *Hoay* (kurz und d. d. N.)
Pfeil mit der Rohrspitze (Taboca) *Kneniäuä* (die zwey ersten Sylben kurz).
Pfeil mit Widerhaken (Periaque) *Hoahiä* (*hiä* d. d. N.)
Pfeil für kleine Vögel (Virota) *Huagrä* (*hua* kurz).
Paca (Thier) *Cávy* (*v* beynahe wie *ü*, Accent auf *a*).
Regen, *Tsorachka* (*ka* k., *a* bald wie *e*).
Roth, *Cohirá* (*co* fast unhörbar, *hirá* durch die Nase, *rá* abgebrochen und kurz).
Reh, *Hénä* (*é* etwas länger, *ä* k. und abgebrochen, d. d. N.)
Sonne (die) *Hiosö* (*ö* zwischen *ö* und *ü*).
Schön, *Scho-hó* (*scho* angehalten, *hó* k. und abgebrochen)
Stein, *Keá* (d. d. N.)
Sohn, *Kediägrá*.
Sterben, *Endiänä* (*diänä* kurz).
Sand, *Aedäengaranä* (*ädä* k., *en* kaum hörbar).
Schwarz, *Koachedá* (*e* kaum hörbar, *da* k.)
Singen, *Hekegnahekuechká* (d. d. N., alles undeutlich und kurz).
Schlafen, *Hakegnehodochkó* (d. d. N. k. *gne* fr.)
Stirn, *Aké* (*e* k. und mit Accent, *a* undeutlich).
Stern, *Péo* (*o* voll, Accent auf *e*).
Schmetterling, *Schakréré*.
Salz, *Eschké* (*esch* gezogen, *ké* Accent).
Schwimmen, *Sandedá* (*e* und *dá* kurz).
Schwein (wildes mit weifsem Unterkiefer Dicot. labiatus) *Küä-hiä*.
Schwein (zahmes) *Küä-hirochdá*.
Sprechen, *Schakréré*.
Schwester, *Ichedorá* (*ch* im Gaumen).
Tatu (grofser) *Panká-hiä* (*ä* abgebrochen).
Tamandua (grofser) *Perá*.
Tamandua (kleiner) *Fedará*.
Tochter, *Kiachkrará*.
Todt, *Endiene* (*die* k., *ne* bald wie *ü* sehr k.)

Tödten, *Hendechedau* (undeutlich, *e* immer k., *ch* im G.)
Tag, *Ari* (*a* gezogen, *i* k. und undeutl., wie auch *a*).
Tanzen, *Ecoin* (*in* fr., d. d. N.)
Unze (gefleckte) *Jaké-déré* (*e* deutlich).
Unze (rothe) *Jaké-koará* (*ra* k.)
Unze (schwarze) *Jaké-hyä* (*ä* kurz und abgebrochen).
Unze (kleine, *Felis pardalis*) *Kuichhuá* (*ch* deutsch).
Vater, *Keandá* (*e* etwas voll).
Vogel, *Schaná*.
Viel, *Eühiähiä* (*Eü* kaum hörbar).
Wasser, *Sa* (*a* sehr kurz).
Wind, *Hedjechke* (*je* fr., *ech* im Gaumen, *ke* deutlich).

Wald, *Dochodıä*.
Weg, *Hyá*.
Wurzel, *Káse* (deutsch, und gezogen).
Weißer (ein) *Hoá-i* (*i* mit Nachdruck).
Weib, *Krochediorá* (*ch* im Gaumen).
Wachs, *Hioi* (alle Buchstaben getrennt).
Wunde, *Andöhüi* (*dö* undeutlich, *üi* getrennt).
Weiß, *Inkohéro* (*he* k.)
Wachsen, *Imaischthané* (deutsch, *h* etwas hörbar).
Waschen, *Hakegnähäroachká* (*gnä* k. und fr., das ganze kurz und etwas undeutlich).
Zähne (die) *Dió* (d. d. N. k.)
Zunge, *Diacherä* (*e* k.)

Verzeichniſs

der

mit dem 2ten Bande ausgegebenen Kupfertafeln nebst Karte.

A. Gröſsere Kupfer und Karte.

Taf. 15. Ansicht der Fazenda von *Tapebuçú*, der Seeküste mit dem *Monte de S. João*, und der *Serra de Iriri*, welche sich aus den Urwäldern erhebt; gestochen von C. Schleich jun. in München.
Anmerkung. Diese Tafel wird im IVten Abschnitte des Iten Bandes Seite 98 erwähnt, in der Reihenfolge der gröſseren Kupfer gehört ihr also eigentlich die No. 0., da sie noch der Taf. 1. vorher geht.

» 16. Ansicht der *Villa* von *Porto Seguro* am Flusse *Buranhem*; gestochen von C. Schleich jun. in München.
Anmerkung. Die Erklärung zu dieser Tafel findet sich auf Seite 302 im Xten Abschnitte des ersten Bandes, in der Reihenfolge der Kupfer gehört ihr die No. 7. bis

» 17. Abbildung vier origineller Botocuden-Phisiognomien nebst einem Mumienkopf; gestochen von A. Krüger in Florenz.

» 18. Ansicht der Villa und des Hafens von *Ilhéos*; gestochen von Schnell in Carlsruhe.

» 19. Tanzfest der *Camacans*; gestochen von J. Lips in Zürich.

» 20. Gruppe einiger *Camacans* im Walde; die Landschaft ist von Seyffer in Stuttgardt, die Figuren von Bitthäuser in Würzburg gestochen.

» 21. Waffen und Geräthschaften der *Camacans*.
Fig. 1. Der Bogen. — Fig. 2. Der gewöhnliche Pfeil. — Fig. 3. Der kleinere Kunstpfeil von rothem Holz. — Fig. 4. Die Weiberschürze. — Fig. 5. Der gestreifte Jagdsack.

» 22. Zierrathen und Geräthschaften der *Camacans*.
Fig. 1. Die Federkrone. — Fig. 2. Das *Kechiech*. — Fig. 3. Das *Herenehediocá*, beydes musikalische Instrumente der *Camacans*.

Karte der Ostküste von Brasilien zwischen dem 12ten und 15ten Grad südlicher Breite nach Arrowsmith mit einigen Berichtigungen.

B. Vignetten.

Zu Abschnitt I. Charakteristischer Schädel eines Botocuden; gestochen von Bitthäuser in Würzburg.
— II. Reisende Indier; gestochen von M. Eſslinger in Zürich.
— III. Schifffahrt über die Felsen des *Ilhéos*; gestochen von Haldenwang in Carlsruhe.
— IV. Halt am *Rio da Cachoeira*; gestochen von C. Rahl in Wien.
— V. Zug einer beladenen Tropa; gestochen von J. Lips in Zürich.
— VI. Das Einfangen der Ochsen durch den *Vaqueiro*; gestochen von F. Meyer in Berlin.
— VII. Die Jagd der Unze; gestochen von C. Rahl in Wien.
— VIII. Das Beladen der Maulthiere zur Reise; gestochen von M. Eſslinger in Zürich.

Notiz zu der Karte des zweyten Bandes der Reise nach Brasilien.

Die Karte, welche diesen Band begleitet, zeigt meine Reise durch die grofsen Urwälder nach dem *Sertam* und durch diesen nach *Bahía*. Sie fängt südlich mit dem *Rio de Sta Cruz* an und zeigt die Gegend der Küste bis zum *Rio Itahype* ziemlich genau, das heifst, ich habe alle die verschiedenen auf den bis jetzt bekannten besten Karten von FADEN und ARROWSMITH angegebenen Gegenstände nach meiner Erfahrung zu berichtigen gesucht, da ich ziemlich genau, nach der Anzahl der Legoas der Entfernung aller Punkte von einander, diese Berichtigung machen konnte. Schwieriger war es, die inneren Gegenden richtig zu bestimmen, da ich zu astronomischen Festsetzungen der Orte weder Zeit noch Instrumente besafs; ein Mangel, über welchen mich das Versprechen des Ministers Grafen DA BARCA und später des Grafen DOS ARCOS, mir eine Karte dieser Gegend mitzutheilen, tröstete, welche Hoffnung jedoch durch den Tod des ersteren vereitelt wurde. Ich habe daher die Karte von ARROWSMITH in der Hauptsache auch für diesen Theil zum Grunde gelegt, viele Gegenstände aber abgeändert; man darf indessen nur meinen, durch eine fein ausgezogene Linie auf der Karte angedeuteten Weg in Betrachtung ziehen; denn über die Richtigkeit aller übrigen zu den Seiten sich befindenden Gegenstände kann ich nicht urtheilen und halte sie übrigens ohnehin gröfstentheils für unrichtig.

Man hat auf dieser Karte des zweyten Bandes dem *Rio Pardo* einen von der Karte des ersten Bandes etwas abweichenden Lauf angewiesen, da ich in der letzteren mit seinem inneren Laufe nicht in Berührung kam; hier aber war es nöthig ihn abzuändern, da ich ihn an der Strafse des *Tenente-Coronel* FILISBERTO GOMES DA SYLVA erreichte und bis *Barra da Vareda* zur Seite behielt, daselbst ihn aber wieder verliefs. An dem innersten von mir erreichten Punkte, zu *Valo* an der Gränze von *Minas Geraës*, war ich noch 18 Legoas von dem *Arrayal do Rio Pardo* entfernt, welches am Ufer dieses Flusses erbaut, auf der Karte des FADEN unter seinem richtigen Nahmen angegeben und von ARROWSMITH mit der Benennung *Extrema* bezeichnet ist. Dieser Punkt ist auch in meiner Karte angenommen, hat daher ARROWSMITH in seiner Lage gefehlt, so ist dieselbe auch in meiner Karte abzuändern.

Die Waldstrafse des *Tenente-Coronel* FILISBERTO ist in ziemlich gerader Richtung am nördlichen Ufer des *Ilhéos* oder *Rio da Cachoeira* durch die Urwälder fortgeführt, sie verläfst aber bald diesen Flufs und erreicht den *Rio Pardo*, wodurch eine Abänderung des Laufs dieses letzteren sich von selbst ergab. Man hatte mir in *Bahia* eine genaue, specielle Karte dieser Waldstrafse versprochen, ich erhielt sie indessen bis jetzt noch nicht, habe aber nach den von mir gemachten Erfahrungen die vorzüglichsten aller Corregos, Riachos, Flüsse, Gebürge, die Stellen unserer Nachtquartiere, so wie andere anmerkenswerthe Punkte darin angegeben, man wird also dem Tagebuche der Waldreise vollkommen genau folgen können. Meine Reise von *Vareda* nach *Bahia* läuft der früheren, durch die Urwälder von *Ilhéos* ziemlich nahe zur Seite und bildet einen sehr spitzigen Winkel mit derselben, da die Entfernung von *Barra da Vareda* nach *Arrayal da Conquista*, also der Durchschnitt von einer dieser beyden Linien zu der anderen, kaum zwey Tagereisen beträgt.

Auf dem Wege von *Bom Jesus* nach *Corta Mão* sind mir einige kleine Flüsse entgangen, welche etwa von der Stärke des *Jiquiriçá* an der letztgenannten Stelle waren, doch kann ich nicht bestimmen, ob sie nicht vielleicht durch die Biegungen und Widergänge des *Jiquiriçá* selbst gebildet werden; eben so zwischen *Lage* und *Aldéa*, wo ich wegen meiner Gefangennehmung verhindert wurde, die gehörige Aufmerksamkeit auf diesen Gegenstand zu wenden. Der Bach *Bom Jesus*, unmittelbar neben der Fazenda dieses Nahmens, ist seiner geringen Stärke wegen gänzlich ausgelassen. Die Küstenaufnahme von der Mündung des Flusses *Itahype* bis zur Mündung des *Reconcavs* oder der *Bahia de Todos os Santos* ist auf ARROWSMITHS also auch auf meiner Karte höchst unrichtig, da ich diese Reise nicht gemacht habe; man lese nur hierüber die *Corografia brasilica* T. II. p. 103 und ferner nach.

Die Gränze der *Capitania da Bahia* ist durch eine punktirte Linie angegeben und nicht colorirt, damit man sie nicht mit den farbigen Gränzen der Wildenstämme verwechseln möge.

Berichtigungen und Zusätze
zu den beyden Bänden dieser Reisebeschreibung.

I.
Zu dem ersten Bande.

Seite 46. »Eine hochroth blühende *Salvia*, welche Herr Sellow *splendens* nannte.«
Herr Professor Nees v. Esenbeck giebt folgende Charaktere dieser schönen Pflanze: *S. calycibus campanulatis trilobis coloratis, verticillis trifloris subnudis, foliis deltoidibus acuminatis serratis.*

» 47. Der Kragen-Colibri (*Trochilus ornatus*) des östlichen von mir bereisten Brasilien, scheint von demjenigen etwas abzuweichen, welcher von Audebert und Vieillot abgebildet ist; ob er als specifisch verschieden anzusehen sey, bezweifle ich, eher vielleicht als Alters-Verschiedenheit, doch habe ich die alten männlichen Vögel immer von einerley Zeichnung gefunden. Ihr Halskragen ist nicht rothbraun, sondern die Federchen sind weiſs, mit einer schön grünen Spitze, wodurch derselbe eine solche Einfassung erhält.

» 51. Der rothstirnige Papagey (*Psittacus Dufresnianus*, Vaill.) ward hier durch ein Miſsverständniſs »*coronatus* des Berliner Museums« genannt. Die Brasilianer nennen diesen angenehmen, gelehrigen Vogel nach seiner Stimme, welche vollkommen so klingt, *Schaüá*, auch belegen sie ihn mit dem Nahmen *Camutanga*, welcher aus der *Lingoa geral* oder *Tupinamba*-Sprache herstammt, in welcher dieser Vogel *Aiurú-Acamutanga* hieſs.

» 52. Der hier von mir für *Psittacus Makavuanna*, Linn., gehaltene Vogel, scheint eine wirklich verschiedene Species zu bilden, welche die Herren Temminck und Kuhl *Psitt. Illigeri* benannt haben. Azara beschrieb diesen Vogel zuerst (Vol. IV. pag. 55) und nannte ihn *Maracana fardé* (siehe Kuhl Conspectus Psitt. in den Verhandl. der Kaiserl. Leopold. Carol. Acad. B. 10. S. 19.) — Man lese daher in dem ersten Theile meiner Reisebeschreibung immer *Psitt. Illigeri* für *Makavuanna*.

» 63. Hier ist die Rede von dem *Idomeneus* des Fabricius, dessen Beschreibung vollkommen auf meinen Schmetterling paſst, allein auch zugleich auf die Abbildung des *Seba* Tom. IV. Tab. 31. Fig. 3 und 4.

» 67. 201. 272 u. a. a. O. »Die Zwerg - oder Küstenpalme (*Cocos de Guriri*).«
Von Herrn Prof. Nees v. Esenbeck *Allagoptera pumila* benannt, und auf folgende Art charakterisirt: *Classis Linneana Monœcia Monadelphia. Fam. nat. Cicadeæ. Spadix*

simplex. Flores ♂ et ♀ quincunciatim positi. — ♂ Calyx triphyllus, corolla tripetala, filamenta 14, basi connata. Antheræ liberæ. ♀ Calyx et corolla maris, ampliores. Stigma cuneiforme, trifidum. Drupa monosperma. Herr Professor Martius wird die Beschreibung dieser Palme, welche Herr Professor Nees v. Esenbeck nach den von mir mitgebrachten Exemplaren verfertigte, in seinem bald zu erwartenden Werke über die Palmen mittheilen.

Seite 72. Die hier genannte *Cobra Coral* ist ein *Elaps*, und nicht, wie ich früher vermuthete, Linné's *Coluber fulvius* (siehe Merrem Versuch eines Systems der Amphibien pag. 144. und den 10ten B. S. 105 der Verhandl. der Kaiserl. Leopold. Carol. Acad., wo ich eine Abbildung dieses vorzüglich schönen Reptils gegeben habe).

» 75. Nach Herrn Temmincks ornithologischem Systeme in der neuesten Ausgabe seines *Manuel d'Ornithologie* (prem. part. p. XXXIX) ist *Hirundo collaris* ein *Cypselus*. Ich hatte sie nicht von den Schwalben getrennt, da sie nur drey Zehen vorwärts und eine rückwärts gestellt zeigt. *Hirundo pelasgia* hat vollkommen dieselbe Bildung. *H. collaris* lebt in den Felsen um *Rio de Janeiro* und in anderen, selbst völlig ebenen Gegenden, wo jedoch Felsen in der Nähe sind, zum Beyspiel an den Seen von *Marica*, *Sagoarema* u. s. w., wo sie an den Ufern umher streicht. Als Gegensatz zu dieser grofsen Schwalbe fand ich zu *Rio de Janeiro* eine andere sehr kleine Art, welche ich für unbeschrieben halte und daher hier in der Kürze angeben will. *Hirundo minuta*: 4 Zoll 3 Linien lang, 8 Zoll 4 Linien breit; Schnabel schwarz; Füfse dunkelbraun; Mittelzehe beynahe 2 Linien länger als die übrigen; Ferse unbefiedert, Fufsrücken getäfelt; alle oberen Theile schwarz, stahlblau glänzend; der wenig gabelförmige Schwanz und die Schwungfedern ohne Glanz; Bauch, Kehle und Brust rein weifs; untere Schwanzdeckfedern vom After an bräunlich schwarz, oft mit etwas grünlichem Glanze; vorderer Flügelrand ein wenig weifs geschuppt; junge Vögel sind an Stirn und Unterrücken bräunlich gemischt. Sie nistet häufig in den Gebäuden der Stadt.

» 83. »*Herva Moëira do Sertam*«

Canella axillaris, Nees ab Esenb.: *C. floribus axillaribus nutantibus decandris.* Die nähere Beschreibung dieses aromatischen Baumes wird Herr Professor Nees v. Esenbeck in den Schriften der Kaiserl. Leopold. Carol. Acad. geben.

» 84. »Zwey neue Arten von *Andromeda*«

Hierüber siehe Herrn Professor Schraders vorläufige Nachricht in den Göttingischen gelehrten Anzeigen 72stes Stück p. 709.

» 85. »Der graubraune Tölpel.«

Diesen Vogel mufs ich, der kleinen von der Büffon'schen Beschreibung abweichenden Züge ungeachtet, für den *petit fou de Cayenne* halten, welcher in den *pl. enl. No.* 973 abgebildet ist. Die Hauptverschiedenheiten der Büffon'schen Beschreibung von den von mir beobachteten brasilianischen Vögeln, besteht in der Gröfse und Farbe. Büffon giebt seinem Vogel nur 1½ Fufs also 18 Zoll in der Länge, da der von mir beobachtete 28 Zoll in der Länge mifst, dabey ist mein Vogel nicht schwärzlich, sondern graubraun gefärbt. Die Abweichungen in der Gröfse können leicht entstanden seyn, wenn Büffon nach einem ausgestopften Vogel oder einer Haut die Maafse nahm, und auch der Unterschied der Farbe ist nicht bedeutend genug, um beyde Thiere zu trennen. Diese Vögel leben übrigens selbst südlich im Hafen von *Rio de Janeiro*, wo man sie am Abend aus der See in regelmäfsig geordneten Zügen zurückkehren sieht, welche in winkelförmiger Gestalt, wie bey den Kranichen und wilden Gänsen, pfeilschnell nahe über die Oberfläche des Wassers einherziehen.

Seite 85. 157. u. a. a. O. »und ein anderer unserem Cormoran sehr ähnlicher Vogel.«

Dieser Scharbe, welcher unbezweifelt der von Buffon *pl. enl. No.* 974 abgebildete Vogel ist, hat sehr viel Aehnlichkeit mit unserem europäischen *Carbo Graculus* im Jugendkleide, auch wird er von Herrn Temminck in der neuesten Ausgabe des *Manuel d'Ornithologie* für denselben angenommen. Es finden sich hier noch einige kleine Verschiedenheiten in den Beschreibungen aus dem Wege zu räumen. Der europäische Vogel soll eine graubraune Iris haben, bey dem brasilianischen ist sie in jedem Alter schön blau; man giebt die Länge des europäischen Vogels auf 23 bis 24 Zoll an, der gröfste brasilianische von mir gemessene hielt 26 Zoll 8 Linien in der Länge. Das Gefieder habe ich bey diesem letzteren nie abändernd gefunden. Diese aufgezählten Verschiedenheiten geben mir die Muthmafsung, dafs die süd-amerikanische Art wohl von der unseren getrennt werden dürfe.

» 88. »Daudin's *Lacerta Ameiva.*«

Sie ist *Lacerta litterata* der neueren Naturforscher. Herr Dr. Kuhl hat in seinen Beyträgen zur Zoologie (pag. 116) eine Beschreibung dieser Eidechse gegeben. Das brasilianische Thier, von welchem ich Seite 88 u. a. a. O. redete, habe ich in seiner Färbung sehr selten variirend gefunden. Jüngere Individuen hatten den vorderen Theil des Rückens zuweilen dunkler punktirt, bey älteren war er gewöhnlich gänzlich ungefleckt schön rein grasgrün; die Seiten des Halses sind mit zwey bis drey parallelen schwarzbraunen Längsstreifen bezeichnet; die Seiten des Körpers sind grün, am Rande des Bauches blau mit perpendiculären Reihen runder, gelber, schwarz eingefafster Augenflecken geziert. Dies ist die beständige mir häufig vorgekommene Zeichnung dieser schnellen Eidechse. Die von Herrn Kuhl citirten Figuren des *Seba*, Tab. 90 und 88 sind, wenn sie hierher gehören, sehr schlecht gerathen. Sloane scheint unsere Eidechse Tab. 273. Fig. 3. abgebildet zu haben.

» 90. da doch bekanntlich diese Thierarten in der neuen Welt nicht angetroffen werden.«

Die Bemerkung, dafs man in der neuen Welt keine Antilopen finde, hat in neueren Zeiten durch die Herrn Leach und Blainville einen Einspruch gefunden, doch können wir diese bisher allgemein angenommene Meinung nicht eher verlassen, bis uns die wirkliche Existenz einer wahren Antilope in Amerika hinlänglich erwiesen wird.

» 91. »schritten der *Jabirú* (*Ciconia americana* oder *Tantalus Loculator*, Linn.)«

Diese Stelle bezeichnet, dafs man in Brasilien beyde Vogelarten unter der Benennung *Jabirú* zu verwechseln pflege.

» 91. »die schneeweifsen Egretten.«

Zwey völlig schneeweifse Reiherarten leben in Brasilien, der grofse und der kleine. Azara nennt den ersteren *petit heron blanc à manteau* (Vol. IV. p. 200) und den anderen *grand heron blanc* (p. 201). Der erstere ist dem europäischen *Garzetta* sehr ähnlich, aber verschieden, der letztere ist *Ardea Leuce* des Berliner Museums.

Seite 92. »an den wildwachsenden Orangen (*Laranja da terra.*«

Sie sind nur zufällig in jenem Walde aufgewachsen, da ehemals an jener Stelle eine Fazenda gestanden hatte, deren Ruinen noch zum Theil sichtbar waren.

» 93. »unter dem Nahmen *Helix ampullacea* abgebildet hat.«

Diese von MAWE abgebildete Schnecke wird für eine Varietät der *Helix ampullacea* gehalten.

» 104. »8 bis 10 Fufs hoher Baum, scheinbar der *Bonnetia pallustris* verwandt.«

Wikstrœmia fruticosa. SCHRADER a. a. O. pag. 710. Mit diesem Gewächse vereint findet man ein anderes ähnliches, die *Kieseria stricta* des Herrn Professor NEES V. ESENBECK: *Classis Linneana Polyandria Polygynia; Fam. nat. Guttiferarum. Corolla penta petala, petalis integris. Calyx quinque-partitus, bracteatus. Antheræ erectæ liberæ. Germen triloculare, septis simplicibus, loculis monospermis.*

» 104. »eine schöne Art *Evolvulus.*«

Evolvulus phylicoides, SCHRADER a. a. O. pag. 707.

» 104. »eine gelbblühende *Cassia.*«

Ist *Cassia uniflora. Spr.*

» 104. »eine neue *Asclepiadea (Echites).*«

Echites variegata. SCHRADER a. a. O. pag. 707.

» 104. »eine rothblühende *Andromeda.*«

Andromeda coccinea. SCHRADER a. a. O. pag. 709.

» 105. Schaaren des brasilianischen Austerfressers (*Hæmatopus*).«

Diesen Vogel, welcher früher den Naturforschern unbekannt war, habe ich an den brasilianischen Küsten häufig beobachtet und unter der Benennung des *Hæmatopus brasiliensis* unterschieden. Er ist kleiner als die europäische Art, aber sein Schnabel ist länger. Herr TEMMINCK, dem ich diesen Vogel mittheilte, hat ihn in der neuesten Ausgabe seines *Manuel d'ornithologie Hæmatopus palliatus* (Sec. part. p. 532) benannt.

» 106. eine schöne neue *Stachytarpheta.*«

Stachytarpheta crassifolia, SCHRADER a. a. O. pag. 709.

» 125. »eine baumartige *Cleome.*«

Cleome arborea. SCHRADER a. a. O. pag. 707.

» 126. »*Ardea Nycticorax.*«

Der brasilianische Nachtreiher hat alle Kennzeichen unseres deutschen Vogels, selbst Füfse, Schnabel und Iris eben so gefärbt; blos in der Gröfse findet sich scheinbar ein kleiner Unterschied, indem der europäische Vogel auf 20 Zoll Länge angegeben wird, wo ich den brasilianischen 24 Zoll 10 Linien lang fand. Diese Verschiedenheit des Maafses giebt keinen hinlänglichen Grund, um beyde Vögel zu verschiedenen Arten zu machen, besonders da dieser Nachtreiher auch in Nord-Amerika vorkommt.

» 153. »wahrscheinlich ein *Croton,* der *Tridesmys* (*Monœcia*) sehr nahe verwandt.«

Croton gnaphaloides. SCHRADER a. a. O. pag. 708.

» 157. »die *Aninga,* eine merkwürdige hochstämmige Art *Arum* (*Arum liniferum.* ARRUDA).«

Caladium liniferum, NEES AB ESENB.: *C. caulescens, erectum, foliis sagittatis, lobis*

Berichtigungen und Zusätze

acutis, spadice spatham cucullatam ovato-lanceolatam aequante, caule attenuato. Aninga Piso Bras. p. 103. Scheint von *Caladium arborescens*, Ventenat verschieden zu seyn.

Seite 158 und 279. »eine neue *Sophora* mit gelben Blüthen.«

Sophora littoralis, Schrader a. a. O. pag. 709.

» 165. »eine vorzüglich schöne neue Art der Spechte, welche ich *Picus melanopterus* nenne.«

Azara hat diesen Vogel Vol. IV. p. 11. unter dem Nahmen des *Charpentier blanc et noir* beschrieben, aber seine Beschreibung ist so oberflächlich und kurz, daſs man noch manches hinzusetzen muſs, wenn sie hinlänglich deutlich werden soll.

» 239. »aber alle waren von der Art der *Curica*.«

Die *Curica* (auszusprechen *Kurike*) ist nach der Uebereinkunft der Naturforscher nicht *Psittacus ochrocephalus*, Linn., sondern *Psitt. æstivus* (s. Kuhl *Consp. Psitt.* im 10. B. der Verhandl. d. K. L. C. Acad.), dennoch ist zu bemerken, daſs Linné's Beschreibungen zu unbestimmt sind und leicht auf beyde Vögel gedeutet werden können. *Ps. æstivus* (Le Vaillant pl. 110) variirt in seinem Vaterlande nie, auch habe ich nie rothe Federn an seinem vorderen Flügelgelenke gefunden, wie an *Ps. ochrocephalus*. Man lese also in dem ersten Bande dieser Reisebeschreibung statt *ochrocephalus* immer *æstivus*.

» 248. »die grüne Viper«

Cophias bilineatus: eine neue schöne bis jetzt noch unbeschriebene Art. Das Exemplar, welches ich erhielt, ist 22 Zoll 8 Linien lang, wovon der Schwanz 3 Zoll 3 Linien wegnimmt, also etwa ¹/₇ der ganzen Länge des Thiers. Bauchschilde 210, Schwanzschuppen-Paare 66. Gestalt schlank, Kopf herzförmig mit zwey groſsen Augenbrauenschildern, übrigens wie der Körper mit kleinen, schmalen, länglich zugespitzten, gekielten Schuppen bedeckt. Zunächst an der Seite der Bauchschilde läuft eine Reihe von gröſseren rhomboidalen Schuppen; diese sind beynahe glatt und zeigen nur an ihrem oberen Rande eine kleine Vertiefung; After einfach, mit einer halbmondförmigen ungetheilten Schuppe bedeckt; Schwanz am Ende mit einer 1 Linie langen rothbraunen Hornspitze. Alle oberen Theile sanft bläulich hellgrün, in jeder Seite mit einer blaſs strohgelben Linie bezeichnet, welche von der Reihe der gröſseren Randschuppen des Bauches gebildet wird; auf der Höhe des Rückens stehen in zwey Reihen abwechselnd kleine rostgelbe oft gepaarte Fleckchen, welche stets fein schwarz eingefaſst sind. Vom Auge, dessen Stern eine senkrechte Längsspalte ist, zieht längs der Seite des Kopfs ein rostgelber schwarz eingefaſster und gefleckter Streif; zwey ähnliche Striche stehen auf dem Hinterkopfe; Kieferränder mit lebhaft grüngelben Tafeln belegt, deren Ränder schwarz sind; Untertheile des Kopfs und Kehle lebhaft hellgelb; Unterhals hell grüngelb; Bauch und Unterseite des Schwanzes weiſsgelblich, an der Wurzel der Bauchschilde etwas blaugrünlich; Kopf und Vorderkörper auf der Oberseite auf dem grünen Grunde sehr fein schwarz punktirt und marmorirt; über den Schwanz läuft ein bläulich blasser Streif. In Brasilien *Cobra verde* oder *Çarucucú de Pattioba*.

» 258. »*Cobra Caraës*« hier lese man *Coraës*.

» 261. »*Micos*, eine unbeschriebene Affenart.«

Ich habe diesen Affen *Cebus robustus* benannt; Herr Dr. Kuhl hat davon in seinen Beyträgen zur Zoologie p. 35 eine vorläufige Nachricht gegeben.

Seite 262. »*Gattos pintados, Felis tigrina?*«

Diese Katze bildet eine noch unbeschriebene Species, welche ich *Felis macroura* nenne; ich habe eine vorläufige Nachricht davon in Herrn Dr. Schintz Uebersetzung von Cuvier *Regne Animal* mitgetheilt.

» 264. »sie fällten Stämme von *Oiticica*.«

Diesen Baum hat Arruda unter dem Nahmen *Pleragina umbrosissima* beschrieben (s. den Appendix zu Kosters travels).

» 276. »und eine Haut der *Jiboya* (*Boa constrictor*).«

Man findet in Seba's Werk folgende Figuren der *Boa constrictor*, welche durch ihre länglichen am Ende abgerundeten und ausgerandeten Flecken sehr kenntlich ist: Tom. I. Tab. 36. Fig. 5. (Varietäten scheinen Tab. 53. Fig. 1. und Tab. 62. Fig. 1.); Tom. II. Tab. 101. (Varietäten davon scheinen Tab. 100. Fig. 1.; Tab. 104 und Tab. 108. Fig. 3.)

» 282. »eine kleine Art von *Penelope*, die mit dem *Parraqua*.«

Ich vermuthe jetzt, daſs der *Aracuang'* auch von Humboldt's *Phasianus garrulus* verschieden seyn könne, doch nehme ich ihn für identisch mit demselben an, glaube aber, daſs er von dem *Parraqua* oder *Parakua* getrennt werden müsse. Wir haben diese Vögel häufig geschossen und nie Farbenabwechslungen, aber immer einen weiſsen Bauch bey ihnen gefunden; daher glaube ich, daſs Herr Temminck irrt, wenn er diese Penelope mit weiſsem Bauche für den jungen Vogel des *Parraqua* hält.

» 304. »der *Garupa* und des *Mero*, zweyer Arten von Seefischen.«

Ich habe diese Fischarten nicht beschreiben und bestimmen können, da ich sie nur eingesalzen, getrocknet und sehr verstümmelt zu sehen bekommen habe. Die *Garupa* von *Porto Seguro* ist ein groſser Raubfisch, 5 bis 6 Spannen lang, vorne breit mit groſsem Kopf und Auge, mit Lippenknochen versehen; sein Körper wird nach hinten schmal und endet in eine verlängerte gabelförmige Schwanzflosse. Alle Schuppen des Körpers sind von einem schönen sanften Roth, aber an ihrer Wurzel weiſs; von den Kiemen bis zu dem Schwanze läuft eine breite gelbe Binde, unter welcher sich noch drey feine gelbe Längsstreifen befinden; über der gelben Mittellinie stehen unregelmäſsige gelbe Längsflecken; der Bauch ist weiſs. Den *Mero* habe ich nicht gesehen, doch ist es wahrscheinlich der Fisch, welchen Marcgrav unter diesem Nahmen pag. 169 beschreibt.

» 320. »und der groſse *Carão* (*Numenius Guarauna*« und nicht *Caraüna*, wie durch Druckfehler hier gesetzt ist).

Dies ist der *Carau* des Azara (Vol. IV. p. 223); ich würde ihn für *Ardea scolopacea*, Linn. oder den *Courliri ou Courlan* des Büffon halten, wenn diesem nicht ein kammförmiger Nagel an der Mittelzehe gegeben würde, welcher meinem brasilianischen Vogel fehlt. Herr Professor Lichtenstein hat ihn sehr richtig für den *Guarauna* des Marcgrav (*Numenius Gigas* des Berl. Mus.) erkannt.

» 322. 323. u. a. a. O. »die Meerschwalbe mit gelbem Schnabel (*Sterna flavirostris*) auf«

Dies scheint *Sterna cayennensis* zu seyn, die also nicht bloſs in *Guiana*, sondern auch an den brasilianischen Seeküsten gefunden wird. Ich habe sie südlich bis zum *Espirito Santo* beobachtet, sie geht aber vielleicht noch weiter hinab. Sie lebt an den Seeküsten, Landseen, und mehr nördlich selbst im Inneren der groſsen Wälder auf den Sandbänken der Flüsse, wo sie der erste Vogel ist, der mit seiner lauten Stimme den anbrechenden Tag begrüfst. Der alte Vogel hat citrongelben Schnabel und Füfse, bey jungen Vögeln sind die letzteren schwärzlich gefärbt.

Seite 326. »ein Beutelthier (*Gambá*)«

Hier ist die Rede von *Didelphys cancrivorus* oder *marsupialis*.

» 327. »mit einem Schweine (*Dicotyles labiatus*, Cuv.) zurück«

Man hat in Zweifel gezogen, ob die beyden von AZARA beschriebenen Arten der süd-amerikanischen wilden Schweine wirklich richtig unterschieden seyen, eine Frage, welche auch Herr Professor LICHTENSTEIN in seiner Erläuterung der MARCGRAV'schen Beschreibungen aufgeworfen hat. Die beyden Thiere des AZARA, der *Tagnicati* und der *Taytetu* sind vollkommen in der Natur begründet, und ich finde in allen Schriften, welche über Amerika handeln, Nachricht von ihnen. In *Paraguay* tragen sie die eben genannten Nahmen, bey den Portugiesen in dem von mir bereisten Theile des östlichen Brasilien *Porco de queixada branca* oder *Porco do mato verdadeiro* und *Caytetu*, bey den Botocuden *Kuräck* und *Hokuäng* u. s. w. MARCGRAV erwähnt nur einer Art, des *Taytetu* oder *Cáytetu*, und zwar unter dem Nahmen *Taiaçu-Caaigoara*. Nichts desto weniger ist es aber gewifs, dafs diese beyden Arten wilder Schweine über den gröfsten Theil von Süd-Amerika verbreitet sind; so leben sie zum Beyspiel nach dem Zeugnisse des Missionärs ECKART am *Maranhão*, wo man die kleinere Art *Cahucúma* nennt u. s. w. Die meisten Nachrichten über Süd-Amerika reden von zwey Arten wilder Schweine, nur die *Corografia brasilica* nennt deren drey, jedoch dieses Buch kommt in Hinsicht seiner naturhistorischen Nachrichten nicht in Betrachtung, und man kann bey den genannten Thieren Alters-Verschiedenheiten sehr leicht für Specien halten.

» 337. »unsere Jagdzüge auf dem Quartel *Dos Arcos*«

Zusatz. Auf der Insel *Cachoeirinha* selbst fanden wir, ob sie gleich nur klein ist, mancherley Vögel. Die Gesträuche unmittelbar in der Nähe der Gebäude waren von einer grofsen Menge von Spiegeltauben (*Pomba de Spelho*, *Columba*, GEOFFROII. TEMM.) besucht, welche auf der Erde Sämereyen auflesen; eben so die *Juruti* (*Columba iamaicensis*), die *Caçaróba* oder *Pucaçú* (*Columba rufina*), die *Rolla* (*Col. minuta*) und andere Arten dieser angenehmen Vögel, welche den Wohnungen weniger nahe kommen. In den Gebüschen sang der *Péga* (*Oriolus cayennensis*), die Fruchtbäume besuchte in Menge der *Japú* (*Cassicus cristatus*), der *Guasch* (*Cassicus hæmorrhous*), auf hohen dürren Zweigen der Waldbäume sonnte sich am frühen Morgen, um sich vom nächtlichen Thaue zu trocknen, der *Japui* (*Cassicus persicus*). Unzählige Fliegenvögel umschwirrten die Blüthen der Orangen- und Melonenbäume (*Carica*), besonders *Trochilus Mango*, *auritus*, *ferrugineus*, *ater*, *viridissimus* und am häufigsten *saphirinus*, so wie viele andere. Im hohen Walde schrieen und flogen in Menge die Papageyen, *Psittacus severus*, *guianensis*, *erythrogaster*, *squamosus*, *menstruus*, *Dufresnianus*, und der kleinste grün und blaue Parkit (*Psitt. passerinus*, LINN.) kam in zahlreichen Gesellschaften unmittelbar an die Wohnungen. Die dichten Rohrgehäge und Gesträuche, welche das Ufer der Insel einfassen, bewohnt der grofse *Batara* des AZARA (Vol. III. pag. 419), ein Vogel, welchen ich an keinem anderen Orte noch gefunden hatte. Er lebt verborgen in den dichtesten schattenreichsten Gesträuchen, und kommt zuweilen hervor, um sich auf einen Zweig zu setzen und seine sonderbare Stimme hören zu lassen.

Seite 341. »weidenartiger Strauch, von den Einwohnern *Çiriba* genannt.«
Sebastiana riparia, Schrader a. a. O. pag. 713.
» 341. »ein Strauch mit weifsen Blumenbüscheln, welche einen sehr angenehmen Nelkengeruch aushauchen«
Ocotea angustifolia, Schrader a. a. O. pag. 711.
» 341. »eine andere sehr niedliche Pflanze, welche mit dem Genus *Scabiosa* verwandt zu seyn scheint«
Schultesia capitata, Schrader a. a. O. pag. 708.
» 354. »Wasserfall, der sich von Ferne durch sein Geräusch ankündigt«
Die *Corografia brasilica* giebt (T. II. p. 79) mit folgenden Worten eine Nachricht von diesem Wasserfalle: »Indem er (der Flufs *Belmonte*) die Gebürgskette der *Aymores* durchschneidet, drängt er sich zwischen zwey ungleich hohen Bergen hindurch (von welchen der auf der nördlichen Seite, *Monte de S. Bruno* genannt, der höchste ist), und stürzt sich nun sogleich in einen Schlund, welcher eine Röhre von mehr als zwanzig Klaftern Höhe bildet; hier verursacht der aufspritzende Dampf eine ewige Wolke, und sein Getöse wird zuweilen 4 Legoas weit gehört.« Der letztere Theil der Erzählung scheint ein wenig zu stark ausgedrückt.
» 358. »und die *Petrea volubilis* mit ihren langen himmelblauen Blumenrispen aus.«
Petrea denticulata, Schrader a. a. O. pag. 712.
» 379. »und der Fischaar (*Falco Haliaëtus*, Linn.)«
Der brasilianische Fischaar scheint vollkommen mit dem europäischen Vogel dieser Art übereinzustimmen; ein solcher weiblicher Vogel, welchen meine Jäger am Flusse *Belmonte* erlegten, hielt 22 Zoll 2 Linien in der Länge.

II.

Zu dem zweyten Bande.

Seite 78. lese man nicht *Psittacus ochrocephalus* sondern *Psitt. æstivus*.
» 81. »bey *Mogiquiçaba* erwähnte Palme, die man *Cocos de Piaçaba* nennt.«
Da ich aus eigener Ansicht über das Vorkommen der langen Fasern des *Piaçaba*-Baums nicht den gehörigen Aufschlufs geben kann, so will ich wenigstens die mir über diesen Gegenstand von Herrn Freyreiss mitgetheilte Aussage der Indier hier folgen lassen. Nach der Versicherung dieser Leute wachsen jene langen Fasern in der Gegend der Blattstiele und der Blüthenkolbe, mit welchen sie bey jedem neuen Anwuchse hinaufrücken, an Länge zunehmen und zuweilen aus der Basis der Krone bis zur Erde hinabreichen. Die Indier sollen öfters an denselben den Baum, seiner Früchte wegen, ersteigen. Die Taue, welche man aus diesen Fäden bereitet, sind sehr dauerhaft und werden von allen in diesen Regionen der Küste schiffenden Fahrzeugen benutzt. Die Verfertigung dieser Taue ist ein einträgliches Geschäft: ein Sclave, der sich mit der

Berichtigungen und Zusätze

Einsammlung dieser Fasern beschäftiget, verdient täglich 12 bis 14 Vintens (ein Vintem ist etwa $\frac{1}{20}$tel eines Guldens).

Seite 85. »eine *Posoqueria* 6 bis 8 Fuſs hoch«
Posoqueria revoluta Schrader in den Göttingischen gelehrten Anzeigen 72stes Stück, den 5. May 1821. S. 714.

» 86. »zwey niedrige Pflanzen, eine *Calceolaria*«
Physidium procumbens, Schrader a. a. O. pag. 714

» 86. »und eine *Cuphea*«
Cuphea fruticulosa, Schrader a. a. O. pag. 715.

» 108. »eine merkwürdige Pflanze, die ich weder vorher noch nachher wieder gesehen habe«
Nematanthus corticola, Schrader a. a. O. p. 718.

» 126. »dem *Piau*, der *Piabanha* und *Traïra*«
Der *Piau* ist *Salmo Friderici*, der auch in Surinam vorkommt; die *Piabanha* ist durch einen zinnoberrothen Fleck hinter den Brustflossen ausgezeichnet, und die *Traïra* ist wahrscheinlich Marcgrave's *Tareira do Rio* (pag. 157). Ein unangenehmer Zufall, wo ein Theil meiner Papiere benetzt wurde, hat mir den Verlust der Beschreibungen verschiedener Fluſsfische zugezogen; ich bin daher nicht im Stande alle von mir genannten Fische zu bestimmen oder zu beschreiben, doch hoffe ich diese Lücke in der Zukunft ausfüllen zu können.

» 129 und 130. »die hochrothe, der *Bignonia* verwandte Blume«
Neowedia speciosa, Schrader a. a. O. pag. 706.

» 141. »eine groſse Anzahl interessanter Farrenkräuter«
Ich habe von meiner Reise über hundert Arten von Farrenkräutern zurückgebracht, wovon etwa die Hälfte von Herrn Schrader für neu erkannt wurde.

» 145. »eine noch unbekannte *Pteris*«
Pteris paradoxa, Schraderi. Dieses Farrenkraut zeichnet sich besonders dadurch aus, daſs die sterile *frons* bald ungleich fünflappig, bald sponton-pfeilförmig (*hastato-sagittata*) ist; die fruchttragende *frons* hingegen *pinnatifida, laciniis linearibus: infimis 2 — 3 fidis, reliquis indivisis.*

» 153. »ein schönes niedriges Gewächs mit hoch brennend orangenfarbigen Blumen«
Synandra amœna, Schrader a. a. O. pag. 715.

» 155. Lese man statt *Tanagra cayennensis* — *Tanagra flava*.

» 166. »und über und über mit hochorangefarbenen Blumenkegeln, der Blüthe der Roſskastanie (*Aesculus*) ähnlich, geschmückt war«
Cassia excelsa, Schrader a. a. O. pag. 717.

» 167. ein Baum mit hochscharlachrothen Blumen aus der Familie der Malven«
Schouwia semiserrata, Schrader a. a. O. pag. 717.

» 167. »eine schön hell zinnoberroth blühende rankende Pflanze aus der Diadelphie u. s. w.«
Clitoria coccinea, Schrader a. a. O. pag. 717.

Seite 168. »welchen ich *Psittacus cactorum* genannt habe«

 Herr Dr. Kuhl in seinem *Conspectus Psittacorum* hat diesen Vogel aus Versehen (pag. 82) unter die kurzgeschwänzten Papageyen gesetzt, da er doch einen langen keilförmigen Schwanz hat.

» 174. »eine neue Art Nachtschwalbe, hier *Cariangú* genannt«

 Dieser Vogel ist Azara's *Nacunda* (Vol. IV. pag. 119).

» 176. »herrliche Cassia-Stämme, deren grofse orangenfarbene Blumenbüschel den köstlichsten Geruch duften«

 Bactyrilobium ferrugineum, Schrader a. a. O. pag. 713.

» 176. »und ein rankendes Gewächs mit hochdunkelrothen Blumen, welches über unseren Häuptern das Gebüsche zu einem Laubengange verflocht«

 Ipomœa sidæfolia, Schrader a. a. O. pag. 719.

» 190. »den gehörnten Fliegenvogel«

Herr Temminck hat während des Druckes dieses zweyten Bandes meiner Reisebeschreibung, in seinem *Nouveau recueil de planches coloriées d'oiseaux*, den hier erwähnten Fliegenvogel unter dem Nahmen *Trochilus bilophus* abbilden lassen. Ich hatte ihm diese von uns in den *Campos Geraës* zuerst aufgefundene schöne Species mitgetheilt.

» 191. »und die Eule des *Campo*«

Molina sagt in seiner Beschreibung nichts von den dunkeln Flecken des Unterleibes, welche ich an den brasilianischen Vögeln dieser Art gefunden habe; doch hat er vielleicht in seiner oberflächlichen Beschreibung dieses Charakters zu erwähnen vergessen. Es ist gewifs, dafs die von mir gefundene Eule die *Urucurea* des Azara ist.

» 192. »und eine andere mit scharlachrothen Büscheln von Staubfäden«

 Acacia asplenioides. Nees ab Esenb.: *A. inermis, foliis bipinnatis, partialibus bitrijugis, propriis 12 — 15 jugis sessilibus, petiolo communi hirsuto, spicis globosis pedunculatis terminalibus corymbosis.*

» 231. »einer neuen Art *Tagetes*, die einen starken angenehmen Geruch verbreitet«

 Tagetes glandulifera, Schrank. *Plant. rar. H. Monac.* n. 54.; vielleicht mit *minuta* einerley, wenigstens pafst so ziemlich Dillenius Abbildung dieser Pflanze, welche Linné anführt. Siehe Schrader a. a. O. pag. 714.

» 232. »Schön hochgelb blühende Cassia-Stämme«

 Cassia speciosa, Schrader a. a. O. pag. 718.

» 236. »einer neuen Art von *Ipomœa* mit hoch brennend feuerfarbigen grofsen Blumen«

 Convolvulus igneus, Schrader a. a. O. pag. 716.

» 239. »ein 4 bis 5 Fufs hoher Strauch, mit grofsen gelben, inwendig violet punktirten Röhrenblumen«

 Holoregmia viscida, Nees ab Esenb.: *Class. Linn. Didynamia Angiospermia; Familia naturalis Bignoniacearum. Locus prope Spathodeam et Crescentiam. Charakter essent.: Calyx tubulosus, trilobus, latere infero fissus. Corolla infundibuliformis, limbo, quinquefido,* subæquali. *Nectarium-gynobasicum, magnum, disciforme. Rudimentum filamenti quinti. Capsula bilocularis.*

Seite 241. »wovon die eine eine *Azolla*«
Azolla magellanica. W., Schrader a. a. O. pag. 715.

» 241. »die andere, *Potamogeton tenuifolius* Humb. et Bompl.«
Najas tenera, Schrader a. a. O. pag. 715.

» 241. »mit einer neuen Art von *Caulinia* vermischt war«
Caulinia W. (*Fluvialis, Pers.*) *tenella*, Nees ab Esenb.: *C. foliis oppositis, linearibus argute serratis flexilibus, caule trichotomo.*

» 243. Als Zusatz zu der Notiz von *Cophias holosericeus* (in der Note) bemerke ich, daſs er 140 bis 141 Bauchschilde hat.

» 243. »der *Acahé* des Azara (*Corvus cyanopogon*)«
Herr Temminck hat in seinem schönen, allen Liebhabern der Ornithologie willkommenen Werke *Nouveau recueil de planches coloriées d'oiseaux Tab.* 58 eine Abbildung des *Acahé* gegeben, nach welcher man sich keine richtige Vorstellung des Vogels machen würde; denn seine oberen Theile sind durchaus nicht blau, wie die Tafel mit einer schönen Farbe angiebt, sondern schwärzlich, der Schwanz besonders schwarz, und der Oberhals und das Genick blaſs weiſsbläulich, oft etwas ins Violette fallend. Die schöne blaue Farbe, welche die hier angeführte 58ste Tafel ziert, gehört hingegen vollkommen dem blauen weiſsschwänzigen Heher an, welchen ich Seite 190 des zweyten Bandes dieser Reisebeschreibung in der Note kurz erwähnt habe. Es ist möglich, daſs man sich bey der Illumination jenes Kupferstiches durch die Beschreibung des Azara hat irre führen lassen; denn ich muſs bemerken, daſs dieser übrigens so gewissenhafte Naturforscher, in der Angabe der Farben sehr unrichtig oder oberflächlich ist, indem er zum Beyspiel bleyfarben oder aschgrau häufig himmelblau, schwarz mit einem kaum merklich bläulichen Schein — himmelblau oder blau nennt u. s. w.

» 246. »eine *Aristolochia* mit höchst sonderbar gebauter colossaler Blume«
Aristolochia marsupiiflora, Schrader a. a. O. pag. 719.

» 246. »drey verschiedene Arten von *Ilex*«
Celastrus ilicifolia, Schrader a. a. O. pag. 719 und 716. — *Celastrus quadrangulata* a. a. O. pag. 716.

Druckfehler.

Seite 91. setze statt: um das Kinn — unter dem Kinne.
» 93. Zeile 8. setze statt: *Mangoyós* — *Mongoyós*.
» 122. » 7. » » einen — einem.
» 145. » 2. von unten, setze statt: *Canella* — *Canela*.
» 147. erste Note, setze statt: *Amer* — *l'Amer*.
» 155. Zeile 6. setze statt: João Gonsalves — João Gonçalves.
» 170. » 6. » » *Ajaia* — *Ajaja*.
» 204. » 1. » » dornigem — dornigen.
» 204. » 1. » » angefülltem — angefüllten.
» 245. » 2. ist falsch abgebrochen, statt *obo-vata* sezte *ob-ovata*.
» 256. » 6. von unten, setze statt: *Faria* — *Farýa*.
» 284 und 287. unten setze Pallast für Palast.

MAXIMILIAN PRINZ ZU WIED

WERDEGANG

Maximilian Alexander Philipp Graf zu Wied-Neuwied wurde am 23. September 1782 als achtes von zehn Kindern von Friedrich Carl Graf zu Wied-Neuwied (1741-1809) und dessen Gemahlin Louise geb. Gräfin zu Sayn-Wittgenstein-Berleburg (1747-1823) im Schloss zu Neuwied am Rhein geboren. Nachdem das Haus 1784 in den Fürstenrang erhoben worden war, trug er den Titel Prinz. Nach der Vereinigung der beiden Häuser Wied-Neuwied und Wied-Runkel 1824 erfolgte die Namensänderung in Prinz zu Wied.

Kindheit und Jugend waren von den Folgen der Französischen Revolution überschattet. Während der Koalitionskriege musste Maximilian als Vierzehnjähriger mit Mutter und Geschwistern fliehen und vorübergehend in Meiningen Aufenthalt nehmen.

Die Erziehung scheint vorwiegend in Händen des Ingenieurleutnants Christian Friedrich Hoffmann gelegen zu haben. Selber naturkundlich und archäologisch interessiert, dürfte er die Interessen des jungen Prinzen entsprechend gefördert haben. Sehr wahrscheinlich hat Hoffmann auch durch seine Kontakte mit der Universität Göttingen das spätere Studium Maximilians an der Georgia Augusta angeregt.

> „Maximilian wurde im Geist der Klassik erzogen, die der Wesensart seines Elternhauses entsprach, und er blieb dieser Geistesrichtung zeitlebens verbunden. Obwohl er die Entfaltung der Romantik miterlebte, scheint er von ihr kaum tiefer berührt worden zu sein. Nur von dem im Schatten der napoleonischen Herrschaft aufkeimenden deutschen Nationalgefühl ließ er sich anstecken. Doch auch diese warme Vaterlandsliebe, die ihn, obwohl nicht Preuße von Geburt, Anschluß in Berlin eher als in Wien suchen und finden ließ, hat in keinem Augenblick seines Lebens die Unbestechlichkeit seines Blickes getrübt."
> (Karl Viktor Prinz zu Wied)

Schloss Monrepos oberhalb von Niederbieber als Sommersitz der Familie dürfte auch Maximilian heitere Kindheits- und Jugenderlebnisse beschert haben. Im übrigen ist auffallend wenig über diesen Lebensabschnitt des Prinzen bekannt.

Die Jagd gehörte mit zum Selbstverständnis adeliger Familien. Maximilian bewegte sich in dieser Tradition und war ein leidenschaftlicher Jäger. Selbst die wissenschaftliche Betätigung konnte gelegentlich hinter dieser Passion zurückstehen. Verständlich wird dies heutzutage nur, wenn man die hohen Bestandszahlen der herrschaftlichen Reviere des 19. Jahrhunderts berücksichtigt. Ausgeübt wurde die Jagd in den Wäldern bei Rengsdorf und Dierdorf sowie an der Westerwälder Seenplatte. Die hierbei erworbenen Fertigkeiten kamen dem Prinzen bei seinen Überseereisen sehr zustatten.

Selbstverständlich waren die Prinzen zum Wehrdienst verpflichtet. Weil das Fürstentum keine eigene Armee unterhielt, musste der Militärdienst auswärts geleistet werden.

Maximilian bewarb sich in Preußen und wurde 1802 im Rang eines Stabskapitäns endgültig übernommen. Bei den Schlachten von Jena und Auerstedt (1806) geriet er kurzzeitig in Gefangenschaft. Nach der Entlassung widmete er sich fast ausschließlich seinen Studien. Erst die Befreiungskriege (1813) riefen ihn erneut zu den Waffen. Mit dem Eisernen Kreuz ausgezeichnet, focht er als Kavallerist in der Champagne und zog mit den siegreichen Alliierten in Paris ein. Mit dem Sieg über Napoleon war der Weg in die Ferne frei geworden.

ÜBERSEE-REISEN

BRASILIEN

Nachdem Wied verschiedene Ziele, darunter vor allem Nordamerika, für die seit langem angestrebte Überseereise in Erwägung gezogen hatte, entschied er sich 1814 endgültig für Brasilien, wie er seinem Freund Schinz am 14. September brieflich mitteilte. Einer der Gründe war, dass Brasilien, das Humboldt noch nicht hatte besuchen dürfen, seit 1808 auch Nichtportugiesen die Einreise gestattete.

Wied hatte sich durch Lektüre einschlägiger Werke gut vorbereitet. Zitate im Reisebericht verraten ausgezeichnete Kenntnis der Literatur. Er führt unter anderem Jean de Léry (1534-1613), Hans Staden (1525/8-ca.1576), Charles Marie de la Condamine (1701-1774), Felix d'Azara (1746-1821), Adam Johann von Krusenstern (1770-1846) und Simão de Vasconcellos als Gewährsleute an. Der meist genannte Autor ist freilich Humboldt, dessen „Ideen zu einer Geographie der Pflanzen" (1807) und „Ansichten der Natur" (1808) Maximilian gründlich durchgearbeitet hatte und als Richtschnur für seine Beobachtungen betrachtete.

Bei der Suche nach geeigneter Begleitung empfahl ihm der Berliner Zoologe Martin Lichtenstein (1780-1857) den Dichter und Naturforscher Baron Adelbert von Chamisso (Louis Charles Adelaide de Chamisso, 1781-1838), dem er aber absagen musste, weil der Franzose die Kosten nicht aufbringen konnte. So griff der Prinz auf Bedienstete des Neuwieder Hofes zurück und engagierte den Jäger David Dreidoppel und den Gärtner Christian Simonis.

Anfang Mai 1815 fuhren sie mit einem Rheinschiff nach Holland, von wo sie nach England übersetzten. Am 15. Mai gingen sie in London an Bord des Seglers „Janus", der nach 72 Tagen am 16. Juli im Hafen von Rio de Janeiro einlief.

Überwältigt von den ersten Eindrücken, verlor Wied dennoch nicht den eigentlichen Zweck der Reise aus den Augen und suchte sofort Kontakte mit namhaften Intellektuellen und Reisenden, die sich auf der Facenda „Mandioca" an der Serra da Estrela des russischen Generalkonsuls Georg Heinrich von Langsdorff (1774-1852) zu treffen pflegten. Hier legte der „Baron von Braunsberg", wie Maximilian sich in Übersee nannte, endgültig seine Reiseroute fest.

Minas Gerais war durch Wilhelm Ludwig von Eschwege (1777-1855) und den Engländer John Mawe (1764-1829) seit etwa 1810 wissenschaftlich bearbeitet worden. Dagegen war Wied durch den deutschen Mineralogen Wilhelm Christian Gotthelf von Feldner (1772-1822) auf die küstennahen Gebiete zwischen Rio de Janeiro und Salvador aufmerksam gemacht worden, die noch weitgehend unbekannt waren.

Glückliche Umstände führten Wied mit dem Ornithologen Georg Wilhelm Freyreiss (1781-1825) und dem Botaniker Friedrich Sellow (1789-1831) zusammen, die mit bzw. wie Freyreiss durch Langsdorff (1813) nach Brasilien gekommen waren. Sie waren gerne bereit, Wied zu begleiten und ihm nicht zuletzt durch ihre Sprachkenntnisse hilfreich zu sein.

Die großzügige Unterstützung durch den brasilianischen Minister Silverio José Manoel de Araujo, Conde de Barca, ermöglichte am 4. August den Aufbruch von São Cristovão nach Cabo Frio und weiter nach Campos und zum Rio Paraiba, wo die erste Begegnung mit freien Indianervölkern – den Purí, Coroado und Pataxó – erfolgte. „Francisco", ein noch in Rio de Janeiro engagierter Coropó, war als Dolmetscher tätig. Die Flüsse Itabapuana und Itapemirim wurden Anfang November überquert. Am 17. November waren Guaraparim und zwei Tage später die heutige Landeshauptstadt Vitória erreicht, wo man die erste Post aus Europa empfing.

Am 19. Dezember brachen Wied und Freyreiss vorzeitig auf und erreichten nach Durchqueren von Mangrovengebieten „den Rio Doce, den bedeutendsten Fluß zwischen Rio de Janeiro und Bahia ... in einem Bette .., das uns noch einmal so breit als das unseres deutschen Rheins ... erschien." [...] „Der Aufenthalt am Rio Doce war unstreitig einer der interessantesten Punkte meiner Reise in Brasilien, denn an diesem Flusse ... findet der Naturforscher auf lange Zeit Beschäftigung und die mannigfaltigsten Genüsse." Man stieß flussaufwärts bis Linhares vor.

Am 30. Dezember ging es weiter nach Mucuri. Nach zehntägigem Aufenthalt führte die Reise über Viçoza (Marobá) nach Caravelas und „zum Flusse Alcobaca" und wieder zurück zum Rio Mucurí, wo man mit den übrigen Begleitern wieder zusammentraf.

Bei der Weiterreise nordwärts wurde „Aufenthalt zu Morro d'Arara, zu Mucuri, Vicoza und Caravellas bis zur Abreise nach Belmonte" gemacht. Nach vierwöchigem Verweilen brach Wied am 23. Juli 1816 von Caravelas auf nach Alcobaça und Prado, wo intensive Begegnungen mit den Pataxó stattfanden. Über Cumurixatibá gelangte die Expedition zu den historisch denkwürdigen Orten Porto Seguro und Santa Cruz Cabrália.

Von Villa de Belmonte folgte Wied dem Rio Jequitinonha flussaufwärts bis in das Gebiet der Botokuden. Bleibende Frucht dieses wichtigen Reiseabschnittes ist die Monographie einer längst untergegangenen Welt. Erneut kam es auch zu Begegnungen mit den Pataxó.

Am 28. September kehrte Wied nach Belmonte zurück. Er reiste noch einmal nach Caravelas und Mucurí, wo er Sellow und Freyreiss wiedertraf und mit ihnen drei Wochen verlebte. Am Rio Jucurucu lernte er auch Angehörige vom Stamme der Machacaris kennen.

Über Canavieiras und Una, wo die lange Ilha Comandatuba der Küste vorgelagert ist, führte der Weg weiter über Olivença nach Ilhéus. Von hier wandte sich die Reisegruppe landeinwärts in Richtung des heutigen Itabuna und weiter in vier anstrengenden Wochen durch dichte Urwälder, bis am 31. Januar der Sertão erreicht war. Diese von Wied „Catinga" bezeichnete Landschaft ermöglichte das Studium der innerbrasilianischen Buschsavanne mit ihrer den Reisenden noch unbekannten Tierwelt. Man erreichte schließlich das Tal des Rio Pardo und gelangte bis an die Grenze von Minas Gerais.

Nun ging es zurück und in nordöstlicher Richtung nach Vitória da Conquista, wo es noch einmal zu Begegnungen mit den Camacán kam. Der Rio das Contas und der Rio Jiquiricá waren überquert, als Soldaten die Expedition gefangen nahmen und nach Nazaré, brachten. Man verdächtigte sie, englische Spione zu sein und gemeinsame Sache mit Aufständischen in Salvador zu machen. Darüber und wegen des unnötigen Aufenthaltes war Maximilian sehr aufgebracht. Nach Aufklärung des Irrtums ging es weiter über Jaguaripe und die Insel Itaparica nach Salvador, dem Ziel der Reise.

Im Mai 1817 schiffte sich Wied mit Dreidoppel und Simonis auf der „Princesa Carlota" nach Europa ein. Über Lissabon und London kamen die Reisenden im August in Neuwied an.

NORDAMERIKA

Später sollte noch einmal das Fernweh Maximilian überfallen. Als Fünfzigjähriger unternahm er eine „Reise in das Innere Nordamerica". Von 1832 bis 1834 zog er von Boston, New York und Philadelphia über die Alleghannys zum Ohio. Nach längerem und wissenschaftlich nicht unwichtigem Aufenthalt in New Harmony (Indiana) erreichte er Saint Louis. Mit einem Dampfboot von Pelzhändlern fuhr er den Missouri aufwärts bis in den heutigen Bundesstaat Montana. Die Prärien dort gehörten noch nicht den Vereinigten Staaten, sondern waren freie Stammesgebiete.

Da ein Teil der naturkundlichen Sammlungen bei einem Schiffsunglück vernichtet wurde, erscheint der völkerkundliche Ertrag dieser Expedition in besonders hellem Lichte. Dies ist wesentlich der Tätigkeit des jungen Schweizer Malers Carl Bodmer (1809-93) zuzuschreiben, den Wied im Rheinland angeheuert hatte. Seine meisterhaften Darstellungen aus dem Leben der Prärievölker haben wesentlich die Vorstellungen geprägt, die man sich in Europa bis heute „vom Indianer" macht. Ob Karl May oder moderne Kinofilme – sie stehen alle irgendwie unter dem Einfluss der wiedischen Reise.

WISSENSCHAFT

Jagd- und Sammelleidenschaft samt Reiselust haben Wied zur systematischen Aufzeichnung und gründlichen Darstellung seiner Eindrücke und Erkenntnisse geführt und ihn so zum Forscher werden lassen. Blumenbach wirkte dabei offensichtlich nicht nur inspirierend, sondern lenkte die Begeisterung des Anfängers in geordnete Bahnen.

Die Bewunderung für Alexander von Humboldt (1769-1859) hatte zur Folge, dass dessen Art zu reisen auch für Wied zur methodischen Richtlinie wurde. Die Gründlichkeit seiner Aufzeichnungen übertrifft nach Meinung vieler sogar noch die des berühmten Vorbildes. Lorenz Oken (1779-1851) schreibt: „So etwas war nur ins Werk zu setzen durch den festen Willen des Prinzen, durch seine Einsicht in den Wert der Naturgeschichte, durch die großen Aufopferungen, die er ... nicht gescheut hat."

In geradezu Humboldtscher Weite hat Wied Ergebnisse aus fast allen Disziplinen der beschreibenden Naturwissenschaften vorgelegt, wobei Zoologie und insbesondere Ornithologie den Schwerpunkt bilden. Nicht nur das „Illustrirte Thierleben" von Alfred Edmund Brehm (1829-84) zitiert den Prinzen wiederholt als Gewährsmann für die Fauna Brasiliens, auch sonst wurde Maximilian gerne konsultiert. So kam es dazu, dass das erste Gemälde des tropischen Regenwaldes ausgerechnet fernab von Brasilien in Neuwied entstand. Der französische Maler Comte de Clarac vollendete seinen Entwurf, den er in Tijuca angefertigt hatte, während eines längeren Aufenthaltes am Rhein (1819) unter dem kritischen Auge Maximilians.

Schon bei der Auswertung seiner Sammlung brasilianischer Tiere zog Maximilian auch Spezialisten hinzu. Lorenz Oken (1779-1851) bearbeitete die Schädel zweier Faultierarten. Blasius Merrem (1761-1824) übernahm die anatomische Beschreibung unter anderem von Kaiman und Tejú-Echse.

Während der Nordamerika-Reise machte Wied die Bekanntschaft mit Wissenschaftlern der Vereinigten Staaten. Die Akademie der Naturwissenschaften in Philadelphia ernannte den Prinzen 1834 zum Mitglied. Die erste Ehrung dieser Art war schon 1820 die Ernennung zum Ehrenmitglied der Königlichen Akademie der Wissenschaften in München, der 1853 die Aufnahme in die Preußische Akademie der Wissenschaften zu Berlin folgte. Schließlich verlieh die Universität Jena dem Prinzen 1858 die Würde eines Dr. phil. h.c.

In der Öffentlichkeit wurde Wied vor allem als Ethnograph bekannt. Er hat das Bild vom Indianer in Europa nachhaltig mitgeprägt, wobei er unvoreingenommen fremden Völkern gegenübertrat und sich vor Überzeichnungen hütete. Indem er Völkerschaften besuchte, die damals noch ihre ursprüngliche Lebensweise pflegten, sind die Schilderungen Wieds heute von höchstem dokumentarischen Wert. Er bemühte sich dabei sogar um Kenntnis ihrer Sprachen und lieferte zum Teil erstmals Materialien zu deutsch-indianischen Wörterbüchern. Als Schüler Blumenbachs, auf den er sich bei der Beschreibung der Botokuden ausdrücklich bezieht, schlug Wied sogar den Bogen zur biologischen Anthropologie, wie seine Beschreibungen von Schädeln eigens dazu exhumierter Indios zeigen.

Auch der Botanik schenkte Wied seine Aufmerksamkeit, führte ein umfangreiches Herbar, brachte tropisches Saatgut nach Europa und notierte alle auffälligen pflanzenkundlichen Beobachtungen. Er legte sogar ein Herbarium von 22 (erhaltenen) Bänden an, das kürzlich wieder entdeckt worden ist und zur Zeit ausgewertet wird.

Lange vor seinen Überseereisen hatte er mit dem Aufbau einer beachtlichen Sammlung von Jagdtrophäen und zoologischen Präparaten begonnen. So entstand in der Orangerie des Neuwieder Schlosses das erste Natur- und Völkerkundemuseum am Mittelrhein, dessen Besuch schon Baedecker empfahl. Nach dem Tode Maximilians wurde die Sammlung nach und nach aufgelöst. Die Objekte aus Brasilien befinden sich jetzt vor allem in Berlin und Stuttgart.

Von bleibendem Wert und in ihrer Art unerreicht sind die meisten Skizzen, Zeichnungen und Aquarelle, in denen Wied Landschaften, Naturalien und Einheimische festgehalten hat. Er selbst notierte: Der Feldforscher müsse „... hauptsächlich einen tüchtigen Zeichner mit sich führen, welcher die Tiere sogleich nach dem Leben abbildet. Bau der Schuppen und übrigen Bedeckungen, Verhältnisse der Körperteile, Zahl der Bauch- und Schwanzschilde bei den Schlangen, Zahl (und Gestalt der) Zähne usw. müssen sogleich hinzugefügt werden, überhaupt eine pünktlich genaue Beschreibung des Tiers .."

Die Forscherleistungen des Prinzen sind in der für die Wissenschaft üblichen Weise eindrucksvoll gewürdigt worden, indem über fünfzig Tier- und Pflanzenarten sowie ein Fossil nach Wied taxonomisch benannt wurden. Sogar in volkstümlichen Tiernamen deutscher, portugiesischer und englischer Sprache lebt die Persönlichkeit des Prinzen fort.

ALTER UND NACHLEBEN

„Den Rest seines Lebens verbrachte Maximilian im wesentlichen in Neuwied", wenn er nicht auf Monrepos oder anderen fürstlichen Liegenschaften zur Jagd oder Erholung weilte. Wohl unternahm er noch kleinere Reisen, so nach Berleburg (1840), in die Schweiz (1850) oder nach Berlin.

Die Zeit war im übrigen mit der Bearbeitung seiner Aufzeichnungen und Sammlungen bis zuletzt restlos ausgefüllt. Seine neue Vorliebe, die Fischsammlung, umfasste 1854 bereits 354 Arten. Der Schreibtisch im sogenannten Neuen Bau des Schlosses war von einem Foto Humboldts mit dessen eigenhändiger Widmung geschmückt. Den Raum beherrschte ein Gemälde von Heinrich Richter, das den Prinzen mit dem Botokuden Quäck vor einer Urwaldkulisse zeigt.

Pfingsten 1863 veranstaltete der Naturhistorische Verein der preußischen Rheinlande und Westfalens seine 20. Generalversammlung zu Ehren des Achtzigjährigen in Neuwied. Der Prinz hielt aus diesem Anlass seinen letzten öffentlichen Vortrag über „Die amerikanische Urnation", der begeistert aufgenommen wurde. Als letzte Veröffentlichung erschien das „Verzeichnis der Reptilien, welche auf meiner Reise im nördlichen Amerika beobachtet wurden".

Am Morgen des 3. Februar 1867 starb Maximilian an einer Lungenentzündung und wurde wenige Tage später im Familiengrab des fürstlichen Schlosses beigesetzt. Anscheinend hatte er sich die Erkrankung zwei Wochen vorher bei der Teilnahme am Begräbnis seiner Nichte Thekla zu Wied († 10. Januar 1867) zugezogen. Die Grabstätte ist nicht erhalten.

> „Die Nachwelt erkennt in ihm einen klaren und ungewöhnlich disziplinierten wissenschaftlichen Denker, der durch die Wirren seines Jahrhunderts als wacher, aufgeschlossener und unbestechlicher Beobachter, persönlich davon aber merkwürdig unberührt schritt, seiner Wissenschaft verschworen, eine glückliche Synthese zwischen Forscher und Weltmann." (Karl Viktor Prinz zu Wied)

Sein Arbeitszimmer beließ man Jahrzehnte unverändert und unbenutzt bis in die fünfziger Jahre des 20. Jahrhunderts. Ebenso blieben die Sammlungen vorerst unangetastet. Wohl hatte Maximilian schon 1844 aus seiner indianischen Sammlung 38 Objekte an die Königlich Preußische Kunstkammer abgegeben, wovon noch 32 in Berlin vorhanden sind. Anlässlich des 24. Internationalen Amerikanistenkongresses 1904 wurde die in Neuwied verbliebene völkerkundliche Sammlung aus etwa 100 Stücken durch Karl Graf von Linden (1838-1910) „nach Stuttgart geschafft, um restauriert und für längere Zeit im ethnographischen Museum ausgestellt zu werden."

Vieles hat Wied bereits zu Lebzeiten weitergegeben: „In dem berühmten anthropologischen Kabinett des Herrn Ritter Blumenbach zu Göttingen habe ich den Schädel eines jungen zwanzig- bis dreißigjährigen Botokuden niedergelegt, der eine osteologische Merkwürdigkeit aufweist," notiert Wied in der „Reise nach Brasilien" (1820/21).

Etwa 3000 Bände der Bibliothek schenkten die Erben 1867 der Universität Bonn, etwa 400 dem Naturhistorischen Verein zu Neuwied. Mehr als 1000 Bände und der handschriftliche Nachlass blieben bis in die fünfziger Jahre unseres Jahrhunderts fast unbeachtet in Neuwied.

Es ist bleibender Verdienst des Koblenzer Archivdirektors Josef Röder (1914-1975), den Wert der Hinterlassenschaft erkannt und publizistisch gewürdigt zu haben. Einzelne Bücher waren allerdings zwischenzeitlich unbekannt verschenkt worden. Um 1960 wurden der überseeische Nachlass in die USA verkauft. Die Nordamerika betreffenden Stücke befinden sich heute samt 400 Zeichnungen von Karl Bodmer im Joslyn Art Museum in Omaha/Nebraska. Etwa 300 Handzeichnungen, 76 Bücher, Aufzeichnungen, Manuskripte und Briefe, die im Zusammenhang zur Brasilienreise stehen, lagerten zunächst bei einem New Yorker Antiquar, bis sie Anfang der siebziger Jahre von der Brasilien-Bibliothek der Robert-Bosch-Stiftung angekauft wurden, die ihre Edition betreibt.

> „Obwohl Prinz Maximilian ... zu den großen deutschen Forschungsreisenden in der Nachfolge Alexander von Humboldts gehört, gerieten er und seine Forschungsreise ... nach Brasilien ... nach seinem Tod fast in Vergessenheit. Etwas anderes war es mit seiner zweiten Reise ... in das ‚Innere Nord-America' .. Hier waren es aber hauptsächlich die Indianer-Zeichnungen seines Begleiters ... Carl Bodmer, die das Interesse daran wach hielten." (Götz Küster)

In Göttingen wurde erstmals posthum eine Gedächtnistafel für Prinz Maximilian gestiftet. Während seiner Studienzeit (1811/12) wohnte der Prinz in der Prinzenstraße 2. An dem Gebäude wurde auf Vorschlag der Philosophischen Fakultät im Jahre 1907 eine Gedenktafel angebracht. Als an dessen Stelle der Neubau entstand (1912), in dem sich heute eine Bank befindet, ersetzte man 1913 die alte Tafel durch die jetzige, auf der noch weitere ehemalige Bewohner adligen Geblüts erwähnt werden, darunter Maximilian II., König von Bayern.

Hoch über dem Missouri südlich von Omaha steht ein von deutschstämmigen Amerikanern gestifteter Gedenkstein mit Seitenportrait des Prinzen in Halbrelief. In Neuwied tragen eine Straße und eine Realschule seinen Namen. Vor dem Schlosstheater bilden die vollplastischen Figuren von Maximilian, dem Maler Bodmer und dem Indianerhäuptling Matotope das moderne Brunnendenkmal. Beim wiedischen Hof Schönerlen inmitten der Westerwälder Seenplatte wurde 1992 eine Gedenkplakette angebracht. Zum 125. Todestag gab die fürstliche Familie Gedenkmünzen heraus. Die Deutsche Bundespost fertigte einen Sonderstempel an.

Auf Anregung von Josef Röder kam es nach dem Krieg zu einer Ausstellung in Porto Alegre. Die Museen in Nordamerika heben bei der Dokumentation der Geschichte des „Wilden Westens" die Leistungen von Prinz Maximilian unübersehbar hervor (bes. St. Louis, Omaha, Pierre, Bismarck). Seit 1982 fanden auch in Deutschland Ausstellungen meist mit völkerkundlichem Schwerpunkt statt (Berlin, Stuttgart, Koblenz, Hachenburg, Neuwied, Bonn, Westerburg, Filderstadt, Radebeul, Remscheid). Wissenschaftliche Veranstaltungen (Montabaur, Wien, Koblenz, Neuwied) brachten entsprechende Beiträge. Eine Fülle von Veröffentlichungen in Fachorganen, Magazinen und Zeitungen sorgten für eine Rückbesinnung auf Leben und Werk Maximilians. Besonders anlässlich der 500-Jahrfeier Brasiliens wurden seine Verdienste bei mehreren Veranstaltungen (Bonn, Köln, Wiesbaden, Wirges) und Ausstellungen (Bonn, Köln) gewürdigt.

In den Gewächshäusern des Botanischen Gartens zu Bonn erblüht noch immer die *Goethea cauliflora*, ein tropisches Malvengewächs, dessen Sämereien der Prinz einst aus Brasilien an den Rhein brachte. In ihrem Leben bleibt Maximilian Prinz zu Wied uns nah.

GLOSSAR

Kurz erklärt sind die wichtigsten im Werk Maximilians verwendeten Begriffe, soweit sie für das Verständnis des Textes nötig erscheinen. Zunächst werden solche erläutert, die der brasilianischen Volkssprache entstammen oder sich aus indianischem Wortschatz oder dem Portugiesischem herleiten. Gesondert folgen veraltete Wörter und solche anderer Herkunft.
Die Namen von Tieren und Pflanzen lassen sich meist anhand der Erläuterungen Maximilians oder der wissenschaftlichen Bezeichnungen identifizieren. Sie werden deshalb nur gelegentlich berücksichtigt. Hierfür sollte die weiterführende Literatur zu Rate gezogen werden.

Airi	Bejaúba-Palme
Aldeia	Siedlung, Weiler, Dorf
Alféres	Fähnrich der Landmiliz
Anhuma	(wiss. *Anhima* [bei Wied: *Palamedea*] *cornuta*), Hornwehrvogel
Anta	brauner Tapir
Arrayal (= port. Arraial)	kleine Ortschaft, auch: Feldlager
Arrobe	Handelsgewicht (14,7 kg)
Atoléiro	Pfütze, sumpfige Stelle
Aypi	süße Manioca (*Manihot dulcis*)
Baducca	Tanz der Negersklaven
Barra	Flussmündung, Hafeneinfahrt
Barréiras	senkrecht abfallende Lehmwände
Bicho de pé	Sandfloh
Bodock	Bodoc: Bogen mit zwei Sehnen; kurz für: Besta de bodóque (port. eig.): Kugelarmbrust
Boiadas	Ochsenherden
Caburé	Kauz der Gattung *Glaucidium*; Wied entdeckte den Zwergkauz (*Glaucidium minutissimum*)
Cabo	Anführer, Unteroffizier
Cachoeira	Wasserfall
Cadeira	(port.) Stuhl, hier: Tragstuhl (eig. Cadeirinha)
Camboa	Fischzaun
Campo	Ebene, Feldflur
Capitam Mór	Kommandierender einer Provinz, auch: Dorfschulze
Carapatos	Zecken
Carasso	Niederwald im Campos
Carne seca	Trockenfleisch
Carolin	Goldmünze, ca. 6 Taler
Casa de Camera	Rathaus
Catinga	(eig. Caatinga) Waldform der Campos

Caüy	(eig. Cauim) Getränk aus vergorener Manioca oder Mais
Cavalerias	(port. Cavallarias) Reiterei, Pferdetrupp
Caxueren	von (port.) Cachoeiras = Wasserfälle
Chicote	Peitsche
Cidade	Stadt
Cipó	(port. Sipo) Liane, Schlinggewächs
Copaiva Balsam	Baumharz aus dem Schmetterlingsblütler *Copaifera officinalis*
Corrego	kleiner Bach
Corroa	Sandbank
Cru	(port.) ungekocht, roh
Cuía	Gefäß aus Flaschenkürbis oder Tierpanzer (Schildkröte, Gürteltier)
Curicáca	Ibis, hier wohl: Weisshalsibis *(Theristicus caudatus)*
Derobade	(port. Derrubado) Holzschlag
Destacament	(port. Destacamento) Truppeneinheit
Ema	südamerikanischer Straußenvogel, Nandu (*Rhea americana*)
Embira	Bast von Baumrinde
Engenho, Engenha	Zuckerrohr-Mühle
Entrada	hier: Kriegszug gegen Waldindianer
Escrivam	(port. Escrivães de camara) Amtsschreiber
Esteiras	Rohrmatten
Estoppa	(port. Estôpa) Werg, Bast
Facão	Buschmesser
Farinha	Mehl aus Manioca-Knollen
Fazenda	Landgut
Feitór	Verwalter, Aufseher
Freguesia	(port. Freguezia) Kirchspiel
Frondes	Laub, Blattwerk
Gamellas	Holzschüsseln
Gibão de Armas	(port.) Waffen- oder Panzerrock
Girandolen	(port. Girandola) Feuerrad, Sonne
Herenehedioca	Klapper aus Tapirhufen
Jararaca	Lanzenotter
Juiz	Richter
Kechiech	Klapper

Lagoa	Lagune
Lancha	Hafenboot, Beiboot der Marine
Legoa	(port. Légua) Meile Streckenmaß = 5,572 km bzw. 6,687 km (legua nova)
Lingoa geral	Sprache der Tupí, die lange Zeit als Umgangssprache anerkannt war
Llano	baumlose Steppe
Mangue-Sümpfe	Mangrove
Maracas	Kürbisrasseln
Maracanas	von Maracanã (Sing.): Art der Keilschwanzsittiche (*Ara maracana*)
Marimbondo	Wespe
Marui, Murui, Maruim	Gnitzen (*Ceratopogonidae*)
Milio	(port. Milho) Hirse
Minero	(eig. Mineiro) Bergmann, auch Grubenbesitzer
Mundeo	Schlinge, Falle
Mutuca	Bremsen (*Tabanidae*)
Mutum	Hokkohuhn (*Crax alector*)
Myuá	Schlangenhalsvogel (*Plotus anhinga*), im heutigen Bras.: Biguatinga
Onze	(auch Onza, Unze, Onça) Jaguar
Ouvidór	Schöffe, Amtmann
Palmen	(port. Palmo) Längenmaß: Spanne
Pavó	(*Pyroderus scutatus*) Art der Schmuckvögel (*Cotingidae*)
Paulisten	(eig. Paulistas) Einwohner von São Paulo
Picade	(port. Picada) Schneise, Waldpfad
Portaria	Ausweis
Porto	Hafen
Povoação	Weiler
Praya	(port. Praia) Strand
Punella	Kessel, Kochtopf
Quartel	Militärlager, auch Militärposten
Quintäes	Binnenhöfe, ummauerte Gärten; im Port. bedeutet Quinta eig. Landgut
Rancho	Hütte, Schuppen
Rapadura	Zucker
Riacho	Flüsschen
Rossen	(sing. rossa) Pflanzungen
Sahuí	(*Jacchus penicillatus*)

Sargento Mór	Oberwachtmeister
Seriema	kranichartiger Steppenvogel (*Cariama cristata*)
Serra	Bergkette, Gebirge
Sertam, pl. Sertões	(port. Sertão) Trockensteppe
Tacanhoba	Penisfutteral aus Palmblatt
Taquarussú, Taquara	Bambusrohr (*Chusquea gaudichaudii*) für Wasserbehälter
Tatú	Gürteltier
Tira	(port.) Stoffstreifen, Binde
Trop(p)a	Lasttierkarawane
Tropeiro	Treiber einer Tropa
Uba	Bambusrohr (Canna brava)
Unze	Onze (s.d.)
Urubú	Geier, hier: Truthahngeier (*Cathartes* [bei Wied: *Vultur*] *aura*)
Uricana-Blätter	Palmwedel
Urucú	roter Farbstoff aus Früchten des Orleanderbaumes (*Bixa orellana L.*)
Vaqueiro	Rinderhirte (svw. Cowboy)
Venda	Verkaufsladen, Imbissstube
Vil(l)a	Ortschaft, Stadt

Einige Begriffe anderer Herkunft

Bauschen	auch: Pauschen (vgl. Bausch), Teil des Reitersattels
Boutaille	(frz. Bouteille) Flasche
Byssus	(eig. Fädiges Muschelsekret) hier: Aufwuchs (forstl.)
China	chininhaltige Rinde, pulverisiert als Fiebermittel
Cochenille	roter Farbstoff aus Schildläusen
Cryptogamische Pflanzen	blütenlose Pflanzen wie Farne, Moose, Schachtelhalme, Pilze, Flechten
Cuan	Bogen
Fuß	altes Längenmaß, z.B. preußischer Fuß = 0,134 m
Mamelucke	hier abweichend vom üblichen Sprachgebrauch Mischling, svw. Mestize
Maratten	(auch: Ma[ha]rathen) Volk in Indien
Membrum virile	(lat.) Penis
Myotheren	Ameisenvögel

Pinnulae	Fiederblättchen
Plumbago	Gattung Strandnelke
Quadrupeden	eig. Vierfüßer, hier: Affen
Sloop	Schaluppe
Solana	im Singular *Solanum*: botanische Gattung Nachtschatten
Stavrolith	(eig. Staurolith) Kreuzstein, Bezeichnung für verschiedene Minerale
Tinamus	zool. Gattung der Wald-Steißhühner
Tre(c)kschuit	Zugschiff
Tronck	Folterwerkzeug
Unguentum basilikum	Salbe aus Basilienkraut (*Ocimum basilikum*), krampflösend
Ynambus	svw. Tinamus
Zoll	altes Längenmaß, hier: englische Zoll = 2,54 cm

ORTSNAMEN

Maximilian Prinz zu Wied verwendet zum Teil Ortsbezeichnungen, die heute nicht oder in abgewandelter Form gebräuchlich sind. Um die Reiseroute anhand moderner Kartenwerke leichter nachvollziehen zu können, sind nachfolgend die wichtigsten der damals gebräuchlichen Orts- und Flussnamen oder sonstiger geographischer Begriffe den heute üblichen gegenübergestellt.

(Arrayal da) Conquista	Vitória da Conquista
Barra da Vareda	Vareda
(Fazenda) Campos Novos	Tamoios (RJ)
Barra de Jucu	Vitória
Barra da Vareda	Inhobim
Campos novos (Fazenda)	Tamoios
Caravellas	Caravelas
Coral de Batuba	Curral Ubatuba
Flat- oder Raza-Island (engl.)	Ilha Rasa
Goaraparim	Guarapari
Goytacases	Campos
Ilha Bom Jesus	Flussinsel im Rio Doce
Jucutuquara	Jucutucoara, Felsmassiv am Rio Espírito Santo
Mojekissaba	Mogiquiçaba
Morro d'Arara	Ehemalige Fazenda am Rio Mucurí, ca. 30 km vor der Mündung
Nazareth	Nazaré
Parrot Peak (engl.)	Pico do Papagaio
Quartel dos Arcos	Cachoeirinha
Quartel do Valo	Vale Fundo, damals nur Zollstation
Port'Allegre	Mucurí
Round Island (engl.)	Ilha Redonda
S. Pedro d'Alcantara	Itabuna
Shugar loaf (engl.)	Pão de Açúcar, Zuckerhut
Tamarica	Ilha de Itamaracá bei Salvador
Two brothers (engl.)	Morro Dois Irmãos
Viçoza	Cidade de Marobá
Villa dos Ilheus	Ilhéus
Vila Nova de Benevente	Anchieta
Vil(l)a Nova de Olivença	Olivença
Vi(l)la de Nossa Senhora da Vitória	Vitória
Rio Alcobasse	Rio Alcobaça
Rio Grande de Bel(l)monte	Rio Jequitinhonha
Rio Benevente	Rio Iritiba
Rio Braganza	Rio Bragança
Rio Iritiba	Rio Benevente
Rio Itanhaem	Rio Alcobaça
Rio Itapuana (oder Itabapoana)	Rio Itabapuana
Rio Taipé	Rio Almada

LITERATUR

Amaral, Afrânio do: Maximiliano, Príncipe de Wied. Ensaio bio-bibliographico. – Boletim do Museo Nacional, Rio de Janeiro 7, 1931, S. 187-210

Bokermann, Werner C.A.: Atualização do itinerário da viagem do príncipe de Wied ao Brasil, 1815-1817. – In: Arquivos de Zoologia do Estado de São Paulo 10, 1957, S. 209-251
[Aufklärung der genauen Reiseroute und Auflösung der alten Ortsbezeichnungen]

Brasilien-Bibliothek der Robert Bosch GmbH. Katalog Bd. II: Nachlaß des Prinzen Maximilian zu Wied-Neuwied. Bearb.: Birgit Kirschstein-Gamber, Susanne Koppel u. Renate Löschner. Teil 1: Illustrationen zur Reise 1815 bis 1817 in Brasilien; Teil 2: Briefwechsel und Zeichnungen zu den naturhistorischen Werken. – Stuttgart 1988, 1991
[Grundlegendes Quellenwerk]

Cascudo, Luis da Câmara: O Príncipe Maximiliano de Wied-Neuwied no Brasil 1815/1817. Biografia e Notas com Versões para o Inglês e Alemão. – Rio de Janeiro 1977
[Allgemeiner Überblick aus brasilianischer Sicht]

Freyreiss, G. Wilhelm: Reisen in Brasilien (= The Ethnographical Museum of Sweden, Etnografiska Museet Stockholm, Monograph Series, Publ. 13). – Stockholm 1968
[Über den wissenschaftlichen Begleiter der Brasilien-Expedition]

GNOR & Hermann Joseph **Roth** (Hg.). Maximilian Prinz zu Wied. Jäger, Reisender, Naturforscher (= Fauna u. Flora in Rheinland-Pfalz, Beiheft 17). – Landau 1995
[Grundlegender Sammelband mit allen Wissensgebieten, die Wied bearbeitet hat, sowie einer umfassenden Bibliographie]

Löschner, Renate: Fixsterne im System Alexander von Humboldt: Maximilian zu Wied, Johann Moritz Rugendas und der Comte de Clarac. – In: Brasilien. Entdeckung und Selbstentdeckung.- Bern 1992, S. 122-123
[Zur künstlerischen Bedeutung der Reiseskizzen]

Röder, Josef & Hermann **Trimborn** (Hg.): Maximilian Prinz zu Wied. Unveröffentlichte Bilder und Handschriften zur Völkerkunde Brasiliens. – Bonn 1954
[Erste kritische Sichtung des Nachlasses]

Roth, Hermann Josef: Maximilian Prinz zu Wied, 1782-1867. – In: Rheinische Lebensbilder, 14. Köln, Bonn 1994, S. 135-152
[Zum persönlichen Umfeld des Prinzen und seiner Familie]

Schmidt, Siegfried: Die Büchersammlung des Prinzen Maximilian zu Wied (= Bonner Beiträge zur Bibliotheks- und Bücherkunde, 30). Bonn 1985

Simone, Eliana de Sá Porto de: Das Brasilienbild in den künstlerischen Darstellungen des Prinzen Maximilian zu Wied. – In: Die Wiederentdeckung Lateinamerikas. Die Erfahrung des Subkontinents in Reiseberichten des 19. Jahrhunderts. Hg.: Walther L. Bernecker & Gertrud Krömer (= Lateinamerika-Studien, 38). – Frankfurt 1997

ÜBERSICHTSKARTE ZUR REISE VON MAXIMILIAN PRINZ ZU WIED-NEUWIED IN DEN JAHREN 1815-1817

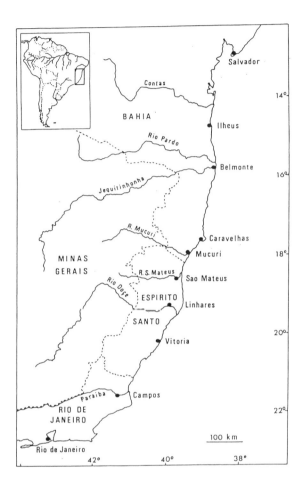

Nach Dr. Martin Berger, Münster, in: Fauna Flora Rheinland Pfalz, Beiheft 17, 1995, S. 284, hg.: GNOR & Hermann Josef Roth.